U0449659

记号
/M/A/R/K/

真知 卓思 洞见

历史的再造与西方化的开端

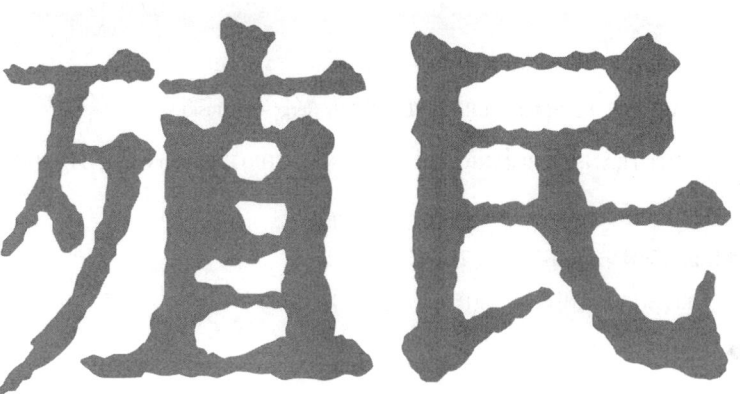

[法] 塞尔日·格鲁金斯基 著
焦舒曼 译

Serge
Gruzinski

La machine
à remonter le temps

北京科学技术出版社

"LA MACHINE À REMONTER LE TEMPS" by Serge Gruzinski
©Librairie Arthème Fayard, 2017
CURRENT TRANSLATION RIGHTS ARRANGED THROUGH DIVAS INTERNATIONAL, PARIS
巴黎迪法国际版权代理

著作权合同登记号 图字：01-2023-5714

本书地图系原书插附地图，审图号：GS（2024）1245 号，审图号：GS（2023）4583 号

图书在版编目（CIP）数据

殖民记忆：历史的再造与西方化的开端 /（法）塞尔日·格鲁金斯基著；焦舒曼译. -- 北京：北京科学技术出版社，2024.8

ISBN 978-7-5714-3826-5

Ⅰ.①殖… Ⅱ.①塞… ②焦… Ⅲ.①美洲—历史 Ⅳ.①K700

中国国家版本馆CIP数据核字（2024）第068933号

选题策划：	记 号	邮政编码：	100035
策划编辑：	闻 静	电 话：	0086-10-66135495（总编室）
责任编辑：	闻 静 武环静		0086-10-66113227（发行部）
责任校对：	贾 荣	网 址：	www.bkydw.cn
封面设计：	周伟伟	印 刷：	北京顶佳世纪印刷有限公司
图文制作：	刘永坤	开 本：	710 mm × 1000 mm 1/16
责任印制：	吕 越	字 数：	283 千字
出 版 人：	曾庆宇	印 张：	24
出版发行：	北京科学技术出版社	版 次：	2024 年 8 月第 1 版
社 址：	北京西直门南大街 16 号	印 次：	2024 年 8 月第 1 次印刷
ISBN 978-7-5714-3826-5			

定　　价：98.00 元

京科版图书，版权所有，侵权必究
京科版图书，印装差错，负责退换

专家推荐

自美洲作为一个全新的大陆展现在欧洲人面前以来，如何认知这个大陆的本质在欧洲文化人中一直存在着争论，他们构建的印第安人"高贵"与"卑鄙"两种对立的形象便深刻地说明了这一点。这种争论延续了数百年，其中涉及如何撰写新大陆的历史，也就是说谁撰写的新大陆历史更为可信。塞尔日·格鲁金斯基是当代著名研究拉美史的专家，他的这本著作中的时间范畴涵盖了美洲作为一个新大陆被纳入欧洲大国的全球殖民体系的全过程。欧洲人对美洲的认知经历了一个由浅入深的过程，这个过程必然伴随着欧洲知识体系由神学主导向着科学主导的转变。格鲁金斯基在书里的字里行间体现出这种转变，强调西属美洲殖民地知识人作为大洋彼岸世界开发过程中的主要见证者，他们撰写的新大陆历史要比坐在书斋中的学者出版的相关著作更为可信，尤其是那些生长在美洲的克里奥尔文化精英，他们具有生活在美洲的经验知识，通晓当地原住民的语言，更容易发现反映这个大陆历史发展的新材料。因此，作为目击者和亲历者，他们能够真正揭开美洲大陆神秘的面纱。纵览全书，格鲁金斯基具有全球意识，批判了撰写美洲历史时的欧洲中心主义观念，独到见解贯穿全书，为读者认识新大陆的历史提供了一个新的视角，本书也必会成为研究者案头必备的重要参考著作。

王晓德
中国拉丁美洲学会会长
福建师范大学社会历史学院教授

"西方化"或"全球化"不只是简单的宗教征服、殖民或物质剥削，它有着更深刻的内涵，其中之一便是"记忆的殖民化"或史学霸权的建立。西班牙和葡萄牙殖民者通过捕捉美洲当地的记忆，在技术上强加了字母书写方式和欧洲的论证方法，边缘化了原住民的表达方式，在社会和思想上，促进了原住民精英归顺西班牙和葡萄牙统治者，加速了殖民社会的同质化进程。他们通过灌输基督教的时空概念，重新定义了美洲的历史。欧洲中心主义史学何以形成？当今西方全球性霸权引发抵抗的根源何在？阅读本书会得到有益的启迪。

韩琦
南开大学拉丁美洲研究中心教授
南开大学世界近现代史研究中心副主任

历史有多种多样的解读。本书以一种独特的视角解读欧洲殖民主义的历史，有利于我们懂得构建人类命运共同体的必要性和伟大意义，有利于我们牢记美洲印第安人的苦难，有利于我们更好地理解和研究拉美史，有利于我们知晓欧洲学者的不同观点。

江时学
中国社会科学院研究员
上海大学特聘教授
亚洲和大洋洲地区拉美研究理事会主席

纪念鲍里斯·让娜（Boris Jeanne）和
克拉拉·卡利尼（Clara Callini）

> 偶有夜深人静时,写作的手停了下来。在清晰得几乎不可思议的当下,我很难弄清那种充满众多大陆、海洋、群星和人类的生活是否真的存在过。还是说,忽而一瞬,它不过是我在昏昏沉沉,而不是在激动振奋的状态下写出的一个版本。
>
> ——胡安·何塞·赛尔(Juan José Saer),
> 《继子》(*El entenado*)

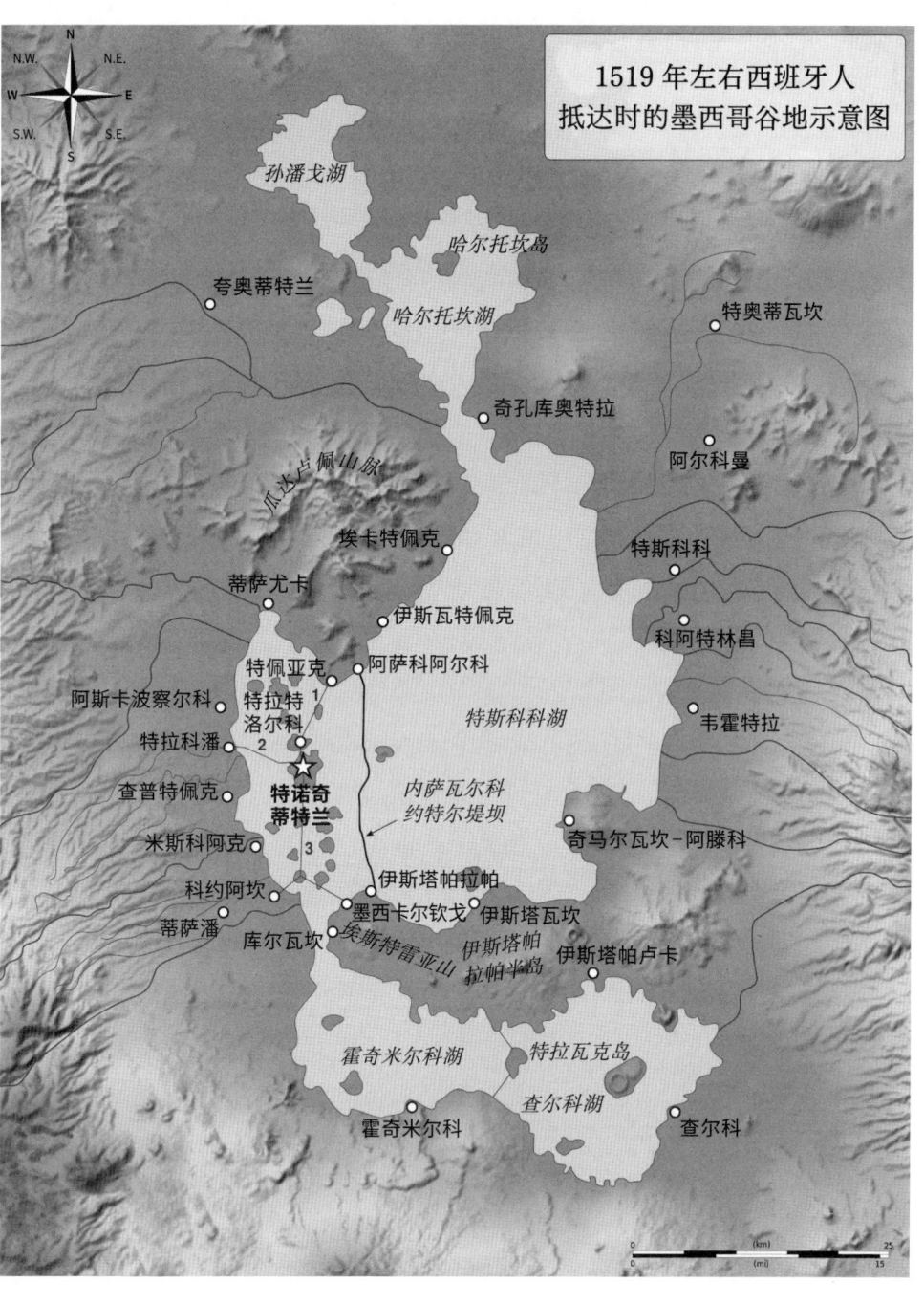

致中国读者

您手中的这本书是我曾为欧洲和拉丁美洲的读者们所写的。我曾试图借此书，反对欧洲的史学传统，即故意忽视15—16世纪西班牙与葡萄牙历史学家著作的做法。事实上，人们对伊比利亚世界通常秉持负面的看法，尤其是"黑色传奇"[①]式的描述，使得上述历史学家们的贡献被遗忘了。由此，人们忽视了新大陆的被征服和殖民化对欧洲思想的影响，也未能衡量世界的西方化和伊比利亚的全球化这两大进程对人类思想的影响。[②]

针对法兰西、日耳曼和盎格鲁-撒克逊的史学霸权，本书旨在重新确立以下真相：是伊比利亚人——西班牙和葡萄牙的编年史学家们——首先观察到了世界上的另一片土地，并通过书写他们所发现、所殖民社会的历史，应对新大陆带来的冲击。同时，文明的相遇和冲突也改变了他们书写历史的方式，他们探索着新的过去、新的史料，并将实地考察

---

① "黑色传奇"源自历史学家胡利安·胡德里亚斯（Julián Juderías）的著作《黑色传说与历史真相》（*La leyenda Negra y la verdad histórica*，1914），作者试图解释人们对西班牙残暴的殖民统治的指责多基于夸大、误解或完全虚假的事实。此处指对西班牙殖民统治过于夸张和负面的表述。——译注
② *Les Quatre Parties du monde. Histoire d'une mondialisation*（《世界的四个部分：一部全球化历史》），Paris, La Martinière, 2004.

视为成功的必要条件。最后，他们对美洲印第安社会的历史书写，也开启了史学殖民全球的进程。尽管当时存在的其他史学传统同样伟大，有时甚至比西方传统更加古老，但却是欧洲模式传播到了世界各地。

这与欧洲的扩张密不可分，与欧洲的征服者、商人和传教士的活动息息相关，也深受我在《当印第安人说拉丁语：16世纪美洲的字母殖民和混血现象》①一书中阐述的"字母殖民"的影响。事实上，本土记忆的西方化离不开字母文字、欧式书籍和古腾堡印刷机的传播和使用。它们遍布全球，甚至把欧洲书写历史的方式带到了那些从未遭受过殖民的土地上。

面对这种征服式的扩张，我还想在本书中展现美洲印第安人社会，特别是墨西哥的美洲印第安人社会，如何通过采用欧洲的历史体裁和写作形式，来抵抗当局对其记忆的殖民。在抵抗的过程中，他们为我们留下了重要的纳瓦特尔语和玛雅语编年史。也预示着几个世纪后的很多地区，是通过掌握欧洲历史书写的方式做出了反殖民的回应。非洲和亚洲社会因此意识到了自己的身份，并构建起替代西方宏大叙事的其他叙事。

与16世纪的伊比利亚人、澳门的葡萄牙人和马尼拉的西班牙人一样，我知道中国在这颗星球上的独特地位。和他们一样，我的视野中也充斥着愚昧无知和陈词滥调。因此，我怀着极大的好奇心，等待中国读者对这部由欧洲人写就的新世界历史的反应。这本书就像一个瓶子，被扔进了中国读者世界的汪洋大海。它可能引起的反应，对我来说，就像来自世界另一端的礼物，也可能是一个重要的机会，拉近我们尚且松散的联系。

---

① *Quand les Indiens parlaient latin. Colonisation alphabétique et métissage dans l'Amérique du XVIe siècle* (《当印第安人说拉丁语：16世纪美洲的字母殖民和混血现象》), Paris, Fayard, 2023.

我深信，现代性——欧洲形式的现代性——既诞生于16世纪的美洲，也诞生于欧洲大陆。本书与我的其他作品都试图证明这一点。但亲爱的中国读者朋友，对您而言，这种在欧洲之外、在新大陆建立起来的现代性意味着什么呢？

"大知闲闲，小知间间。"（《庄子·齐物论》）

塞尔日·格鲁金斯基

巴黎，2023年12月10日

前　言

> 60多年来，这些印第安人占据着我的记忆……他们曾希望自己穿越有形的幻象时，能有一位见证者和幸存者，充当他们面对世界时的叙述者……由于我的存在，印第安人的想法得以实现。而我也只想诉说那些与他们有关的、闪烁在我脑海中的模糊记忆。
>
> ——胡安·何塞·赛尔，《继子》

20年前，克里斯托夫·兰斯迈尔（Christoph Ransmayr）的《最后的世界》（*Le Dernierdes mondes*）使我追寻流亡到托米斯的诗人奥维德（Ovide）的足迹，到达黑海之滨。我想弄明白神话如何变成了混杂时光的机器。而今，另一本20世纪80年代的著作——阿根廷作家胡安·何塞·赛尔的《继子》再次与我的历史研究历程交会。

"60多年来，这些印第安人占据着我的记忆。"这句话不止一次地在我脑海中响起。赛尔笔下的主人公"继子"（即被保护者）在回到西班牙之前，被拉普拉塔河河畔的印第安人囚禁了10年。去世前，他决定用写作的方式记录下自己与原住民之间发生的事。写作让他再次陷入对他产生了深刻影响的往事之中。"这些过往支撑着他握笔的手，以最终消逝之人的名义，写下了不怎么确定却又力求经久不衰的文字。"①从此，"继子"便不停地追溯过往，穷尽余生去试着理解曾经的经历。

和"继子"一样，我也力图了解相同的资料、相同的印第安人、相同的世纪和相同的国家：为什么要设法到达那个在距离、时间和地点上都与我所出生的世界截然不同的地方呢？40多年来，我一直在努力解决这些问题，想要重现已经不复存在的世界，或者只存在于历史学家想象中的世界：那里有墨西哥的印第安人，有从伊比利亚半岛和信奉基督教的帝国而来的欧洲人，还有在各方的冲突和结合下出生的人。16世纪是个碰撞的世纪，现代世界与中世纪、路德教与天主教、基督教与伊斯兰教、新世界与旧世界彼此碰撞。一方面，基督教到达新大陆，它充满着确定性，却又被时间的不确定性威胁着。另一方面，美洲的印第安社会出现在欧洲人的眼前，我们却只能从欧洲入侵者的反应，从地理大发现和大征服的碎片中了解这个社会。

这一研究领域障碍重重。对于欧洲人闯入新大陆之前的年代，考古学只能提供一些实物痕迹，最多能找到一些难以串联在一起的思想碎片。而我们在遥望16世纪的西班牙人，尤其是看待已经具备科学眼光的传教士时，视角往往是贫乏的、简化的。历史案卷的复调性最终让我们忘记，我们操纵的不过是文字固定下的版本，是依照不变规则、为特定读者完成的蒙太奇剪辑。这些读者有传教士学徒，有宫廷官员，有喜欢异国情调的精英，也有对奇闻逸事充满兴趣的智者，例如米歇尔·德蒙田（Michel de Montaigne）②。

---

① Juan José Saer, *El entenado*（《继子》）, Barcelone, Rayo verde, 2013, p.133. 我大多参考洛尔·巴塔永（Laure Bataillon）的译本（1987年版），偶尔会对译文稍做修改。
② 法国思想家、作家，以《随笔集》（*Essais*）留名后世。——编注

西方之镜

那么,为何要穿越西方之镜呢?毕竟这个任务在很大程度上是虚幻的,其目标又遥不可及。我可以给出许多学术上、职业上和思想上的理由。这些理由即使能够证实这一做法的合理性,也无法解释推动这一做法的能量和神秘的驱动力。近代之初,许多西班牙人终其一生都在调查墨西哥的印第安人,如方济各会修士莫托里尼亚(Motolinía)[①]、安德烈斯·德奥尔莫斯(Andrés de Olmos)和贝尔纳迪诺·德萨阿贡(Bernardino de Sahagún),或是多明我会修士巴托洛梅·德拉斯·卡萨斯(Bartolomé de Las Casas)[②]。他们在找寻些什么呢?是何种深层次的动力驱使他们几十年如一日地选取、补充、修改和改写自己从印第安人那里夺取的,或者印第安人或多或少愿意告诉他们的资料呢?他们与日常来往、培养和聆听的印第安人之间建立了哪些公开或隐秘的关系呢?对使徒使命的兴奋,对末日的期待,或是对原住民偶像崇拜的根除,这些理由都无法完整地回答上述问题。

为什么要试着理解一个过去的社会,一个完全不属于西方世界的社会呢?胡安·何塞·赛尔的小说给出了一个答案。印第安人选择"继子"作为他们的见证者,因此如果"继子"提笔写作,那便是为了承担起这个被托付的角色。

赛尔笔下的印第安人故意将自身置于"继子"的目光之中。后者如同一面被幽禁的镜子,注视着他们,倾听着他们。"外部的世界是他们最大的难题。尽管他们很想从外部世界看待自己,却很难做到。他们期

---

① 文艺复兴时期的西班牙传教士,阿兹特克文明编年史学家。——编注
② 致力于保护西班牙帝国治下的美洲印第安人,在其著作《西印度毁灭述略》(*Brevísima relación de la destrucción de las Indias*)中揭露了西班牙殖民者的种种暴行。——编注

望我能够像水那样倒映出他们，重复他们的一言一行，在他们缺席的时候代表他们。并且，当他们把我归还给我的同伴时，我能作为在族群里见证了他人未曾目睹之事的人，像间谍或侦察兵那样一五一十地向所有人叙述我所见之事……他们曾希望自己穿越有形的幻象时，能有一位见证者和幸存者，充当他们面对世界时的叙述者。"[①]

在我所研究的墨西哥，原住民的精英没有选择他们的镜子，只能从入侵者递来的那面镜子中看到自己。他们的父母、祖先、亡灵、风景、神明，甚至他们的习俗都变成了"不可命名之物"。人祭等习俗都映照在一面来自别处的镜子上。这面镜子不可挽回地改变了原住民世界的平衡。印第安人不再是世界的中心了。"外部的世界，仅因其存在，就让他们变得不那么真实了。"

至于外部世界的侵入在多大程度上改变了原住民对现实的认识，答案仍不明确。那么，该如何想象在欧洲人闯入之前的现实呢？唯一可以确定的是，这个现实不是征服者认为的现实，更不是当代历史学家坚持的那种明确区分表面上的可见与不可见，神话与历史，真实与想象，过去、现在和将来的现实。我之后会讲到墨西哥的印第安人面对突然闯入的书本和历史的反应，那时，这些问题会再次表露出来。

赛尔笔下的"继子"化身成一面镜子。在释放"继子"之前，印第安人为自己选择了这面镜子，以便有一天他能见证他们的存在。在本书中，我们将要追随的方济各会修士莫托里尼亚也变成了一面镜子，但他却是一面具有侵入性的镜子。印第安人几乎无法控制他，也无法摆脱他。这些不同的镜子最终都实现了它们的目标：写下"不怎么确定却又力求经久不衰的文字"，以凝练、便捷又简化的书本形式，见证一个消

[①] Saer (2013), p.140.

失的世界,见证另一个宇宙、另一个现实。由此,至少从理论上说,印第安人是可以从外部看待自身的,但他们要付出什么样的代价呢?"变成经验对象的代价,被禁锢在外部世界的代价。他们失去了真实性,变得了无生气、模糊不清,最终不过成了随波逐流之辈。"①

对我们而言,原住民社会是一个难以捉摸的整体,和印第安人眼中的欧洲人入侵一样,如同一个巨大的黑洞,难以界定。"当士兵们持枪沿河前进时,他们带来的不是死亡,而是无名之物。"在距离赛尔笔下的印第安人千里之外的墨西哥城,王室官员和教士带来了"无名之物"(lo innominado),它不仅指枪、炮和捕猎奴隶的残暴,还指来自另一个世界的恐怖。那个世界自认为无所不知,把印第安人的国度看成臣服的、边缘的和具有异域风情的世界,或者顶多是一个不错的思考和书写对象。在印第安世界,入侵者不断地强加自身的黑暗与粗暴。这些属性甚至具有传染性,因为它带来了一种看待现实的新方式,一种执拗地削减、割裂和破坏印第安人原有现实的方式:"印第安人一旦被驱散,就再也不能站立在世界光明的一面……毫无疑问,入侵者希望这是一个世界,但不能是一个闪耀着光芒的世界。"印第安人的世界崩塌了。墨西哥的印第安人成了入侵群体和个体的受害者,他们对此无能为力,因为后者来自一个蓬勃发展的政府,身处一个他们难以想象的地方,一个"无名之物",远远超出了他们所在世界阿纳瓦克(Anahuac)②的界限。

---

① Saer (2013), p.64-78.
② "阿纳瓦克"的字面意思是"被水环绕着的土地",概念起源于群山环绕、中有特斯科科大湖的墨西哥谷地,随着中美洲古文明托尔特克帝国的扩张,阿纳瓦克的概念也随之扩大。后来的中美洲古文明阿兹特克帝国认为自己是托尔特克文明的继承者,同样以阿纳瓦克自称。《不列颠百科全书》认为阿纳瓦克的涵盖范围包括整个墨西哥高原或现代墨西哥的四分之三的疆域。——编注

这些年来，我一直在追寻"无名之物"——我称作"西方化"或"全球化"的事物。我深信，它不只是简单的宗教征服、殖民或物质剥削。揭示它的内涵，便是揭示西方人之所以成为西方人的方式，揭示一个全球性的世界霸权所引发的抵抗。

时光倒流机

本书将涉及"无名之物"的另一个维度，即欧洲式地让时光倒流、建构过去的方式。和欧洲人入侵带来的细菌一样，这个"无名之物"是不可见的。然而，它却突然出现，搭上了大征服的列车，成为西方殖民的重要工具。

只要我们看待历史和时间的方式是一致的，是被普遍认可且亘古不变的，那这个"无名之物"仿佛就无伤大雅。长久以来，我们似乎都有种直觉，甚至说信念：想要认识一个社会，就需要了解它的过去和起源。历史便成为了解人类活动和成就的最佳方式。它被视为囊括了所有思想、科学、艺术或哲学的产物，以及社会的发展进程和起源动力。19世纪，人们甚至认为，不是人类思想通过不断塑造观念和价值指引历史的方向，而是历史环境造就人类的思想。这便意味着历史主义的到来，它展现了一种既现代又西方的世界观。[①] 历史化一切，就意味着要建构一个历史的时间，并将其作为一个普世概念强加给世界上的其他社会。

我们是否依旧活在这些从19世纪，甚至更早年代继承而来的事实

[①] Karl Popper, *Misère de l'historicisme*（《历史主义贫困论》）, 1944; trad.Française, Plon, 1956.历史主义把预测历史作为人文学科的主要目标，并通过厘清历史演变中固有的"节奏""类型""规律"和"趋势"来实现这一目的。

中呢？当下主义①，短期记忆，瞬时性、实时性和即时性的主宰都破坏了前人建立的与时间和过去的关系。而书籍作为我们偏爱的载体、人文主义的基础，则受到了数字载体的猛烈冲击，在通过迷你剧集（如《罗马》《都铎王朝》《权力的游戏》等）传播的历史小说面前节节败退。此外，图书还要正面应对电子游戏改编的各式各样的历史。不少人甚至已经梦想建立一个全球的数字化的历史，使其与印刷的书籍、研究者坐冷板凳得来的成果，以及历史专业的独特性和优势一决高下。

当代的景象似乎对历史的霸权地位提出了质疑，而这并不仅仅出于技术原因。西方已经成功地将其建构过去和书写历史的方式强加给了其他的国家，全球的历史化似乎因此走到了尽头。矛盾的是，西方反而可能要为其成功付出代价。

这种全球范围内的胜利最终是否会演变成历史学家弗朗索瓦·阿赫托戈所说的新的历史性体制呢？还是说我们已在不知不觉间目睹了历史化大幕的落下？我们面临的是500年来世界历史化的圆满结局吗？还是从西欧发起，由传教士和殖民帝国树立，随后又有思想家和学者加入的历史化进程的衰落呢？

为了评估眼前的这个现象，我们需要回到它的起点，探索这个过程的近代起源。也就是回到赛尔笔下"继子"到达的美洲世界。②

---

① 根据法国历史学家、年鉴学派"新史学"代表人物弗朗索瓦·阿赫托戈（François Hartog）在《历史性体制：当下主义与时间经验》（*Régimes d'historicité: Présentisme et expériences du temps*）中的阐述，当下主义即以当下为中心的历史观，从关注未来过渡到当下，专注当下的情境、信念和行动，用现在的术语解释过去。其特征包括：第一，强调档案和谱系；第二，多元空间分析；第三，遗产保护的兴起；第四，历史创伤对当下的持续影响。——编注

② Arnaldo Momigliano, « Per una valutazione di Fabio Pittore »（《对法比奥·皮托雷的评价》）, in *Storia e storiografia antica*（《古代历史和历史学》）, Bologne, Il Mulino, 1987, p.281. 这种做法早就存在了。希腊人不仅书写了自己的历史，还书写了别人的历史，教会了原住民追随他们的足迹。

历史的全球化始于16世纪，从伊比利亚半岛的海滨扬帆起航，逐渐侵染到了世界各地。通常，人们认为欧洲历史的全球化可以追溯到19世纪，是启蒙时代的遗赠。与之不同的是，我将着重关注它起源之时的景象，即近代之初新世界的景象，追溯实现19世纪大跨越的条件。因此，我假设，是在16世纪，或者更准确地说，是在伊比利亚人所在的美洲，出现了欧洲历史意识的跳板。[1]

各个欧洲版本近代历史的改良和适应，以及在这个过程中发生的剥夺资格、拉帮结派、操纵和拯救当地记忆等做法，都在新世界的"实验室"中上演。历史的美洲化也开启了历史的普遍化进程。世界上大大小小的社会，在采用了欧洲式的历史后，便一个接一个地、自愿或不自愿地进入欧洲式的时间，也就是置身于一种自古代起，依照欧洲不断更新的解释框架而构想的时间纵深之中。

为何要回到近代之初？两个决定性的转变标志着这个新时代的到来。一个转变是先由马丁·海德格尔（Martin Heidegger）描述，随后由彼得·斯洛特迪克（Peter Sloterdijk）引用的"征服作为图像的世界"[2]。葡萄牙人和西班牙人是第一批了解世界，并将其转化为叙述、地图、图像、数字和统计表的欧洲人。地球仪和世界地图成了人们深入遥远地域的工具，被用来把握经济路线、掌控帝国领土、预判将要发起的

---

[1] John G. Demaray, *From Pilgrimage to History: The Renaissance and Global Historicism*（《从朝圣到历史：文艺复兴与全球历史主义》），New York, AMS Press Inc., 2006. 该书提供了一个无知和满是陈词滥调的学术范例。约翰·G. 德马雷在该书中忽略了意大利人和伊比利亚人的经历，把全球史的开端局限于16世纪末英国人的经历。这一做法恰恰体现出学术界对历史全球化的无知和成见。

[2] Martin Heidegger, *Chemins qui ne mènent nulle part*（《林之路》），« L'époque des conceptions du monde »（《世界观的时代》），Paris, Gallimard, 1962; réed. Tel, 2006, p.123. Peter Sloterdijk, *Globos. Esferas II*（《球体学三部曲之二——球体》），Madrid, Siruela, 1999, p.713 (éd. Française, *Globes : Sphères*, t. II, Paris, Libella-Maren Sell, 2010).

进攻、明确可以获取的利益。地球上的各个民族连续不断直面西方基督教文人精英所建立的世界的表象。空间的同质化是西班牙帝国和葡萄牙帝国留给后世的主要遗产之一。当然，这种同质化还是以欧洲的方式推进的，也就是遵循基督教所定义的概念框架、利益和目标。这是一种"简化"操作，正如伊比利亚殖民的关键词之一提醒我们的那样：reducir，即"简化"之意。①

另一个转变，或者说另一种简化，与时间的观念有关。欧洲历史对世界的征服，补充了"图像"对世界的征服。渐渐地，在世界各地，人们与过去的关系也变得越来越单一。换言之，欧洲精英所认识的时间，变成了整个世界的时间——一个定向的，被划分为过去、现在和将来的普世的时间。几个世纪以来，随着欧洲人身体力行地涉足地球的各个空间，将自己的世界观与之相联系，他们也破坏着自己入侵和染指的那些社会的记忆。而这些国家应对着这套欧洲式的过去、现在和未来，抑或被这种观念所投射的现代性吸引，便接受（或采用）了它，并随着全球西方化的推进、欧洲全球化对人们思想和想象的重塑，内化着这个历史。自世界各地都受到西欧影响的那一刻起，任何事情都不能阻拦各个社会的历史化了。世界各地都被赋予了一个可以与世界历史相连的过去，也就是西方世界所构想和书写的那种世界历史。

---

① 参见 1507—1508 年在塞维利亚西印度交易所（Casa de la Contratación）制作的《皇家地图》（*Padrón real*）。迭戈·里韦罗（Diego Ribeiro）、阿隆索·德沙维斯（Alonso de Chaves）和阿隆索·德圣克鲁斯（Alonso de Santa Cruz）绘制了其中的世界地图。

目 录

第一部分　捕捉记忆
LA CAPTURE DES MÉMOIRES
001

第一章　欧洲历史的漫长征程　003
历史登陆美洲大地　004
捕捉记忆　006
从马德里到加尔各答　009
欧洲式的历史：远至中国和日本　013
《地方化欧洲》　016

第二章　由旧生新　019
莫托里尼亚的任务　021
欧洲知识　024
福音布道与时间尽头　029
中世纪百宝箱　034
基督教的时间框架　038

第三章　人文主义者的历史　　　　043

　　新的历史分期　　　　　　　　　044
　　与古代重建联结　　　　　　　　047
　　日耳曼人与马丁·路德所处的欧洲　049
　　伊比利亚半岛的多个过去　　　　051
　　描述大发现　　　　　　　　　　055

第四章　书写印第安人的历史　　　061

　　印第安人拥有历史书籍　　　　　062
　　印第安人懂得计算时间和年月　　065
　　达官显贵的声音　　　　　　　　067
　　提问的艺术　　　　　　　　　　069
　　交　流　　　　　　　　　　　　072
　　约阿施和阿卡马皮奇特利　　　　074
　　同步新旧世界　　　　　　　　　080
　　印第安人的起源　　　　　　　　083
　　战争和战后　　　　　　　　　　087

第二部分　印第安人记忆的对抗　　097
LA RÉSISTANCE DES MÉMOIRES INDIENNES

第五章　大征服之前，你们是谁　　099

　　3部古老的手抄本　　　　　　　100
　　从佛罗伦萨到墨西哥城　　　　　102

          驱逐偶像崇拜   105
          赞助者   108
          另一个世界的突然闯入   114

第六章　大辩论   **119**
          大辩论   120
          巴利亚多利德辩论   122
          关于原住民社会的另一种观点   125

第七章　原住民的复兴   **129**
          墨西哥谷地的发现   129
          废墟的景象   132
          文明的服饰   135
          特斯科科的现代性   138
          再现字形的力量   143

第八章　另一种时间秩序   **145**
          记忆的世俗化   146
          众生与万物的连续性   151
          年轮的交结   153
          家　谱   157
          片段链   160
          大事件   163

第九章　妥协与反抗　　　　　　　　　　167
　　最初的殖民影响　　　　　　　　　　167
　　一个符合正典的版本　　　　　　　　170
　　墨西哥城的画室　　　　　　　　　　172
　　绘制起源　　　　　　　　　　　　　176

第三部分　新世界的全球史　　　　　　181
UNE HISTOIRE GLOBALE DU NOUVEAU MONDE

第十章　作为历史学家的巴托洛梅·德拉斯·卡萨斯　183
　　弗拉维奥·约瑟夫斯的影子　　　　　184
　　另一种古代史　　　　　　　　　　　188
　　考古学家的目光　　　　　　　　　　192
　　全景视野下的"世界的另一半"　　　197

第十一章　从葡萄牙的非洲到原始的欧洲　203
　　绕道非洲的葡萄牙人　　　　　　　　203
　　全球视野　　　　　　　　　　　　　209
　　驯化人　　　　　　　　　　　　　　212
　　原始欧洲　　　　　　　　　　　　　215
　　重温古代　　　　　　　　　　　　　218

第十二章　印第安美洲 ... 221
书写的问题 ... 221
建构印第安人的过去 ... 223
一个世界末日式的现在 ... 229
16 世纪欧洲的斗争 ... 233

第四部分　本地史的诞生 ... 239
LA NAISSANCE DE L'HISTOIRE LOCALE

第十三章　围绕过去的提问 ... 241
跨越大陆的事业 ... 243
关于过去的问题 ... 245
混血历史学家 ... 248

第十四章　混血儿书写的历史 ... 253
家族纷争 ... 254
并非所有记忆都可提起 ... 256
专家来访 ... 258
偶像崇拜的时代 ... 262

第十五章　重构的过去 ... 267
奇奇梅克人的起源 ... 268
"幸福的时光" ... 270

一神教的过去　　　　　　　　　　　　273
　　世界历史舞台上的混血儿　　　　　　278

第十六章　漏网之鱼　　　　　　　　　283
　　乔鲁拉城或时代的融合　　　　　　　283
　　漏网之鱼　　　　　　　　　　　　　286

第十七章　天主教君主国书写的世界历史　293
　　费利佩二世的壮志雄心　　　　　　　293
　　历史的大师　　　　　　　　　　　　297
　　世界的另一端　　　　　　　　　　　300
　　在历史与寓言之间　　　　　　　　　303
　　在欧洲，在全世界　　　　　　　　　304

结论　美洲的经历　　　　　　　　　　307
缩略语　　　　　　　　　　　　　　　317
参考文献　　　　　　　　　　　　　　319
致　谢　　　　　　　　　　　　　　　345

第一部分
捕捉记忆

LA CAPTURE DES MÉMOIRES

由于那是在最初的年头,由于那些词语对他们来说意味着太多东西,我不确信那些话确实为印第安人所言。于我而言,所有我认为对他们的了解,都源自不确定的迹象。

——胡安·何塞·赛尔,《继子》

第一章
欧洲历史的漫长征程

  "navegazioni""dilatação"是"航海"和"扩张"之意，当代人的词语表述得非常明确，足以让人想到地理大发现与海上扩张。16世纪的欧洲人不再囿于多个世纪以来的传统景象，他们要出发去往别处。这别处将是有奴隶的非洲、明代的中国、毗奢耶那伽罗帝国的印度、盛产香料的马鲁古群岛，当然也包括墨西哥城和库斯科城所处的美洲。

  这是一次全方位的流动："如今，人们可以随心所欲地从任何地方漂洋过海，到达另一个地方。"[①]遥远的土地逐渐向远道而来的人们展现出它所庇护的文明，令访客们惊叹不已。随后，人们便可以一边漫步在北京的街头，一边阅读着托梅·皮雷斯（Tomé Pires）[②]的著作，或在特诺奇蒂特兰（墨西哥城）的街头阅读埃尔南·科尔特斯（Hernan Cortés）的著作，在毗奢耶那伽罗城的街头阅读费尔南·努内斯（Fernão

---

[①] José de Acosta, *Historia natural y moral de las Indias*（《西印度自然和精神的历史》）, Mexico, FCE, 1979, p.47.
[②] 葡萄牙作家、水手，是明朝以来第一位进入中国的西方使者。——编注

Nunes）[①]的著作。上述地区曾让欧洲人感到困惑，他们努力寻找着商业渗透和扩大殖民、宗教影响力的方式。寻找的答案，最早出现于信件、游记和叙述材料中。这些描述先驱们到达和发现新大陆的记载，为欧洲人汇集了有关地理、动物、植物、族群和资源等他们期待利用的各类信息。

历史登陆美洲大地

在加勒比群岛，疾病、屠杀和首次殖民带来的混乱的奴役，让原住民社会几近消亡，记忆也会很快消逝。为了追溯历史，我们只有借助西班牙编年史学家贡萨洛·费尔南德斯·德奥维多（Gonzalo Fernández de Oviedo）的眼睛，寻找存在于原住民群体中的原始资料。仪式舞蹈记载着原住民的生活，这令德奥维多无比振奋。这位西印度群岛编年史学家意识到，它是调动原住民被"征服"之前记忆的最佳方式。"人们有种回顾年代久远事物的美好方法，便是他们叫作阿雷托（areyto）的歌舞，类似我们所说的边唱边跳……他们通过歌唱，讲述着昔日的记忆和故事，讲述着过去的酋长是如何去世的，他们有多少人，他们是谁，以及其他一些人们不愿意忘记的事。"[②]

传唱的歌曲如同书本一样，将酋长和王子的系谱、战功和可以传承

---

① 葡萄牙裔犹太人旅行家、编年史学家，1535—1537 年生活在毗奢耶那伽罗帝国的首都。——编注
② Gonzalo Fernández de Oviedo, *Historia general y natural de las Indias, islas y tierra firme del mar oceano* (《西印度群岛通史和自然史》), l. V, chap.1, Juan Pérez de Tudela (ed.), Madrid, Atlas, BAE, vol.117, p.114; Antonello Gerbi, *La naturaleza de las Indias Nuevas* (《新印第安女人的性质》), Mexico, FCE, 1978; David A. Lupher, *Romans in a New World. Classical Models in Sixteenth Century Spanish America* (《新世界中的罗马人：16 世纪西属美洲的古典模式》), Ann Arbor, The University of Michigan Press, 2003, p.244-245.

给后代的一切铭刻在印第安人的记忆中。尽管德奥维多常被谴责歧视印第安人，他却是为数不多承认不以书写为基础的印第安人历史记忆的欧洲人之一。德奥维多推翻了一种将"新世界"与基督教世界对立起来的观点，这种观点认为新发现的大陆，事实上是比欧洲落后的大陆。德奥维多则认为大洋两岸的各处有着许多相似的习俗，之所以西印度群岛①的事物让人感到如此新奇，是因为这些事物在欧洲大陆存在过，却由于过于古老，已经被彻底遗忘了。并不能一味地把一切非欧洲的事物归为消极的差异，要求新大陆的居民弥补落后的差距。他还认为，"新世界"出现的发酵饮料、镜子、城墙等发明，从未受欧洲同类事物的影响。这一想法打破了"旧世界"更先进的假设，或者至少很大程度上改变了这种假设的应用。可若要书写一段历史，仍然需要获得一些在文明已被摧毁的群岛上再也找不到的材料。

1517 年，西班牙人闯入了墨西哥海岸，继而深入至墨西哥高原地区。局势发生了惊天巨变。西班牙人与在城邦里生活、在宏伟的建筑中繁衍生息的诸多族群发生了冲突。这些当地族群既会发动战争、开展长途贸易，也会举行骇人听闻的祭祀仪式并组建军队。双方的对比逐渐出现：特诺奇蒂特兰像威尼斯，特拉斯卡拉城像比萨。最初到达的西班牙

---

① 自 1492 年起，克里斯托弗·哥伦布（Christopher Columbus）在西班牙君主伊莎贝拉一世（Isabel I）及费尔南多二世（Fernando II）的赞助下，开启了前往东方的发现之旅。哥伦布在 4 次航海之旅中，先后到达大安的列斯群岛、小安的列斯群岛、加勒比海岸的委内瑞拉及中美洲。由于最初误认为所达之处为印度，便称其为"印度群岛"，其居民为"印第安人"。随着大发现的深入，才确认此处并非亚洲的东部，而是一片新的大陆。为了与印度区分开来，殖民者开始使用"西印度群岛"来命名西班牙在加勒比海的殖民区域。16 世纪 20 年代初，埃尔南·科尔特斯率军闯入墨西哥，加上弗朗西斯科·皮萨罗（Francisco Pizarro）在秘鲁的征服活动，西班牙的关注重点开始转向美洲大陆。本书主要讨论的是墨西哥的历史，文中多次出现"Indes"一词，译文使用了"西印度群岛"的表述方式，仅在个别历史著作名称和引文中保留了"印度群岛"的说法。——译注

访客此时还未成为"征服者",便意识到加勒比群岛与欧洲大陆之间的巨大差异了。闯入者眼中的猎物比预想的更难被捕获,但这里显露出了空前的财富。

甚至在征服之前,西班牙军事家、征服者埃尔南·科尔特斯就提出了关于美洲印第安人历史的疑问。根据他记载的与蒙提祖马二世(Moctezuma Ⅱ)的首次会面,这位君主在接待他时,很有可能给了他一份有关历史起源的记述,以解释自己地位的合法性和让与查理五世(Charles V)[①]的墨西哥土地的正当性。[②]也就是说,西班牙人只是接手了一个被西班牙人祖先遗弃的王国。从欧洲入侵的角度来说,科尔特斯呈递给皇帝的信件清晰地奠定了前哥伦布时期[③]的基石。时光倒流机已然开启:"由此可见,是墨西哥的历史赋予了西班牙国王在墨西哥人土地上的统治权和主权。"[④]

捕捉记忆

10年之后,西班牙政府开始衡量它所面临的任务的艰巨程度。征服已经完成,一种新型社会正在混乱中艰难成形。贪婪的殖民者、遭受

[①] 查理五世既是神圣罗马帝国皇帝(1519—1556年在位),也是1516—1556年的西班牙国王,称卡洛斯一世。他是西班牙日不落帝国时代的揭幕人。——编注
[②] Hernan Cortés, *Cartas y documentos* (《信件和文件》), Mario Hernández Sanchez Barba (ed.), Mexico, Editorial Porrúa, 1963, p.59.
[③] 即美洲在明显受到欧洲殖民影响之前的全部历史。尽管该术语的字面意义强调哥伦布于1492年到达美洲大陆前的历史,但在实际应用中,其所指历史范围更为广泛,包含从人类最初迁入并定居在美洲,直至欧洲人殖民美洲之前的全部历史。——译注
[④] Mario Hernández Sánchez-Barba, « Hernán Cortés, delineador del primer estado occidental en el Nuevo Mundo » (《埃尔南·科尔特斯,新世界第一位西方划界者》), *Quinto Centenario* (《五百周年》), vol.13, 1987, p.25.

重新分级的原住民精英,以及在流行病中幸存下来被强迫劳动的大众,需要在这个社会中一起生活。如何了解这些已经隶属西班牙帝国的地区呢?新征服地最高行政机构印度议会(conseil des Indes)认为,西班牙统治的可行性,在于能够建立有效的权力机构。那该如何将印第安社会的遗存转换成尚未稳固的西班牙统治的基础呢?换句话说,该如何从前哥伦布时期过渡到殖民时期?面对这个问题,没有人能够预想到在此过程中需要克服的困难和应对困难的方式。

1530年左右,殖民当局依然在摸索。除了查理五世急遣的少数高级官吏、法官和负责福音布道的方济各会修士,鲜有人对新西班牙[①]做出具体的规划。最早便是由这些人来弥补信息的不足,评估这片新土地的状况。1530年7月12日,从马德里发来了决定:"我们观察当地人的生活方式和生活秩序……在此期间,我们保留他们那些不违背天主教教义的习俗。"[②] 到了1533年,查理五世想要知道更多信息,"我们希望完全了解这片土地……以及生活在那里、有着自己生活习俗的族群"[③]。同年,方济各会修士、"博学干略、西班牙最好的墨西哥语大师"安德烈斯·德奥尔莫斯开始负责撰写一本关于印第安人历史的书,"尤其是关于特诺奇蒂特兰、特斯科科和特拉斯卡拉这3座城邦的过去,为了更好地铭记,更好地去其糟粕,或者像记录其他异教徒的事物一样,为了取

---

① 全称为"新西班牙总督辖区",是西班牙管理美洲和菲律宾的殖民地总督辖地,首府位于墨西哥城。——编注
② Vasco de Puga, *Cedulario* (《敕许汇录》), vol. I, Mexico, El Sistema Postal, 1878-1879, p.206-207.
③ Victoria Rios Castaño, *Translation as Conquest. Sahagún and the Universal History of the Things of New Spain* (《翻译即征服:萨阿贡与新西班牙诸物志》), Madrid, Iberoamericana, Vervuert, 2014, p. 100; Francisco de Solano, *Cuestionarios para la formación de las relaciones geográficas* (《建立地理述略的调查表》), Madrid, CSIC, 1988, vol. I, p. 4.

其精华之处"①。以"保留"和"筛选"为原则,时光倒流机即将运转。

西班牙当权者到底想要了解什么?殖民者对传统的贡品、印第安贵族的权利,以及奴隶制的本质都产生了极大的兴趣。他们收集到的资料大多是经济和社会方面的,必然也涉及历史。②毕竟,如果不了解先人的生活,如果没有获得原住民的记忆,又如何能制定出新的规则和法律呢?事实上,收集信息的需求也并不是刚刚出现的,它最早可追溯至1523年,并且这一需求在1530年、1533年和1536年多次被提起。一直到该世纪中叶的1553年,西班牙王室仍不满足于已经收集到的信息。

想要明白原住民城邦的进贡机制,就得弄清楚是由谁进贡、进贡的物品和方式、进贡给谁和进贡的期限。第一次实地调查由此发起:西班牙当权者在档案中寻找着答案。这些档案就是原住民保存的"绘画"。西班牙人动员当地的贵族来解释画作,召集各首领收集贡品。同时,还需要和当地的手抄本"抄写人"(Tlacuilos)③合作。无论各方是否愿意,原住民精英群体、西班牙官员和胆大妄为的征服者逐渐联结在一起,有时甚至形成了同谋关系。

---

① Gerónimo de Mendieta, *Historia Eclesiástica Indiana*(《印第安教会史》), Salvador Chávez Hayhoe, Mexico, 1945, t. I , l. II, p.81. 关于"非常丰富"的"古物"著作,完成于1536—1546年,但其副本丢失。Georges Baudot, *Utopie et histoire au Mexique. Les premiers chroniqueurs de la civilisation mexicaine (1520-1569)*[《墨西哥的空想和历史:墨西哥文明的最早编年史学家(1520—1569年)》], Toulouse, Privat, 1977, p.130; Miguel León-Portilla, « Ramírez de Fuenleal y las antigüedades mexicanas »(《拉米雷斯·德富恩莱尔和墨西哥古物》), *Estudios de Cultura Náhuatl*(《纳瓦特尔语文化研究》), Mexico, UNAM, 1969, vol. VIII, p.36-38; Rios Castaño (2014), p.100, 101; S. Jeffrey K. Wilkerson, « The Ethnographics Works of Andrés de Olmos, Precursor and Contemporary of Sahagún »(《安德烈斯·德奥尔莫斯的民族志研究:萨阿贡的领路者和同代人》), in *Sixteenth Century Mexico: The Work of Sahagún*(《16世纪的墨西哥:萨阿贡的研究》), ed. Munro S. Edmonson, University of New Mexico Press, Albuquerque, 1974, p.27-78.
② Baudot (1977), p.44.
③ 纳瓦特尔语抄本的绘制者,下文译为"抄本画家"。——译注

第一章　欧洲历史的漫长征程

为了更加高效地剥削原住民的劳动力，西班牙当权者还想了解原住民奴隶过往的地位和起源。毕竟，不打听原住民领地的运行模式和规则，又怎么能够识别哪些"酋长"（cacicazgo）是值得信赖的合作者呢？如果不开展简单的历史调查，便很难明确何为"特权、优越、领地和自由"。例如，此类历史调查可涉及"到目前为止，在本省或在其他一切受最高司法机关审问院（Audience）管理的省，曾经存在的形式和秩序。也就是说，在我们的王权统治和奴役之前，人们是如何选举和任命酋长的"[1]。

由于王室持续关注"到目前为止"存在过，或在被征服之前原住民从事过的活动，随着不断提出疑问，不断得到一些零碎有时甚至矛盾的答案，一个更为大胆的要求呈现出来——了解新西班牙印第安人的过去。为此，墨西哥城的法官和修士紧随西班牙当局者的步伐。他们很可能还没有意识到，自己正在美洲大陆上发起一次形式最隐蔽的，抑或最彻底的西方扩张：捕捉记忆。

从马德里到加尔各答

这些在墨西哥城发生的事情，随后将在世界的其他地方重演。所有殖民政府都会竭力向企图控制的当地社会撒下一张欧洲历史的大网。欧洲式的现代化和历史最终得到了广泛认可，以至于那些免受西方统治的地区，也通过虚构欧洲传统模式中的过去、现在甚至未来，逐渐加入深受影响的阵营，直至该模式的阴影最终笼罩了全球。

人们习惯把历史的全球攻势和启蒙运动联系起来，认为二者有着相

---

[1] 1550 年 12 月在巴利亚多利德颁布的皇家法令，见 Puga（1878-1879），II，p.98-99。

同的原因，甚至相近的影响。欧洲列强在世界范围内逐步扩张，都想深入了解自己准备殖民的社会。与16世纪30年代的墨西哥城相同，身处印度的英国占领者也探寻着南亚次大陆的过去。①对18世纪的英国人而言，历史和史学史也要为帝国政府的目标服务。②

相隔两个世纪，这两次历史化的历程不尽相同，却遥相呼应。两者之间存在相似性，这也证实，于新西班牙开启的历史化活动在18世纪再次上演。这一次，法官同样起到了主导作用。例如，孟加拉最高法院的首席大法官威廉·琼斯（William Jones）的动机可以类比墨西哥城审问院的动机。③虽然当时英国尚未正式占领南亚次大陆，英国的殖民业务主要由印度公司（Compagnie des Indes）承担，该机构最先盘点了土地，清点了土地收入，同时研究了法律、语言、宗教和历史，以了解这个巨大的次大陆的运作方式，弄清如何开展殖民活动。人们汇集资料，网罗信息，④勾勒出南印度最初的历史，并撰写了《南印度历史草图》

---

① Michael Gottlob, *Historial Thinking in South Asia. A Handbook of Sources from Colonial Times to Present* (《南亚的历史思维：从殖民时代到现在的资料手册》), New Delhi, Oxford University Press, 2005; *History and Politics in Post-Colonial India* (《后殖民时代的印度历史与政治》), New Delhi, Oxford University Press, 2011; Ranajit Guha, *An Indian Historiography of India : A Nineteenth Century Agenda and Its Implications* (《印度的印度史学：19世纪进程及影响》), Calcutta, Centre for Studies in Social Sciences, 1988.
② Muhammad Shafique Bhatti, « Empire, Law and History: The British Origin of Modern Historiography of South Asia » (《帝国、法律和历史：南亚现代历史学的英国起源》), *Pakistan Journal of Social Sciences* (《巴基斯坦社会科学杂志》), vol.30, n°2, décembre 2010, p.396.
③ Muhammad Shafique Bhatti, « British Historiography of India : A Study in the Late Eighteenth Century Shift of Interest » (《英国的印度史研究：关于18世纪晚期兴趣转变的研究》), *Journal of Pakistan Historic Society* (《巴基斯坦社会科学杂志》), L/2, p.85-104; S. N. Mukherjee, *Sir William Jones : A Study in Eighteenth Century British Attitude to India* (《威廉·琼斯爵士：18世纪英国对印度态度的研究》), Cambridge, Cambridge University Press, 1968.
④ 例如第一位"印度测绘总长"——苏格兰官员科林·麦肯齐（Colin Mackenzie）。

(*Sketches of a History of South India*)。

在印度，与墨西哥城一样，书写历史的要求由殖民当局提出，但这个要求并没有迅速被当成任务制订出计划来，而是等到书写历史的计划不再局限于书写印度语言史的时候才被提出。同一时期，马德拉斯大学和加尔各答大学创立，旨在培养欧洲行政官员和接收当地精英。两所学校很快演变成印度语言研究中心，编写并出版了词典和语法类书籍。在两个世纪以前的墨西哥城也出现过同样的做法。1536年，方济各会修士通过联合总督，共建特拉特洛尔科的圣克鲁斯学院，找到了让原住民贵族后代获取欧洲知识、让顺从的信息提供者帮助他们书写历史的方法。[1]

马德拉斯大学和加尔各答大学很快便创造了"一个与世界历史相联系的，一个前所未有、出乎意料的书写印度史的模式"[2]。自1786年起，威廉·琼斯于加尔各答提出了印度人与英国人具有相同的印欧根源的想法。[3]30年后，弗朗西斯·怀特·埃利斯（Francis Whyte Ellis）认为除了印欧语系，还存在着达罗毗荼语系。埃利斯不是持这一说法的唯一先驱。他和欧洲人、原住民组成了一个研究团队，共同完成这项研究。这样的合作方式在此前的墨西哥殖民时期有诸多先例。埃利斯的团队最终提出了一个将语言理论和人种贵贱相结合的历史模型：相对于达罗毗荼民族那些肤色黝黑的"野蛮人"而言，操梵语的民族，也就是肤色白皙

---

[1] 无论是在英国人占领的印度，还是在征服者所处的墨西哥，这些最初的教育机构都很快表现出了不稳定的特性。
[2] Thomas R. Trautmann, « Inventing the History of South India » (《创造南印度历史》), in David Ali (ed.), *Invoking the Past: The Uses of History in South Asia* (《唤起过去：历史在南亚的应用》), New Delhi, Oxford University Press, 2002, p.39.
[3] 威廉·琼斯发现梵语、古希腊语、古拉丁语等语言极具相似性，提出上述语言同属"原始印欧语"的构想，为印欧语系假说奠定了基础。——译注

的入侵者，是印度文明的开化者。这两个世界的冲突，很有可能催生了种姓制度。① 如此一来，自诩来自文明世界的英国人也不必为他们的"同源表兄"雅利安人感到羞愧，尽管印度因被视为低等社会而遭受了不少痛苦。

19世纪中叶，人们已经架好构建印度历史的框架，② 传播印度历史的工具也已就位。在这件事上，欧洲人需要感谢当地学者，因为是英国人与印度人同心协力，通过结合现代科学和互不兼容的各类传统，一起创造了这些理论。

我们或许会惊奇地发现，彼时在印度被作为参考的《圣经》历史，也曾被16世纪墨西哥的方济各会修士采用过。例如，为了解释梵文的优先地位，人们结合了两种说法。一是《圣经》中关于各语言同根的观点，也就是亚当的语言；二是婆罗门教语言学的传统，即授记（Vyakarana）③，将变化视为没落和腐化。④ 埃利斯把达罗毗荼人与挪亚之子闪（Sem）的后代联系在一起。而在埃利斯之前，琼斯曾将印欧语系与挪亚的另一个儿子含（Ham）相联系，也有其他学者认为该语系与挪亚的第三个儿子雅弗（Japheth）有关。⑤ 提出这些理论的人都是传教士，如罗伯特·考德威尔（Robert Caldwell）便在其名著《达罗毗荼语

---

① Thomas R. Trautmann, « Inventing the History of South India » (《创造南印度历史》), in David Ali (ed.), *Invoking the Past: The Uses of History in South Asia* (《唤起过去：历史在南亚的应用》), New Delhi, Oxford University Press, 2002, p.53.
② Trautmann, *Aryans and British India* (《雅利安人和英属印度》), Berkeley, Los Angeles, Londres, University of California Press, 1997.
③ 印度诸宗教中对经、律进行问答的散文体裁。——编注
④ Trautmann (2002), p.44; Eugene F. Irschick, *Dialogue and History: Constructing South India, 1795-1895* (《对话与历史：建构南印度，1795—1895年》), Berkeley, Los Angeles, Londres, University of California Press, 1994.
⑤ Trautmann (2002), p.47.

或南印度语系的比较语法》(*A comparative Grammar of the Dravidian or South-Indian family of languages*)[1]中讨论了这些理论。

西属美洲的传教士则更领先：3个多世纪以来，西印度群岛的殖民统治激发了人们对《圣经》自相矛盾的解读，这些人想依据《圣经》解释美洲印第安人的起源，解释这些被世界基督教化过程所遗忘之人的起源。

欧洲式的历史：远至中国和日本

欧洲式的历史在世界范围内被广泛认可，其势头非常强劲，以至于不再只为殖民者和统治者所用。中国和日本便是很好的例子。如果说在印度和英国的例子中，某些人可以声称印度没有历史传统，那么在中国和日本，这种说法就完全站不住脚了。欧洲式的历史并未跟着闯入者的脚步、伴着炮艇的航迹进入这两个国家，反而是当地的历史学家主动采用了它。

日本最先接纳了欧洲式的历史。明治时期的现代化改革热潮撼动了整个日本群岛。历史与其他欧洲科学一样，被视为实现野心不可或缺的知识。日本在西方化的过程中，发现了实证主义。人们在西方强国激烈竞争的背景下阅读达尔文的进化论。文人们醉心于研究弗朗索瓦·基佐（François Guizot）的《欧洲文明史》(*Histoire générale de la civilisation en Europe*)、伊波利特·泰纳（Hyppolyte Taine）的《现代法国的起源》(*Les Origines de la France*)，以及托马斯·巴克尔（Thomas Buckle）的

---

[1] Vinay Lal, *The History of History. Politics and Scholarship in Modern India* (《历史的历史：现代印度的政治和学术研究》), Oxford, Oxford University Press, 2003.

《英国文明史》(History of England)。彼时翻译亚当·斯密(Adam Smith)和赫伯特·斯宾塞(Herbert Spencer)作品的日本译者田口卯吉(Taguchi Ukichi)则撰写了六卷本的《日本开化小史》(A Brief History of Japanese Civilization),他也在书中持社会逐步开化和发展的观点。

日本开始透过西方之镜认识自我。这面镜子避无可避,因为欧洲式历史的传播也伴随着现代民族主义的兴起和大学制度的改革。1888年,日本开设了日本历史课程,次年开设了国家历史课程,1904年开设了东方历史课程。于是,人们开始破除传统的研究体系——文学。因为历史曾被纳入日本文学的范畴。自此以后,历史以欧洲的表现形式,在日本成为独立学科。

该学科并非由统治者从国外引进,而是由受邀的历史学家带到日本。时年26岁的路德维希·里斯(Ludwig Riess)是德国著名历史学家利奥波德·冯·兰克(Leopold von Ranke)的弟子,自1887年起受雇于明治政府。里斯在帝国大学向学生传授着自己德国老师的研究方法。[1] 当英国人和法国人着力讨论应如何书写文明史时,德国人则输出了以客观性和著名学者形象为基准的科学研究方法。[2]

---

[1] 兰克发展了学术研讨会制度,并在1834年以其著作《教皇史》(Die römischen Päpste, ihre Kirche und ihr Staat...)开始被人熟知。Teijirô Muramatsu, Westerners in the Modernization of Japan (《日本现代化进程中的西方人》), Lynne E. Riggs et Manabu Takeschi (trad.), Tokyo, Hitachi, 1995.

[2] 依据以下研究,里斯对大学威望表达了较为保守的认同:Margaret Mehl, « German Influences on Historical Scholarship in Meiji Japan. How significant is it really? »(《德国对明治日本历史学术的影响有多大?》), in The Past, Present and Future of History and Historical Sources. A symposium to commemorate 100 years of Publications of the Historiographical Institution [《历史和历史资料的过去、现在和未来:纪念历史学研究所出版物(转下页)(接上页)100周年的研讨会》], University of Tokyo, 2002, p.225-246; Sebastian Conrad, « What time in Japan? Problems of Comparative Historiography »(《日本的何种时间?比较史学的问题》), History and Theory(《历史与理论》), février 1999, vol.38-1, p.67-83; Francine Hérail, « Regards sur l'historiographie de l'époque Meiji »(《明治时期史学研究》), Storia della storiografia(《历史学的历史》), mai 1984, vol.5, p.92-114。

欧洲的历史观和研究方法是率先通过日本的历史学家传播的，例如福泽谕吉（Fukuzawa Yukichi）推崇的文明论。1920年，当梁启超展开新史学研究时，他深信，欧洲民族主义的兴起与西方世界的崛起，都与欧洲式的历史研究息息相关。"现在"不再被看成是对过去的重复，历史研究也不再只是进行史料评述和文献考证。西方史观在中国遇到了一种强大的传统——一种可能是世界上最持久的传统。这种传统由具有远见卓识的思想家司马迁和司马光建立，并通过大量著作传播开来。①

彼时的中国也需要在世界范围内认识自己。这一新参照范围的调整，意味着要不断地将现代与古代做比较。现代对应的是传入中国的欧洲事物，而古代对应着亚洲传统。这种现代与古代的冲突在新西班牙和秘鲁历史学家的笔下已经初现端倪。随后，在大西洋区域这种冲突体现在意大利人早在文艺复兴时期就引入欧洲历史的时间划分方式上。

在亚洲，欧洲式历史和历史主义的发展伴随着民族主义的兴起。在欧洲以外的其他地方，历史主义不仅意味着灌输其他的时间观和建构当地社会历史的方式，其影响更在于强加了一个独特且唯一的线性时间观念。它规定任何一个社会，无论所处何方，都只能从历史进程中定位自身。这个历程还被分割成一系列预先确立的类别。从这样的角度来看，社会、政治、宗教和文化都是由历史决定的。②

在采用了西方的历史方法和观念后，当地精英想要重新审视过去，使其与西方区别开来，从而构建一个国家。然而，这样的国家历史即便

---

① Vandermeersch (2007), p.70.
② Dipesh Chakrabarty, *Provincializing Europe: Postcolonial Thought and Historical Difference* (《地方化欧洲：后殖民思想与历史差异》), Princeton, Princeton University Press, 2000, p.22 [trad. Française : *Provincialiser l'Europe. La pensée postcoloniale et la différence historique* (《地方化欧洲：后殖民思想与历史差异》), Paris, Amsterdam, 2009].

尝试批判地审视自身的印记、弥补所谓的落后，却也只能证实西方主义的渗透。

世界历史依然是现代化的历史。因为历史作为欧洲的学科，正是按照资本主义的发展节奏，逐渐被全球化的。

《地方化欧洲》

欧洲的历史模式及其所传递的历史主义得到进一步发展，促使人们思考所谓"历史"学科的合法性、普遍性和局限性。迪佩什·查卡拉巴提（Dipesh Chakrabarty）在其著作《地方化欧洲》（*Provincialiser l'Europe*）中出色地探讨了这一议题。[1] 他认为，对我们而言，历史的定义标准无一例外都是欧洲中心主义的。这意味着各地的地方社会都被评估着，而评估的标准便是它们回应欧洲模式的能力，也可以说是重复上演他处历史的能力。由于面临着被指责为愚昧和嗜古的风险，这些社会从此便不得不通过西方之镜审视自身。欧洲的历史无论是否被明确表述，即便有时仅作为陪衬，也变成了必然的参考。依照这一模式，其他国家和地区的历史都可以被归结为追随西方国家所做的或多或少的成功尝试。人们测量着落后，标记着困难，评估着失败。于是，历史的时间被用来衡量文化的差距，而这些差距又把西方与世界其他各地区分开来。

19世纪，民族国家、公民身份、资产阶级的价值观、公私分离及资本主义等概念定义着现代性，这也正是欧洲人具体展示给世人的现代性的特征。300年前的16世纪，基督教的价值观和人道主义的愿景，

---

[1] Chakrabarty (2000).

以及西印度群岛的法律和商业资本主义法则是促进伊比利亚半岛现代性发展的主要动力。那时，现代思想很容易和基督教的价值观混淆，但那些随后成为"西欧"的国家，已经开始为标榜"现代性发源地"做准备了。而其他国家，无论是否曾被殖民，此后都不得不接受欧洲现代性的启发。

对于其他国家，历史的时间不仅从"距离"或者"追赶"的角度被确立，也体现为从古代世界到现代世界的转变。进步变成了"必要"且"不可抗拒"的，那应当如何克服技术、制度和政治层面的障碍呢？确切地说，在19世纪，传统的非洲和亚洲社会该如何转变至工业革命的世界呢？从16世纪的新世界幸存的人们被邀请进入基督教的历史、西班牙的历史和葡萄牙的历史，离开新石器时代进入铁器时代。同样地，几个世纪以后，人们开始接受通行的马克思主义思想，或屈服于自由资本主义思想的号令。[1]

任何一次转变都由断裂引起：大征服、殖民、基督教化、全球化都标志着"历史元年"，至少是进入欧洲和西方历史的元年。人类已经在这片土地上生活了至少1.5万年，我们不可能一直忽视过去。如果在秘鲁、墨西哥和其他美洲国家，人们在书写历史的过程中系统地引入非欧洲式的过去，但它与欧洲式历史的分野却始终遵循着西方史学的标准（无论这些历史被称为"前哥伦布时期""前西班牙时期"，还是"前科尔特斯时期"，都被视为"史前"时期），那么历史也会因此变成一个"人们以现代（一个超现实的欧洲）之名，占领记忆积淀之地的领域"[2]。

---

[1] 正是受到这些思想的影响，几十年来，研究拉丁美洲的专家坚信掌握着真理，辩论着从亚细亚生产方式到殖民生产方式的转变。

[2] Chakrabarty (2000), p.37.

第二章
由旧生新

历史化的漫长征程始于墨西哥。在整个 16 世纪，西班牙人、混血儿和印第安人投入到了一场前所未有的活动中。它很难与 19 世纪经典的历史主义学派[①]混淆，却有着相同的取向。首先，"救恩史"被看作解释人类命运和社会命运的关键，是"获得经验知识和关于真实之人（人以其伟大和苦难而为人）的牢固知识的唯一途径"[②]。方济各会修士向当地人，也就是那些他们渴望招揽到基督信仰之下的人传递着这样一个信

[①] 兴起于 19 世纪德国的"历史主义"思潮主张区分历史现象与自然现象。其观点错综复杂，但均反对把启蒙运动崇尚的普遍主义理论作为社会科学的唯一或者最高形式，强调综合分析社会和经济现实，重视"理解"和"诠释"事件、人物和历史时期及其背后的文化价值和意义内涵。——译注

[②] Leo Strauss, *Uma introdução à filosofia política. Dez ensaios*(《政治哲学导论：十论》), São Paulo, E Realizações Editora, p.1-15 (trad. Elcio Verçosa Filho); éd. angl. Detroit, Wayne State University Press, 1989. 与 19 世纪经典历史主义不同，方济各会主张的历史主义在形而上和仪式的框架下展开，具有极强的说服力。这种说服力是简单的意识形态立场难以获得的。

息：若要理解人和事，则需要获取一种历史意识；而获取历史意识，则需要皈依，并通过救恩史认可每个人的位置和价值。

方济各会的第一拨福音布道促进了新世界的历史化，并激发了诸多创举。安德烈斯·德奥尔莫斯是该领域的先驱，但弗雷·托里比奥·德贝纳文特（Fray Toribio de Benavente，即莫托里尼亚）的作品保存得更为完好，将成为重要的思考指导。莫托里尼亚在留给后世的手稿——《新西班牙印第安人史》（*Historia de los indios de la Nueva España*）和《新西班牙事物及居民回忆录》（*Memoriales o Libro Segundo de las Cosas de la Nueva España y de los Naturales de Ella*）[①]中，阐明了这一终将覆盖全世界的历史化进程在美洲的初期状况。[②]

莫托里尼亚如何做研究呢？他的手稿不是或忠实或偏颇地记录一个或多个印第安人的讲述，而是包含了各种记录，调用了各类工具。民族历史人类学家有时可能会忽略他的这种做法，因为他们往往过分关注印第安人的过去，而忘记传教士接受过中世纪教育。也就是说，传教士不是受过训练的历史学家，但他们也不是头脑如一张白纸似的踏上新大陆的。他们的脑海中充满了难以厘清的想法和预设。于是，一种前所未有的体验开始了：这是欧洲人第一次致力于在美洲大陆书写一部非欧洲的历史；而他们的信息提供者——当地的印第安人，同样也是第一次通过参与历史的创立和书写，赋予了自己一部具有欧洲意义的历史。

---

① 下文简称为《回忆录》。——译注
② 关于《新西班牙印第安人史》一书及其作者，可参考梅赛德斯·塞纳·阿奈斯（Mercedes Serna Arnaiz）和贝尔纳特·卡斯塔尼·普拉多（Bernat Castany Prado）编写的《弗雷·托里比奥·德贝纳文特·"莫托里尼亚"，新西班牙印第安人史》（*Fray Toribio de Benavente "Motolinía", Historia de los Indios de la Nueva España*），Madrid，Real Academia Española，2014。对于莫托里尼亚是否为此书的作者，历史学家们观点不一。

莫托里尼亚的任务

1524年，莫托里尼亚自墨西哥海岸登上大陆。他穿梭于国家中心最早建立的一批修道院之间，旅居墨西哥城、特斯科科城和特拉斯卡拉城，并多次游历了遥远的危地马拉。他在方济各会教省担任要职，包括省长职务。他非常熟悉新西班牙及其居民，凭借个人的影响力，致力于介入公共生活。从他到达新大陆起，便支持埃尔南·科尔特斯一方，反对与科尔特斯有冲突的其他殖民者。直至1568年去世，莫托里尼亚始终为西班牙王室效力，捍卫维护宗教秩序的行动，对抗那些在他看来损害宗教权威的强势之人，如巴托洛梅·德拉斯·卡萨斯。

16世纪20年代末期，莫托里尼亚从关系较近的印第安贵族那里收集信息。1536年，他所在的修道院教务会正式委托他撰写关于印第安社会的调查。[①] 早在3年前，面对缺乏原住民社会信息的现状和针对原住民的诸多指控，审问院主席拉米雷斯·德富恩莱尔（Ramírez de Fuenleal）主教已经差遣另一位方济各会修士展开调查。此人就是安德烈斯·德奥尔莫斯，他是公认的最好的纳瓦特尔语专家。主教要求德奥尔莫斯依据调查的结果，编写一部关于当地"古物"（antigüedades）的书。[②] 我们需要记住这个词，因为它为研究墨西哥印第安人的历史学家标记了前进的道路。

当时，殖民当局乐观地憧憬着印第安人的未来。德富恩莱尔主教主张开设一个"当地人研究中心"[③]。这位人道主义者形容印第安人时，不

[①] Georges Baudot (1977), p.269; Toribio de Benavente Motolinía, *Historia de los indios de la Nueva España* (《新西班牙印第安人史》), México, Porrúa, 1969, p.97.
[②] Mendieta (1945), p.81.
[③] León-Portilla (1969), p.14.

吝溢美之词："若依据人们所行之事来评判其智慧，印第安人优于西班牙人，当我们了解了他们时——这很快就能实现——他们也会了解我们。我们应当保留他们那令人赞叹的宗教和世俗的习俗。我之所以这样说，是因为我和他们相处得最多，我和他们畅谈各个领域的事情……而且我说的是实话。"①

莫托里尼亚的任务也符合当时官方政策的主张。同样是在1536年，第一任新西班牙总督安东尼奥·德门多萨（Antonio de Mendoza）重申了调查的紧迫性。1月6日，圣克鲁斯学院于圣地亚哥特拉特洛尔科成立。如前文所述，这所机构的目标在于培养原住民精英。家境较好的青少年准备学习征服者带来的拉丁文文法和知识；他们也需要一个体面的过去，一个依照旧世界而存在的"古代"。此外，圣克鲁斯学院的选址也很讲究，它的所在地曾是大征服之前当地贵族的后代接受教育的场所——卡尔梅卡（Calmecac）。无论是殖民统治者还是传教士，都认为有必要将西班牙和当地的过往紧密联系在一起，以巩固西班牙在当地的影响力。

莫托里尼亚是在这样的背景下愿意书写"一些本地人的非凡事物"的，尽管依他所言，他从未有过类似的想法，②也从未事先做好投入这样一次史无前例的写作的准备。然而，莫托里尼亚此后的人生，都在传教事业和田野调查两种工作以及在严谨的历史学家和热忱的传教士两个角色之间徘徊。他的经历被书写成了上百页的故事，流传至今。有一个关于他的数字，可能不完全准确，但足以体现出他的忙碌程度：据说在

---

① Francisco del Paso y Troncoso, *Epistolario de Nueva España*（《新西班牙书信集》）, Mexico, José Porrúa e Hijos, t. XV, 1940, p.163.
② Motolinía (1969), Tratado II, p.97.

第二章 由旧生新

莫托里尼亚的一生中，"不算那些可能遗漏的情况"[1]，他总共为40万原住民施洗。与此同时，他还在政治舞台上投入了巨大的精力。

无论是住在特拉斯卡拉城，还是穿梭于一座又一座修道院之间，莫托里尼亚都会召集当地的原住民贵族，并着重邀请长者。相同的场景重复上演着：一个传教士向贵族们提问，印证答案，再细化问题、搜集整理笔记，直至编写出《新西班牙印第安人史》和《回忆录》中的章节。当时，30岁以上的贵族受访者都在大征服之前受过教育。年近花甲的人能讲述自己在1520年之前的大部分人生经历。他们曾经生活在一个完全没有欧洲影响的世界，也曾无须对照难以勾勒的欧洲来认识自身。莫托里尼亚总是固执地询问他们关于闯入者正在破坏和禁止的事物，如崇拜物、寺庙、仪式、信仰、所获地位等。诸多原因促使我们思考：原住民贵族到底是如何理解莫托里尼亚的问题，以及问题背后的意图的？

我们是否需要区分不同的信息提供者呢？也就是区分莫托里尼亚的信息提供者，和辅助他调查的年轻印第安人的信息提供者。答案是不需要。因为那时特拉特洛尔科的圣克鲁斯学院也才刚刚起步，[2] 莫托里尼亚才刚刚开始他的研究，缺乏珍贵的文法和词典工具，很难指望助手核实手抄本的内容。他此时还没有配着文字解释、夹杂不同主题和象形符号的"混合"画，也还未与专门受过训练的手抄本画家合作，让他们把手抄本内容转写成词语或句子。这种转写工作比口译和笔译更难，因为它脱离了一切日常的情景，无论是仪式的、节日的、社会的还是政治的情景。

莫托里尼亚在其作品的序言《书信为序》(Épitola proemial) 中说明了自己的意图，也为其事业做了辩护。那面对原住民，他如何辩护自

---

[1] Juan de Torquemada, *Monarquía indiana* (《印第安人的君主制》), vol. Ⅵ., l. XX, chap. XXV, Mexico, UNAM, 1979, p.202.
[2] Rios Castaño (2014), p.200.

己的做法呢？起初他看上去像一个民族志学家，后来又像一个有窥探癖的审讯者。① 他展现出了对答案的狂热需求和无法抑制的好奇心，这使得他在别人心中的形象模糊不清。他向原住民提出的问题都围绕着独特的主题，而这些主题恰恰是当局要求人们憎恶的事物。作为问题的回答者，原住民也感到困惑。他们处于一个非常尴尬的境地：不得不回答一些看似毫无意义的问题；或者毫无准备地来到莫托里尼亚面前，回答一些他们从未考虑过，也没有现成答案的问题。莫托里尼亚会向原住民解释自己想要了解的方面，而对方也只好想一些能够满足这位传教士好奇心的事情，尽力迎合（或不迎合）他的期待。

欧洲知识

莫托里尼亚是如何看待历史的？什么样的历史观驱使着他书写过去呢？在莫托里尼亚传教的这片土地上，他几乎是从零开始挖掘着过去，或者只能依托古代遗留下来并在中世纪的修道院中加以改善的历史模式。对于美洲，莫托里尼亚是最早开始和这片未知土地较量的人之一，他没有任何欧洲资料，没有任何天主教、中世纪或者古代的参照，也没有任何前辈书写过这里的历史。一言以蔽之，他没有任何可以依托的"权威"。对一个16世纪的欧洲人而言，这是前所未有的状况。② 莫托里尼亚至多也就拥有同僚安德烈斯·德奥尔莫斯留下的草稿和文件，或者能和几个同样对当地事物充满兴趣的传教士合作。不过，莫托里尼亚不缺口述者和当地资料。口述者的数量是相当庞大的。而莫托里尼亚研

---

① 他的先任安德烈斯·德奥尔莫斯在到达新世界之前撰写过一篇反对女巫的论著。
② Walden Browne, *Sahagún and the transition to modernity*（《萨阿贡和向现代性的转变》）, Norman, University of Oklahoma Press, 2000, p.109, cité in Rios Castaño (2014), p.224, n.79.

第二章 由旧生新

究的对象——美洲印第安人的历史,就像他从事的传教事业一样,也是十分庞大的。而在此之前,还从来没有欧洲历史学家接触过中美洲的社会,因此,莫托里尼亚需要把一切都确定下来,包括历法、年表、历史分期、系谱学和朝代史、政治史、宗教史的基础,还有对礼仪、信仰的描述和注解。在缺乏这些知识的情况下,他正努力把自己变成"权威",变成至今犹存的、不可绕过的重要参考。

莫托里尼亚跳入了一片荒芜之中,但他也不是没有"降落伞"助力着陆。方济各会修士是带着某种历史观在墨西哥安顿下来的,他们从宗教典籍和教会传统中汲取了素材和解释思路。传教士们阅读《圣经》,不仅因为它是精神和仪式的承载物,更因为它蕴含着取之不尽的讲述过去的实例和方式,甚至能揭开过去之谜。基督教神学家圣奥古斯丁(Saint Augustin)将人类历史分为两个领域,即上帝之城和巴比伦,提醒人们《圣经》故事对全人类的意义。[1] 自古典时代晚期,教会历史提供了大量的叙述和阐释方式,修士们对此了如指掌。圣方济各(Saint François)的门徒和其他的教会团体,以及整个16世纪的教会人士共享着这一历史遗产。

那什么是教会历史呢?它的奠基人是凯撒利亚的尤西比乌斯(Eusebius of Caesarea)[2]。作为凯撒利亚的主教,尤西比乌斯是教会历史的先驱,和后继者莫托里尼亚一样,他"如旅行者般,在一条孤独

---

[1] Matthew Kempshall, *Rhetoric and the Writing of History, 400-1500* (《修辞学与历史写作,400—1500 年》), Manchester, Manchester University Press, 2012, p.105.

[2] Kempshall (2012), p.59; Eusèbe de Césarée, *Histoire ecclésiastique* (《教会史》), sous la direction de S. Morlet et L. Perrone, Paris, Les Belles Lettres/Éditions du Cerf, 2012, p.104-105, n.91. Voir aussi Doron Mendels, *The Media Revolution of Early Christianity. An Essay on Eusebius' Ecclesiastical History* (《早期基督教的媒体革命:论尤西比乌斯的〈教会史〉》), Grand Rapids, Michigan, Cambridge, William B. Eerdmans Publishing Company, 1999.

的、未开拓的道路上冒险,是解决问题的第一人"①。在数百年间,教会历史主导着历史写作,人们不禁会问:"又有哪个历史学家能够像凯撒利亚的尤西比乌斯那样,有着被世世代代追随的影响力呢?"②从305年到324年,尤西比乌斯用希腊语完成了《教会史》(*Historia Ecclesiastica*)。这部著作共10册,涵盖了基督教历史的最初阶段,采用了历史叙事的手法,强调基督教大人物的活动事迹,以期感召读者。它有教化人的目的,内容只涉及信仰,且遵循一个严谨的方法写成:尤西比乌斯系统地评论了自己的资料来源,优先选择最直接的证词,尽量避免引入虚构的言辞,并在叙述过程中大量援引自己忠实再现的材料。尤西比乌斯为身处世界另一个地方,想要完成相似任务的莫托里尼亚提供了借鉴。《教会史》作为一部着重打击异端的激进历史著作,③指导着莫托里尼亚的研究。

莫托里尼亚的历史著作与阅读《教会史》拉丁译本④的中世纪息息相关。他的作品沿袭了4世纪时建立的"神明显介入的历史模式"⑤传统,与受政治、外交和军事主导的异教史学分道扬镳。4世纪和5世纪的基督教历史能够满足墨西哥方济各会修士们的目的。"要把异教徒纳入犹太版本的历史……改宗或皈依的人在放弃原本的信仰时,不得不拓宽历

---

① A. Momigliano, *Problèmes d'historiographie ancienne et modern*(《古代史和现代史学问题》), Paris, Gallimard, 1983, p.157.
② A. Momigliano, « Le origini della storiografia ecclesiastica »(《教会史学的起源》), in *Le radice classiche della storiografia moderna*(《现代史学的古典根基》), Florence, Sansoni, 1992, p.141.
③ Momigliano (1983), p.157; Momigliano (1992), p.135-145。
④ 例如编年史学家、"可敬的"比德(Bède le Vénérable)修士,史学家于格·德弗勒里(Hughes de Fleury)修士,历史学家奥德里科·维塔尔(Orderic Vital)修士及不来梅的亚当(Adame de Brême)都读过此译本,并在北欧向民众讲述基督教的传播历史,参见Momigliano (1992), p.148。
⑤ Momigliano (1992), p.156, 148.

第二章　由旧生新

史的视野，这很有可能是人们第一次开始从通史的角度思考问题。"[1]基督教历史注重搜寻新的原始资料和扩展基督信仰的影响力，[2]这段话清楚地解释了为何墨西哥的方济各会修士需要回归基督教历史的古老传统。

关于墨西哥社会崩塌的叙述是莫托里尼亚的《回忆录》中最令人心碎的部分，由此可见莫托里尼亚受到了尤西比乌斯的影响。尤西比乌斯曾概述历史学家弗拉维奥·约瑟夫斯（Flavius Josephus）关于耶路撒冷的记载。公元70年，提图斯（Titus）攻破耶路撒冷，这对幸存下来的基督教徒和犹太人来说是毁灭性的打击。在尤西比乌斯笔下，耶路撒冷的衰败是神对罗马帝国基督徒之敌的惩罚，具有象征意义。莫托里尼亚一定读过尤西比乌斯的这部分叙述。1000多年以后，他借助尤西比乌斯这种着重悲剧性和形而上的叙述手法，把这种惩罚的范围扩展到了全世界，描绘了墨西哥社会的衰落。

尤西比乌斯书写的历史是"一种历史的神学"[3]。莫托里尼亚的历史也是如此，他为每个历史事件都打上了神意的印记。和尤西比乌斯一样，莫托里尼亚书写的历史与教会的发展进程紧密相关，因此也极具导向性。不同的是，尤西比乌斯和君士坦丁大帝同时代，他的神学还不受末世论和千禧年主义的影响。[4]不置可否，尤西比乌斯和他的追随者书写的是早期基督教，这正是方济各会修士们想要具体效仿的模式，后者想要根据大征服书写印第安社会。

莫托里尼亚和尤西比乌斯还有一个共同点：他们的作品皆服务于宗教事业。尤西比乌斯像记者那样，选择自己想要报道的新闻事件，考虑

---

[1] Momigliano (1992), p.150.
[2] Ibid., p.160.
[3] Eusèbe de Césarée (2012), p.100.
[4] Ibid., p.103.

读者的阅读情景，设想并写下了一部"媒介史"（Media History）①。莫托里尼亚也相差无几。我们的这位方济各会修士深知自己的写作是一种传道，也希望能够让新世界的福音布道在各地得到认可。

从这个意义上说，莫托里尼亚再次推动了教会历史的发展。在整个中世纪，尽管普世教会已经初现端倪，但教会历史倾向于集中在修道院、主教区和当地的编年史记载中。

莫托里尼亚描写在征服墨西哥过程中的灾难的方法，受到著名的埃及灾祸的启发，使人联想到书写此类灾祸历史的一位历史学家。这位生活在 5 世纪的历史学家名叫保卢斯·奥罗修斯（Paulus Orosius），是尤西比乌斯的继承者之一。奥罗修斯把教会历史变为对抗异教徒的武器。②当他列举侵袭地球的大洪水所引发的各种灾祸时，着重描写了摧毁埃及的灾难，一如《出埃及记》（Exodus）中的记载。③在他看来，这些灾难预示早期教会将遭受迫害，基督的敌人将在审判日被击败。对于大征服及其灾祸不断的后续，莫托里尼亚曾思考应如何赋予其意义。他选用了奥罗修斯的观点，④即依照神的旨意，历史的进程会包含 4 个王朝的崛起和衰落：巴比伦王朝、波斯帝国、古迦太基王国及最后的罗马帝国。这一观点使得奥罗修斯书写的通史具备了一定的政治背景。同样地，政治背景也存在于莫托里尼亚的作品中。在莫托里尼亚看来，宗教到达了新世界，延续了 4 个王朝以来权力向西方移交的传统。

---

① Mendels (1999), p.2.
② 在奥罗修斯笔下，异教的时代主要表现为各类不幸和灾祸的时代。他书写的历史以亚当的堕落为起点，涵盖了整个已知世界的事件，因此他所叙述的时间范围和地理范围都是极大的。
③ Kempshall (2012), p.59 *sq*.
④ 奥罗修斯跟随高卢历史学家庞培·特洛古斯（Pompeius Trogus）的脚步，讲述了尼布甲尼撒（Nebuchadnezzar）的梦（Daniel 2），他参考尤西比乌斯和哲罗姆（Jérôme），得出了自己的解释［Kempshall（2012），p.69］。

第二章　由旧生新

莫托里尼亚和他的继承者们，与同时代佛罗伦萨的文艺复兴历史学家马基雅维利（Machiavel）和圭恰迪尼（Guicciardini）有着不小的分歧。史学家阿纳尔多·莫米利亚诺（Arnaldo Momigliano）认为，在西方世界，历史的书写经历了3个主要阶段，即公元前5世纪、公元4世纪和16世纪；并由3个主要群体完成，分别是古希腊历史学家［希罗多德（Herodotus）、修昔底德（Thucydides）］、罗马帝国晚期的基督教历史学家和文艺复兴时期的历史学家。① 莫托里尼亚作品参照的显然是第二阶段的教会历史，而文艺复兴时期人文主义的历史学家，无论是意大利人还是西班牙人，都更倾向于在非信徒的历史记述中寻找政治史和军事史的范例［如希罗多德、修昔底德、提图斯·李维（Titus Livius）、塔西佗（Tacitus）］。我们只有理解了世俗历史（historia gentium）②和宗教历史之间的分歧，才能欣赏方济各会修士在整个16世纪为书写历史所做的独特贡献。

福音布道与时间尽头

莫托里尼亚书写的历史之所以能与尤西比乌斯创作的历史版本形成对照，不仅因为它超越了地中海基督教或罗马帝国的影响范畴，更因

---

① Momigliano (1983), p.156.; id., « Ancient History and the Antiquarian »（《古代史和古物收藏家》）, *Journal of the Warburg and Courtauld Institutes*（《沃伯格和考陶尔德研究所期刊》）, vol. 13 (1950), p.285-315; repris dans *Contributo alla storia degli studi classici*（《对古典研究史的贡献》）, Rome, 1955, p.67-106; William Stenhouse, *Reading Inscriptions and Writing Ancien History: Historical Scholarship in the Late Renaissance*（《阅读铭文与写作古史：文艺复兴晚期的历史学术》）, BICS, suppl.86, Londres, 2005; Peter N. Miller (ed.), *Momigliano and Antiquarianism: Foundations of the Modern Cultural Sciences*（《莫米利亚诺和古物研究：现代文化科学的基础》）, Toronto, University of Toronto Press, 2007.
② Kempshall (2012), p.93.

为它汲取了 13 世纪（方济各会诞生的第一个世纪）方济各会获取的双重经验，从而追求普世价值。第一重经验指的是创始人亚西西的圣方济各（San Francesco di Assisi）的传教经验，第二重经验指的是成吉思汗及其继任者的征服所激发的在蒙古帝国的传教经验。当时，方济各会和罗马教廷制定了渗透教义的工具和接近当地人的策略，以便在广阔的地域中面向陌生族群组织传教活动。为了避免失败，他们首先预设了传教的对象，又思考了将原住民变成忠于圣座的信徒的方式。那时的基督教虽然已经具备了向其他地区布道的能力，但仍面临着蒙古人的威胁。而圣方济各会则主要从两个方面践行着影响全世界的抱负：布道和修缮教堂。也就是从时间维度上考虑长远目标，从空间维度上将宗教影响力投射到整个世界。墨西哥的方济各会修士随后在新大陆重新运用了这些经验。[1]

中世纪基督教徒面临新的地理和宗教挑战。一种受独特时间观念影响的精神状态应运而生。[2]蒙古人的到来使得末世论再次流行起来，这让所有中世纪基督徒感到前所未有的震动。蒙古人激发传教士们创作出了大量著作。从这个角度说，关于美洲的记载并不是罗马教廷绝对意义上的第一次创作热潮。13 世纪的修士柏朗嘉宾（Giovanni da Pian del Carpine）、波兰的本笃（Benedict of Poland）、鲁不鲁乞（Guillaume de

---

[1] 现在看来，方济各会在亚洲的行动仿佛是他们在墨西哥发起宗教征服的前兆。蒙古帝国的征服点燃了方济各会修士传教的希望，而新世界的发现让他们希望重燃，想要把握住第二次机会。参见 Davide Bigalli, *I Tartari e l'Apocalisse. Ricerche sull'escatologia in Adamo Marsh e Ruggero Bacone*（《鞑靼人与世界末日：亚当·马什和罗杰·培根作品中的末世论研究》）, Florence, La Nuova Italia, 1971.
[2] Marc Brettler, « Cyclical and Theological Time in the Hebrew Bible »（《〈希伯来圣经〉中的循环性时间和神学时间》）, in Ralph M. Rosen (ed.), *Time and Temporality in the Ancient World*（《古代世界的时间和时间性》）, Philadelphie, University of Pennsylvania, Museum of Archeology and Anthropology, 2004, p.123, 120.

第二章　由旧生新　　　　　　　　　　　　　　　　　　　031

Rubrouck）和鄂多立克（Odorico de Pordenone）都记述了他们出使蒙古的经历，提供了关于蒙古帝国军事和社会组织的丰富资料。其他传教士，如巴马的塞利姆本（Salimbene of Parma）、罗杰·培根（Roger Bacon）及多明我会修士博韦的樊尚（Vincent de Beauvais）后来沿用了这些资料。[①] 修士们通过传教活动收集到的信息不是原始材料，而是围绕着一定的宗教目的写成的。所有问题的论述，如什么人、什么事、通过何种方式、为什么、如何做、什么时候做等，都依据亚里士多德学说的逻辑、经院哲学的批判步骤展开。这些理论框架指导着修士们在蒙古的传教活动，[②] 而反过来，他们对自身经历的叙述也为欧洲历史学家提供了研究史料。

　　与随后从新世界获取的资料一样，13世纪的修士们在传教过程中获取的信息也挑战着传统的权威［如托勒密（Ptolemaeus）、普林尼（Plinius）、索利努斯（Solinus）、圣哲罗姆（Saint Jérôme）等］，并且不符合读者对神怪故事和异国情调的渴求。传教士们的报告给地理学造成了巨大冲击，尤其撼动了人们关于地球尺度和基督教扩张的想法。与16世纪的西班牙编年史学家不同，13世纪的传教士所处的政治环境是对基督教不利的。然而，他们也意识到了已知世界的界限。一个新的"范围"逐渐成形，世界意识的萌芽也随之而来。

　　尽管修士们具备了批判意识，却仍难免受时代观念的困扰。鲁不鲁

---

① Bert Roest, *Reading the Book of History. Intellectual Contexts and Educational Functions of Franciscan Historiography, ca.1220-1350* （《阅读史书：方济各会历史学的知识背景和教育功能，约1220—1350年》), Groningue, Stichting Drukkerij C. Regenboog, 1996.
② Michèle Gueret-Laferte, *Sur les routes de l'Empire mongol. Ordre et rhétorique des relations de voyage aux XIIIe et XIVe siècles* （《通往蒙古帝国之路：13世纪和14世纪旅行叙事的种类和修辞》), Paris, H. Champion, Nouvelle Bibliothèque du Moyen Âge, 1995, p.28-49.

乞和罗杰·培根认同歌革和玛各一族的存在，也认为亚历山大大帝建立起了阻拦他们的城墙。不过，城墙只剩下了废墟，大门已为基督的敌人敞开。

西班牙的方济各会修士认为这类忧虑也与其他因素有关。墨西哥的方济各会修士心怀期望，他们受到了伊比利亚半岛一种重要思想潮流的启发[①]。该思潮是由意大利神学家菲奥雷的约阿希姆（Joanchim de Flore）及其追随者发展起来的。他们预言圣灵时代即将到来，那将是一个充满纯粹爱德、至福千年的年代，并将由一位新的基督开启。有些人认为这位新基督可能是圣方济各，圣灵时代将是一个属于教会修士的时代。方济各会中处于正统学说边缘的"属灵派"继承了千禧年的学说。随后到了15世纪新大陆，"严守派"也接受了这一思潮，继续延续着方济各会的期待。[②]

在15世纪末，新大陆方济各会的"严守派"修士胡安·德瓜达卢佩（Juan de Guadalupe）于西班牙的格拉纳达发起了修会改革，贫穷和苦修准则再次被强化。1519年，方济各会的圣加不列教省建立，意味着千禧年的观点得到了更广泛的认同。向新世界发起最初远征的同一时期，该观点迸发出了新的生命力。"大发现"正当其时，激起了修士们对千禧学说的希望和对世界末日的期待。他们认为，只需要挑选合适的工作者，新大陆便能成为通向末日的跳板。于是，12位方济各会修士被选中，最先前往了新大陆。约阿希姆曾向他的门徒解释说基督教空

---

① 即千禧年主义（Millénarisme），基督教中的一种信仰观点。该学说有不同的流派和理解。菲奥雷的约阿希姆使得该学说从中世纪起再次盛行起来。——译注
② Alain Milhou, « Apocalypticism in Central and South American Colonialism »（《中美洲和南美洲殖民主义中的世界末日主义》）, in *The Encyclopedia of Apocalypticism*（《世界末日主义百科全书》）, vol. I, New York, The Continuum Publishing Company, 1998, p.3-35.

第二章　由旧生新

间将无限扩张，直至世界尽头。怀抱着这种信念，12位修士渴望着进入世界历史的末章。这样说来，墨西哥方济各会修士马丁·德巴伦西亚（Martín de Valencia）能够成为圣加不列教省的首领并不令人吃惊，[①]他一直操心着异教徒的皈依和世界末日的预言。枢机主教弗朗西斯科·德基尼奥内斯（Francisco de Quiñones）催促"十二使徒"完成传教任务，他坚信末日即将来临，从海洋的另一端被派往新大陆的修士们即将完成基督及其同伴发起的世界范围内的福音布道。查理五世的即位也带来了新的希冀和预兆：他重新点燃了统一世界的希望，统一一个由唯一的精神领袖引领、被一个如天使般的教皇统治的世界。年轻的查理不正要成为将世界汇聚于其君权之下的领袖吗？

1524年5月，12位修士登陆墨西哥，莫托里尼亚就在其中。众人秉承着一个信念：他们是预言中的历史的重要参与者。这群人不仅十分清楚历史的含义——历史即为救恩史——并且在书写历史的计划开始之前，他们就已经要求在救恩史的进程中贡献力量。"关于末日的想法激发了历史观察。"[②]莫托里尼亚参考教会初期历史，把墨西哥的方济各会修士和十二使徒做了类比，也为他们的远征传教增加了威望。不过，远征并不是为了追本溯源，修士们首先把远征看作向前的迈进，或者是在完成使命的进程中前行。

12位方济各会修士一下子就做出了一副历史进程推动者的样子。对他们而言，该进程同时体现在基督教传统的3个方面：圣书集、修会传教的历史，以及基督欧洲的末日想象。众人正是在这三重意义上构想传教事业，并为其赋予了普世的价值，即"人的充足和时间充足"

[①] Baudot (1977), p.83.
[②] Momigliano (1992), p.34.

(Plenitudo gentium, plenitudo temporum)之说，也就是说，当地球上众生的皈依达成之时，便是时间充足之时。方济各会的计划把时间和空间结合起来，视其为一个整体，并将其富丽堂皇地描绘了出来。新世界的发现、皇帝的即位、美洲印第安人的出现等迹象，对于承载着"历史上"普世传教使命的方济各会而言，可以激发一切新的希望。

登陆墨西哥的第一批传教士深信他们的布道行动遵循着神意，是历史的重要组成部分——该历史可以与救恩史混为一谈。这是一种具有普世价值的关于世界末日的历史主义。这种观点的基础不再是王朝和土地的神圣化，它标志着近代早期当代国家的兴起。

直至彼时，原住民还是一群未知者，那如何确定他们的皈依就一定预示着最后之日的到来呢？单单研究这群人的来源是远远不够的，还需要定义他们在人类历史中的地位，也就是解释他们在时间充足过程中扮演的角色。

中世纪百宝箱

莫托里尼亚采用的历史研究工具，到了 16 世纪虽不算完全废弃的或过时的，但至少也充满了强烈的中世纪色彩。为了解释自己正在创造一部世界历史，莫托里尼亚以一部中世纪巨作为依托，这部巨作就是西班牙神学家圣依西多禄（Isidore de Séville）编著的《词源》(*Étymologies*)。这是一部书写于西哥特王国[①]时期的拉丁文百科全书，旨在通过引用和注释词源来记述古代知识。这部著作涉及的主题极为广

[①] 5 世纪至 8 世纪初，西哥特人在西罗马帝国境内高卢西南部和西班牙建立的日耳曼国家。——编注

泛，共 20 卷、400 多个章节。彼时人们在欧洲各地的学校和修道院里都可以读到这本书，例如位于西班牙萨拉曼卡的圣弗朗索瓦修道院。[1] 尽管人文主义学者对辞书学家敬而远之，认为他们的大多数想法过于异想天开，[2] 但在 1470 年至 1530 年间，这部《词源》被再版数十次。贡萨洛·费尔南德斯·德奥维多和巴托洛梅·德拉斯·卡萨斯两位西班牙历史学家在他们关于西印度的记述中也大量参考了这本百科全书。[3]

莫托里尼亚遵循圣依西多禄的方法，从一个词和一个想法开始，书写他的第一章。他先借助纳瓦特尔语单词"阿纳瓦克"探究了印第安人对世界的认识。这种方法十分明确，但若放在今天并不具备什么说服力。他如何通过事物的名称了解事物呢？大概是先分析词语，然后获得词语所指对象的相关信息。不过圣依西多禄分析的对象是用拉丁文或希腊文写成的。而在墨西哥，莫托里尼亚则取材于纳瓦特尔语和美洲印第安人的"地理"情况，打破了以往文人世界以拉丁文、希腊文、希伯来文或者迦勒底文书写的惯例。

圣依西多禄的著作中也包含了取之不竭的世界地理知识。人们可以从中了解到广袤的大陆是被水环绕着的，例如中美洲的阿纳瓦克。人们还得知在所有的大洲上都居住着挪亚的后代，以及人类由 73 个不同的民族组成。[4] 那人们在克里斯托弗·哥伦布发现新大陆之前，是否已经知晓美洲的存在呢？莫托里尼亚给出了肯定的答案。他从一部

---

[1] Roest (2000), p.211.
[2] Jean-Frédéric Chevalier, « Remarques sur la réception des *Étymologies* d'Isidore de Séville au Trecento » (《关于圣依西多禄〈词源〉的接受情况研究》), *Cahiers de recherches médiévales* (《中世纪研究手册》), vol.16, 2008, p.7-16.
[3] AHS, II, p.705-706.
[4] Manuel Albaladejo Vivero, « El conocimiento geográfico en las *Etimologías* isidorianas: algunas consideraciones » (《关于圣依西多禄〈词源〉中地理知识的思考》), *Iberia* (《伊比利亚》), vol.2, 1999, p.201-203.

具有预兆性的著作的标题中得到了这个答案,该著作名为《世界的形象》(De imagine mundi)。莫托里尼亚错误地以为该书的作者是安瑟伦(Anselm)。或许因为当时他的手中有一些安瑟伦的出版物,其中混入了另一位学者的文本,而这另一位学者才是这本书的真正作者——欧坦的奥诺里于斯(Honorius of Autun)。[1] 也或许因为这些文本不是成套的,卷册出现了错配,并且标注作者的一页缺失了。莫托里尼亚参考欧坦的奥诺里于斯的做法体现了中世纪知识的生命力,也反映出这些如今可能被认为是"低级"的知识仍深刻影响着人们对美洲世界的认识。13世纪之前的作品,无论是圣依西多禄的《词源》还是欧坦的奥诺里于斯的《世界的形象》,依然对16世纪的思想产生着重大影响。这些中世纪的古代知识简洁明了,被贫瘠却准确的拉丁语记载下来,后来一度成为网络百科中的最佳词条。它们包含了任何接触过书写文化和修士文化的人都应该知道的东西。

《世界的形象》记载了什么呢?它融合了通史、宇宙学和地理学,主要研究气候与天体运动。[2] 这部百科全书很快被翻译成多种语言,在整个中世纪被广泛传播。它在一定程度上启发了主教皮埃尔·德阿伊

---

[1] 也可能是约翰内斯·阿默巴赫(Johannes Amerbach)于1497年出版的《安塞米的作品》(Opuscula Beati Anselmi)。但该错误自但丁时期就存在了。具体可见 Marie-Odile Garrigues, « Honorius Augustodunensis et l'Italie »(《欧坦的奥诺里于斯和意大利》), MEFR(《罗马法国学院文集》), 1972, vol.84-2, p.529; Valerie I. J. Flint, Archives d'histoire doctrinale et littéraire du Moyen Âge(《中世纪教义和文学史档案》), n° 57, 1982, p.1-153.
[2] 关于欧坦的奥诺里于斯,可参见 Valerie I. J. Flint, Ideas in the Medieval West: Texts and their Contexts(《中世纪西方的思想:文本及其背景》), Londres, 1988; Alfredo Alvar Ezquerra (ed.), Las enciclopedias en España antes de la Encyclopédie(《〈大百科全书〉出版前的西班牙百科全书研究》), Madrid, CISIC, 2009; V. I. J. Flint, « Honorius Augustodunensis de Regensburg »(《雷根斯堡的欧坦的奥诺里于斯》), Authors of the Middle Ages: Historical and Religious Writers of the Latin West(《中世界作家:西方拉丁语世界中的历史与宗教作家》), Aldershot, vol. II, n° 5-6, Variorum(《集注本》), 1995, p.89-183.

第二章　由旧生新

（Pierre d'Ailly）编著自己的《世界的形象》（Imago mundi）。主教的这本书又为地理学家马丁·贝海姆（Martin Behaim）和探险家哥伦布提供了参考。15世纪的人们阅读马可·波罗（Marco Polo）和约翰·曼德维尔（John Mandeville）[①]的著作，也阅读皮埃尔·德阿伊撰写的《世界的形象》。在欧坦的奥诺里于斯所写的《世界的形象》中，莫托里尼亚了解到了时间的不同形式，从无始无终的永恒，到有始无终的永常（ævum），直至有始有终的时间。他还从中找到了一系列能够将英雄的名字、地区的名字和民族的名字联系起来的家谱，为其认识墨西哥各个王朝提供了参考。

莫托里尼亚也时常翻阅方济各会修士巴泰勒米（Barthélemy）的著作，后者曾在牛津、巴黎（1220年）和马格德堡（1230年）任教。巴泰勒米共计19卷的《物之属性》（De proprietatibus rerum）写于13世纪的创作浪潮中，也是一部百科全书性质的著作。博韦的樊尚撰写的百科全书《大宝鉴》（Speculum maius）和康提姆普雷的托马斯（Thomas of Cantimpré）的著作都是该浪潮中的重要作品。[②]这股浪潮更关注自然之物，更崇尚严明的纪律（亚里士多德主义体现出了一点），也更注重经验主义的指导。《物之属性》得以写成，便是受到了牛津方济各会

[①] 中世纪英格兰骑士、旅行家。著有《曼德维尔游记》，书中记述了作者在东方数十年的旅程，描述了中东、印度、中国、爪哇岛、苏门答腊岛等地的风俗，对当时的欧洲影响巨大。——编注

[②] Carlos Alvar, « Traducciones medievales de enciclopedias »（《中世纪百科全书翻译》）, in Alfredo Alvar Ezquerra（2009）, p.125；西班牙语的译本由弗雷·维森特·德布尔戈斯（Fray Vincente de Burgos）于1494年在法国图卢兹出版。Michelangelo Picone (ed.), L'enciclopedismo medievale（《中世纪百科全书》）, Ravenne, Longo, 1994; Baudouin Van den Abeele & Heinz Meyer (eds)., Bartholomaeus Anglicus, « De proprietatibus rerum ». Texte latin et réception vernaculaire. Lateinischer Text und volkssprachige Rezeption（《〈物之属性〉的拉丁语文本和本土接受》）, Baudouin Van den Abeele et Heinz Meyer (éd.), Turnhout, Brepols, 2005.

自然主义的影响。上述重要作品，如圣依西多禄的《词源》、欧坦的奥诺里于斯的《世界的形象》和巴泰勒米的《物之属性》是否有相同之处呢？答案是肯定的，它们都继承了古罗马时代的文化和普林尼的百科全书《自然史》（*Naturalis Historia*）的传统。①

基督教的时间框架

建构过去，也意味着建构一套年代学。因此，能在莫托里尼亚的参考书目中找到基督年代学奠基人、非洲人塞克斯特斯·尤利乌斯·阿菲利加努斯（Sextus Julius Africanus）的作品不足为奇。他是希腊神学家奥利金（Origène）的朋友，也是罗马皇帝塞普蒂米乌斯·塞维鲁（Septimius Severus）的仆人。人们将世界史的建立归功于尤利乌斯的《年代学》（*Chronographiae*），这是第一部交叉记载犹太民族与希腊民族自公元前5500年至罗马帝国塞维鲁王朝埃拉伽巴路斯（Héliogabale，203—222年）皇帝的历史著作。这也是第一次，②一位基督教徒试图参照古罗马、古希腊和犹太民族的历史，建立一部通史。非洲人尤利乌斯的功绩还在于，他将新生的基督教和已知世界联系起来，并将世界的创造追溯至公元前，也就是耶稣降生前的5500年。在他笔下，摩西（Moses）与古希腊城市底比斯的缔造者奥吉格斯（Ogyges）成了同代

---

① 我在西班牙方济各会修士贝尔纳迪诺·德萨阿贡关于美洲印第安社会的研究中也找到了相同的参考体系。具体可见 Rios Castaño（2014），p.117，n.12；Robert Collison，*Encyclopædias : Their History Throughout the Ages*（《百科全书：古往今来的历史》），New York，Hafner，1966，chap. II，*passim*.
② Martin Wallraff (ed.), *Julius Africanus Chronographiae.The Extant Fragments*（《尤利乌斯〈年代学〉的现存片段》），avec Umberto Roberto et Karl Pinggéra, trad. William Adler, Berlin, New York, Walter de Gruyter, 2007.

人，[①]前者的存在可由后者证实，反之亦然，互为印证。尤利乌斯建立了一套为世界基督教化服务的通用编年框架，并融合了看待时间的不同方式，为莫托里尼亚的历史书写开辟了道路。

方济各会的历史传统将救恩视作历史前进的动力。在莫托里尼亚来到新西班牙时，这种观点得益于普遍编年史的发展而长盛不衰，致使过去被划分成不同的时代。

多明我会修士安东尼奥·皮耶罗齐［Antonio Pierozzi，也被称为佛罗伦萨的安东尼（Antonin de Florence）］在其1459年完成的编年史作品《历史大全》(Summa historialis)中，依然采用"六个时代"和"四大帝国"两种历史演变模式。[②]第六个时代被认为始于耶稣降生，终于15世纪末。并且基于圣哲罗姆和圣奥古斯丁的判断，这个时代对应着第四个帝国，即罗马帝国。[③]"六个时代"与人类的生长周期一一对应。第一个时代为幼儿时期，即从亚当到挪亚的时期；第二个时代为儿童时期，即从挪亚到亚伯拉罕（Abraham）的时期；第三个时代为青少年时期，即从亚伯拉罕到大卫（David）的时期；第四个时代为青年时期，即从大卫到巴比伦之囚时期；第五个时代为老年时期，为从巴比伦之囚到耶稣诞生时期；最后是老年时代，这个时期将会持续到时间的尽头。该理论必然是基督中心主义的，它还结合了影响人类历史的四大帝国的更迭。这两种时代划分方式能体现出神的旨意，也考虑到了通史的发展

[①] A. Momigliano, «Pagan and Christian Historiography in the Fourth century A.D.»（《4世纪的异教和基督教历史学》）, in A. Momigliano (ed.), *The Conflict Between Paganism and Christianity in the Fourth Century*（《4世纪的异教和基督教冲突》）, Oxford, The Clarendon Press, 1963, p.79-99.
[②] 14世纪，佛罗伦萨商人乔瓦尼·维拉尼（Giovanni Villani）将他撰写的佛罗伦萨史放在了一部通史的框架内。这个框架从巴别塔开始，以希腊人对抗奥斯曼人失败而结束。
[③] 在12世纪，奥托·德弗赖辛（Otto de Freising）参照圣奥古斯丁和奥罗修斯的体例，编撰了一部四大帝国更迭、权力由东向西转移的通史。参见 Kempshall (2012), p.107-113.

过程。由此,《历史大全》的作者安东尼奥把世界历史的范围划定为始于创世纪,止于 14 世纪。

1483 年,奥古斯丁修会修士贾科莫·菲利波·福雷斯蒂(Jacopo Filippo Foresti)接过了传承的火炬,完成了《编年史补编》(*Supplément des chroniques*)。这部作品被威尼斯的多家出版社再版,在欧洲广为传播,享有盛名。该书加入了一些世界范围内的最新信息。1486 年的版本讲述了威尼斯艺术家真蒂莱·贝利尼(Gentile Bellini)在君士坦丁堡的经历;1503 年的版本则提到了一位埃塞俄比亚大使途经热那亚前往西班牙的历程,以及新世界的发现。这是欧洲人第一次开始重视克里斯托弗·哥伦布前往新大陆的旅行。

《编年史补编》曾被轰动一时的一部历史著作大量使用和研究,即哈特曼·舍德尔(Hartmann Schedel)的《纽伦堡编年史》(*Liber chronicarum*)。《纽伦堡编年史》最先在德国被大量发行,后散播至整个欧洲。该书配有丰富的插图,共有 1809 幅木版画,延续了"六个时代"的历史划分传统。该著作的流行也显示出,这种古老的图文混排书籍在印刷术兴起后,迸发出了新的活力。[1] 不过,(得益于新技术的)现代化的印刷手段,掩盖不了这部编年史的典型特征——它同时融合了教会史、王公贵族史、古典时代,以及充斥着寓言和传说的中世纪历史。大发现之前的世界历史重要人物,如国王、牧师、哲学家和思想家,都在此类图文混排书籍中占据重要位置。因此,我们可以看到,欧洲民众并非一直处于新生的人文主义的前沿。

在其他地方,通史演变着。意大利人文主义历史学家马库斯·安

---

[1]《纽伦堡编年史》的出版(首先为拉丁文版本,几个月后便有了德文版本)得益于纽伦堡贵族和商人的贡献。当时,纽伦堡是位于欧洲几条重要通道交汇处的繁荣城市,并决定在新世界投资。这个经济活动调动了众多出版社和数百名工人。

东尼乌斯·科丘斯［Marcus Antonius Coccius，也称萨贝利库斯（Sabellicus）］在其 92 卷的历史巨著《〈九章集〉或历史史诗》（*Enneades sive Rhapsodia historiarum*）中反对四大帝国的观点，并且摒弃了所有神学阐释。1516 年，图宾根出版了人文主义历史学家约翰尼斯·纳克勒鲁斯（Johannes Nauclerus）的作品，名为《所有值得纪念的年代和民族的编年史》①。在这部作品中，约翰尼斯·纳克勒鲁斯沿用了"六个时代"的世界历史分期法，但他在记载巴别塔建造及特洛伊战争的同时，加入了一些当代事件，如萨伏那洛拉（Savonarole）②被处决（1498 年）和葡萄牙航海的新发现。

走出了旧世界的莫托里尼亚没有参照任何严格意义上的历史学方法，但他想到了一些历史记载的方法。他从《圣经》、教会史、深受西班牙约阿希姆主义（Joachimisme）影响的方济各会历史传统中汲取了这些历史记载的模式，为己所用。

---

① *Memorabilium omnis aetatis et omnium gentium chronici commentaryii*（《所有值得纪念的年代和民族的编年史》），Tübingen, 1516.
② 萨伏那洛拉是 15 世纪后期意大利宗教改革家，佛罗伦萨神权共和国的领导者。——编注

第三章
人文主义者的历史

另一种形式的历史也在15世纪出现了，文艺复兴时期的历史学家更倾心于这种形式。这种历史也构成了欧洲人文主义最彻底的表达方式。历史学家们将目光转向了古代，但不是天主教早期教父们所处的古代。这些历史学家的对话者是异教的先人，是古罗马和古希腊的历史学家。一些新的做法，像搜集拉丁文手稿、增加印刷品的版本和发行第一批学术刊物等，都重新定义着人们与古代的关系。人们新发现拜占庭帝国没落时期的古希腊手稿的时候，正好也是葡萄牙人发现撒哈拉以南非洲的时期。手稿拓展了文人的视野。很多怀有强烈好奇心的文人如饥似渴地埋头钻研一些站不住脚的文本。① 慢慢地，他们基于不断丰富的参

---

① Anthony Grafton, *Henricus Glareanus's (1488-1563), Chronologia of the Ancient World* [《亨里克斯·格拉雷亚努斯（1488—1563年）的旧世界编年史》], Princeton, Princeton University Press, 2013, p.46-47; Walter Stephens, « When Pope Noah ruled the Etruscans: Annius de Viterbo and his Forged Antiquities » (《当教皇诺厄统治伊特鲁里亚人时：维泰博的安尼乌斯和他伪造的历史》), *Modern Language Notes* (《现代语言笔记》), vol.119, n° I, Supplement, janvier 2004, p.201-233.

考资料、一次次辩论和思辨，逐渐建立了一个过去。在这样一个追本溯源的过程中，刚刚兴起的考古学提供的信息和修道院图书馆收录的文本都弥足珍贵。从西班牙到德国，以及法国、英国，每个人都尽力将自己的国家与享有声望的祖先联系起来。

新的历史分期

我们关于文艺复兴时期的印象，通常与历史学的复兴有关，甚至和历史的现代形式[①]有关。新型政治权力的兴起，特别是有教养的城市资产阶级的巩固，带来了另一种书写历史和运用过去的方式。历史学家同时是参与城市生活的法官、商人、外交官或者政治人物，他们仔细观察着个人的作用和国家的生活。他们参与的政治生活以历史知识为基础，并反过来为探索过去提供了参照。而追寻关于过去的真理，则需要采取一种成熟的文本"操纵"艺术。

追寻关于过去的真理，离不开阅读古代作家的作品，这些古代作家被认为掌握了历史话语的关键。佛罗伦萨的历史学家莱奥纳多·布鲁尼（Leonardo Bruni）便是持有该心态的代表人物，他很可能是第一个编撰现代国家——佛罗伦萨——官方历史的人。布鲁尼政治分析的敏锐程度、整理古文本的精巧技术和对信息来源的批评意识，使他被称为近代历史编纂学之父。布鲁尼是第一位对古希腊历史学家修昔底德和波利比乌斯（Polybe）有深入了解的意大利历史学家，并为一个世纪之后的马

---

① Stephen Greenblatt, *The Swerve. How the World became Modern* (《转向：世界如何变得现代》), New York, Norton and Company, 2011; Anthony Grafton, *What Was History? The Art of History in Early Modern Europe* (《何为历史？近代早期欧洲的历史艺术》), Cambridge, Cambridge University Press, 2007.

基雅维利和圭恰迪尼开辟了道路。后世的这两位意大利历史学家正是凭借布鲁尼的著作，才能从不依赖超自然力量的角度，研究政治和军事历史，注重历史事件的起因、目的和效果。从此，历史的铸就开始源自伟人的美德，而不再是上帝之手。这种"爱国式"的历史，主要研究人类的行为及事件发展的过程；[1]也在关注事件发生的环境和局势的基础上，宣扬着城市和国家的荣光，告诫着人们政治生活的经验，输送着16世纪社会可以参照的实例。

这种建立过去的方式，很大程度上以"古代"概念为基础。严格来说，这一概念并非指回归古代，毕竟中世纪也一直接受着罗马帝国遗风的熏陶。[2]15世纪的文人追溯的，是与基督信仰相兼容的古代。关于这一点，13世纪的哲学家圣托马斯·阿奎那（St. Thomas Aquinas）曾在大量长篇哲学思辨中论证过亚里士多德主义和罗马教会的兼容性。

14世纪的意大利早期人文主义者弗朗切斯科·彼特拉克（Francesco Petrarca）也找到了构想过去的突破口。他把信仰多神的古罗马（antiqua）和天主教徒与蛮族共存的新罗马（nova）[3]区分开来，但将异教徒的黑暗转移到了罗马帝国倾覆后的新生世界中。为此，彼特拉克不谈古罗马对新罗马的影响，在他看来，古罗马没有为后世留下遗赠，只是它的历史值得历史学家关注。古典时代逐渐变成一个极为遥远的时代，被一个中间时期分隔。这个中间时期后来被命名为"中世纪"。

---

[1] Gary Ianziti, *Writing History in the Renaissance Italy. Leonardo Bruni and the Uses of the Past* (《文艺复兴时期意大利的历史书写：莱奥纳多·布鲁尼及其运用的过去》), Harvard, Harvard University Press, 2012.
[2] Jean Seznec, *La Survivance des dieux antiques* (《古代众神的遗迹》), Londres, The Warburg Institute, 1939.
[3] 指罗马皇帝君士坦丁在博斯普鲁斯海峡西岸建立的新都城，该城普遍被称作君士坦丁堡。——译注

依照弗朗切斯科·彼特拉克的观点，过去变成了一个完全不同的、具有独特特征的时期。① 随后，人文学者洛伦佐·瓦拉（Lorenzo Valla）也提醒人们，拉丁语拥有自身的发展史，而且任何文本都出自一个不容忽视的特定环境。而考古学家弗拉维奥·比翁多（Flavio Biondo）则第一次将西哥特人发动的"罗马之劫"确定于 410 年，并在自己的开创性著作《罗马帝国衰落的年代》（*Historiarum ab inclinatione Romanorum imperii decades*）② 中将这一事件定位为古代历史的结束。

这一新的时代划分方式具有重要的创新意义。对布鲁尼而言，历史可以被定义为一个建构的过程。例如，迅猛发展的公社运动可追溯到遥远的罗马帝国的衰落。而衰落不是一成不变的，意大利城市的公社运动改变了事件的发展方向。公社追求自治、反对皇权，使得政治自由化成为历史发展的驱动力。布鲁尼和他的追随者写下了这种政治自由化驱动事物发展的历史。"现在"需要通过书写历史被合法化，并且要和"近期历史"区别开来。

这也是 16 世纪 30 年代身处墨西哥的莫托里尼亚所面临的挑战。他也需要从近期历史中摆脱出来，但这个近期历史对他来说，不是旧世界的中世纪，而是新世界基督教化之前的时代，是墨西哥偶像崇拜的时代。此外，他还面临着另一个难题：要从入侵者引入的通史中找到关于印第安人历史的位置。

然而，随着新的历史分期在意大利确立，人文主义历史与教会历史

---

① Kempshall (2012), p.503; Peter Burke, *The Renaissance Sense of the Past*（《文艺复兴时期的历史意义》）, Londres, Edward Arnold, 1969.
② Denys Hay, « Flavio Biondo and the Middle Ages »（《弗拉维奥·比翁多与中世纪》）, in Denys Hay, *Renaissance Essays*（《文艺复兴时期的散文》）, Londres, The Hambledon Press, 1988, p.54. 弗拉维奥·比翁多很可能从来没用过中世纪（medium ævum）一词（Ibid., p.55）。

第三章 人文主义者的历史

决裂。教会历史依然追求永恒，围绕普世教会和帝国写成。而人文主义历史则抛弃了把过去分割成"六个时代"和"四大帝国"的传统方式。这种方式过时了，渐渐被另一种我们更为熟悉的方式取代，即通过事件的性质划分不同的时期，例如人们以此划分出了中世纪和古代。

在各种版本的教会历史中，古代并没有完全终结。四大帝国的最后一个帝国——罗马帝国，被认为一直持续到敌基督（Antichrist）的统治时期。圣奥古斯丁和莫托里尼亚都坚信这一点。古代仍在延续的观点后来占据了上风。著名的意大利诗人但丁（Dante）在《论世界帝国》（De Monarchia）中，把东罗马人民看作帝国的继承人。也有人提到了罗马帝国的"移交"，即拉丁语中的 translatioimperii ad Francos 或 ad Teutonicos，指帝国被移交至法兰克人或条顿人手中。[1]这也是追求基督教世界和基督普世价值的神学家们普遍维护的论点。[2]

不同的时代划分方式，加深了莫托里尼亚采用的历史模式和15世纪意大利革新的历史模式之间的鸿沟。

与古代重建联结

中世纪的黑暗把古代分隔至遥远的历史深处，人文主义者力图靠近那个遥远的世界。他们想与古代建立更强烈、更完善的关系，找到与古代在知识、美学甚至政治上的联系。为了达到这一目的，马基雅维利阅读了古罗马历史学家提图斯·李维的巨著《自建城以来》（Ab urbe condita），以吸取罗马人的教训，特别是追随罗马共和国带来的启示。

---

[1] 这种观点并非否认罗马帝国的衰落，而是强调帝国的持久性。
[2] 这种绝对持续的观点与理想政治（即普遍的君主制）紧密相关。但丁坚信，根据上帝的权力和意志，罗马人民是罗马帝国的继承人。

随着人们寻得更多的古代手稿，这些联系显得愈发重要，也愈发清晰。佛罗伦萨的历史学家圭恰迪尼则反对马基雅维利的看法，他认为模仿古罗马人是不可能的，因为过去一去不复返。过去只是透过遥远的时间距离呈现了出来。这种距离让过去构成了一个独立的研究对象，也让对过去的研究变得更加简单。

通过观察 15 世纪的艺术家，我们能够更好地理解时光倒流机是如何开始运转的。这个世纪的画家仔细研究古代的画作，培养了辨别画作风格延续性的敏锐洞察力，并且意识到过去并非一成不变，并非没有断裂。与此同时，和历史学家一样，艺术家也试图找到与古代的联系，他们想象了多个世纪以来传承绘画和艺术品的各种方式。他们这样做的主要目的，是保持与古代的联系，哪怕可能需要捏造一些重要的连接点，甚至无中生有。我举一个例子：1520 年，应托斯卡纳地区蒙特普尔恰诺城的要求，雕塑家安德烈亚·圣索维诺（Andrea Sansovino）创作了一个伊特鲁里亚[①]国王拉斯·波希纳（Lars Porsenna）的雕塑。到了 17 世纪，由于这件作品的风格与古代雕塑非常接近，以至于这个创作出来不过百余年的雕塑成为蒙特普尔恰诺城起源于伊特鲁里亚的证据。它取代了一个根本不曾存在过的原型。

然而，与意大利相比，在美洲的土地上，现在与过去呈现出完全不同的关系。那里没有任何关于古代的知识，哪怕是晦涩难懂的知识。从某种意义上说，在新到达这片大陆的人的眼中，一切都是当代的，而且对不少人来说，一切都是邪恶的。

在佛罗伦萨、罗马和威尼斯，历史学家格外注重收集和保护古代文本，甚至不惜使用替代品或仿造品。人们把遗失重要文本视为严重之

---

① Etruria，是位于现代意大利中部的古代城邦国家，古罗马的重要城市。——译注

事，有时甚至会杜撰一些东西来填补因随岁月流逝而丢失的古代资料。比起意大利古代历史研究者与拉丁文本的关系，方济各会修士与墨西哥本土文献资料的关系是不一样的。我在下文中还会详细讲到，在墨西哥，传教和政治统治依然是方济各会修士的首要任务。在他们看来，异教风气依旧盛行，"污染"着墨西哥的"绘画"[①]。[②] 只有尽快研究和控制这些本土"绘画"，才能成功地传教。因此，修士们在墨西哥所做的筹备工作与他们在欧洲图书馆里完成的历史撰写工作是完全不同的。

日耳曼人与马丁·路德所处的欧洲

来自新世界的消息在商业贸易、采矿业和印刷业繁荣的欧洲引起了极大反响。自1505年起，亚美利哥·韦斯普奇（Amerigo Vespucci）[③]的信件得以印刷；埃尔南·科尔特斯配有特诺奇蒂特兰城市地图的第二封信件的拉丁文版于纽伦堡出版（1524年）；米兰历史学家彼得罗·马尔蒂雷·德安吉拉（Pietro Martire d'Anghiera）撰写的《新世界》（De Orbe Novo）第四卷（1524年）也得以出版。这些著作既体现了当地出版商的兴趣，也体现出身在欧洲、与温暖海洋相距甚远的人们对新世界的关注。随着马丁·路德（Martin Luther）发起改革，以及1519年神圣罗马帝国皇帝选举引发的末世论的盛行，帝国的时局动荡不安。帝国式的弥赛亚主义，也就是末日皇帝将统治整个基督教世界乃至整个地球

[①] 即抄本。——译注
[②] 让人想到泰斯特尔教义（Catecismos testerianos，西属美洲殖民地传播基督教时使用的宗教文件）和方济各会修士迭戈·巴拉德斯（Diego Valadés）的《基督教修辞学》（Rhetorica Christiana, Pérousse, 1579）。
[③] 佛罗伦萨商人、航海家，他的两封重要信件《新大陆》（Mundus Novus）和《第四次航行》（Letter to Soderini）出版后广为流传。——译注

的想法，深刻影响着人们认识世界和构想未来的方式，即人类将会聚并臣服于同一位君主的权杖之下。当时，德国的大环境不利于发展意大利式的世俗历史，受罗马帝国的影响，德国的历史学反而向着通史的方向演变。

那么，德国人如何设想他们的过去呢？他们建构了一个与古罗马人相似的日耳曼人的历史，并认为罗马帝国依然延续着，因为帝国权力移交到了条顿人手上，后者是日耳曼人的分支之一。德国人的历史具备了一种特殊性，这种特殊性更多地归结于文化因素而非政治因素。[1]《巴伐利亚公爵年鉴》(*Annales ducum Bavariae*)的作者约翰内斯·图迈尔(Johannes Turmair)也称阿文蒂努斯(Aventinus)，他勾勒了一部通史。他认为挪亚的儿子"图申"(Tuitschen)[2]是日耳曼人的祖先。以此为基础，他毫不迟疑地编造了一个可以追溯至大洪水时期，由条顿人统治的日耳曼王朝。该王朝的王室成员统治着日耳曼尼亚地区及邻近的土地。这与弗拉维奥·比翁多和马基雅维利建构的历史相距甚远。图迈尔没有彻底遗忘中世纪，反而夸大了它的作用。他建构的历史以蛮族部落为起点，延续至神圣罗马帝国时期，混合着泛日耳曼的爱国精神和中世纪顽固的经院传统。由此，我们更能清晰地明白，身处新西班牙、书写着新世界过去的帝国臣民们有着更为独特的处境。尽管莫托里尼亚和德国历史学家约翰内斯·图迈尔生活在同一时代，但新世界的历史学家面临的挑战和德国历史学家的困扰是完全不同的。

---

[1] Wallace K. Ferguson, *La Renaissance dans la pensée historique* (《历史思想中的文艺复兴》), Paris, Payot, 2009, p.101.
[2] 此处为音译。此人是约翰内斯·图迈尔杜撰的，名字的发音与德意志的发音有些类似，挪亚实际上没有名为 Tuitschen 的儿子。——译注

第三章　人文主义者的历史　　　　　　　　　　　　　　　051

伊比利亚半岛的多个过去

　　该以哪段过去作为自身的历史呢？这个问题也出现在伊比利亚半岛上。过去是指罗马帝国时期的西班牙吗？是日耳曼部落的分支哥特人在罗马帝国废墟之上建立的繁荣的基督教王朝吗？还是伊比利亚半岛的黄金时代——前罗马帝国时期？

　　早在13世纪，[1]托莱多大主教罗德里戈·希门尼斯·德拉达（Rodrigo Jiménez de Rada）就不再满足于对信仰伊斯兰教的穆瓦希德王朝发起军事行动，或者单纯地歌颂哥特王朝。他把西哥特王国的伟大时期和《圣经》起源联系起来，并把雅弗的第五个儿子，也就是挪亚的孙子土巴（Tubel）当作在西班牙繁衍生息之人的祖先。[2]也正是在德拉达笔下，来自利比亚的赫拉克勒斯（Hercule）被引入了西班牙历史。相传这片土地就是以他儿子Hispanus命名的，即"西班牙"。同样地，在德拉达作品的影响下，"入侵"成为伊比利亚半岛历史的重要主题。这种观点到了14世纪和15世纪逐渐失去了说服力，直到16世纪末，才在西班牙历史学家胡利安·德尔卡斯蒂略（Julián del Castillo）的著作《哥特国王的历史》（*Historia de los reyes godos*）中重新出现。15世纪，人文主义者以帕伦西亚主教罗德里戈·桑切斯·德阿雷瓦洛（Rodrigo Sánchez de Arévalo）、赫罗纳枢机主教霍安·马加里特（Joan Margarit）为榜样，逐渐创造了一个罗马西班牙的形象，闪耀着罗马帝国的光辉。然而，西班牙既不是罗马，也不是佛罗伦萨。[3]

---

[1] Ricardo García Cárcel, *La herencia del pasado. Las memorias hispánicas de España*（《历史的遗赠：西班牙人对西语的记忆》）, Barcelone, Galaxia Gutenberg, Círculo de lectores, 2011, p.134.
[2] Ibid., p.128.
[3] 尽管在接下来的一个世纪里，胡安·希内斯·德塞普尔韦达（Juan Ginés de Sepúlveda）、佩德罗·梅希亚（Pedro Mexía）等历史学家和安达卢西亚的古物学家们都走上了这条道路。

16 世纪初，历史学家们的讨论主要围绕着古西班牙人（Hispani prisci）展开，即那些应对着从未停止的外来入侵的当地居民。他们曾遭受过腓尼基人、罗马人、西哥特人和阿拉伯人的入侵。一名意大利人，多明我会修士维泰博的安尼乌斯（Annius de Viterbe）[①] 书写了这段遥远的历史，使其显得极为真实。16 世纪 20 年代，他于 1498 年出版的著作《诸古史作家著作注疏集》（De primis temporibus）在西班牙大获成功，好评如潮。人们甚至开始依据他的著作质疑古罗马的一切，包括新皇帝查理五世的合法性——所谓罗马遗产的传承人。于是，人们联合起来反对这位来自佛兰德地区的君主，激起了剧烈的社会震荡，其影响甚至远远大于征服墨西哥引发的反响。安尼乌斯还贡献了什么呢？他参考了古巴比伦历史学家贝洛索斯（Berossus）的著作，获得了一些关于西班牙起源的闻所未闻的信息，这些信息大多是他拼凑捏造的。雅弗的儿子、挪亚的孙子土巴再次引起了关注。安尼乌斯认为，土巴不仅侵占了西班牙的土地，更成为位列 24 位国王之首的国王；另一位国王赫拉克勒斯变成了古巴比伦的创建者。和欧洲其他地方一样，历史在伊比利亚半岛首先是一个突出的政治问题，而在一系列的政治问题中，最重要的是当地的利害。

自 1527 年起，编年史学家弗洛里安·德奥坎波（Florian de Ocampo）继续研究着自古以来入侵西班牙者的名单。他和莫托里尼亚相差一代人，两人在其他方面也不尽相同。弗洛里安在西班牙的埃纳雷斯堡学习过物理学、哲学和神学，并在 1539 年获得查理五世编年史官的职位。他编写的《西班牙编年史》（Crónica general de España）出版于 1553 年，而实际上，他从 1527 年就开始着手撰写这本书了。也就是说，这部编

[①] 以杜撰历史而闻名。——译注

年史的写作时间与方济各会修士在墨西哥寻找当地史料的时间几乎是一致的。弗洛里安挖掘着过去的渊源，认为土巴是西班牙的第一位国王，这和3个世纪之前的罗德里戈·希门尼斯·德拉达的论断相同。弗洛里安认为，入侵者先后有凯尔特人、腓尼基人、迦太基人和罗马人。

弗洛里安的追随者、西班牙历史学家安布罗西奥·德莫拉莱斯（Ambrosio de Morales）进一步加重了古代西班牙人受害者的色彩："为了让我们臣服，为了让我们进贡，他们向我们发起了战争。"他区分了3个明确的历史时期：首先是古罗马之前的纯真时代；随后是古罗马帝国统治下艰难的文明学习时代；最后是"成熟哥特"时代。此后帝国衰败。整个16世纪，西班牙的原住民——此处指的当然不是西印度群岛的原住民——始终是建构西班牙历史的核心，这样的过去，实际上是为天主教帝国的合法性辩护，为兼并葡萄牙的计划服务。历史学家德莫拉莱斯曾言：直到被入侵的西班牙人变成入侵者。那他精心打磨的这个过去有什么独到之处吗？它强调了古代西班牙人捍卫领土，突出了首批居住者的重要地位，重建了与《圣经》史诗的联系，以及叙述了祖先土巴的建国神话。人们相信了这个神话故事，还兴致盎然地问："土巴是说拉丁语、迦勒底语，还是巴斯克语？"并且，这部历史依旧延续了人们不遗余力追寻辉煌起源的做法。为了获取这种辉煌起源，德莫拉莱斯甚至不惜认为，西班牙的古城托莱多是由被尼布甲尼撒流放的犹太人建立的。

当然，莫托里尼亚讲述的不是这批原住民的故事。当他的伊比利亚半岛同胞饱受"被侵略者综合征"[①]之苦时，美洲的莫托里尼亚正身处

[①] Ricardo García Cárcel, *La herencia del pasado. Las memorias hispánicas de España*（《历史的遗赠：西班牙人对西语的记忆》）, Barcelone, Galaxia Gutenberg, Círculo de lectores, 2011, p.150.

入侵者的阵营，双方的角色完全倒置了。新世界和旧世界的差距也因此更令人惊愕：西班牙的编年史学家和墨西哥的方济各会修士可能都是西班牙人，但他们建构的西班牙的过去仿佛属于完全不同的世界！

到目前为止，我们还没有提到过缺席者。莫托里尼亚的故乡西班牙具有不承认犹太人和摩尔人的历史传统。这两类人都已经或正在被排斥在西班牙的土地之外。"旧"（Viejo）是对"正统"天主教徒的称赞；反过来，"新"（Nuevo）用来形容皈依者，可能仍忠诚于《摩西律法》的人。这里的古老和现代之分，在西班牙社会具有重要意义。毫无疑问，它和意大利或欧洲人文主义者的划分含义完全不同。方济各会修士想尽办法，要将大量的印第安人像古老的天主教徒一样，纳入教会的怀抱，同时把他们和一个普遍的共同历史联系起来。而真正在西班牙做过类似事情的人，只有后来安达卢西亚的学者，他们也编造了一些历史，试图把过去最早来到伊比利亚半岛的阿拉伯人变为在圣雅各（Saint Jacques）[1]的帮助下第一批信奉基督的人，以建立一种阿拉伯与基督教的融合主义。有人甚至简短地谈到，被尼布甲尼撒驱逐的犹太人也曾在西班牙安顿下来，那是公元前7世纪，[2]发生在基督受难之前。但无论是悠久的编年史，是安达卢西亚古物学家们不合逻辑的著作，还是15世纪流行起来的崇尚摩尔风格之风，都无法改变西班牙犹太人的命运。

"西班牙的毁灭"因此成为西班牙本土历史的重要主题之一。这个主题后来也在拉丁美洲流行起来，但不是出自莫托里尼亚之手，而是源于西班牙多明我会修士巴托洛梅·德拉斯·卡萨斯创作的历史。这位作

---

[1] 耶稣十二门徒之一，是西班牙的主保圣人。——编注
[2]《编年史》（*Cronicones*）作者、耶稣会修士赫罗尼莫·拉蒙·德拉伊格拉（Jerónimo Ramón de la Higuera）曾提到这个具体时间，可参见 García Cárcel（2011），p.165。

者试图提醒人们[1]：如果西班牙不洗清自己在拉丁美洲犯下的罪恶，阿拉伯人入侵的灾难很有可能再次上演。

描述大发现

西欧大陆的文人在书写历史的过程中遇到了不少挑战，新大陆的突然出现，可以算是严峻挑战之一了。新大陆满足了公众的好奇心，也点燃了政治、经济和宗教领域的期望，激发了欧洲内外各式各样的应景之作。受益于印刷术的发明，这些作品得到了前所未有的广泛传播。作品内容主要涉及当时发生的事物，包括航海准备工作和对远征过程的叙述、政治策略分析、对大发现和大征服的叙述，也有关于被侵占土地及其族群的描述。这些作品的作者，有些曾亲历大发现的远征，有的则从来没有离开过基督教统治的欧洲海岸。[2]

如何描述从未见过的土地呢？马可·波罗的著作《马可·波罗游记》(*Il Milione*) 给出了最早的答案。15 世纪，西班牙人和葡萄牙人先后开始探索未知之境。1403 年，鲁伊·冈萨雷斯·德克拉维霍（Ruy González de Clavijo）率领的使团在西班牙国王的催促之下，出使帖木儿帝国。使团穿越中东地区，最后到达了撒马尔罕。使团成员并没有在行进中完全迷失方向，因为此前已经有一些欧洲人和阿拉伯旅行者到达过这片区域了。而在非洲海岸旅行的葡萄牙人则面临着不同的状况，他们并不熟悉当地的气候、信仰和族群。非洲海岸因此成了伊比利亚人和意大利人学习如何走近未知、描述未知的"学校"。关于这类描述，我们

---

[1] L. P. Harvey, *Muslims in Spain, 1500-1614*（《1500—1614 年西班牙的穆斯林》）, Chicago, The University of Chicago Press, 2005, p.164-165, 265-290.
[2] 这些作品的规模非常庞大，哪怕笼统介绍，也很难给出一个完整的概述。

可以想到威尼斯航海家阿尔维塞·卡达莫斯托（Alvise Cadamosto）的航海报告，或者更早的埃亚内斯·德祖拉拉（Eanes de Zurara）的著作，尤其是他的《几内亚的发现和征服编年史》(*Chronique de la découverte et de la conquête de la Guinée*)①。

人们面对新的历史描述对象，需要新的划分方式。葡萄牙人和西班牙人把大洲作为重要的划分单位：亚洲和西印度群岛被纳入书写范围，出现在编年史的标题中。葡萄牙人方面，若昂·德巴罗斯（João de Barros）最先开始书写《亚洲旬年史》(*Décades*)②，随后迪奥戈·多科托（Diogo do Couto）又续写了这部著作。③西班牙人方面，贡萨洛·费尔南德斯·德奥维多撰写了《西印度通史与自然史概要》(*Sumario de historia natural o De la natural Historia de las Indias*)，后又出版了《西印度群岛通史》(*Les histoires générales des Indes*)，洛佩斯·德戈马拉（López de Gómara）同样书写了西印度群岛的通史，还有巴托洛梅·德拉斯·卡萨斯也撰写了《西印度毁灭述略》④。

亚洲其实在很早之前就进入了地中海居民的视野。那新世界意味着什么呢？德戈马拉认为："我们称之⑤为新世界，不仅因为它是我们新发现的世界，更因为它太大了，几乎与包含欧洲、非洲和亚洲的旧世界一样大。我们强调'新'，也因为那里存在着一些与我们所处世界完全不同的事物。尽管总体而言，那里的动物种类不多，但却与我们所处世

---

① Eanes de Zurara, *Chronique de Guinée* (《几内亚编年史》), trad. L. Bourdon avec R. Ricard, Mémoires de l'IFAM, n° 60, Dakar, 1960.
② 1552 年，这部著作首次出版于葡萄牙的里斯本。
③ 该著作共 12 本，前 3 本为若昂·德巴罗斯所著。迪奥戈·多科托后来受邀续写了这部作品，完成了后 9 本。——译注
④ 作者 1566 年去世时该著作并未完成。
⑤ 此处指西印度群岛。——译注

第三章　人文主义者的历史　　　　　　　　　　　　　　　　057

界的动物极为不同，比如水中的游鱼、天上的飞鸟，以及树木、水果、花草……"①

历史学家以何时为起点开始记述大发现的历史呢？葡萄牙人和西班牙人的意见并不相同。葡萄牙历史学家杜阿尔特·加尔旺（Duarte Galvão）强调自古至今发起的多次大发现的持续性。1563年，他在里斯本出版了著作《新旧大发现》(Descobrimentos antigos e modernos)。书名明确体现出了加尔旺的这一主张，并试图涵盖西班牙人和葡萄牙人在古代和中世纪的所有远征事业。总体而言，葡萄牙历史学家着重追随亚历山大大帝军事征服的脚步。他们认为自己研究和渴望占有的东方，自古代起就是西方的遗产，是时候由葡萄牙人来试着比肩甚至超越马其顿王国国王和征服者亚历山大大帝了。

西班牙编年史学家则创立了一种新的世界历史分期，强调各时期之间的"彻底断裂"："自世界被创建以来，除了其创建者的降生和死亡，最重要的事件便是发现了西印度群岛，因此它被称为新世界。"②洛佩斯·德戈马拉如此论述。他书写的通史记载了"大发现的一切，以及所有自1551年起征服西印度群岛的重要事件"。尽管作者想知道这个世界曾被入侵的可能性，或者与这个世界有过古老的联系，但却没有找到任何解释地理大发现的古代先例。在西班牙历史学家看来，关于欧洲人在新大陆的历史最早可追溯到哥伦布的辉煌成就。哥伦布的行动也因此成为这片区域历史的起点。

接连不断的大发现使欧洲人面临着不断更新的地理和人文景观。所

---

① 该段节选自献给"查理五世，罗马皇帝和西班牙国王、印度群岛和新世界的统治者"的信件。
② López de Gómara, *Historia general de la Indias y Conquista de México* (《西印度群岛史和墨西哥的征服》), Saragosse, 1552; Barcelona, Obras maestras, 2 vol., 1965.

有地理和人文景观都需要盘点，这也解释了为什么历史学家们鲜有记录政治和军事事件。想想征服者埃尔南·科尔特斯用了多少笔墨来书写墨西哥的城市吧，尤其是对特诺奇蒂特兰所做的详尽描述。葡萄牙历史学家若昂·德巴罗斯在《亚洲旬年史》中也用了不少篇幅描述中国。对西班牙的历史学家来说，历史有时也是一部自然史，贡萨洛·费尔南德斯·德奥维多的书就是很好的例子。洛佩斯·德戈马拉和巴托洛梅·德拉斯·卡萨斯也在各自的著作中做了精彩的地理描述，葡萄牙人埃亚内斯·德祖拉拉和阿尔维塞·卡达莫斯托的书中同样如此。

解释陌生的环境，需要运用对比手法或者百科全书式的描述。历史学家因此也就与人文主义历史的描述框架渐行渐远了。他们将政治和军事分析与社会、信仰描述混在一起，在文本中穿插了大量关于语言、建筑、人口的概述。这种方式放到今天并不令人惊奇，甚至能让人很快联想到民族志的写法。

在大多数的编年史著作中，欧洲人遇到的当地人并没有参与历史的书写，甚至与之毫无关联。这不仅因为他们像新世界的民族那样，是被战胜、被藐视、被杀害的民族，还因为葡萄牙人在亚洲大陆面对的社会，是像印度、波斯、中国和日本这样有着深厚历史传统的社会，那里的人并不想让欧洲人来书写他们的历史。葡萄牙人书写的历史主要是扩张的编年史，关于当地人的着墨并不多，与扩张史的关联性也不强。换句话说，葡萄牙人从来没有深入挖掘亚洲大陆的海量历史资源，以将其置于欧洲历史的框架下加以筛选。他们只是粗略地搜集了些许片段，试图把它们放在合适的位置。他们与当地人的交流仅限于和使臣、商人及翻译的对话，仅限于对某些当地资料不完全准确的翻译，以及对当地殖民者回忆和口述的收集。

西班牙历史学家做的有什么不同吗？洛佩斯·德戈马拉从未去过新

第三章　人文主义者的历史

世界，尽管他主要研究秘鲁内战，但他还是对埃尔南·科尔特斯的功勋最感兴趣。他的目的不在于描写当地的过去，如果有时不得已写到了这些，也主要为了说明征服者的征服进程。后来，德戈马拉不再只对欧洲人好奇，但他也没有在"西印度群岛的材料"中继续探索，而是研究起了关于柏柏里海盗所处的地中海及奥斯曼帝国的资料。①

贡萨洛·费尔南德斯·德奥维多则完全相反。他注重实地考察，对西印度群岛十分熟悉，对美洲的事物充满好奇。他那些关于原住民礼节的文字、关于动物和植物的图画，都体现出他记录着自己直接观察和了解的现实。德奥维多思考了印第安人和过去的联系，认识到当地人需要通过一些特殊的方式记录和传承关于过去的记忆，例如歌曲、舞蹈和音乐。不过，德奥维多的贡献限于对当地居民活动的描述和记录，岛屿社会的消亡阻碍了他研究的深入，以当地精英为主要访问对象开展系统调查似乎为时已晚。②

我们可以从本章欧洲的历史书写历程概述中得出什么结论呢？毫无疑问，方济各会修士于16世纪30年代在墨西哥开启的书写历史的事业，是以历史研究的高度腾飞为背景的。并且不只是基督教历史学家致力于此类研究，欧洲各地的历史学家都在挖掘历史资料、点评手稿、增印高质量的版本和译本。文献学和编年史学逐步发展。同时，16世纪上半叶的欧洲历史学家也彼此构建了一些杂乱无章的历史。他们定义的历史

---

① 这在洛佩斯·德戈马拉的《海盗巴巴罗萨编年史》(*Chronique du corsaire Barberousse*)中得到了证明，他显然利用了巴巴罗萨留下的手稿，*Gavazat-i Hayrredin Pasa*。Andrew C. Hess, *The Forgotten Frontier, A History of the Ibero-African Frontier* (《被遗忘的边疆：伊比利亚-非洲边境史》), Chicago, University of Chicago Press, 1979, p.261.
② Louise Bénat-Tachot, *Chroniqueurs entre deux mondes* (《两个世界之间的编年史学家》), Paris, déc. 2002. 作者尚未发表该论文，但在2002年12月，为获得特许任教资格在论文答辩时展示了该论文。

分期、宣称的祖先和黄金时代,都根据政治利益、宗教立场和国家的不同而不同。正当意大利的人文主义者及其邻国的追随者开辟历史编纂学的现代道路时,遥远的新地平线激发了其他论题:如何解释新世界传奇般的多样性?如何捕捉原住民的记忆,并将其用于书写历史呢?

第四章
书写印第安人的历史

墨西哥的条件和小安的列斯群岛的条件差别很大。墨西哥有庞大的原住民精英群体,几代人之前便接受了基督教,有图画文字和庞大建筑物的深厚传统,有教会,还有一个决心不惜一切代价了解当地事物和原住民的殖民当局。

在古老的基督教世界,无论是历史模型、历史资料还是研究方法,历史学家都有很多选择。在遥远的墨西哥,情况完全不同。莫托里尼亚需要书写一个他和同僚不怎么熟悉的社会的历史,却找不到与之相似的情况,也找不到任何编年史曾记载过这些社会。在方济各会修士的注视下,"现在"逐渐诞生于16世纪20年代的混乱之中,又经由他们之手,被用来创建新的基督教世界。原住民的过去还没有以欧洲式的叙事形式呈现出来,因此引发了不少问题。

印第安人拥有历史书籍

莫托里尼亚和同僚坚信，墨西哥是具备本土历史传统的，即印第安人和他们拥有相同的历史观，拥有历史书籍和历史学家。① 或者更准确地说，是拥有"圣经学者"。莫托里尼亚用这种方式称呼历史学家，就意味着他认为在墨西哥存在真正的释经学家，能带着西班牙传教士解读《圣经》的那份认真，② 解读承载和流传印第安人记忆的文本。自古代神学家奥利金起，教会便以4个层次解读《圣经》：字面意义、道德意义、寓言意义和神秘意义。莫托里尼亚极有可能观察了印第安人的绘画，但未将其视作神圣的文本，而是看作可以用来解读的对象。他还注意到这些画作极有可能激发互相矛盾的评论，并充满大量需要辨认的符号。③ 依据方济各会阐释经文和书写历史紧密联系的知识传统，④ 莫托里尼亚在人的行动中探索着神的印记，并不断诉诸《圣经》文本，理解时间逝

---

① 我们通过一部名为 Hystoire du Mechique（《墨西哥历史》）的文本才了解了上述信息，见 Baudot (1977), p.202。拉米雷斯·德富恩莱尔主教曾说："那些说特拉科鲁拉语的抄本画家是记录已经发生和正在发生的事情的抄写员。他们通过作画，他们所要求的一切……歌手和球员都是［……］把发生的一切和他们相信的全部写出来、唱出来，通过绘画和唱歌的方式体验自己的故事，以及他们相信的一切，这些人在这方面很聪明，很受尊敬。"见 l'évêque Ramírez de Fuenleal à l'empereur（拉米雷斯·德富恩莱尔主教写给皇帝的信），3 nov.1532, Colección de documentos inéditos relativos al descubrimiento, conquista y organización de las antiguas posesiones de América y Oceanía（《有关美洲和大洋洲前属地的发现、征服和机构的未发表文件合集》），Madrid, Imprenta de José María Pérez, 1970, vol. XIII, p.253-258。
② 胡安·吉尔（Juan Gil）也称埃吉迪奥博士（Dr. Egidio），是塞维利亚的议事司铎，因传播伊拉斯谟（Erasmus）和马丁·路德的思想而被定罪，被称作"好的圣经学者"，见 Marcelino Menéndez y Pelayo, Historia de los heterodoxos（《异教徒的历史》），vol.2, Madrid, CISIC, 1992, p.78。
③ Henri de Lubac, Exégèse médiévale, les quatre sens de l'Écriture（《中世纪释经：〈圣经〉的四重诠释》），t. I et II, Paris, Aubier, 1959; id., Histoire et Esprit : l'Intelligence de l'Écriture d'après Origène（《历史和思想：大起源之后的圣经思想》），Paris, Éditions du Cerf, 2002.
④ Roest (1996)。

第四章　书写印第安人的历史

去的神学意义。对莫托里尼亚而言,《圣经》是用来了解从创世到最后的审判这个过程中的"过去""现在"和"未来"的最佳资料。换句话说,他认为历史知识和《圣经》是密不可分的。

近20年后,方济各会修士贝尔纳迪诺·德萨阿贡也认同了古代艺术品和书籍的重要作用:"人们(在上面)绘制图形和图像,以便了解和记住他们的祖先曾经完成的事情。"[①]他也更清晰地解释道:"这些人既没有字母表,也没有字符,既不会读也不会写,他们是通过图像和绘画交流的。"

贝尔纳迪诺的这种论述让那些认为中美洲社会同样拥有书写系统的人大为震惊,后者所谓的书写系统是常规意义上与各类字母有关的书写形式。莫托里尼亚和贝尔纳迪诺参考绘画资料的想法不同于后来欧洲历史学家对非西方历史的漠视。比如,英属印度的历史学家就态度冷淡:19世纪,很多欧洲人认为印度人对历史不感兴趣,没有历史感,或者不具备批判性思维,甚至认为婆罗门教从未考虑过传承经文。波斯和莫卧儿王朝的编年史也没有得到英国历史学家的青睐,他们认为这些编年史缺乏对历史进程的有效反思。相反,在几个世纪之前的墨西哥,宗教人士还期望找到可能存在的历史资料、档案和基于历法的编年史。那时,年轻的现代欧洲还没有过度追求书写表达,仍然把图像和文字视为等同物,并通过"字符"将两者紧密联系起来,因为"(字符)对某些人来说是图形,对另一些人来说就是文字了"[②]。

[①] Bernardino de Sahagún, *Historia general de las cosas de Nueva España* (《新西班牙诸物志》), l. X, Mexico, Porrúa, 1977, p.165.
[②] 关于16世纪和17世纪口述传统、书写和图像的关系,可参见 Fernando Bouza, *Comunicación, conocimiento y memoria en la España de los siglos XVI y XVII* (《16世纪和17世纪的交流、知识和记忆》), Salamanque, Sociedad Española de historia del libro, Sociedad de estudios medievales y renacentistas (西班牙图书史学会、中世纪和文艺复兴研究学会), 1999, p.31.

此后，参考绘画资料变成了每个墨西哥历史学家的本能反应。这些绘画资料没有在大征服中遗失。从前哥伦布时期幸存的手抄本被更新和再创作后，以汇纂集的形式呈现出来。这些集子结合了象形文字和拉丁文字，包罗万象，甚至会让人感到混乱。汇纂集包含原汁原味的手抄本副本、印第安素材的注解，也有欧洲风格的手稿。通常用纳瓦特尔语和西班牙语两种语言书写而成，有时还配有丰富的插图。

如何解释莫托里尼亚毫不犹豫地用"书"来形容他查阅的原住民手抄本呢？一种解释与中世纪记忆艺术有关。中世纪时，修士们会阅读一种把图画准确置于文本旁侧的书，但这些图画并不是插画。[1] 据法国鲁昂的议事司铎理查德·德富尼瓦尔（Richard de Fournival）所言，"绘画"和"言语"一样，都是获取和记忆知识的有效方式，两者绝不矛盾。

13世纪的法语单词painture出现在16世纪的西班牙编年史中，代表墨西哥手抄本。该词不仅指绘于手稿中的图画，也指我们的心理图像，具备将过去事物迅速表现出来的特征。"我们看到了它们。"德富尼瓦尔在描述特洛伊战争时就用了这样的表达方法。文字文本和（高声）诵读都可以让读者的脑海中浮现出画面。那时人们认为知识是通过心理图像内化的。文字不会和口头表达割裂开来；相反，"当我们大声诵读时，文字转化成了话语"。德富尼瓦尔的这种说法，同样可以用来形容原住民手抄本画家对他们的绘画做出解释时的情形，其阐释活动也是基于类似文字的材料展开的。

---

[1] Mary Carruthers, citant Richard de Fournival, *Li Bestiaire d'amours* (《爱的动物图鉴》), dans *The Book of Memory. A Study of Memory in Medieval Culture* (《记忆之书：中世纪文化中的记忆研究》), Cambridge, Cambridge University Press, 1990; trad. Paris, Macula, 2002, p.324.

对于记忆艺术的研究揭示出欧洲文人对图像的敏感性。莫托里尼亚也是如此。对他来说，看到画面与阅读和听到词语无异。在那个时代，阅读图像如同阅读文本，图像和词语都是书本的重要内容。[1] 图像能传达概念，甚至能通过图形的轮廓和摆放方式传达概念之间的关联，也因此更容易被人记住。

印第安人懂得计算时间和年月

莫托里尼亚力图弄清原住民的日历推算方法，他这样做，并不是为了愚弄崇拜偶像的原住民。莫托里尼亚获得的当地史料证明印第安人拥有被记载下来、以年表形式呈现的历史。原住民能够提供这样的年表、日期和历史分期，但仍需十分认真地厘清历法的运作方式。莫托里尼亚曾写道："每个民族用不同方法计算时间和新年。生活在墨西哥谷地的居民使用了和亚洲人、欧洲人以及非洲人不同的方式。"[2] 他使用相对主义原则展开研究，因此重视原住民给出的解释。该原则也有一个不足之处：由于基督教明确认为自身包含了世界的4个部分，因此莫托里尼亚理解的时间，按照基督教教义，是永恒的、普世的时间。

莫托里尼亚还需要记录下印第安人给出的信息，把这些信息与教会的时间划分方法及古代社会的划分方式加以比对。他摸索着印第安人是如何计算年、月、周的，又是如何命名每一天的；然后，用一种并不

---

[1] Mary Carruthers, citant Richard de Fournival, *Li Bestiaire d'amours*（《爱的动物图鉴》）, dans *The Book of Memory. A Study of Memory in Medieval Culture*（《记忆之书：中世纪文化中的记忆研究》）, Cambridge, Cambridge University Press, 1990; trad. Paris, Macula, 2002, p.308, 443, n.6, 303.

[2] Motolinía (1971), p.43.

夸大差异的新词汇，为读者解释印第安人的时间划分："他们以 4 年为单位计数，与我们所说的奥林匹克纪年类似。" 13 年是一个周期，包含 "3 轮奥林匹克纪年"。莫托里尼亚还把这种纪年方式和古罗马的 "小纪纪年法"（indictio）联系了起来："以 13 年为一个循环，4 个循环就形成了一个大周期，为 52 年。"每个大周期结束后，"新年的第一天，也开启了一个新的奥林匹克纪年，一个新的 13 年的循环，一个新的 52 年的周期"[1]。以这样的方式，"自然人经历时间的周期"[2]。那什么是一个周期呢？就是 "一定数量的年循环往复的过程"。莫托里尼亚十分确信自己找到了印第安人以 13 年和 52 年为周期的日历推算方式，他也成为第一批记载阿兹特克文明中 5 位神明和 5 个太阳纪的欧洲人之一。

原住民的历史没有沉落在幽深的时间隧道里，而是依照基督教修士分割时间的方式，被排列成了不同的时代。[3] 尽管印第安人当时认为他们正处于第五个太阳纪，[4] 莫托里尼亚却写道："我们目前处于第六个时代。"他并没有看到印第安日历推算的独到之处。很多研究能够继续深入探讨这一点，我对此不做赘述。需要强调的是，莫托里尼亚具备灵活参照其他纪年以使其年代推演方式站得住脚的强大能力。

---

[1] Motolinía (1971), chap.16, p.41.
[2] Ibid., p.42.
[3] Lluís Duch Alvarez, *La memoria dels sants. El projecte dels franciscans de Mèxic* (《圣徒的记忆和墨西哥方济各会修士的计划》), Publicacions de l'Abadia de Montserrat, 1992.
[4] Eduardo Natalino dos Santos, « Los ciclos calendáricos mesoamericanos en los escritos nahuas y castellanos del siglo XVI: de la función estructural al papel temático » (《16 世纪纳瓦人和西班牙人笔下的中美洲纪年周期：从结构的功能到主题的作用》), in Danna Levin Rojo & Federico Navarette, *Indios, mestizosy españoles. Interculturalidad e historiografía en Nueva España* (《印第安人、混血和西班牙人：新西班牙的跨文化和史学》), Azcapotzalco, UAM, 2007, p.255-261.

第四章　书写印第安人的历史　　　　　　　　　　　　　067

达官显贵的声音

莫托里尼亚提到"圣经学者"时，脑海中想到的是谁呢？应该不是那些一方面身不由己地探索着基督教的美德，另一方面又饱受殖民侵害的印第安民众。他想到的主要是当地的精英群体。这些人无论是否出于本意，都参与了西班牙占领新大陆的过程，与新的当权者保持着合作关系。

事实上，方济各会修士的调查大多依托精英群体的善意。在很多情形下，这些精英斡旋于民众和方济各会修士之间。作为信息提供者，他们被看作已经放弃了偶像崇拜，但没有什么能够迫使他们提起过去。他们可以轻易地装作不了解过去，装作自己的记忆模糊了，或者装作听不懂修士的问题。许多人为了避免和修士合作，保持了缄默。更有坚定的抵抗者，明确地拒绝和新政权合作，并和宗教及法官系统保持着距离。

16世纪40年代初，莫托里尼亚面对的情况变得更加棘手："现在一切都在被逐渐淡忘；几乎很难找到讲述过去的人，哪怕拼凑出一些记忆的片段和传闻，也很难在充满矛盾和分歧的叙述中梳理出真实的过去。"[①] 不可否认的是，个人和群体都明白讲述过去带来的好处。面对敌对的部落、西班牙政权的施压和殖民者的蚕食，与修士们为伍不失为一个重要保障。我猜测，原住民叙述的事情很可能加入了个人的观点和主张。此外，各部落也极有可能互相知晓彼此的版本，并且为了确保修士们保留自己部落的版本，发动同族的人以统一的版本回应方济各会修士的问题。这个统一版本不太可能是一个人叙述的完整故事，而是在家庭会议中，在部落贵族圈长时间的讨论中，由许多人一起准备的最具说服力的版本。并且，不仅有同一部落或同一家族的成员参与此类讨论，他

---

① Motolinía (1971), p.389.

们还会求助于懂得阅读、懂得以传统方式制作新手抄本的画家,也十分依赖自大征服的折磨开始就默默保持口述传统的族人。

同样的事情也发生在秘鲁和后来的英属印度。印度的"班智达"(pandit)日后将会与我们这里提到的墨西哥人一样,成为信息提供者。信息提供者的可信度是一个关键的问题。新教传教士很快就指责印度教和其信奉的神是散布谎言的骗子和强盗。这种依赖原住民信息的做法,加上原住民世界的神秘,制造了焦虑气氛,甚至造成了思想上的恐慌,一度影响了18世纪后期的英国政府。[①]

墨西哥的原住民会更可信吗?方济各会修士贝尔纳迪诺·德萨阿贡的疑虑日积月累,在晚年提出了这样的疑问。是不是还得继续仔细寻找那些掌握真实信息的人,努力说服他们说出真相呢?这样就能确保交流令人满意吗?因为调查需要多次交流,为了获取和抽离关键信息,德萨阿贡首先要让对方明白自己的意思。除了原本属于研究范畴的困难,还需要考虑到殖民一方的影响力。不可否认,获取当地信息本来就是侵略者的要求之一,和进贡、皈依天主教的做法性质相同。方济各会与当地族群之间,与在同一地区的酋长和西班牙人之间,与同一拨酋长及其成员之间,存在着永远都不稳定的权力关系。莫托里尼亚和信息提供者建立起的关系已经很难超越了。

然而,也不要低估时间的力量。时间让一些精英人士和修士最终建立起了良好的关系。由于需要和当地人维持日常接触,修士们见证了一些当地人从孩提时代到青年时代的成长,与他们走得很近,知道他们的

[①] 关于"谎言的恐惧"和"知识的恐慌",可见 Wendie Ellen Schneider, « Enfeabling the Arm of Justice: Perjury and Prevarication in British India »(《削弱正义之臂:英属印度的伪证和推诿》), in Markus D. Dubber & Lindsay Farmer(eds.), *Modern Histories of Crime and Punishment*(《现代犯罪与刑罚史》), Stanford, Stanford University Press, 2007, p.303。

野心和期待。日积月累，当地的地缘政治变得更加清晰。家族和部落之间潜在的矛盾和对立，也在一个世纪的时间中逐渐浮出水面。修士们更清楚了自己面对的是谁，以及谁可能是这些人的敌人。一旦确定了最可靠的信息源，一切就水到渠成了。

提问的艺术

福音布道的压力，或者更严重的宗教裁判所的压力，随时可能扭曲调查的初衷。西班牙宗教裁判所的阴影笼罩着在新西班牙展开的围绕印第安人的所有调查。难道这样不对吗？让人们讲话，尤其让那些被打败的人讲话，是不能靠即兴发挥的。从让人说话到让人承认，两者的区别可能很小。事实证明，在莫托里尼亚开始解释原住民的历法时，他便使用了宗教裁判所一词来讲述他的调查。[1]

多个世纪以来，伊比利亚半岛的修士非常熟悉"圣职部"（Saint-Office）[2]修士制定的宗教裁判方法和流程。自1484年起，托马斯·德托克马达（Tomás de Torquemada）的《圣职部宗教裁判指示》（Instrucciones del santo Oficio de la Santa Inquisición）便以印刷品的形式传播开来，被陈列在所有的修道院图书馆中。方济各会修士只需从中稍受启发，特别是只需要参考犹太裔的部分，就能掌握这套流程。也许贝尔纳迪诺·德萨阿贡就是这样做的，他极有可能参考了这部分资料。另外，修士们的一些远亲近邻多多少少也曾接受过宗教裁判。

在墨西哥的印第安人之前，西班牙北部的女巫已经是宗教裁判官们

---

[1] Motolinía (1971), p.389.
[2] 罗马帝国天主教负责宗教裁判的部门。——译注

"钟爱"的对象了。方济各会修士胡安·德苏马拉加（Juan de Zumárraga）在成为墨西哥城的大主教之前，曾和同僚安德烈斯·德奥尔莫斯致力于猎杀西班牙巴斯克地区的女巫。在完成这项任务的过程中，二人掌握的巴斯克语知识发挥了很大的作用。到达墨西哥后，这两个修士便明白掌握当地人的语言对根除偶像崇拜至关重要。第一个调查墨西哥事物的方济各会修士安德烈斯·德奥尔莫斯也是第一批纳瓦特尔语专家和熟悉宗教裁判实操的专业人士。裁判官必须掌握提问的艺术，懂得如何陈述问题，掌握获取供词、发起检举的艺术，还要掌握施加各种压力的艺术，当然还有最关键的——掌握让被告人哑口无言的艺术。[1] 西班牙的裁判员不仅对违反信仰的罪行性质感兴趣，还会询问被告人的出身、过去、职业和家庭情况。他们将被告人的证词和收集到的其他证人的证词对照，再准备新的问题，好让法庭能够挖出其他罪行，量度整个事件。法官也不是单打独斗的，随行的公证人和翻译协助着他们"寻找真理"。

还有一种没有那么粗暴但却同样阴险的做法，就是和提供信息的原住民见面。方济各会修士都接受过忏悔仪式的培训。值得注意的是，忏悔和宗教裁判有着同样的目的，并获得了同样的合法性——拯救罪人的灵魂。

在墨西哥，负责调查的人都只是搜集一些独立于救赎活动的事实。表面上看，历史调查比较中立，但调查的终极目标，依然是拯救印第安人，帮助他们抹除或虚无或恶魔般的会污染他们记忆的信仰。那么怎样区分哪些是裁判式的个人招供，哪些是对偶像崇拜习俗的描述呢？理想的信息提供者，应该是已经诚心改宗，能够与被禁的宗教仪式和信仰保持距离的印第安人，应该能回忆起一些其他改宗之人尽力抹去的事实。

---

[1] Rios Castaño (2014), p.151.

"那时，自然人既不敢说也不敢解释这些事。"① 可以猜想，那些忠实描述"古老"习俗的人处于何等尴尬的境地：他们或虔诚或充满敬意，甚至是充满激情的解释，都有可能让方济各会调查者怀疑他们对基督教的忠诚。

如何区分信息和忏悔呢？实际操作起来恐怕没有那么容易。提供信息的原住民既要迫使自己接受新信仰，又不能对"古老"的事物做夸张讽刺或毫无根据的描述。原住民提供的信息要站得住脚，给出的解释也要符合逻辑，让修士们听得明白。这种对过去的解释，虽然原则上是要为人所用，并不具备妥协的性质，但也充满了陷阱。修士们确信这些人能够明辨是非，但这其实并不是一个简单的任务："人们要克服很多困难，花费很多力气，才能把花朵从荆棘中区分出来。这些荆棘可能是一些寓言故事、虚构的事物、邪恶的仪式或者迷信和巫术。"② 那又如何通过叙述获取古代历史呢？如何在杂乱的寓言故事和可怖的离题叙述中抽离出这种历史呢？

对一个欧洲修士来说，恶对应善，正如黑夜对应白天。原则上，两者的边界是十分明确的，和从一个阵营到另一个阵营的突然转变一样彻底和纯粹。这条分水岭尽管在神职人员的心中是很明确的，在忠实的西班牙信徒的头脑中却逐渐变得模糊起来：宽容的信仰、正统的观念、异端的习俗和封建迷信之间的界限早已没有那么清晰了。更何况是对墨西哥的新皈依者而言呢！对修士们来说，只需要剔除扭曲当地历史的错误就好了。可对印第安人来说，这却是一个巨大的难题：可以接受和不可接受的边界在哪里，被恶魔操控的行为、信仰与习俗、日常想法的边界

---

① Motolinía (1971), p.389.
② Ibid.

又在哪里呢？还有些习俗，原则上是不好不坏的，但因为和基督教征服者的行为区别不大，就被自动纳入了好习俗的范畴。所以到底要以什么标准，在连方济各会修士都无法想象的领域中辨别好坏呢？信息提供者肩上的责任重大。他们的行动余地有多大，这份责任就有多大。

交　流

　　大多数的会面发生在修士们居住的修道院内院。在那里，安德烈斯·德奥尔莫斯、莫托里尼亚和其他修士向印第安人提出一个又一个问题。其他场所也逐渐被用于这类会面，比如在新西班牙法院、首席治安官的宅院、征服者们的府邸，或者自1536年开始教学活动的特拉特洛尔科的圣克鲁斯学院。更早一些时候，在圣何塞学院开始的拉丁语教学，似乎成为让当地精英后代熟悉传教士，也就是他们的信仰导师的思维方式的最好方法。[1] 墨西哥的门户特拉特洛尔科变成了修士们收集信息的中心。同时，特斯科科、特拉斯卡拉和韦霍钦戈等城市也扮演了重要的角色。

　　这些交流是如何发生的呢？信息提供者刚开始被邀请参与调查时的反应如何？哪些人认为莫托里尼亚从事的历史研究，包括其记载的原则和要求，是十分清晰、可以理解的呢？莫托里尼亚以一种惊人的方式，非常清晰地向印第安人逐渐灌输了类似欧洲历史的知识，并分享了一些和伊比利亚半岛编年史相似的材料。他这样做是为了确保调查的可行性吗？和安德烈斯·德奥尔莫斯一样，莫托里尼亚也认为印第安人可以书

---

[1] Francisco del Paso y Troncoso, *Epistolario de Nueva España*（《新西班牙书信集》），t. Ⅲ (1533-1539), Mexico, José Porrúa e Hijos, 1939, p.118.

第四章　书写印第安人的历史

写历史，认为他们的书中包含着不容置疑的历史资料。印第安人只需等待修士们来倾听他们的话语，而修士们再把这些话语和资料转化成历史叙事就可以了。

不过，这种透明只是一种圈套。这种狭隘的视角只留给原住民对话者要么合作要么抵抗的单一选择，意义不大。提供信息的原住民若要迂回引导和操控他们的对话者——莫托里尼亚，则需要先领会这些修士调查的意图和期待。莫托里尼亚的意图是明确的：他希望了解这片土地上的万物在被征服之前的状态。相对而言，他的期待就没有那么明显了：他是带着先入为主的观念来到墨西哥的。时间概念本身和它牵涉的历史分期、所指方向，还有欧洲式的事件和日期、历史中的因果关系、历史的意义，在墨西哥的土地上都是闻所未闻的。莫托里尼亚的信息提供者是理解不了这些前提的。即便在今天，我们都无法轻易理解莫托里尼亚的知识体系，因为它已经从我们的知识框架中消失了。

简单地区分"前"和"后"，就需要修士和原住民都认同一种不连续性，也就是承认"前哥伦布时期"与所谓的"殖民时代"之间的割裂。没有任何迹象表明，莫托里尼亚的信息提供者认为自己亲历的大征服是一次走向救赎历史的重大转折。那修士们为什么觉得原住民能够参与建构一个潜在的历史呢？而且这个历史的框架还是基督教和殖民式的，是将在全境范围内有效的，是从当地碎片化信息中整理和提炼出来的。这个过去必须要与现在彻底决裂，要是封闭和终止的，是不会对现在产生任何影响的。和《圣经》历史不同，这个过去并不蕴含着圆满未来的意义。但是，修士们不知道的是，这些提供信息的原住民可能把"旧"当成了彼时他们不能实践的行为或禁止想象的事物。

在何种程度上，一个如此靠近"现在"，并影响"现在"的"过去"，可以被看作彻底结束了？很快，方济各会修士就努力地清点了当下依然存留着的过去的痕迹。他们用这种方式，明确过去和现在的联结之处。因此，与其说印第安人的过去和现在彻底决裂，不如说过去转变成了墨西哥基督教化的先兆时期。

信息提供者能够理解修士的诉求吗？可以肯定的是，修士是绕不过这些信息提供者的，因为他们想要的关于过去的点点滴滴，取决于原住民诉说的程度。因此，中美洲的历史书写，如同一部多声部奏乐，无论是欧洲人对原住民，还是原住民对欧洲人，都需要不断的调试和磨合。就算出现了许多误会，也不必过于惊讶，因为每个人都自以为理解了对方的想法。双方也会发生一些亲密接触，有助于发展友谊。甚至，当印第安人发现自己追求的利益与修士或者当权者一致时，双方也会坦率地结为同谋。[1]

约阿施和阿卡马皮奇特利

用方济各会的方式书写印第安人的历史经历了多个步骤。对西班牙人到来前的时代做出历史分期属于其中的一步：方济各会修士们对比了基督教的各个时代和中美洲的太阳纪分期，区分了可追溯年代的历史和一片模糊的史前史，建立了多个阶段的迁移史。追溯朝代的历史，需要

---

[1] 为了将（以绘画形式存在的）古代知识转化为历史信息，被认为是蒙提祖马继承人的伊莎贝尔·特库伊奇波·蒙提祖马（Isabel Tecuichpo Moctezuma）的第三任丈夫胡安·卡诺（Juan Cano）得到了一位匿名修士的帮助，获得了对纳瓦特尔法典的解释，并将其翻译成西班牙文，见 Relaciones de Juan Cano, Origen de los mexicanos, Relación de la genealogía y linaje de los señores que han señoreado esta tierra de la Nueva España（《胡安·卡诺的考述，墨西哥人的起源，关于那些统治过新西班牙这片土地的贵族的家谱和血统关系》）。由于在大征服时期没有幸存下来的前哥伦布时期的手抄本，此类文本便成为原始资料，见 Rodrigo Martínez Baracs, La perdida relación de la Nueva España y su conquista de Juan Cano（《胡安·卡诺所著的〈新西班牙及其征服的遗失考述〉》）, Mexico, INAH, 2006。

第四章　书写印第安人的历史　　　　　　　　　　　　　　　　　075

另一种重建过去的方式。这是一种政治发展和军事角力两条主线互为补充的方式，两者交会于人们十分熟悉的领域，也就是莫托里尼亚的信息提供者们长期保有的家谱记忆。在一个麻烦不断和权力重组的时代里，他们不惜任何代价地传承着这份记忆。

的确，难道还有比追溯王室家谱、搜集家谱中王子及王室近亲生活事迹更令人信服的方式吗？方济各会修士们曾在西班牙的修道院中学习《圣经》中的家谱；他们也一定翻阅了各个王室的编年史，把西班牙的国王们当作西哥特国王的继承人。彼时，家谱是政权合法性的基础之一。每当有人觊觎王位时，家谱中的人物关系就是不可辩驳的最佳武器。[1] 从古代开始，编年史都是基于历代国王的名单写就的。莫托里尼亚引用基督教最早的编年史学家塞克斯塔斯·尤利乌斯·阿菲利加努斯也并非偶然。追溯一个家谱，还需要明确王位传承者之间的亲属关系。因此，莫托里尼亚还参阅了欧坦的奥诺里于斯的《世界的形象》。这部著作中的家谱虽然比较简单，却向莫托里尼亚展现了应当如何介绍继承的顺序、亲属的关系和统治的时期。奥诺里于斯在书中记述了亚述的君主、犹太的国王、埃及的法老或挪亚的子孙。莫托里尼亚只需要追随奥诺里于斯的书写方式就足够了，因为世界史，无论是古代的还是美洲的，都可以归结为王朝之事。

家谱对印第安人来说并不陌生。印第安人精英保留了国王的名单。这份名单采取了垂直家谱的记录方式，每位国王都承自前任国王。家谱的呈现方式与其他家谱差别不大，唯一改变的是字形。垂直方向的记录优先于水平方向的记录。绘制者力图在水平方向上详细展现各王位继承

---

[1] David Nogales Rincón, « Cultura visual y genealogía en la corte regia de Castilla durante la segunda mitad del siglo XV »（《15 世纪下半叶西班牙王室宫廷中的视觉文化和家谱》）.

人的亲属关系。于是，只要原住民愿意分享他们掌握的知识，参照特诺奇蒂特兰的国王家谱便成了莫托里尼亚追溯墨西加人过去的一种极为便捷的方式。而实际上，原住民的参与程度远远超过了简单的信息传递，也就是说，他们远没有失去对过去的控制，远没有失去对这个修士们努力建立的过去的控制。

提供信息的原住民是如何做的呢？他们遵循着一个原则。修士们错误地认为这是当地特有的：印第安人的王位继承采取轮流继承原则，三兄弟轮流继承王位，然后再把王位传给长兄的儿子；长兄儿子的女儿生了3个男孩，这三兄弟也是轮流继承王位，然后再次由三兄弟中的长兄之子继承王位，再通过长兄之子的女儿把王位传下去。在每一个周期的末尾，都是通过一位女性把王位传承给下一代的三兄弟。在每个三王轮流即位的统治期，三兄弟根据所处的顺序，透露着统治的幸运与不幸：第一个和第三个国王总是征服者，而第二个国王总是懦夫。各个统治期之间相互对应，循环往复。其中，女性的参与，在周期循环和三王即位之间起到了黏合作用，确保了王位的代际交接，有助于王朝权力的永续。这个周期循环的观点也印证了3位印第安女性之间的独特共性。她们是阿兹特克帝国第一个国王阿卡马皮奇特利（Acamapichtli）的妻子、第五个国王蒙提祖马一世的女儿阿托兹特丽（Atoztli），以及最后一个国王蒙提祖马二世的女儿——她被基督教徒称作伊莎贝尔。史料记载，这3位公主是传承王朝无价之宝的隐秘纽带。而这个无价之宝，便是王朝的权力和合法地位。①

尽管王位继承的方式存在着对称性、镜像效应和相似性，但当地

---

① Susan D. Gillespie, *The Aztec Kings. The Construction of Rulership in Mexican History* (《阿兹特克的国王：墨西哥历史上的统治结构》), Tucson, University of Arizona Press, 1989.

第四章　书写印第安人的历史

的历史并不是永恒的重复。一方面是因为在每次循环结束时总是出现不测，陷入混乱。另一方面，也因为循环中的细节不尽相同，在每个循环中，有些事物不会重复出现。这也造就了这种循环的独特之处：一个事件既可以是唯一的，又可以是重复发生的。

原住民精英很有可能构想了一个关于王朝的过去。这个过去像液体那样，围绕三王轮流即位有节奏地流动，有时也可能会发生周期性的停滞。原住民群体向外界呈现的这种家谱根据本地的规则记录而成。他们对循环的脆弱性、对权力和合法地位的起源、对女性的作用和由男性统治的君主体制有自己的认识。所有这些都是原住民精英从口述记忆和手抄本中提炼出来的，和他们经历的秩序相一致。所以，精英们倾向选择那些在他们眼中有意义的东西，而不是选择那些脱离了他们的认识框架或者让该框架失效的事物。他们讲述的复杂机制的背后，蕴含着一种构建世界的方式，而这种方式与欧洲人眼中的时空观念相距甚远。

还需要指出的是，"现在"对"过去"的构建有着不可抗拒的影响。西班牙人的受害者蒙提祖马二世在三王轮流即位的体系下继承了王位。蒙提祖马二世的父亲阿萨亚卡特尔（Axayacatl）把王位传给了他的2个叔叔蒂索克（Tizoc）和阿维特索特尔（Ahuitzotl），叔叔们又将王位传给了他。蒙提祖马二世的女儿伊莎贝尔嫁给了蒙提祖马二世的继承人夸乌特莫克（Cuauhtémoc），但后者被埃尔南·科尔特斯杀死。伊莎贝尔本可以改嫁给一个征服者，开启一个新的循环，但却没有实现。大征服引发了王位传承的断裂，主要体现为由特诺奇蒂特兰、特斯科科和塔库巴"三城联盟"组成的阿兹特克帝国发生了惊人的崩塌。该断裂必须要在过去找到类似的事件，那就得找寻国王之间对应或相似的关系，例如蒙提祖马一世和蒙提祖马二世相对应；或者寻找国王的女儿之间的关系，着重强调女性起到的决定性作用。把"现在"投射到"过去",依照眼前的棘手现状捋清过去的事物,并且不一定要展现一个代代相传的过去,是提供信息的原住民面临的难题。他们也多少意识到了自己所处的困境。从这个角度来看,若蒙提祖马二世标志着一个循环的结束,那相对应地,原住民神话中与托尔特克文明①一起消亡的羽蛇神(Quetzalcoatl)也就具有了特别的意义。② 由此,印第安人也就不需要区分羽蛇神是人还是神,也不必区分它属于神话还是修士们所谓的历史。最终,无论是信息提供者,还是莫托里尼亚,所有人都找到了一种满意的状态:一方制造了一个在他们眼里很有意义的过去,另一方则获得了一个符合期待的王朝历史。

整体层面的拼接就是这样操作的,细节部分还有待完善。在莫托里尼亚的笔下,《旧约》和印第安人的记忆相对应,《圣经》中的约阿施(Joas)也和阿兹特克帝国第一位国王阿卡马皮奇特利相对应。莫托里尼亚慢慢了解了阿卡马皮奇特利后,在这位国王身上看到了约阿施的影子。约阿施是亚哈谢(Ahaziah)的儿子,在公元前 9 世纪末统治着犹大王国。基于二者命运的相似性,莫托里尼亚类比了两人。《圣经》中的约阿施完全就是悲剧家族史的受害者之一。约阿施的祖母是"让犹大王国王室一脉尽毁"③ 的女王亚他利雅(Athalie),因让·拉辛(Jean Racine)创作的同名悲剧④ 留名后世。只有约阿施被姑母约示巴(Jehosheba)藏于所罗门圣殿中,才得以在大屠杀中幸免于难。残酷的亚他利雅最终被处决,年轻的约阿施顺利登上了王位。⑤

---

① 9 世纪至 12 世纪发源于中美洲中部的古文明。——译注
② 蒙提祖马二世把埃尔南·科尔特斯当作了羽蛇神。——译注
③ 2 Rois 11, 1; 2 Chroniques 22, 10.
④ 法国剧作家拉辛所作悲剧的中文版多译作《阿达莉》。——译注
⑤ 这位神奇的幸存者还是因为对上帝不忠而被暗杀。

第四章　书写印第安人的历史

与约阿施对应的阿卡马皮奇特利国王，于1376年至1395年在位执政，被认为是第一位墨西加人的统治者。阿卡马皮奇特利也逃过了一场发生在王室家庭中的血腥报复：他的父亲被刺杀后，母亲（也可能是乳母）帮他逃过了一场血光之灾。母亲把阿卡马皮奇特利藏在一艘小船上，趁着夜色把他送到了一个安全的地方。莫托里尼亚注释道："当凶残的亚他利雅处死所有拥有王室血统的人，约示巴把约阿施藏了起来，继承人和国王的儿子就这样消失了。"[1] 与约阿施的故事一样，阿卡马皮奇特利王子的结局也很圆满，这个年轻人登上王位，统治了特诺奇蒂特兰。并且，上帝也没有终结他的统治。

莫托里尼亚的类比手法让人难以忽略，也证实了他其实不断参照着《旧约》来解读历史。把墨西加人的国王和犹大王国的国王类比，相当于将印第安人的过去提升到了和《圣经》历史相同的地位。这样既确保了该统治者在印第安人记忆中的重要地位，又能够利用约阿施命运中的矛盾性。事实上，约阿施在统治的后期纵容了偶像崇拜的重生。这种偶像崇拜与墨西哥的习俗很相似。此外，约阿施还有其他可以让人产生共鸣的地方：在伊比利亚半岛，虔诚的民众信徒也会把约阿施和耶稣联系起来，因为耶稣在诸圣婴孩殉道日也奇迹般地免于受难。在半岛另一端的葡萄牙，约阿施还被看作"藏起来的国王"[2]，是末日国王的原型。

类比和对应的手法必然会被用来建立印第安历史与《圣经》历史的联系。在这个过程中，拉近两者的关系，不意味着把两者完全对接起来。莫托里尼亚并不愿意把新世界的印第安人比作以色列消失的部落。[3] 如果信息提供者以自己的方式回应方济各会修士的要求，莫托里

---

[1] Motolinía (1971), p.8.
[2] Antonio Vieira, « Sermon de San José » (《圣何塞的布道》), Lisbonne, Chapelle royale, 1642.
[3] 莫托里尼亚（1971，p.84）把乔鲁拉大金字塔类比为巴别塔。

尼亚也可以引导他们说出与自己联想到的《圣经》片段相呼应的记忆。双方的互动是持续的，一方的声音可以唤醒另一方。提问和回答，这是个难以想象的你来我往、交相呼应的过程。提供信息的原住民和修士既没有各说各话，也很少有警察式的审讯。双方的交流持续了数代人。这种交流在被入侵者校准过的时光倒流机的运行过程中，始终发挥着核心作用。

同步新旧世界

约阿施和阿卡马皮奇特利的对应是莫托里尼亚庞大融合工程中的一个例子。那他是如何同步不同的传统和文明，好让它们在同一时空产生关联的呢？

这个在新西班牙被提出的问题自古就有，而且已经得到了部分解决。在公元前 5 世纪末的古希腊时代，编年史变成了一种不受其他类型影响的体裁，[1]它主要记载着那些还没有完全融入绝对年代的事件和任务。[2]古代人着重研究时间的间隔，也就是事件发生之间的间隔：每个事件都出于某些原因，例如年代差异、代际间隔等，被摆在了某个历史位置上。人们通过确定事件和人物之间的共时关系，可以得出它们之间的联系，还能把不同类型的时间记录系统统一起来。这种历时梳理多依靠家谱学家，或基于行政官员名单和奥林匹克运动会获胜者的名单。

自公元前 3 世纪开始，古希腊人尽量确立了一个共同的历史起点。编年史学家以奥林匹克运动会的举办年为基准，使用了古希腊哲学家

---

[1] 我们不知道最初的共时表确立的准确时间，可能是由罗得岛的卡斯托（Castor de Rhodes）在公元前 1 世纪提供的，也可能是尤西比乌斯于 4 世纪提供的。
[2] Astrid Möller, in Rosen (2004), p.170.

第四章　书写印第安人的历史

希庇亚斯（Hippias）提供的奥运会获胜者的名单。这份名单并不完整，颇受争议。直到几个世纪以后，凯撒利亚的尤西比乌斯才给出了更完整的名单。①如此一来，人们记录的时候，就有了相同的起点和相同的终点。基督教修士把这两个基准点应用至世界上的所有民族，②对比其他民族的历史和希伯来人的历史，确立了一个创世的日期。尤西比乌斯在共时性方面为我们区分不同的文明建立了水平方向的桥梁。③摩西对应雅典首位国王刻克洛普斯（Cecrops），亚伯拉罕对应亚述国王尼诺斯（Ninus），以此类推。朝代的时间线停止时，这座水平的桥梁也就断裂了。此处参照的显然是《圣经》中的时间轴，因为基督教修士在同步各民族历史时，自然而然会想到《圣经》中以色列王国的历史。

16世纪，西方基督教世界逐渐认可了普世的时间原则。④依照该原则，世界的历史从《圣经》历史开始，随着教会历史延续。⑤人们于是产生了一种想法：其他地方的编年史可以共存，也可以被纳入西方的文化遗产。正如我们随后会看到，莫托里尼亚利用这点，以人们想向他展示的当地记忆、历法和法典为基础，建构了他的墨西哥编年史。

方济各会的历史书写行动不仅限于纸质形式。在特拉斯卡拉，莫托里尼亚也曾为原住民展现西方中世纪历史的重要驱动事件——十字军

---

① 所列名单持续到第249届奥林匹克运动会（217年），见Möller（2004），p.175。
② 狄奥尼修斯·伊希格斯（Dionysius Exiguus）修士认为基督耶稣的诞生时间比他所处时代早525年，由此发明了基督纪年法，成为如今通用的公历纪年法的基础。而关于基督诞生前的纪年方式，主要是由耶稣会语言学家丹尼斯·佩托（Denis Pétau）在17世纪提出的［Opus de doctrina temporum（《时间论》），1627］。
③ François Hartog, Partir pour la Grèce（《向希腊出发》），Paris, Flammarion, 2015.
④ L'Histoire contre les païens d'Orose（《反对异教徒奥罗塞的历史》，417年）标志着一部想要把野蛮人基督教化的通史的到来。
⑤ 17世纪伊比利亚半岛的历史学家们继续撰写着编年史，见阿隆索·德马尔多纳多（Alonso de Maldonado）撰写的《所有国家和时代的编年通史》（Chrónica universal de todas las naciones y tiempos, Madrid, 1624）。

东征。他没有用编写一本故事书的方式来展现十字军东征，而是把戏剧《征服耶路撒冷》（*Conquête de Jérusalem*）搬上了舞台。这部戏剧至今仍是布道戏剧中引人注目的剧目之一，剧本主要讲的是西欧军队和阿拉伯军队的军事对抗，舞台布置极其宏大，占地面积达 4 个足球场，还包括成千上万的演员和用硬纸板制作的道具（代表着圣城和城墙）。

这部剧的编排出现了一系列的年月和人物错乱，令人惊愕。剧中，皇帝查理五世率领十字军前往近东地区。埃尔南·科尔特斯和新西班牙总督安东尼奥·德门多萨是他的左膀右臂，一起指挥征战。这两个新西班牙的重要人物由原住民演员扮演。科尔特斯确实曾陪着他的国王踏上过阿拉伯人的土地，可那是在 1541 年出征阿尔及尔的时候。剧中的敌人不是统治着诸多圣地的伊斯坦布尔君主。事实上，自 1517 年以来，在开罗，也就是方济各会口中的巴比伦，马穆鲁克王朝的确被打败了，不过是被奥斯曼帝国征服的。剧中的征服以中世纪十字军东征的形式呈现出来，对应着现在，还面向着未来，但它又不是当下真实发生的事件。该如何看待这种虚假的征服呢？莫托里尼亚想要告诉人们什么呢？他是不是希望在不远的未来，查理五世能在美洲印第安人军队的帮助下重新征服耶路撒冷？然后，土耳其人也能像印第安人一样和平地皈依？收复圣地是基督教徒的古老执念。40 多年前，哥伦布激发了人们的这种想法。他曾向信仰天主教的国王许诺，要带回"印度"的金子，却只字未提与"美洲"的军队合作。一旦圣地收复了，查理五世就可以成为末日来临之前的君主。依照末日之说，那时众人皈依，查理五世将促成时间的完成，也就是"时间充足"。这正是修士们虔诚期待的时刻。

过去、现在和未来在特拉斯卡拉这座城市循环往复。该如何解释这种现象呢？是莫托里尼亚的历史观发挥了作用吗？这难道不是只属

第四章　书写印第安人的历史　　　　　　　　　　　　　　　　　083

于上帝的视角吗？上帝看到了永恒，才能随意一瞥便能分清时间的秩序。《征服耶路撒冷》这部戏剧重现了过去，却是把过去的事情置于现在的人物框架中重演了一遍。从这个角度来说，方济各会修士们的想法和今天我们的想法相差甚远，也和当时他们布道的对象——印第安大众——的想法相差甚远。我们容易理解的，应该是这种选择背后隐藏的天主教徒的信念：印第安民众，不仅是精英群体，还包括普通大众，都能够理解他们力图打败伊斯兰世界的想法；并且印第安民众也明白自己需要为赢得这场战役，为建立一个普世教会和与之匹配的帝国贡献自己的力量。几个世纪以后，众多为美国服役的墨西哥人倒在了中东的土地上，以牺牲自己的生命为代价明白了这个道理。而在16世纪，身在墨西哥的西班牙人认为方济各会的倡议完全是一种欠考虑的做法：他们觉得修士们透露的太多了，印第安人没有必要了解西班牙国王针对法国人和土耳其人的战争，以及遇到的困难。总之，西班牙人认为，在这个问题上，原住民没有必要脱离他们原有的世界，毕竟过多的历史意识总会损害统治者的权力。[①]

印第安人的起源

应该如何把印第安人的历史和人类历史联系起来呢？换句话说，该如何把印第安人的历史与《圣经》中记载的人类历史联系起来？同时，还不能忽略只有犹太人及其后裔的改宗才预示着时间的尽头。印第安人算是迷失的犹太人吗？对此，修士安德烈斯·德奥尔莫斯明确提出过3

[①] Francisco del Paso y Troncoso, *Epistolario de Nueva España* (《新西班牙书信集》), t.Ⅳ, Mexico, José Porrúa e Hijos, 1939, p.168.

种假设：第一，巴别塔毁坏之后，人们流散各地；第二，雅各（Jacob）瓜分了迦南后，示剑（Shechem）①的居民大批出逃；第三，以色列人进入应许之地后，驱散了居住在当地的迦南人、亚摩利人和耶布斯人。②但是，莫托里尼亚并不是这样想的，他完全排除了犹太人的家谱。③

有一种假设为人们普遍接受，那就是新世界有一个由巨人组成的史前文明。安德烈斯·德奥尔莫斯在他的《总论》（*Suma*）中提及了巨人。他在其他著作中也提到了类似信息，如《墨西哥人的绘画史》（*Historia de los mexicanos por sus pinturas*）及《墨西哥史》（*Hystoire du Méchique*）。④ 在欧洲，巨人的存在不会引起任何争议，因为《圣经》和其他古典时代作者都已证实，在遥远的年代，地球上曾有巨人居住。⑤ 他们在新世界的痕迹又提供了新的证据。根据莫托里尼亚收集的信息，墨西哥的巨人出现在一个名为"太阳豹"（Nahui Ocelotl）的年代，属于第一个太阳纪。⑥ 这些人"非常高大"，很可能总共存在了676年。他们的骸骨埋在地下和矿山的深处。像往常一样，圣依西多禄对此做了担保：在百科全书《词源》⑦ 中，这位安达卢西亚主教把化石遗迹

---

① 以色列王国的第一个首都。——译注
② Baudot (1977), p.184.
③ 印第安人的来源始终没有答案，辩论持续不止，也激发了 17 世纪的多明我会修士格雷戈里奥·加西亚（Gregorio García）完成著作《新世界和印度群岛印第安人的起源》（*El origen de los Indios de el Nuevo Mundo y de las Indias occidentales*，1607）。
④ Baudot (1977), p.194.
⑤ J. Céard, « La querelle des géants et la jeunesse du monde » (《巨人的争执和世界的青年时代》), *Journal of Medieval and Renaissance Studies* (《中世纪和文艺复兴研究期刊》), vol.8, 1978, p.37-76.
⑥ Antonella Fagetti, *Tentzonhuehe: el simbolismo del cuerpo y la naturaleza* (《Tentzonhuehe：身体和自然的象征》), Puebla, Plaza y Valdes Editores, 1998, p.54.
⑦ 圣依西多禄参照了保卢斯·奥罗修斯的著作，见 *Étymologies* (《词源》), L. XV et chap. XII du L. XII；见 *Les constructions et les terres* (《建筑和土地》), Jean-Yves Guillaumin & Pierre Monat (éd.), Besançon, Presses Universitaires de Franche-Comté, 2004, p.5。

和大洪水联系了起来，随即提到哈利勒和塔尼斯等城市就是由巨人建造的。

其他关于原住民的解释则不那么站得住脚了，尤其是那些涉及世界起源和年龄的部分。关于世界到底存在多久了这个问题，莫托里尼亚认为，基督教徒正生活在第六个时代，也就是从基督降临直至世界末日的这段时期。那原住民是何时诞生的呢？这个问题对他来说似乎更复杂，因为他找不到任何可以追溯到800年以前的原始资料，也找不到任何石刻、字母文字和象形文字。然而，依照信息提供者的说法，800年以前，这里已经有了人类和世界。事实上，纳瓦人认为，在那个世界之前，已经存在过好几个世界了。而他们生活在第五个世界（即第五个太阳纪），前面的4个世界已经在一轮又一轮的浩劫中毁灭，分别被水、风、火和土摧毁。原住民这种把诞生和毁灭联系在一起的叙述，以及对"太阳"的认识，都和《创世记》的记载完全不同。依据《墨西哥史》的记载，印第安人拥有4个"太阳"。而莫托里尼亚认为其实存在5个"太阳"："算上我们现在所处的时代，我们可以把它们称作5个时代，这些人把时代称作太阳。"太阳散发着恶魔般的臭味，因为魔鬼将邪恶植入了印第安人的思想中。莫托里尼亚没有放弃这个思路，他找到了把这5个时代与基督教的"六个时代"和"四大帝国"历史演变模式联系起来的办法。事实上，16世纪的历史学家还远远没有放弃传统基督教的分期方式，连参与了宗教改革的马丁·路德、菲利普·墨兰顿（Philipp Melanchthon）和约翰内斯·斯莱达努斯（Johannes Sleidanus）都依旧遵循着这个时间框架。

墨西哥太阳的消失有可能是自然灾害（洪水、暴雨、地震）造成的吗？这些自然灾害引发的毁灭性结果会不会给人一种一个世界结束，另一个世界开始的感觉呢？因为方济各会修士们得到的叙述中夹杂着"历史和虚构"①，这也就解释了为何人们"采纳"了宇宙论中的驱动元素。莫托里尼亚通过识别和剔除谎言，保留了他视作真相的部分。他是如何做的呢？首先，他把原住民的历法与基督教的历法联系起来：第五个太阳纪的诞生，标志着产生一个新的时间记录方式，就像耶稣道成肉身之后那样。莫托里尼亚由此推断，在第五个太阳纪开始之前，印第安人就遵循了基督教的历法，但是由于技术障碍，比如缺乏字母文字，缺乏对过去的兴趣，或者经受了遗忘的冲击，先前的时期划分是极度模糊的。这种解释为他的编年史书写奠定了基础。1542年，莫托里尼亚写道，第四个太阳纪很有可能是在694年结束的，也就是848年以前；随后，人们经历了25年的黑暗，然后开始生活在第五个太阳纪。这里的黑暗主要是指莫托里尼亚参考的《创世记》第一章第二节中的"渊面黑暗"。依照印第安人提供的信息，男人和女人极有可能诞生于第四个太阳纪，也就是方济各会修士笔下"第四个时代"结束后的第15年。

　　莫托里尼亚不断地把印第安人的历史靠近《圣经》，很好地历史化了中美洲的宇宙论，使得该宇宙论最后成为西班牙殖民前的编年史的雏形。旧的时间模式——《创世记》和"六个时代"——再一次为莫托里尼亚和追随他一起书写墨西哥印第安人遥远与新近历史的人们提供了参考框架。如今，我们已经不再使用这些属于另一个时代的历史工具了，但是，在书写印第安历史的过程中，人们强行采用的欧洲式的时间框架会持续影响我们看待美洲印第安社会的方式。对照另一个世界加以解读一个世界，需要各种认识层面的折中，甚至还需要一种同理心。这种折中在不断地拉近属于不同世界的事物，可能会导致这些事物随时失去其独特性。莫托里尼亚没有这些顾忌，因为他坚信这是一场重要的战斗，

---

① Motolinía (1971), p.388.

一场在他所带来的普遍真理和魔鬼的欺骗之间展开的战斗。虽然今天的我们能够与这种真理拉开距离，能冷静地对待它了，但是，我们是否也能够以同样的距离和批判性的眼光，看待我们的时间观念和书写历史的方式呢？

战争和战后

莫托里尼亚还需要考虑到混乱的"现在"和处于萌芽状态的社会，后者只体现出了殖民社会的征兆。莫托里尼亚没有讲述对墨西哥的征服过程，而是着墨于分析欧洲的胜利给中美洲民族带来的破坏性后果。那个时候，各方势力还未竞相登场。这些中美洲民族的社会已经开始城市化了，数量很多，但传教士尚不具备任何田野调查和学习语言的条件，因此，这些社会还未为人所知。

西班牙的编年史学家认为"现在"始于什么时候呢？他们普遍把哥伦布的第一次航行作为印第安人历史的开端。今天，西方历史和世界历史也多以地理大发现作为重要的时间节点。人们本也可以用特诺奇蒂特兰的沦陷作为区分墨西哥前哥伦布时期与殖民时期的转折点。奇怪的是，莫托里尼亚提出了另一个日期。他认为这是一个非常重要的选择，于是在自己的著作《回忆录》的第 1 章中花了大段篇幅详细解释这个选择。

莫托里尼亚指出，一切始于 1524 年第一批方济各会修士登陆美洲。然而，若想让这个年份不只是一个宗教范畴的简单历史片段，就得再赋予它一个形而上的光环。因此，莫托里尼亚想把 1524 年和救赎史联系起来，向世人展示它的独特之处。他提到，12 个到达墨西哥的方济各会修士的使命与基督十二使徒的使命相似。"12"这个数字的象征意义变得举足轻重。墨西哥方济各会首领马丁·德巴伦西亚离开西班牙的那天是 1524 年 1 月 25 日，恰好是圣保罗（Saint Paul）的皈依日。莫托里尼亚于是强调，就像圣灵曾在五旬节引领门徒传扬福音那样，圣灵也引领着方济各会修士在墨西哥的布道使命。莫托里尼亚的阐述为该事件赋予了普遍意义，它不仅关乎普世教会的未来，还被应用于一个印第安人脑海中的世界——阿纳瓦克。莫托里尼亚还分析了阿纳瓦克在纳瓦特尔语中的含义——被水环绕着的土地。巧合的是，印第安人的这个说法，刚好与一个支配了整个中世纪欧洲的概念遥相呼应：中世纪的欧洲人认为地球犹如一个被水包围的小岛。① 莫托里尼亚会参考这个古老的概念也不足为奇。中世纪的文人总在"他处"寻找阐释时空的关键，比如他们会诉诸希腊人、希伯来人、迦勒底人所在的时空，或者总体而言，诉诸古人所在的时空。但他们的创新仅限于选择不同的语言或已知世界没有的概念，极少改变自己原本坚守的思想。

莫托里尼亚着重使用"阿纳瓦克"这个词来介绍墨西哥，也是为了和殖民当局保持距离，和埃尔南·科尔特斯的政府传统保持距离。这两方力量联手为这块被征服的土地强加了"新西班牙"的名字。莫托里尼亚在墨西哥的土地上投射了基督教的形而上学和历史，不过他还是考虑到了"战败者的视野"。传教士的行动不仅是早期教会十二使徒行动的再现，还意味着一种成就，意味着基督复活后的新事业正逐步延伸至世界的每个角落。十二使徒的剧情再次在墨西哥上演，但这一次，它还需要为时代终结做好准备。修士们建构的原住民的"过去"受到了具有殖

---

① 著有《词源》的圣依西多禄称高出水面的土地被海洋环绕，见 Manuel Albaladejo Vivero, « El conocimiento geográfico en las *Etimologías* isidorianas; algunas consideraciones »（《关于圣依西多禄〈词源〉中地理知识的思考》），*Iberia*（《伊比利亚》），vol.2，1999，p.203-211。

民色彩的"现在"的制约,这是完全可以预料的。同时,我们也不能忽略,这个"过去"还要立足于一个被长久期待的已知"未来"——人的充足和时间充足的最后之日。

莫托里尼亚对于战后世界的记载令人惊叹,他只采用个人的见证,生硬地交代了战后的混乱。莫托里尼亚书写这部分的首要目的是找到能帮助他给社会动荡赋予意义的关键,由于战争只结束了短短几年,他没有审视历史所需的时间距离,便在自己听过或见过的《圣经》故事里找到了类似的例子:灾祸袭击了埃及,以色列人的上帝决定让他选中的子民离开。莫托里尼亚以此为基础,但不满足于依照殖民社会所处的"现在"构想印第安人的"过去",而是试图理解整个16世纪20年代在墨西哥发生之事。他讲述的墨西哥的磨难很贴近耶路撒冷的命运。公元70年,耶路撒冷同样处于被围困的绝境之中,最终落入罗马人之手。莫托里尼亚再次成功地把前所未闻的事物与旧事物联系起来,他从《出埃及记》,从犹太历史学家弗拉维奥·约瑟夫斯、凯撒利亚的尤西比乌斯和保卢斯·奥罗修斯的作品中找到了类似的先例。

埃及的灾祸是教会历史上无法绕过的重要参考事件。[①] 对《驳异教徒史》(*Historiae contra paganos*)的作者奥罗修斯来说,这场灾祸预示了教会将在最初几个世纪遭受打击,他写道:"这些事对我们来说是可以参照的先例。"智者一言已足:基督的敌人会像埃及人那样悲惨收场。背叛上帝的人将损害一切受造之物,将受到神最为严酷的惩罚:战争、洪水、地震、火山喷发和土地贫瘠。[②] 如果有人使用《圣经》先例

[①] 关于尤西比乌斯和犹太人的命运,见 Robert M. Grant,*Eusebius as Church Historian*(《作为教会历史学家的尤西比乌斯》),Oxford,Clarendon Press,1980,p.97-113。
[②] Benoit Lacroix, O. P., *Orose et ses idées*(《奥罗修斯及其思想》),Montréal-Paris, Université de Montréal, 1965, p.107-108.

评论罗马人的罪行，①那为什么不能把这种解释框架完全从时空中抽离出来？只要这个框架认同上帝的公正是普世的，是会惩罚所有罪人的，不就可以解释不同时空发生的事了吗？这就是当时莫托里尼亚迫不及待要做的事。他使用"一致"（concordancia）②来形容他对埃及和墨西哥所受灾祸的类比。在莫托里尼亚到达墨西哥的1524年，当地仍处于完全混乱的状态。

墨西哥城经历着和耶路撒冷相似的命运。和当时的圣城一样，前哥伦布时期的城邦已经被敌人夺走了。占领耶路撒冷的罗马军队换成了占领墨西哥的西班牙军队。在莫托里尼亚笔下，墨西加人的第一位国王阿卡马皮奇特利换成了耶路撒冷的主人。而欧洲人征服墨西哥城的奇迹，又让他联想到了古希腊时代的耶路撒冷："塞琉西王国时期，在耶路撒冷和圣殿被毁之前，人们连续40天看到天空中飞过马匹、持着长矛的士兵和骑兵队。"公元前168年，塞琉西王国国王安条克四世（Antiochus Ⅳ）洗劫了耶路撒冷圣殿，并摧毁了这座城市的城墙。而莫托里尼亚更在意的是耶路撒冷第二次被摧毁的历史。那是在公元70年，罗马帝国的韦斯巴芗（Vespasian）和提图斯③攻破耶路撒冷，摧毁了圣城。④

类比古代事物的手法是十分强大的：它考虑了城市的伟大，也考虑了城市的衰落；它提供了一种形而上学或末世论的解释。实际上，

---

① 基督教神学家、哲学家圣奥古斯丁批评把罗马人的迫害比作古埃及十灾的做法［见 *La Cité de Dieu*（《上帝之城》），L.XV-XVIII, trad. G. Combés, Paris, Desclée de Brouwer, notamment l.XVIII-52，1960］。
② Motolinía (1971), p.27.
③ 提图斯是罗马帝国弗拉维王朝的第二位皇帝（79—81年在位）；韦斯巴芗为该王朝的第一位皇帝（69—79年在位）。——译注
④ Motolinía (1971), p.212-213, 224.

第四章 书写印第安人的历史

莫托里尼亚并没有做太多的创新,埃尔南·科尔特斯的《第三封信》(Troisième lettre)的出版商在评论这部著作时已经给出了这个方向的论述。编年史学家贡萨洛·费尔南德斯·德奥维多和征服者贝尔纳尔·迪亚斯·德尔卡斯蒂略(Bernal Díaz del Castillo)也提到了相同的类比。①

莫托里尼亚谈到了诸多事件的一致性,这开启了他对西班牙大征服所引发的社会震荡的深刻反思。他清晰地分析了各个事件,对细节极为敏感,深知这个国家所经历的悲剧,但他也并非没有落入偏见的桎梏。面对大有教益的思考,这种带有偏见的叙述可能会粉碎记忆:"我们看着某个地方,并发自内心凝视它时,它会逐渐充满巨大的黑暗,陷入罪恶的深渊和完全的混乱。我们看到了,也知道了那个地方被恐怖笼罩着。"②

通过《圣经》来解读事物也会引发自相矛盾的效果:墨西哥的灾难从来都不是埃及灾祸③的完全重现。两个事件之间存在着差距和不同,需要辅以解释。有些解释极有远见,令人称奇。埃及经历的第一次灾难对应着墨西哥的流行病——导致大量墨西哥人死亡的天花:"在这种情况下,他们就像臭虫一样死掉了。"④莫托里尼亚非常精准地揭示了这种疾病的起源:潘菲洛·德纳瓦埃斯(Pánfilo de Narváez)船长踏上墨西哥土地的时候,他带来的一个黑人已经在船上传播了天花。墨西哥从未出现过类似的疾病。这场大流行病造成的破坏十分巨大:"某些省份死去了一半人口,另外一些地方病死的人稍微少一点儿。"如何解释这场

---

① Fernando González de Oviedo, *Historia general de las Indias*(《印第安人通史》), Séville, 1535, l. XXXVI, chap.30.
② Motolinía (1971), p.21.
③ 埃及十灾为血水灾、青蛙灾、虱子灾、苍蝇灾、畜疫灾、泡疮灾、冰雹灾、蝗灾、黑暗之灾和长子灾。——译注
④ Motolinía (1971), p.21.

灾难呢？有人曾提出是由于印第安人不洗澡的缘故，但后来被证实并不成立。印第安人对这种疾病束手无策。疾病的蔓延让他们陷入了混乱，他们无法互相帮助，还出现了食物短缺："已经没有人能做面包了"，只能煮玉米吃。莫托里尼亚没能从《出埃及记》中找到参考，以描绘这种无比震撼的画面：没有用来埋葬尸体的东西了，于是印第安人只能推倒房屋掩埋受害者的尸体。被称为"大麻风病年"的1520年，会深深地印刻在印第安人的记忆中。传染病是有预兆意义的，莫托里尼亚从惊慌失措的观察者变回了传教士的角色，他认为这场大流行病向世人宣告着"苦难和灾祸将在各处接踵而至"①。他把《启示录》的两处文字拼接起来，用来解释墨西哥遭受的第一场灾难。因为有必要把墨西哥的这段经历与超自然历史联系起来，将其中的过去、现在和将来汇聚在一起，就像它们在上帝的眼中汇聚在一起那样。身处墨西哥的方济各会修士和《启示录》的作者拔摩岛的约翰（John of Patmos）想的一样：时间的尽头就要到来了。

实际上，埃及遭受的第一场灾难是水变成了血、鱼死于窒息，以及空气中弥漫着恶臭的瘴气。莫托里尼亚保留了关于臭气的看法，这也是他的信息提供者脑海中仍旧鲜活的记忆。莫托里尼亚也保留了鲜血作为不祥之物的象征，以及土地对人类长期献祭的惩罚，他写道："那些把死人血献祭给魔鬼的人必须忍受这样的磨难。"②先是传染病造成的大量死亡，接着是大征服战场上的殒命，最后这一切都混在了一起，难以区分，"每个事件都造成了大批民众死亡"。莫托里尼亚对墨西哥第二场灾难的解释，则参考了基督教历史学家对古代晚期的注解。这些我在上文

---

① Motolinía (1971), p.21.
② Ibid., p.22.

第四章 书写印第安人的历史

中已经探讨过了。墨西哥的毁灭指向了它的翻版，也就是被韦斯巴芗和提图斯毁灭的耶路撒冷。然而，莫托里尼亚此处使用的类比很快也充满了世界末日的意味。他写道，被上帝惩罚的埃及消失在圣城面前，因为没有对救世主的死亡忏悔，它注定消亡。

莫托里尼亚对埃及第二场灾难的解释似乎就更牵强了。征服之战中首先牺牲的墨西哥人大多是王子和贵族，也就是那些"战争之人"。在莫托里尼亚笔下，他们的傲慢和恶习使得他们被类比为埃及第二场灾祸中的青蛙。这里我们可以看到，莫托里尼亚又参照了《启示录》，他把这些墨西哥人比作污鬼，也就是第六位天使把碗倒在幼发拉底河上时，兽口中吐出的污鬼。莫托里尼亚勾勒出的画面更加恐怖，以至于无法区分哪些是被公正处罚的罪人，哪些是可怜的受害者了：在潟湖的泥水中央，成千上万被水浸泡过的肿胀尸体已经腐烂，散发着死鱼般的恶臭，并且眼球凸出，极度畸形。

其他的受害者也陆续增加。印第安人放弃了耕地，饥荒严重侵害了赤贫之人，其猛烈程度犹如大批蚊子从尘土中飞出那般壮观。随后，莫托里尼亚的描述出现了意外的转折：印第安人不再是受到上天惩罚的有罪之人，而是逐渐变成了受害者。他转而瞄准了殖民剥削的直接代理人，开始谴责所有以西班牙人之名剥削印第安人的人，他们是"工头、牧民和黑人"。大征服颠覆了旧秩序，作为代理人的墨西哥工头和管家开始让当地人为他们服务，令人畏惧，仿佛他们是有着合法地位的领主。征服者的代理人变成了"折磨以色列人民的埃及压迫者"①，被比作第四场灾祸中的苍蝇。印第安人由此转变了阵营。他们本来被看作由于偶像崇拜而被惩罚和降罪的埃及人，随后又被提升至以色列子民的地位。

---

① Motolinía (1971), p.25.

墨西哥新的灾难是什么呢？是原住民所要忍受的"野兽般"的剥削。就算他们从压迫者的折磨下幸存，也难逃被剥夺财产、被迫卖掉土地，甚至卖掉孩子的厄运。莫托里尼亚写到的埃及第六灾也借鉴了西班牙殖民者犯下的罪恶：他们不仅毫无节制地索要贡品和奴役原住民，还强制要求他们挖掘金矿。依他所言，就像第六场灾祸引发的埃及人的死亡一样，淘金热潮也会加速西班牙人的死亡，因为财富"会使灵魂受伤和流血"。"那些想要变得富有的人会落入魔鬼的圈套和枷锁，在留下令人痛苦的伤口前休想逃脱。"

莫托里尼亚的目光随后转向了墨西哥城的废墟。致力于重建城市的大批印第安人又勾起了这位修士另一段模糊的《圣经》记忆，也就是耶路撒冷圣殿的重建。莫托里尼亚用一种见闻式的语气描述道："和往常一样，很多人一起搬运建筑材料时会边唱边喊地干活，叫喊声响彻日夜。"① 这样的描述绘影绘声。莫托里尼亚也发表了一些令人惊愕的看法：这座威严城市中的建筑高耸入云，以至于最终遮蔽了城市，一切变得十分阴暗。龙卷风从空中席卷而下，夹杂着石块和冰雹，砸在原住民建造者的身上。当摩西把他的拐杖指向天空，当电闪雷鸣、一场大火袭击了法老的土地，我们想起了第七场降临到法老之地埃及的灾难。② 这一次，我们难以分清原住民是受害者还是罪人，也许两者都是，他们既是过去偶像崇拜的罪人，又是征服者的受害者。

对基督徒而言，莫托里尼亚的这段分析堪称杰作。他将墨西哥世界以《启示录》的方式引入世界历史。这部分阐述成为西方历史编纂学的重要篇章之一，这不仅因为莫托里尼亚的分析所涉事件极为广泛，更

---

① Motolinía (1971), p.27.
② 莫托里尼亚参考《启示录》中第七位天使将碗倒入空中，引发了剧烈的暴风雨和地震；异教徒的城市随后崩塌，裂为三段。

因为他在努力厘清影响墨西哥人命运的错综复杂的原因时所展现出的智慧。而这些自然的、物理的、社会的及政治和经济的原因纵横交错,和原住民的命运一起在神意历史的舞台上上演。

第二部分
印第安人记忆的对抗

LA RÉSISTANCE DES MÉMOIRES INDIENNES

我的孩子,你看,时间变成了空间。

——理查德·瓦格纳(Richard Wagner),

《帕西法尔》(*Parsifal*)第一幕

第五章
大征服之前，你们是谁

"告诉我们，在被征服之前，你们是谁！说出你们的信仰和习俗吧，以便我们能够从此根除它们！告诉我们——在时间距离的帮助下——你们存在的理由吧！把曾经属于你们的那个世界变成一个描述的对象，一件已经消逝的东西，一具我们为了更彻底击垮你们而要解剖的尸体吧。只需要保留一些最基本的有用之物就好，只要这些东西不和我们教给你们的政治、道德和宗教规则——信仰、法律、王国、城市——格格不入就好。"①

尽管方济各会修士十分专业，但征服者卸下的时光倒流机到了他们的手上，颇有压路机的样子。这也不是教会第一次强迫人们信教了。远在1000年前，就有这样的论述："应该把异教徒也纳入犹太教版本的历

---

① 我此处引用了何塞·拉瓦萨（José Rabasa）的著作：*Tell me the Story of how I conquered you. Elsewheres and Ethnosuicide in the Colonial Mesoamerican World*（《告诉我我如何征服你的故事：其他地方与中美洲殖民世界的民族》），Austin, University of Texas Press, 2011。

史中，如此一来，放弃异教的皈依者就可以扩大他们的历史视野，开始从世界历史的角度思考问题了。"①教会在古罗马帝国统治时期的使命如今又在墨西哥的土地上、在殖民的框架下重现了。

传教士们的意图非常神圣，胡安·何塞·赛尔在《继子》中向我们解释道："印第安人再也找不到这个世界光明的一面了。"一个古老的世界正在土崩瓦解。要承担新事物所致后果的原住民精英在这次西班牙大征服中又付出了怎样的代价呢？

3 部古老的手抄本

我们已经提到过，为传教士提供信息的印第安贵族的数量远比我们想象的要多，也比资料显示的要多。光是"三城联盟"的第二大城市，如今位于墨西哥城郊区的特斯科科城的历史，就激发了大量研究。方济各会修士、原住民中的豪绅地主、混血的达官显贵纷纷对这片土地的起源给出自己的解释，他们构建的各种版本也都考虑到了福音布道带来的限制，以及当局对偶像崇拜的谴责。通常情况下，他们会强调当地大家族的权利主张，甚至会把过去的生活规则理想化，或想着重建大征服之前的规则。②所有人都试图从原住民的口述、绘画或歌唱资料中探寻痕迹。所有版本最终都勾勒出了一个特斯科科城在殖民时期之前的正统形象，以享有盛誉的君主内萨瓦尔科约特尔（Nezahualcoyotl）为象征。该象征符号在 20 世纪依然具有极强的影响力，例如，墨西哥和拉丁美

---

① Momigliano (1983), p.150.
② Jongsoo Lee, *The Allure of Nezahualcoyotl, Prehispanic History, Religion and Nahua Poetics* (《内萨瓦尔科约特尔的魅力：前哥伦布历史、宗教和纳瓦人的诗学》), Albuquerque, University of New Mexico Press, 2008.

第五章 大征服之前，你们是谁

洲最漂亮的演奏厅就被命名为"内萨瓦尔科约特尔"。

在这个尚且年轻，还要经历各式各样冲突的不稳定的殖民社会里，前哥伦布时期的历史在知道如何塑造它、如何运用它的人手中逐渐成形，并转化成了一个具有象征和法律功能的政治工具。当地贵族的后代及其盟友，无论是西班牙人还是混血儿，都把这个历史当作一种武器。然而，人们一旦开始回顾大征服前的过往，无论是他们选取的策略还是产生的怀旧之情，都让模糊的记忆变得苦乐参半，这个时候，这种武器很快就变成了反思的对象。

随着殖民环境日益结构化和复杂化，人们对过去的建构也发生了变化。西班牙人到来前的世界在人们的记忆中逐渐淡化了。大征服带来了精神、情感和身体层面的强烈冲击，这些冲击一点点地沉淀，在心理层面形成了与过去世界的距离。随着时间的推移，这个距离越来越长，最终不再可逆。16世纪的时候，情况还不是这样的。那时，信息选取、自我审查，为王朝或门第利益寻找手稿，手稿的持有、保存、传承和故意掩藏，或者由此引发的沟通，一切做法都让贵族圈子及其合作者（无论他们是否情愿）逐渐理解了欧洲历史的实践。印第安人在这个世界上不再孤单了，对他们来说，西班牙的存在是今后不可回避的事实，无论这种存在是以履行朝贡义务的形式，还是以引入字母文字书写的形式体现出来。16世纪下半叶，混血的后代子孙开始卷入其中，从那时候起，他们不再只是捍卫"自古以来"取得的贵族身份，更要巩固弱化的社会地位。自此以后，印第安人展示出了有利于自身利益的记忆，并着重强调那个他们自主选择的过去——那是一个光荣的过去，是承载着第一批征服者和第一批主人辉煌印记的过去。

16世纪40年代，应特斯科科领主们的要求，手抄本画家创作了3部手抄本。作品经受住了几个世纪的考验，如今存放在巴黎的法国国家图书馆手稿部。这 3 部分别名为《修罗托手抄本》(Codex Xolotl)、《特洛津手抄本》(Codex Tlohtzin)、《奎纳津手抄本》(Codex Quinatzin)的手抄本,记载了特斯科科庄园制度的诞生、发展及巅峰。手抄本画家选取了墨西哥社会中最传统的绘画方式开展创作,与此同时,在这个社会中,殖民者引入的字母文字也逐渐流行起来。[1]

经过 20 多年的殖民化,这些画家是如何成功协调原住民贵族与西班牙殖民当局的期待的呢?饱受基督教化和殖民政权双重夹击的当地传统,又变成了什么样子呢?[2]

从佛罗伦萨到墨西哥城

为了衡量这些文人修士之创举的独特性,我们需要脱离墨西哥的框架,在一个更为广阔的全景中观察。历史从来不是基督教的专属。[3] 历

---

[1] 见由查尔斯·迪布尔(Charles Dibble)编辑的经典版本 Códice Xolotl(《修罗托手抄本》), Mexico, UNAM, 2 vol., 1951 [rééd. 1980]; Marc Thouvenot, Codex Xolotl(《修罗托手抄本》), Lille, Atelier national de reproduction des thèses, 1990; Patrick Lesbre, « Le Mexique central à travers le Codex Xolotl et Alva Ixtlilxochitl: entre l'écriture préhispanique et l'écriture coloniale »(《通过〈修罗托手抄本〉和〈伊斯特利尔索奇特尔手抄本〉看墨西哥中部:介于前哥伦布时期与殖民时期的写作》), e-Spania, décembre 2012。阿隆索·阿夏亚卡特尔(Alonso Axayacatl)、胡安·德托克马达(Juan de Torquemada)和费尔南多·阿尔瓦·伊斯特利尔索奇特尔(Fernando Alva Ixtlilxochitl)先后于 1560 年左右、1612 年之前及 17 世纪上半叶,为该抄本做了注释。
[2] Elizabeth Hill Boone, Stories in Red and Black: Pictorial Histories of the Aztecs and Mixtecs(《红色和黑色的故事:阿兹特克人和米斯特克人的图像历史》), Austin, University of Texas Press, 2000, p.182-196.
[3] 关于这些过去,见 José Rabasa & al. (eds.), The Oxford History of Historical Writing(《牛津历史写作史》), vol.3, Oxford, Oxford University Press, 2012; Sanjay Subrahmanyam, « Du Tage au Gange au XVIe siècle : Une conjoncture millénariste à l'échelle eurasiatique »(《16 世纪从塔霍到恒河:欧亚大陆的千年交汇》), Annales HSS(《历史与社会科学年鉴》), vol.56, n°1, 2001, p.51-84; « On World Historians in the Sixteenth Century »(《论 16 世纪的世界历史学家》), Representations(《代表》), 91, 2005, p.26-57.

第五章　大征服之前，你们是谁　　　　　　　　　　　　　　　　103

史也在其他的天空之下——从奥斯曼帝国到波斯王朝，从印度莫卧儿帝国到中国的明朝，甚至到非洲的撒哈拉以南地区——以其他形式繁荣昌盛着。在那个时代，伊斯坦布尔历史学家的眼光也未局限在帝国的边界，不少人对基督教王国充满兴趣，甚至是对新大陆充满兴趣。[1] 各种日历推算法则的共存并不是美洲的特色。莫托里尼亚试图演算、对比基督教历法和墨西哥历法时，波斯的编年史学家们习惯于使用以伊斯兰教历纪元为起始点的多种历法。[2] 在中国，除了官修的编年史，史学家们还撰写了无数的故事，记录着时代变化与不幸。[3] 大征服过后在墨西哥激增的大量关于印第安人和混血儿的叙述，也让人想到得益于印刷术的发展而在中国流行的各种故事。

　　想象一个被欧洲历史编纂学支配的世界可能有些不合时宜，但是墨西哥的画家们确实是与欧洲人和基督徒打交道的。而今，画家们的存在也是和欧洲紧密相连的。

　　16世纪40年代的墨西哥手抄本画家在历史思考中发挥了何种作用？当佛罗伦萨人圭恰迪尼在《意大利史》(*Storia d'Italia*)中猛烈抨击法国人的入侵导致的动荡时，特斯科科的画家们正在努力适应另一个入侵带来的后果。西班牙的征服给画家们带来了巨大的冲击，迫使他们

---

[1] Jean-Louis Bacqué-Grammont (éd.), *La Première Histoire de France en turc ottoman : chronique des padichahs de France, 1572* (《奥斯曼土耳其语中的第一段法国历史：法国帝王编年史，1572年》), Paris, L'Harmattan, 1977; Thomas Goodrich (ed.), *The Ottoman Turks and the New World: a Study of Tarih-i Hind-i Garbi and Sixteenth Century Ottoman Americana* (《奥斯曼土耳其人和新世界：对西印度历史和16世纪奥斯曼美洲的研究》), Wiesbaden, Harrassowitz, 1990.
[2] Christophe Marcinkowski, « Persian Historical Writing under the Safavids (1501-1722/36) » [《萨法维王朝时期的波斯历史写作（1501—1722/36年）》], in Rabasa & al. (2012), p.186.
[3] Timothy Brook, *The Confusion of Pleasure. Commerce and Culture in Ming China* (《纵乐的困惑：明代的商业与文化》), Berkeley, Los Angeles, Londres, University of California Press, 1998, p.139-152.

改变与过去事物的关系,并需要以其他方式去探索这些事物。① 这种冲击在圭恰迪尼书写意大利之战或是罗马之劫时也起了决定性作用。这位作者感叹道:"一场灾难既是难以讲述的,也是难以想象的。"②

墨西哥的手抄本画家应该没有参考新的人文主义历史学家的见解,如圭恰迪尼或是洛佩斯·德戈马拉的见解。他们只能接触到莫托里尼亚留下的救赎史和教会史,后者于1539年、1541年和1543年居住在特斯科科,过着和修道院看门人差不多的生活。③ 手抄本画家也接触到了另一位重要的历史学家巴托洛梅·德拉斯·卡萨斯。卡萨斯在墨西哥首都参加由弗朗西斯科·特略·德桑多瓦尔（Francisco Tello de Sandoval）组织的"主教和修士委员会"时,特斯科科的精英们可能在1539年和1546年与他见过面。卡萨斯的逗留引起了轰动,当地的贵族精英群体很难忽视。当时,这位多明我会修士正为反对印第安人的奴隶身份而斗争,并与总督安东尼奥·德门多萨发生激烈冲突。特斯科科的贵族们是否借此机会和卡萨斯建立了直接联系呢？还是他们有机会在墨西哥城听取了卡萨斯关于印第安人才能的想法？无论如何,卡萨斯在1550年写成的《辩护史》(*Apologética historia sumaria*)中,并没有掩饰他从墨西哥人那里,尤其是特斯科科人那里获取了一些事实和论据,以支撑他为印第安社会所做的辩护。无论如何,卡萨斯的《西印度毁灭述略》在印第安精英群体中流传甚广,甚至不少人在1556年写信给西班牙国王费利佩二世（Philip Ⅱ）,要求任命卡萨斯为印第安人的守护者。

---

① 圭恰迪尼脱离市政和地方历史的框架来了解意大利时,特斯科科的画家们也能够考虑一个包含墨西哥谷地和其他临近地区的历史了。
② Francesco Guicciardini, *Storia d'Italia* (《意大利史》), 1975, t. Ⅲ, Milan, Arnaldo Mondadori, p.900.
③ Motolinía (1971), p.CXⅣ.

驱逐偶像崇拜

起初，搜集古老物件和制作特斯科科手抄本的做法，很可能是人们对当地情形逐渐走向悲剧的一种回应方式。1539 年，自称特斯科科酋长的卡洛斯·奥梅托钦（Carlos Ometochtzin）被捕，接受审讯后被活活烧死在墨西哥城的广场上。他受到多项指控，最终被处以火刑。[1] 宗教裁判所指责奥梅托钦举行偶像崇拜的仪式、拥有"可疑画作"，以及对妻子不忠。更严重的是，有证据表明他的鲁莽言论矛头直指一众权威，包括墨西哥教会大主教胡安·德苏马拉加和墨西哥的主宰者、皇帝查理五世的代表——总督安东尼奥·德门多萨。

奥梅托钦被判火刑产生了重大的警示作用。除此之外，1539 年还发生了其他事情，使得一位原住民法官和一位偶像崇拜的祭司受到了指控。原住民精英恍然大悟：如果被发现拥有偶像崇拜迹象明显的画作——无论是描绘献祭的场景还是描绘崇拜的对象——对他们没有一点儿好处。宗教裁判官越来越了解原住民的信仰和习俗，他们的甄别能力越来越强。并且，印第安精英的西班牙化并没有像西班牙王室期待的那样迅速和深入。西班牙人越来越担心基督教化的失败；而当地人也会衡量在新的社会系统中，政治融合和社会同化所遇到的阻碍。

修士们如何理解偶像崇拜呢？原住民又如何理解他们接受的具有威胁性的布道呢？我们通过阅读特斯科科酋长奥梅托钦的诉讼案宗，足以获悉 16 世纪 40 年代初的一些情形。教会通过锁定各类物件上对神灵的呈现，指责人们的偶像崇拜行为。这些物件包括绘画、雕塑，以及宗教

---

[1] *Proceso inquistorial del cacique de Texcoco*（《特斯科科酋长审讯过程》），Mexico, Eusebio González de la Fuente, 1910.

仪式的用具和祭品，尤其是"印第安人的书籍"。一切能记载原住民现实的物件注定要消亡，修士们15年来都在苦苦追查这些保留了偶像崇拜痕迹的物件。原住民常常把这些物件藏在家里，以躲避好奇的西班牙人和修士警惕的目光。

西班牙的征服者最后也意识到他们努力消除的事物的范围有多广。印第安人的信仰犹如那个时期欧洲农民的信仰一样，深深扎根于他们世代居住的土地和景象之中。在奥梅托钦诉讼案的调查过程中，有人揭发了在特斯科科城附近的特拉洛克山从事的非法活动。特拉洛克山海拔4000多米，山谷里炊烟袅袅，越过树梢，暴露出有人正从事非农活动。修士们通过调查确认：居住在特拉洛克山上的神灵，在1539年仍吸引着整个墨西哥谷地，以及与之毗邻的普埃布拉地区的忠实信徒，尤其是韦霍钦戈和特拉斯卡拉这两个城邦的信徒。山峦遮蔽了一座神庙，那里供奉着掌管土地、闪电和降雨的雨神特拉洛克（Tlaloc）的雕像。神庙的所有权与整个墨西哥谷地的霸权是一致的，因为特拉洛克决定着当地耕地的富饶与兴旺。同时，神庙所处的遗址可追溯到托尔特克时期，具有极强的政治意义。所有的迹象都表明，在大征服时期，墨西加人曾是这些地方的主人，这也解释了为什么是墨西加的特拉托阿尼[①]阿维特索特尔决定让人修复神灵的雕像。实际上，神庙呈矩形结构，人们可以爬上斜坡进入其中。这个巨大的斜坡至今仍会让人大为震撼。它徐徐铺展开来，与西侧的蒂萨尤卡神庙和特诺奇蒂特兰神庙、东侧普埃布拉谷的神庙在一条直线上。[②]于是，特拉洛克山也被视为特拉洛克神殿的可见

[①] 阿兹特克帝国城邦的统治者统称特拉托阿尼。——译注
[②] León García Garagarza, « The 1539 Trial of don Carlos Ometochtli and the Scramble for Mount Tlaloc »（《1539年对卡洛斯·奥梅托钦的审判和对特拉洛克山的争夺》）, in Amos Megged & Stephanie Wood (eds.), *Mesoamerican Memory, Enduring Systems of Remembrance* （《中美洲的记忆，持久的纪念体系》）, Norman, University of Oklahoma Press, 2012, p.193.

第五章 大征服之前，你们是谁

部分，成为众多祭祀之路的交会点。在这些祭祀之路上隐藏着不少用十字架草草掩盖的祭坛，而所有的道路都通向这座享有盛名的神庙。

由此可见，16世纪30年代的偶像崇拜实践不局限于一些家庭或个人。各种共谋也在地区范围内发挥作用：村庄和城邦的原住民轮流打扫进入神庙的通道，而且不少商人也会经常借道这些道路，到处散播他们从墨西哥谷地和普埃布拉谷地市场听来的消息。这样就形成了一个传播宗教、政治、商业和农业消息的网络。因此，在人们生活的日常图景中，其实到处充斥着神迹，不仅因为印第安人在特拉洛克山供奉着雨神，也因为他们在许多地方（在水塘和小树林里，在山峰和十字路口，在沟壑、池塘和湖泊之中）埋下了圣物。圣物一旦落入反对偶像崇拜的修士手中，只会化为灰烬，这恰恰是原住民最不想看到的。

印第安人继续和环境互相影响，和谐共处。[1] 土地给印第安人提供了食物，雨水滋养了他们的耕地，太阳散播了有益的热量。而印第安人必须维持其日常生活依赖的力量。"日常生活"不是空洞的字眼。如果说在21世纪，特拉洛克山仍旧隐藏着一个神迹，那便是灌溉网络的力量。自远古以来，这座山始终是附近村庄灌溉水的源头，而且和区域内其他生机勃勃的山脉有着紧密的联系。

16世纪40年代，西班牙人意识到了原住民和自然的亲密关系。他们对这种关系有一种本能的亲切感，因为在西班牙本土，他们也和自己的土地、圣人及土地蕴含的精神潜移默化地共存了。不过，这种亲切感也就到此为止了。想要更了解原住民的信仰，还需要花上数年的时间研究本土的崇拜，询问那些愿意讲述这些事情的印第安人。莫托里尼亚和

---

[1] Serge Gruzinski, *Les Hommes dieux du Mexique, Pouvoir indien et société coloniale, XVIe- XVIIIe siècle* (《16—18世纪的墨西哥诸神，印第安人的权力和殖民社会》), Paris, Éditions des Archives contemporaines, 1985.

安德烈斯·德奥尔莫斯成功积累了一些这方面的宝贵知识，不过，在他们身边却鲜有人意识到偶像崇拜涉及的广度和难以捉摸的本质。偶像崇拜与对世界的构想和体验有关，不能简单地归结为大量的崇拜物或小路拐角处残留的祭品，更不是一种神圣地理学说[①]。

　　原住民该如何应对基督徒的迫害呢？以前的手抄本该如何处理，要彻底销毁吗？在贵族阶级看来，这种选择是激进粗暴的，甚至可能导致严重的精神创伤。此外，这种行为还会剥夺传承人们部分记忆的载体。于是出现了一个新的问题：如果这些手抄本画作的意义和价值超越了单纯的知识汇编、回忆录或者记忆储存的范畴，该怎么办？如果它们赋予大征服之前的时代以物质性和时时刻刻的存在感，从而帮助贵族们重启大征服之前的时代记忆，让他们重获力量和希望，该怎么办？这些画作蕴含着记忆的艺术，但也不只是局限于追溯过去的、绘画技艺和口述历史的结合，[②]它们关乎美洲印第安人社会与现实的关系。对此，我们还停留在直觉和假设的阶段，无法得到明确的答案。

赞助者

　　人们对于特斯科科手抄本的画家和赞助者了解多少呢？他们中的一些人极有可能十分熟悉检举卡洛斯·奥梅托钦并将其送上火刑架的手段。这位受害人处于十分尴尬的境地，他一方面拥有言论自由，另一方面又缺乏应对困难的必要手段。毕竟一位酋长应当知晓如何不失颜面地

---

① 指从宗教、象征和神秘传说等角度研究一个地方或一件事物（如建筑）的组织形式、特征等的地理研究。——译注
② Carlo Severi, *Le Principe de la chimère* (《空想的原则》), Paris, Musée du QuaiBranly, *Aesthetica* (《美学》), 2007, p.198.

与新贵谈判，还要和修士及新西班牙的法官培养良好的睦邻关系，同时不能破坏原住民的家庭传统。奥梅托钦将这种家庭传统明确地定义为"其祖父和父亲的遗产"，而他的祖辈便是之前特斯科科的君主内萨瓦尔科约特尔和内萨瓦尔皮利（Nezahualpilli）。然而，良好的"睦邻关系"并不意味着被动的顺从。如果原住民想要在殖民势力尚未完全掌控的领域拥有回旋的余地和一定的自主权，尤其想要继续保持自身对平民阶层的控制，直接触犯西班牙人是万万不可取的，最好还是尽量避免任何可能激怒当局的言语和行为。但奥梅托钦的婚外情丑闻是一种公然要求特权的行为，让修士们心生反感，也激怒了一些利益相关者，例如以原告证人身份出庭的奥梅托钦的妻子和弟媳。这些罪行虽不至于以火刑收场，却足以引发轰动。由此，新上任的酋长们非常在意重新树立没有任何污点的个人形象，避免引发任何怀疑。事实上，他们很有可能就是手抄本背后的支持者。

画家和酋长，这些曾经的"食人族"，理论上都全部或部分接受了基督教的信仰。我使用"食人族"一词，是为了突显原住民精英先后所处的两个世界之间的距离，或者更准确地说，是两个世界之间的鸿沟。食人这个日后被摒弃的习俗，对曾经的原住民精英来说，有何种意义呢？胡安·何塞·赛尔在《继子》中塑造的印第安人认为："这个镶嵌在人们记忆之外的古老经验……维持着一种'作为真正的人'的幻想。"[①]

我们来看一下手抄本的赞助者具体是谁。他们很有可能是西班牙大征服之后原住民部落的王子。安东尼奥·皮门特尔·特拉维托尔特钦（Antonio Pimentel Tlahuitoltzin，1540—1545 年在位）是倒霉的卡

[①] Saer (2015), p.65-78.

洛斯·奥梅托钦的继任者。他是内萨瓦尔皮利的小儿子、内萨瓦尔科约特尔的孙子。特诺奇蒂特兰沦陷的那年，这位新任特斯科科酋长至少已满7岁。他有一个尊贵的西班牙语名字——安东尼奥·阿方索·德皮门特尔（Antonio Alfonso de Pimentel）。这也是西班牙贝纳文特地区第六任伯爵的名字。安东尼奥继承了这个名字，以纪念这位遥远但依旧拥有不小影响力的西班牙贵族。而这位伯爵也曾是方济各会修士莫托里尼亚的赞助人。这种资助不是什么新鲜事了。早在这两位之前，还有另一个叫皮门特尔的人已经开始资助方济各会的修士了。此人是特斯科科第六位君主卡卡马特辛（Cacamatzin）和第七位君主科瓦纳科奇（Coanacochtzin）的兄弟埃尔南多·皮门特尔（Hernando Pimentel）[①]。1526年，特斯科科当局为他隆重地举行了婚礼。[②] 这个仪式在新的统治圈子中非常受欢迎，拉开了基督教婚姻的序幕。我们可以想到，这场婚礼首先向战败的、被要求合作的贵族传递了信息。与此同时，婚礼又提醒西班牙人：他们需要依托当地贵族开发这个国家。这场婚礼也为征服者和印第安公主缔结姻亲提供了机会。通婚则意味着西班牙人在最好的原住民社会中被逐步接纳。随后，胡安·德库埃拉（Juan de Cuellar）迎娶了君主内萨瓦尔皮利的女儿安娜（Ana）小姐，安东尼奥·波马尔（Antonio Pomar）迎娶了特斯科科酋长的亲姐妹或同父异母的姐妹玛丽亚（Maria）小姐。

安东尼奥·皮门特尔·特拉维托尔特钦的侄子，另一位埃尔南多·皮门特尔（1545—1564年在位）继承了酋长之位，他是科瓦纳科

[①] Motolinía (1971), p.146; Patrick Lesbre, « Les enjeux d'un mariage chrétien en Nouvelle-Espagne, Texcoco, 1526 » (《1526年，新西班牙特斯科科一场基督教婚礼的意义》).

[②] Motolinía (1971), p.146; Charles Gibson, *Los aztecas bajo el dominio español (1519-1810)* [《西班牙统治下的阿兹特克人（1519—1810年）》], Mexico, Siglo XXI Editores, 1967, p.173.

奇的儿子，内萨瓦尔皮利的孙子。[①]1545 年，新的一代接管了王权，但是早已不像以前那般受人关注。先后两位皮门特尔先生，即叔叔和侄子，在殖民当局的统领下，已经无权犯错，因此被视作值得信赖的对话者。埃尔南多被选作接班人可能会耐人寻味，毕竟他的父亲科瓦纳科奇在 1525 年的时候，是被埃尔南·科尔特斯下令处死的。此外，埃尔南多家族的内斗也在这场悲剧中发挥了异常沉重的作用，但这个儿子似乎并没有对这件事怀恨在心。

安东尼奥和埃尔南多将酋长世袭的权力、总督的职权集中在自己的手中；他们也向西班牙政府和教会靠拢，扮演起了介于新政权与人民大众之间的中间人角色。这个角色显得既无可非议，又不可避免，因为二人也与墨西哥谷地的贵族保持着紧密联系。他们懂得如何确保自身的利益，例如，16 世纪 50 年代，特斯科科酋长为了收复卫星城邦科阿特林昌和韦霍特拉，与古老的城邦阿科尔瓦坎及其他城邦交战。

原住民贵族亲近修士阶层及统治阶层的做法，不仅有策略意义，还意味着他们对西班牙的生活方式愈发熟悉，尤其是对殖民机器的运行方式愈发熟悉。安东尼奥和埃尔南多已经非常西班牙化，他们参透了西班牙行政管理的奥秘。为了收复家族的一部分领地，埃尔南多毫不犹豫地向当时的西班牙国王及日后继位的费利佩二世寻求帮助，请

[①] Bradley Benton, « Beyond the Burned Stake: the Rule of Don Antonio Pimentel Tlahuitoltzin in Tetzcoco »（《火刑柱之外：特斯科科的唐·安东尼奥·皮门特尔·特拉维托尔特钦的统治》）, in Jongsoo Lee & Galen Brokaw (eds.), *Texcoco. Prehispanic and Colonial Perspectives*（《特斯科科：前哥伦布时期和殖民时期的视野》）, Boulder, University of Colorado Press, 2014, p.183-199; voir le mémorial de Hernando Pimentel (1545-1564) in Manuel Orozco y Berra, *Historia antigua y de la conquista de México*（《墨西哥的古代史和征服史》）, Mexico, 1880, vol.2, p.201-203; dans *The Tenochca Empire: The Triple Alliance of Tenochtitlan, Tetzcoco and Tlacopan*（《特诺奇卡帝国：特诺奇蒂特兰、特斯科科和特拉科潘的三城联盟》）, Norman, University of Oklahoma Press, 1999.

求他们一起征服这些土地。① 当年，卡洛斯·奥梅托钦被处死时，部分财产也被没收。3 年之后的 1542 年，一份王家的收入单显示，印第安委员会并没有对特斯科科权贵的抗议充耳不闻，后者又拿回了这位不幸酋长被没收的财产。自那时起，各地领主似乎拿到了进入西班牙宫廷的许可证。

埃尔南多很快就利用了这一点。他想让自己的城市重新获得城邦的地位，并提议想要亲自穿越大西洋，到西班牙宫廷为他的领主权辩护。这一想法不仅需要获得墨西哥城方面的支持——事实上，埃尔南多在晚年与总督路易斯·德贝拉斯科（Luis de Velasco）走得很近——还需要获得伊比利亚半岛方面的支持，更别说还需要足够的资金来支付横渡大西洋，以及在西班牙本土少则数月、多则数年的生活开支。② 两位皮门特尔先生在近四分之一个世纪（1540—1564 年）的时间里保护了领主的利益。叔侄二人都做到了一只脚留在了曾经的旧世界，另一只脚迈入了"新世界"——那个属于新西班牙和西班牙的世界。

一处细节揭示了埃尔南多政治融合的程度之深。侄子埃尔南多没有把他阿谀奉承的才能局限于服务王朝利益。他很有可能还设计了徽章，并让西班牙于 1551 年将这枚徽章正式授予他的领地。这一特权可能令人震惊，但不算个例。在那个年代，越来越多的原住民贵族希望能从西

---

① Monica Domínguez Torres, *Military Ethos and Visual Culture in Post Conquest* (《后征服时期的军事精神与视觉文化》), Farnham et Burlington, Ashgate, 2013, p.136.
② José Luis de Rojas, *Cambiar para que yo no cambie. La nobleza indígena en la Nueva España* (《你们改变吧，以保证我不会改变。新西班牙的原住民贵族》), Buenos Aires, Editorial Sb, 2010, p.276-279; Ethelia Ruiz Medrano, *Shaping New Spain : Government and Private Interests in the Colonial Bureaucracy, 1535–1550* (《塑造新西班牙：殖民官僚机构中的政府和私人利益，1535—1550 年》), Boulder, University Press of Colorado, 2006.

第五章　大征服之前，你们是谁　　　　　　　　　　　　　　　113

班牙国王那里获得确保其领主合法性的证明。①

　　人们保留下来的一份 18 世纪摹本中有一枚徽章，它是否就是 1551 年埃尔南多获得的，并据说会随身携带的那枚徽章呢？② 还是说，它只是可以追溯到混血历史学家费尔南多·阿尔瓦·伊斯特利尔索奇特尔（1569—1648 年）所处的年代，是由他再创作的呢？无论如何，我们可以看到这枚徽章上有不少殖民时期之前的元素。徽章很讲究地结合了征服者纹章的语言规则和中美洲的象形文字，像极了一份小的手抄本画作，需要人们像阅读传统手抄本那样仔细解读。本土的元素无可争议地占据主导位置，支撑起了整个徽章：有表示特斯科科的字形③、一只以山为背景握着箭的手、皇宫、与火环交融的水，甚至还有一只装备着矛和盾但看起来很悲伤的郊狼。人们选择郊狼这个形象，无疑是为了纪念特斯科科的君主内萨瓦尔科约特尔，其名意为"禁食的郊狼"或"饥饿

---

① 在特斯科科城的这枚徽章之前，还有一枚属于特诺奇蒂特兰的徽章。徽章上有"10 片在这个城邦生长的无花果树的叶子"。一只老鹰停在叶子上休憩，象征墨西加人建立的特诺奇蒂特兰。无花果树的叶子则成为一种装饰纹样被列入了西班牙的纹章集，而不是象征特诺奇蒂特兰主神的蜂鸟形象——维齐洛波奇特利（Huitzilopochtli）。鹰的形象还出现在一份徽章的设计中，代表了特诺奇蒂特兰当时的君主，设计者并没有选用象征西班牙的狮子形象。具体见 Mónica Domínguez Torres（2013），第 293 页。但在西班牙授权的版本中，鹰的意象消失了。特拉科潘城的徽章则采用了水与火之河的意象，具体信息可见上述作品的第 145、293 页。
② María Castañeda de la Paz et Hans Roskamp, *Los escudos de armas indígenas: de la Colonia al México Independiente*（《从殖民时期到独立的墨西哥时期的印第安人徽章》）, Mexico, Instituto de Investigaciones Antropológicas, UNAM, Colegio de Michoacán, 2013; José Casas y Sánchez, *Armorial de los nobles indígenas de Nueva España. Escudos de armas otorgados por los monarcas españoles a nobles indígenas, caciques y principales, 1534-1588*（《1534—1588 年西班牙时期原住民贵族的盔甲，西班牙君主授予原住民贵族、酋长和重要原住民的徽章》）。
③ 手抄本中时常出现一种象形及形意的书写系统，它并不被视为一种真正的文字，也没有特定的书写规则。画家在创作时可自由使用符号，赋予每个字以语境中的意义。后文均译为"字形"。——译注

的郊狼"。人们还发现了一些古代王室的标志，包括羽衣、剑、盾和战鼓。这些象形文字元素以内萨瓦尔科约特尔的军事装饰物为灵感，后者当时仍被保存在特斯科科。[1] 作者是为了着重体现这些装饰物吗？还是特意重新使用了古代的象形文字？徽章左右两侧的布边分别装饰有水和火，二者汇聚，这是伊比利亚纹章学中的一种创新。"燃烧的水"（atl-tlachinolli）是否意味着古墨西哥人发起的圣战？是否反映了特斯科科人的宇宙观，即互斥的水与火元素相克相生，构成了宇宙的动力？战争和胜利之火造就了俘虏，而他们的血液又让宇宙获得了新生。这种偶像崇拜式的燃烧形象，似乎并没有在西班牙本土招致反对意见。墨西哥的创新似乎也并没有破坏纹章语言严格的常规范式，更没有触犯天主教的教义。宗主国政府同意让这枚徽章生效了。

另一个世界的突然闯入

特斯科科的统治家族掌握了关于那个远未消逝的世界的知识，即使这个世界早已不是莫托里尼亚向我们解释的"阿纳瓦克"了。[2] 阿纳瓦克被解释为"被水环绕着的土地，或特指世界"。莫托里尼亚明确指出："在纳瓦特尔语中，他们把世界称作'cemanahuac'[3]，包含 cen 和 Anahuac，类似于'整个阿纳瓦克'，指的是'穹庐之下所有的创造物'。"另一个完全未知的世界——征服者的世界，它既不是阿纳瓦克，也不是"cemanahuac"，与"穹庐之下所有的创造物"完全不同，它和

---

[1] 医生弗朗西斯科·埃尔南德斯（Francisco Hernández）在著作中描述并绘制了这些装饰物。见 *Antigüedades de la Nueva España*（《新西班牙古物志》），trad. Joaquín García Pimentel, *Obras completes*（《完整作品集》），t. Ⅵ, Mexico, UNAM, 1984。
[2] Motolinía (1971), p.19-20.
[3] 在纳瓦特尔语中，该词对应如今的"中美洲"。——译注

第五章　大征服之前，你们是谁　　　　　　　　　　　　　　　　115

征服者一起突然出现："那些毁灭和扰乱我们，还靠我们生活的人到底是谁？是谁在压迫和奴役我们？"①

　　殖民活动打乱了原住民社会千年以来的环境和日常生活，让皮门特尔叔侄和所有美洲居民明白了这个世上还存在另外一个世界，甚至多个另外的世界——那是征服者的世界，也是服侍征服者的黑色皮肤之人的世界，是美洲居民毫无头绪的遥远土地。原住民出生和成长的阿纳瓦克，他们试图通过作画使其永存的阿纳瓦克，不过是众多世界中的一个。征服者揭示着自身的世界，最初这种揭示是突然的，然后变成了持续的、日积月累。这不仅强加给了原住民新的视野，还深深地触动了印第安人对已知事物的传统理解。他们不得不用新的视野重新构想已知的事物，日复一日地生活在震惊之中，"面对着源源不断即将到来的、即将被揭露的事物"②。

　　16 世纪 40 年代墨西哥画家绘制的手抄本只展示了一个与整体世界割裂的侧面，而这个世界的轮廓不断扩展着，对画家们来说，它完全未知、难以理解。属于墨西哥的这个侧面十分脆弱，悲剧性地应对着宗教迫害、西班牙殖民效应，以及伊比利亚早期全球化带来的挑战。因此，手抄本画家和他们的赞助者很难不依据阿根廷作家胡安·何塞·赛尔提到的"无名之物"去认识他们原来的世界，那个属于他们的世界。这些无名之物是一些模糊事物的集合，包含习惯、禁忌、外来信仰、规则和发明，历史学家尽可能地把这些事物汇集起来，再贴上一个含糊的标签——"西方"。

---

① *Proceso inquistorial del cacique de Texcoco* (《特斯科科酋长审讯过程》), Mexico, Eusebio González de la Fuente, 1910, p.43.
② Peter Sloterdijk, *Règles pour le parc humain* (《人文公园的规则》), Paris, Mille et une nuits, 2000, p.150.

为了避免这个古老的世界土崩瓦解，人们是否应该遵循卡洛斯·奥梅托钦的建议，不惜一切代价保持距离，每个人在自己的活动范围内闭门幽居，让西班牙人掌管他们的事物，并且严格传承祖辈遗产呢？这位可怜的酋长所宣扬的距离是否依然可行？如何才能不去关注那些从四面八方涌向原住民精英的殖民时事？这样做又将付出什么代价呢？皮门特尔叔侄更倾向于构建一个和他们今后生活的那个社会相互兼容的过去，好应对来自殖民统治当局的压力，并尽可能地拯救与过去传统有关的物质财产。

埃尔南多·皮门特尔先生非但没有逃离这个撞破了自家大门且对他不理不睬的"新世界"，他还请求前往西班牙的土地。1554 年 11 月，埃尔南多给"不败的神圣罗马帝国皇帝和西班牙国王"写了一封信，在信中对自己出身世系之伟大和古老感到自豪，他表达了想要在其家族延续"900 年"之际，亲吻国王的"双手和双脚"的愿望："我曾有此心愿，它现在越来越强烈，以至于不需要什么重要的原因，仅凭这个心愿，就足以让我出发远行。"几年以后，埃尔南多联合墨西哥谷地的其他王子一起签署请愿书，请求杰出的巴托洛梅·德拉斯·卡萨斯能够被指定为印第安人在法庭上的守护人。[①] 尽管埃尔南多后来从未去过西班牙，但在 1562 年，他又重新表达了这个心愿。所有一切都表明，他当时所处的社会阶层已经处在一个向西班牙看齐的当代世界了。

16 世纪 40 年代，远在他处的墨西哥在欧洲的书籍、手稿或其他印刷品中得以呈现。从欧洲传来的文本无处不在，有圣言文本、书信，也有行政公文和会计登记簿。它们以一种完全不同于手抄本的形式，记

[①] Francisco del Paso y Troncoso, *Epistolario de Nueva España* (《新西班牙书信集》), t. XVI, Mexico, Jose Porrúa e Hijos, 1942, p.63-65 (lettre du 2 mai 1556).

录了关于墨西哥的知识。记载方式的差异不只关乎外观、载体与制作方法。征服者用墨水在纸上画下的符号反映了人们在其他地方说的话，而这些话语传达着思想。非物质的思想和情感以一种物质形式被表达出来，这是一种把话语和书写紧密结合的方式。而印第安人的绘画形式似乎并没有把能指（significant）和所指（signifié）[1]完全分开。这些绘画能够确定一个人或一个地点的名称，但目的并不局限于记录话语。它还要获取一部分"存在"，依靠载体的材料、龙舌兰叶子上沉淀出的颜色、画笔的勾勒，以及画家在我们眼前呈现出的有关绘画艺术的一切事物的连续性，使得"存在"的一部分形式变得能够被感知，例如风景、人、事件和宇宙。手抄本架起了人们通向古老世界的桥梁，而手抄本本身并不能完全表现出这个古老世界的一切。

因此，印第安人的绘画与以书写记录话语的习俗没有很大关联。绘画是属于征服者闯入和定居之前的另一个世界的活动。大征服之后，画家们需要学着与殖民当局惯用的各种令人不安的表达方式和表达载体共存，尤其需要适应进入他们日常生活的书本和欧洲式的书写形式。[2] 尽管这些事物在传达来自欧洲的新神的旨意时，不可否认地散发着光芒，但上述两者从未表现过物质性的"存在"。《修罗托手抄本》以正反面都有内容的书本形式呈现，但它的载体沿用了传统的榕树皮。画家这样做是为了获取与古代世界无声的邻界联系吗？

---

[1] 瑞士语言学家费迪南·德索绪尔（Ferdinand de Saussure）创立的语言学概念。"能指"指有特定含义的记号，能够引发人们对特定事物的概念联想；"所指"指一种事物的内在本质。——编注

[2] Eduardo de J. Douglas, *In the Palace of Nezahualcoyotl. Painting Manuscripts, Writing the Prehispanic Past in Early Colonial Period Tetzcoco, Mexico* (《在内萨瓦尔科约特尔宫殿：绘画手稿与殖民早期墨西哥特斯科科的前哥伦布时期历史书写》), Austin, University of Texas Press, 2010, p.19.

无声的邻界联系？并不完全是。1545 年之前，印第安人便为了自身的利益，阅读了很多西班牙的书籍，而且读的是历史书。[1] 他们因此非常了解西班牙人，不仅能够提醒西班牙人作为异教徒的过去和被罗马人征服的过去，甚至能够登上讲坛，传授他们在书中发现的真理。

---

[1] 他们阅读的可能是卢西奥·马里诺·西库洛（Lucio Marino Sículo）或弗洛里安·德奥坎波的作品。分别是西库尔的《赞美西班牙》第七卷（De laudibus Hispaniae, Libri VII, Burgos, 1496）和《西班牙值得纪念的事物，第二十五卷》（De rebus Hispaniae memorabilibus, Libri XXV）。以及德奥坎波受"大智者"西班牙国王唐·阿隆索（Don Alonso）之命，编撰的西班牙编年史的四个完整部分，即《阿隆索十世总纪事》（Crónica general de Alfonso X）。它记载了西班牙从最初被侵占直至阿隆索执政时期所发生的最重要、最引人注目的事件。见 Zamora, Augustin de Paz et Juan Picardo（奥古斯丁·德帕斯和胡安·皮卡多），1541；lettre de Jerónimo López à l'empereur, du 25 février 1545（《赫罗尼莫·洛佩斯致皇帝的信》，1545 年 2 月 25 日），in Paso y Troncoso（1939），vol. IV, pp.168-169。

第六章
大辩论

特斯科科的画家们在手抄本中描绘了墨西哥谷地人口的迁徙和城市的建立，他们就因此算是历史学家了吗？总体而言，前文提到的3部手抄本确实明确了统治家族的古老渊源、在区域内的起源、它们的政治崛起之路，以及与墨西哥谷地其他族群的战争；也涉及了宗族、王朝、战争，以及权力和公正的"发展"等问题。不过，若仅凭这些就认定3部手抄本具备了"历史"和"地理"的双重性质，实则忽略了这两个概念其实是顺势多变的欧洲产物。①

而反过来，用"绘图法"或"风景画"来定义这3部手抄本似乎又有些操之过急了。《修罗托手抄本》选取了一个较为俯视的视角记载人们的日常活动，与客观表现空间的绘图方式完全不同。后者通常需要借

---

① 唐纳德·罗伯逊（Donald Robertson）表示，《修罗托手抄本》记载了事件史，其细致程度不亚于欧洲18世纪或19世纪的书面历史，见 *Mexican Manuscript Paintings of the Early Colonial Period: The Metropolitan Schools*（《殖民早期的墨西哥绘画手稿：大都会画派》），New Haven，Yale University Press，1959，p.135。

助佛兰德地区和意大利的宇宙学家发明的复杂测量技术。另外，我们也不能滥用"风景画"一词，因为无论在欧洲还是在中国，这类体裁多采用平行透视。随着16世纪透视法在欧洲的流行，着力展现水平视野的手法也得以强化。①欧洲的艺术家学会了从天空俯瞰世界，不过，俯视人类历史始终是神的特权。而在特斯科科所处的古老美洲，却还未曾有过"我们在天上的父"②。

大辩论

如何评估原住民手抄本的内容与16世纪，甚至21世纪欧洲人书写的历史之间的差别呢？显而易见的是，3部手抄本的画家都致力于表现从一个"野蛮"世界到一个"文明"世界的过渡，不过，这个过渡却与西班牙大征服毫无关系！3部手抄本展现了印第安精英认为的"原始国家"和"政治国家"、游牧生活和定居生活，构成了一幅移民、游牧民和猎人不再是"野蛮人"的图景。

若要回答上述问题，就不能忽视当时发生的重要事件。在特斯科科的手抄本画家描绘文明进程的同时，新世界的印第安人正处于欧洲大辩论的中心。这场辩论十分重要，旨在定义印第安人的地位，明确欧洲人相对西印度群岛人民和其他地区人民的权利。这些权利既关于简单和纯粹的征服，又决定着天主教徒是否能影响"野蛮之人"。因此，这场辩

---

① Daniel Arasse, *L'Annonciation italienne. Une histoire de perspective* (《意大利的天使喜报：透视法的历史》), Paris, Hazan, 1999; Guillaume Monsaingeon, « De là-haut, un regard longtemps interdit » (《从高处看——一个被长期禁止的视角》), *Libération* (《解放报》), mercredi 19 août 2015.

② 出自《主祷文》。——译注

第六章　大辩论

论不仅涉及欧洲扩张合法性的问题，还触及了另一个核心问题：欧洲人是否具有让"野蛮人"改宗天主教的权利？

不少欧洲人早已给出了答案。人文主义学者弗拉维奥·比翁多曾反问道：那些曾经侵略了意大利的哥特人，最后不也变成了意大利人吗？[①]但是，新世界和欧洲是不一样的。自1526年起，查理五世曾想要明确"印第安人的素质和才干"。7年之后，方济各会修士弗雷·哈科沃·德特斯特拉（Fray Jacobo de Testera）回答了这个问题。他高度赞扬了印第安人，认为他们"完全有能力接受教育，以适应道德、政治和经济生活"[②]。同样在16世纪30年代，多明我会修士弗朗西斯科·德比托里亚（Francisco de Vitoria）基于《圣经》和理性，也得出了一些结论；同时，他也和萨拉曼卡学派的神学家一起，致力于研究征服思想和改宗要求的限度。[③]

越来越多的人参与到这场大辩论中，罗马教廷最终也受到了触动。1537年，保罗三世（Paul Ⅲ）颁布了教皇谕旨《崇高的神》（Sublimis Deus），确认印第安人完全就是人类，并呼吁他们应当得到人类应有的待遇。印第安贵族对这份谕旨没有无动于衷。墨西哥城的印第安人总督迭戈·怀尼金（Diego Huanitzin）急忙让人制作了一件非凡的镶嵌作

[①] Denys Hay, *Renaissance Essays* (《文艺复兴时期的散文》), Londres, The Hambledon Press, 1988, p.45.
[②] Richard Konetzke (ed.), *Colección de documentos para la historia de la formación social de Hispano-América* (《西班牙美洲社会形成史文集》), Madrid, CSIC, vol.1, 1953, p.95, cité in Rios Castaño (2014), p.72, n.22; Fidel Chauvet, « Fray Jacobo de Testera, misionero y civilizador del siglo XVI » (《弗雷·哈科沃·德特斯特拉：16世纪的传教士与教化者》).
[③] Francisco de Vitoria, *Relectío de Indis* (《印第安人回忆录》), Madrid, CSIC, 1967 [1539] (Corpus Hispanorum de pace); Demetrio Ramos, *La ética de la conquista de América. Francisco de Vitoria y la Escuela de Salamanca* (《美洲大征服的伦理——弗朗西斯科·德比托里亚和萨拉曼卡学派》), Corpus Hispanorum de Pace, Bd.25, Madrid, CSIC, 1984.

品，专门献给教皇。这件作品镶嵌着羽毛，以圣格列高利的弥撒为主题。我们如今可以在法国加斯科涅的欧什博物馆观赏到这件作品。羽毛工匠精湛的技艺比任何宣言和请愿书都有说服力。这件作品既彰显着印第安人文明的高度，也体现出工匠们能够将基督的神圣形象与教皇格列高利被恩赐的神迹相结合的非凡才华。

巴利亚多利德辩论

墨西哥原住民贵族通过方济各会修士与罗马教廷保持交流，这说明他们并不打算置身于辩论之外。原住民精英与特斯科科的画家重视这些争论，也并非偶然。他们想要参与到这场涉及自身利益的辩论中，贡献出自己的力量。为什么人们会对他们的这种做法感到吃惊呢？事实上，研究者们时常会忽略一点。在著名的巴利亚多利德辩论[1]中，巴托洛梅·德拉斯·卡萨斯和胡安·希内斯·德塞普尔韦达阐述互相对立的观点时，也忽略了这点：印第安精英对其自身与野蛮和文明的关系、与新主人过去的关系，也有自己的看法。他们深知，根据西班牙古代史，西班牙人的祖先曾被罗马人征服过。西班牙人似乎也不具备传授天主教教义的资格，毕竟在被迫皈依之前，他们也是野蛮人。这无疑是近代时期第一次，世界上某个地方的欧洲式现代历史，出现了违背信使耶稣的征兆。负责监护征赋[2]的监护人赫罗尼莫·洛佩斯（Jerónimo López）接

---

[1] 巴利亚多利德辩论是欧洲历史上第一次涉及哥伦布远航新大陆以来美洲原住民权利与命运的辩论，辩论在西班牙中部城市巴利亚多利德举行，故史称"巴利亚多利德辩论"。该辩论对西班牙王室的美洲政策产生了重大影响。——编注

[2] 在监护征赋制度下，西班牙王室授予殖民者特定数量的印第安人，殖民者要对这些印第安人负责。理论上，此人要保护自己管辖的印第安人免遭侵害，并向他们传授西班牙语和天主教信仰。作为回报，此人可以要求印第安人为他劳动。实际上，监护征赋制和奴隶制别无两样。——编注

第六章　大辩论　　　　　　　　　　　　　　　　　　　　　　123

二连三地写信提醒印第安当局。他意识到，印第安人拥有历史意识是非常可怕的事："他们已经能够通过阅读书籍了解我们来自哪里，了解我们是如何被罗马人征服的，以及我们是如何从曾经的异教徒改宗的。"①

一年前的 1544 年，西班牙人文主义者胡安·希内斯·德塞普尔韦达完成了著作《第二次民主：关于发动与印第安人战争的正当理由》(*Democrates alter sive de justis belli causis apud Indos*)。他在这部作品中，对埃尔南·科尔特斯见到的墨西哥城的辉煌提出了异议："拥有城市、以一种或多或少理性的方式生活、从事某项商业活动，这些都源于他们生来所需，只能证明印第安人既不是熊也不是猴子，他们不是完全没有理性的。"②他参考了几年前弗朗西斯科·德比托里亚的论述，即认为印第安人"有其运用理性的方式"③。但食人、活人祭祀等风俗让印第安人重新沦为"野蛮人和非人"④，由此，德塞普尔韦达得出结论，印第安人与西班牙人的差距犹如猴子和人类的差距。1544 年，也就是在特斯科科的画家还能作画的时期，德塞普尔韦达做出了绝对的论断："印第安人在严谨、美德和人性层面上比西班牙人更低等。"因此，印第安人应该被视为野蛮人，被视为不完整的人；在他们身上，"我们很难找到人性的痕迹"⑤。

---

① Miguel León-Portilla, *Bernardino de Sahagún, pionero de la antropología* (《人类学先驱贝尔纳迪诺·德萨阿贡》), Mexico, UNAM, 1999, p.80; lettre de Jerónimo López à l'empereur, du 25 février 1545 (《赫罗尼莫·洛佩斯致皇帝的信》，1545 年 2 月 25 日), in Paso y Troncoso (1939), vol. IV, p.168-169.
② *Democrates Alter* (《第二次民主》), in Boletín de la Real Academia de la Historia (《皇家历史学院公报》), t.21, 1892, p.312-313.
③ Juan Ginés de Sepúlveda, *Tratado sobre las justas causas de la guerra contra los indios* (《发动与印第安人战争的正当理由专论》), Mexico, FCE, 1979, p.30; Victoria (1967), 1539, I, 23.
④ Sepúlveda (1979), p.31; *Democrates alter* (《第二次民主》), in Boletín de la Real Academia de la Historia (《皇家历史学院公报》), t.21, 1892, p.224-225.
⑤ Sepúlveda (1979), p.104.

原住民与过去建立了怎样的关系？德塞普尔韦达对此的看法也十分牵强：“他们除去在画中保留了晦涩难懂的记忆，没有掌握任何科学知识，也不认识字母，更没有保留任何承载历史的古籍。”如果他们没有留下任何成文法，[1] 也根本不必惊奇。

那如何教育这些"残忍和非人道的"，并"被各种各样的罪行和亵渎宗教的信仰污染"[2] 之人呢？根据亚里士多德的原则，不完美须臣服于完美。就像从前的西班牙人屈服于罗马人的统治那样，印第安人是野蛮人，注定要接受比他们更高一等的人的统治。人们于是得出结论：西班牙人征服的权利是毋庸置疑的，同时，基督教徒也有责任"使异教徒远离非人道的罪恶和卑劣行为，远离亵渎神灵的偶像崇拜等做法，并且需要把良好的人文习俗和真正的宗教信仰传授给他们"[3]。

人文主义者认为，与西班牙人接触、皈依天主教可以帮助印第安人改善自身，过渡到一个不那么专制的政权之下。要依靠"优良之人"的介入，帮助勉强能称为人的野蛮人采用"合乎道德和人情的习俗"[4]，变得更文明。这个计划既是人文主义的，又是基督教的。它假设地球上的每个人都需要对其他人负责，每个人都应该去拯救他的同类。[5] 征服也就变成了慈善行动，甚至是道德上的迫切需要，能帮助无辜的人免于一种特定的死亡方式（活人祭祀）和永恒的压迫："保护这么多无辜的人免受如此巨大的不公正待遇，哪个虔诚之人能否认，这本就是杰出且笃信的君主应尽的义务呢？"换句话说：征服是为了不给予罪人任何作孽

---

[1] Sepúlveda (1979), p.104-105.

[2] Ibid., p.100.

[3] Ibid., p.32, 135.

[4] « Ad probos et humanos mores veramque religionem revocentur » (《愿正义人道的习俗和真正的宗教得以重建》), ibid., p.124.

[5] Ibid., p.127.

第六章　大辩论

的机会。倘若德塞普尔韦达没有因此遭到猛烈抨击，他就是第一批把近代欧洲人文主义的双重性和模棱两可表现出来的人之一。[1] 然而，他随后也发现，自己的思想并未在西班牙和墨西哥获得一致的肯定。

关于原住民社会的另一种观点

关于原住民社会，身处墨西哥的莫托里尼亚持有另一种观点。长年与印第安精英的交流，使他拥有更充裕的时间明白"文明进程"在原住民的记忆中具有十分特殊的地位。对此，莫托里尼亚勾勒出了一个十分简要的版本。依照原住民耐心解释的《年鉴》(*Livre du compte des années*)，他认为曾有3个民族先后在中部地区居住过："第一批在这片土地上居住的人被称为奇奇梅克人（亦称原始人）[2]，第二批是库尔瓦人，第三批是墨西加人。"

奇奇梅克人最早在这片土地上繁衍生息，但他们可能并没有留下"书写"的痕迹。他们没有书籍，"因为这是些野蛮人，未开化的物种"。相反，随后到来的族群"库尔瓦人学会了记录和书写历史"[3]。莫托里尼亚的解释运用了一个古老的道理：文明的产生与掌握书写，尤其是掌握历史紧密相连。

奇奇梅克人被推断为游牧民族。他们不事农业生产，以狩猎为生，吃生肉或是肉干，采集野菜根、野草和野果，住在洞穴中或山上。他们有一些独特的习俗，例如实行一夫一妻制，没有偶像崇拜和活物祭祀。他们信仰太阳，并为之供奉蛇和蝴蝶。在欧洲人的眼中，奇奇梅克人因

---

[1] Sloterdijk (2000), *passim*.
[2] 我在下文中采用了这两种称呼，依据语境，译为"奇奇梅克人"或"原始人"。——译注
[3] Motolinía (1971), p.5-6.

生活物资非常匮乏，生活方式也难免受到影响："他们缺乏太多东西了，只能以野蛮的方式生存。"①

据莫托里尼亚所说，随后到来的库尔瓦人和墨西加人"带来了许多之前不存在的东西，通过技艺和实践逐渐让这片土地富饶起来"。莫托里尼亚列举了两个文明族群的贡献，如衣物、鞋子、玉米、农业、家畜、手工制品，以及用石头、土砖盖起来的建筑物。②他认为是库尔瓦人带来了文明："这是一群更为理性、更有教养的人。"西班牙人当时所谓的"理性"和"教养"，近似我们今天理解的"文明"。后来，建造了房屋和庙宇的库尔瓦人与奇奇梅克人建立起联系，并通过联姻加深了这种联系。经过长时间的共存，不同族群似乎都找到了各自的位置。在墨西加人到来并在特诺奇蒂特兰居住之前，库尔瓦人建立了特斯科科和库尔瓦坎。

这个明确区分奇奇梅克人、库尔瓦人和墨西加人3次迁移浪潮的分期方式意味着什么？毋庸置疑，莫托里尼亚是认同他所处时代的一些思考的。他对奇奇梅克人的理解受到了一些西班牙叙事的影响：卡韦萨·德巴卡（Cabeza de Vaca）和他的同伴们，经过从佛罗里达到新墨西哥的漫长流浪，最终在1536年到达墨西哥城。③他们为莫托里尼亚讲述了探险途中的所见所闻，包括他们对粗鲁的居民及其不稳定的生活方式的观察。莫托里尼亚难免会把这些观察和叙事与奇奇梅克人联系在一起，他认为空间的遥远距离呼应着时间的遥远距离。也就是说，空间距离和时间距离被视作衡量野蛮人与文明人差距的重要标准。这其实触

---

① Motolinía (1971), p.209.
② Ibid., p.403.
③ Jean-Michel Sallmann, *Indiens et conquistadores en Amérique du Nord. Vers un autre Eldorado* (《北美洲的印第安人和征服者：向着另一片乐土》), Paris, Payot, 2016, p.43-68.

第六章 大辩论

及了历史化的核心问题：当世界开始全球化时，人们认为时间距离和空间距离同等重要、互为补充，一种距离可以解释另一种距离。因此，16世纪的当代"原始人"——印第安人——对应的是时间久远的史前人类，同时也是身处遥远空间、被卡韦萨·德巴卡及其同伴描述的未开化之人。

莫托里尼亚的判断还受到另一件紧迫时事的影响。16世纪40年代，一个可以被归为原始人的游牧族群不断侵扰新西班牙的北部边境。他们是"全身赤裸、放任自流之人"，会犯下"残酷而恶劣的罪行"；他们像土耳其人那般骁勇善战、身手敏捷，[①] 甚至需要组织特拉斯卡拉、特斯科科和墨西哥城的三方联军来阻止他们的进攻。莫托里尼亚认为，这些16世纪的"原始人"凶残野蛮，令人厌恶，这也会再次促使人们以欧洲式的看待野蛮人的方式看待他们。

[①] Motolinía (1971), p.293.

第七章

原住民的复兴

莫托里尼亚认为，野蛮的原始人和文明人的界限是十分清晰的。[①] 这个界限也是印第安画家和首领们在表达自身立场时所认为的界限吗？他们的看法似乎更为复杂。并不是说他们谈论祖先的时候提到了原始人，就是以原始人为傲的。印第安人心中的原始人并不是修士们心中的野蛮人。印第安人理解的"野蛮"与"文明"的关系，与修士们对这两个词语的阐释也不尽相同。

墨西哥谷地的发现

《修罗托手抄本》展现了奇奇梅克人的踪迹。它略过先前发生的所有故事，着重展现了奇奇梅克人到达墨西哥谷地的时刻：一个名叫修罗

[①] 莫托里尼亚错误地认为库尔瓦人是特斯科科的创建者、库尔瓦坎的主人，以及墨西哥的第一位君主阿卡马皮奇特利的祖先，就像他把库尔瓦人和阿科尔瓦人混淆一样。事实上，特斯科科的印第安人是阿科尔瓦人，而墨西加人才是库尔瓦人。

托（Xolotl）的人率领奇奇梅克人到达了这片土地。一行人逐渐改变了游牧的生活方式。特斯科科的画家们在创作 3 部著名的手抄本时一致同意，不再展现人们走出"奇科莫茨托克"（Chicomoztoc）的情景。"奇科莫茨托克"出自关于纳瓦特尔民族起源的神话，意为"七洞之地"。同时，画家们也没有描绘常出现在其他手抄本中的 3 次移民。我会在后文讲述他们对这两类事物保持缄默的原因。

《特洛津手抄本》以修罗托孙子的名字命名，展现了移民的最后阶段，追溯的时代更为久远：修罗托带领的奇奇梅克人从西北方慢慢向东南方迁移，在不稳定的地理环境中过着最简单的生活。手抄本呈现了一幅荒芜的自然画卷，到处都是兔子、鹿、蛇，还有仙人掌和野果，并有泉水喷涌而出。洞穴一个挨着一个，为最初到来的奇奇梅克人夫妇提供了遮风避雨的场所。洞穴中的景象也展现出了奇奇梅克人的生活状态随迁移不断变化的过程。奇奇梅克人的社会发生了转变，转变的过程被记录在了手抄本中，其中洞穴作为主旋律反复出现，成为"记忆之地"，着重表现族群的起源。手抄本中，关于族群的、家族的及祖先居住城邦的起源越来越明确。

《奎纳津手抄本》的名字取自特洛津的儿子、修罗托的曾孙。这部手抄本也反映出某些社会特征：那时没有农业，人们住在洞穴里，以狩猎-采集活动为生。但人们发明了烹饪技术，就像画中描绘的那样：一个女人正在烤一条蛇。此外，他们并不使用语言，而是依靠手势交流。画中人物的口中没有流出表示话语的涡形符号。这并不是为了表现他们多数时候保持沉默，而是为了说明人们在那时候还没有掌握纳瓦特尔语这种随后在整个高原地区占统治地位的语言。[1]《奎纳津手抄本》没有记

---

[1] Douglas (2010), p.56.

第七章　原住民的复兴

载移民的情况，也没有描述奇奇梅克人到达墨西哥谷地的景象。奇奇梅克人平静地在洞穴周围劳作，似乎已经变成了当地人。而在洞穴里居住着一对夫妻，他们正是奎纳津的祖先。[1]

只有《修罗托手抄本》表现了奇奇梅克人探索和占领墨西哥谷地的场景，并记载了奇奇梅克人和他们的首领修罗托与托尔特克人初次接触的关键时刻。托尔特克人的历史就没那么辉煌了：羽蛇神庇护的都城图拉被毁，他们不得不流亡到墨西哥谷地（彩图第2~3页）。

3部手抄本都没有透露出任何轻蔑"野蛮"世界实践活动的迹象。人们不禁疑惑是否该用"野蛮"这个万能概念来解读这个世界。此外，画家们还特意把修罗托率领的奇奇梅克入侵者和已经城市化的本地居民放在同等重要的位置。他们使用洞穴标注奇奇梅克人的迁移过程，并在土地更深处把探险者和被入侵者放在了一起。洞穴在西班牙人的征服中幸存下来，17世纪初时仍然被保存得很好："如今，这些洞穴被精心保养，用石灰粉刷，周围伴有许多狩猎保护区、宫殿、花园和树林。"[2]画中，奇奇梅克人首领身着动物皮做的披风，既彰显出身，也在一群穿着棉布衣服的人当中体现出了一种特意保持的身份。[3]

另外，令人惊讶的是，在《修罗托手抄本》中，并不是由文明人（溃败的托尔特克人）来改造奇奇梅克人的。画家们展现的是另一幅图景，侧重表现双方在接触过程中的美德和奇奇梅克人所做的努力：修罗托率领的族群为托尔特克人提供庇护，在这个过程中，他们自身也逐步开化。奇奇梅克人不再游牧，而是在蒂萨尤卡扎根定居了（彩图第4页）。

---

[1] Douglas (2010), p.56.
[2] Fernando de Alva Ixtlilxochitl, *Obras históricas* (《历史作品》), Mexico, UNAM, t.I, 1975, p.294 [*Sumaria relación de las cosas de Nueva España* (《新西班牙事物一览表》)].
[3] 我们在《修罗托手抄本》第5页能看到特斯科科的统治者特乔特拉拉特新（Techotlalatzin）的家谱。

迁移已经是奇奇梅克人的过去了。对新移民托尔特克人来说，情况却不是这样的：出现在修罗托面前的他们，遗弃了身后的图拉城，被一种有去无回的危机折磨着，被迫继续流浪。画中的图拉城已是一片废墟，通过一座大部分已经坍塌的金字塔表现出来，① 意味着托尔特克人世界的崩溃。一个个悲伤的家庭也表达出溃败的基调，其中一个父亲挥洒泪水、扶额哀叹。② 在山谷南部边缘为托尔特克人提供庇护的城邦库尔瓦坎和奎乔兰里中，到处是悲伤的景象，与征服者修罗托及其族群的平静形成了鲜明的对比。

废墟的景象

图拉城并不是《修罗托手抄本》第 1 页描绘的唯一被摧毁的地点。入侵者还抵达了其他地方，这引发了人们对废墟这一概念的质疑。尽管这个概念开始于欧洲，以古罗马为参考，但纳瓦人对它也不陌生。③ 1588年，诗人约阿希姆·杜贝莱（Joachim Du Bellay）凝视着"宏伟罗马"的遗迹，写下《罗马怀古》（*Anquitités de Rome*）一诗：

> 唯有第伯河依然，西流去海。
> 啊！第伯河，朝三暮四的河流！
> 随着时光流逝，坚固的不能长久，
> 而流动的，反而安然长在。④

---

① Douglas (2010), p.46.
② Ibid., p.49.
③ Margaret M. McGowan, *The Vision of Rome in Late Renaissance France*（《文艺复兴后期法国的罗马景象》），Newhaven et Londres, Yale University Press, 2000.
④ 本诗的译文引自程依荣的译本。——译注

第七章　原住民的复兴　　　　　　　　　　　　　　　　　　　　　　　　133

当人们走出的是特斯科科的画室而非佛罗伦萨、罗马的画室时，该如何"绘制"废墟（彩图第2页）？《修罗托手抄本》中有一座破败的建筑，旁边有一双眼睛。不少资料显示，这是修罗托发现图拉城废墟时的目光。这双眼睛揭示了什么呢？——"他到了图拉城，却发现其早已是残垣断壁，青草满街，再也没有人居住了"①。修罗托的目光所及之处，到底是一座死城，还是一段文明的终结？画中的5个圆圈表示这座城市很可能在他到达5年前就被遗弃了。朝向3个不同方向的脚印表明托尔特克人散落到了不同地方。画家使用一束芦苇表现出了托尔特克人的形象，把它放在人脸下方比较靠上的位置，因为 tolli（芦苇）加上 tentli（嘴巴）的第一个音节，便可得到 tol-ten，也就是托尔特克。② 画家还用简单的线条勾勒出了植物和碎片，表示一片长满杂草的瓦砾堆。画中出现的目光首先对应着修罗托及其族群初到墨西哥谷地时的目光。毋庸置疑，它也代表着16世纪40年代的画家和赞助人的目光。他们望着大征服带来的如山废墟，也望着殖民社会建造的巨大工地。这种望向废墟的目光在画中的其他部分反复出现，例如蝙蝠洞中的眼睛俯视着一座位于山谷之中、两个湖泊之间的托尔特克神庙的遗迹。③ 修罗托的儿子诺帕津（Nopalztin）路过特奥蒂瓦坎，这座城市中巨大的太阳金字塔和月亮金字塔看上去依然完好。而修罗托将要达到另一座破败的托尔特克人的城市卡瓦克（彩图第2页）。奇奇梅克人于是透过自己的眼睛，系统地观察了被托尔特克人遗弃的地方。那印第安人的眼睛意味着什么呢？④

---

① Mariano Veytia, *Historia antigua de México*（《墨西哥古代史》）, t. II , Mexico, 1836, p.10, cité in Dibble (1980), vol. I , p.18.
② Douglas (2010), p.49.
③ Sabine Forero Mendoza, *Le Temps des ruines*（《废墟的时代》）, Paris, Champvallon, 2002.
④ 再读莫里斯·梅洛-庞蒂（Maurice Merleau-Ponty）的《眼与心》（*L'Œil et l'Esprit*）。

法国作家夏多布里昂（Chateaubriand）写道："所有人都对废墟有一种隐秘的喜好。"[①] 在手抄本画家所处的年代，文艺复兴时期的欧洲正开始培养对遗迹的品位。这种品位随着意大利人文主义者弗朗切斯科·彼特拉克的脚步及他对罗马灭亡的思考逐步发展。欧洲人想象着新大陆的野蛮人在面对辉煌事物残骸时惊愕的表情，想象他们奔赴一代代教皇所在的罗马，去欣赏辉煌的古代遗留的宏伟遗迹。"倘若神圣古代的碎片，倘若废墟、裂缝，甚至齑粉就能给我带来满足和钦佩，那这些遗迹要是被完整保存，会发生什么呢？"[②] 与特斯科科的手抄本画家相似，文艺复兴时期的作品《寻爱绮梦》（Le Songe de Poliphile）中的男主角普力菲罗（Poliphilo）也描绘了生长在瓦砾之间的野草："各式各样的野生植物从这些碎块的缝隙之间顺势而出，比如香桃木、黄连木和橄榄树。"[③] 人文主义对于废墟的认识掺杂着神话的光环、考古的好奇心、对时间毁灭意义的解释、对已逝过往的怀念、对死亡和有限性的思考……而所有这一切，在大西洋的彼岸还没有出现。

　　修罗托率领的奇奇梅克人脑海中会浮现出什么？或者进一步说，目睹了西班牙大征服的原住民手抄本画家们是怎么想的？曾经的入侵者是否把废墟看作一去不复返的时代伤疤？还是说这些废墟提醒了他们应该有一个永存的范例，他们要在这些废墟中汲取其仍在散发的能量？16世纪40年代的画家是否将托尔特克人的废墟与近来西班牙人入侵造成的废墟做了比较，是否认为后者预示着一个消极的未来呢？反过来说，

---

① *Génie du christianisme*（《基督教真谛》），III，l.V, chap. III；*Le Songe de Poliphile*（《寻爱绮梦》，Alde Manuce，1499）; Alois Riegl, *Le Culte moderne des monuments. Son essence et sa genèse*（《纪念性建筑物的现代崇拜：本质与起源》），Paris, Seuil, 1984, p.23.
② Forero Mendoza（2002），p.102，引自 J. Marti（éd.），*Le Songe de Poliphile*（《寻爱绮梦》），Kerver, 1545, Paris, Payot, 1926, p.32.
③ Ibid., p.103.

第七章　原住民的复兴　　　　　　　　　　　　　　　　　　　　135

荒芜的景象也可以孕育复兴的希冀，就像托尔特克化后的奇奇梅克人在墨西哥谷地做出了巨大的贡献。修罗托是否和约阿希姆·杜贝莱一样，梦想着"重塑那样的伟大"？或者说，特斯科科的手抄本赞助人是不是有意把断壁残垣的城邦变为一座伟大的新西班牙城市呢？

　　修罗托的一个使者在查普特佩克找到了一对幸存的托尔特克夫妇。几十年之后，方济各会编年史学家胡安·德托克马达提及了这次会面："阿卡托马特尔（Acatomatl）非常高兴见到了托尔特克人，他想知道为什么只剩他们俩了，还有人们为什么离开了这片土地；他通过手势询问了男人（双方的语言不同，因此无法对话）。托尔特克男人解释道，他之所以落单，是因为其他居民逃亡时，自己躲了起来。"[①]而他的其他同伴或死或逃，或者沦为多年来席卷整片地区的干旱、流行病、饥荒和战争的受害者。

文明的服饰

　　在展现了奇奇梅克人只能用"他们的眼睛"来凝视的社会终结后，《修罗托手抄本》的画家又描绘了一个"现代世界"的来临。它诞生自经历相异又相互弥合的两个民族的融合。这里说的"现代"可能指的是大征服时期墨西哥谷地多个民族的状态，而不是过去各个民族所经历的移民和建造城邦的时期。

　　画家们努力把演变的各个步骤细致地表现出来。《特洛津手抄本》的画家绘制了一个托尔特克向导。向导通过教授一位英雄和他的妻子烹

[①] Juan de Torquemada, *Monarquia indiana*（《印第安人的君主制》），t. Ⅰ , Mexico, UNAM,1975, l. Ⅰ , chap. ⅪⅩ , p.65.

饪技术，陪着他们向"文明"迈进了一步：这位向导教会了两位奇奇梅克人如何烹饪兔子和蛇，如何享用阿托尔①，如何用滚烫的科马尔石头煮玉米。这个片段展示了人们的饮食从生到熟的过渡和餐桌礼仪的启蒙。然而，三人并不是老师与学生的关系。托尔特克人带有神父或朝臣的神色，身高远低于两个奇奇梅克人；比起一位说一不二的向导，他更像是一位举止端正的家庭教师，也是多次介入奇奇梅克人和托尔特克人之间的"文化调解人"，见证着"托尔特克化"所引发的思考，以及这种经历在印第安人记忆中留下的痕迹。的确，记忆能够把一段一去不复返的过去理想化。基于这种逐步的交流，奇奇梅克人自觉接受同化的机制和活力慢慢形成。随后，纳瓦城市群进入了发展的黄金时代，繁荣一直持续着，直至西班牙大征服，人们才又陷入了黑暗时刻。

这种不间断的漫长融合直至达到"文明"状态的过程是什么样的呢？"文明"的状态逐渐以城邦形式表现出来。城邦拥有政治组织，以农业和赋税为支撑。那里生活着身着棉布的男男女女，接受着贵族和祭司的管理，后者的服装和配饰在画中彰显着他们的独特地位。这个地方就是古典时代早期玛雅人谈论的"Puh"（意为芦苇之城），也称"Quenouilles"（芦苇的茎秆），是后古典时期纳瓦人所说的图拉城，即"芦苇之地"②。在这里，奇奇梅克男人和托尔特克女人结合，后者引领前者进入了托尔特克人的生活方式。男人拥有作为胜利之士的势力，而妻子给了他们同样宝贵的财富——政治合法性。

画家们详细描绘了这种文化融合的过程。年轻的奎纳津脚踩凉鞋，开始讲纳瓦特尔语；他坐在席子上，不再直接坐在地上，并被标注上了

---

① 用极细玉米面做成的热饮。
② Douglas (2010), p.101.

第七章 原住民的复兴

姓名。①新一代的托尔特克人既没有否认自己的起源，也没有忘却相互融合的族群之间的往事：他们是穿着文明服饰的古老游牧民族。为了实现完全的统治，统治者最好是奇奇梅克人修罗托和托尔特克人托皮尔特辛（Topiltzin）的后裔。这也是人们不遗余力促进联姻同盟后开辟出的道路，确立了拥有双重家族身份的领主的地位。比如墨西哥城和特斯科科城统治者的地位会比墨西哥谷地中其他领主的地位高一些。

然而，精英阶层城市化的生活方式并不意味着冲突的结束，冲突只是以另外一种方式重新开始。新兴的城邦之间爆发了冲突和战争。奇奇梅克人与托尔特克人之间最初的对立再次发生在墨西哥谷地两个对立的群体之间：由特斯科科城主导的东部地区对抗着由阿斯卡波察尔科城主导的西部地区。最终，阿斯卡波察尔科城被瓦解，区域力量重新洗牌。自此，墨西哥城、特斯科科和特拉科潘3座城邦形成"三城联盟"，一直统治着这片区域，直至西班牙人到来。

西班牙人的征服开启了另一个过渡，但只被画家们简单地勾勒了几笔。只有《特洛津手抄本》在展示特斯科科领主家谱的时候稍微提及。继卡卡马特辛这位唯一经历西班牙大征服的国王之后，其他在西班牙殖民统治之下继任的领主都放弃了托尔特克和奇奇梅克的双重血统身份。他们改变了发型，不再佩戴托尔特克式的耳坠，②甚至舍弃了象征奇奇梅克人的武装甲胄——弓和箭，而弓和箭能够把他们与游牧的祖先联系起来，彰显他们骁勇善战的精神。③这种做法体现了原住民谨慎的智慧：佩戴耳坠的习俗和制作耳坠的材料可能会让西班牙人联想起可疑的信仰或习俗。尽管西班牙统治者和修士们对装饰物的含义一无所知，但他们

---

① Douglas (2010), p.124.
② Ibid., p.117.
③ Ibid., p.62, 91.

仍认为需要拯救原住民的外表。玉石和金子激发着侵略者的贪欲，打耳洞的习俗和变形的耳垂可能过于显眼。

手抄本画家们认为文明在特斯科科城建成后达到了顶峰。大征服20年后，它仍未失落。《特洛津手抄本》画家绘制了7位围绕着内萨瓦尔科约特尔的艺术家，以纪念15世纪中叶的辉煌，其中有画家、玉石雕刻家、马赛克装配师、金银匠、羽毛镶嵌家和木器师。16世纪40年代，特斯科科领主们作为文明的继承者想要实现的"复兴"，与原来托尔特克人寻求的图拉城的光辉不同。特斯科科并没有像图拉城那样陨灭。在手抄本中，画家需要展示至少两个文明时期或文明形态：一个是修罗托率领的奇奇梅克人到来之前的托尔特克文明，另一个是托尔特克人与奇奇梅克人的后代创造的仍然活跃的文明。因此，手抄本既没有怀古的意味，也丝毫没有舍弃先人的文明，它甚至呼应着当时殖民的现实。就好像曾经的图拉城被交到修罗托手中那样，原住民的城邦也在被重新定义，试图转变为一座西班牙城邦。埃尔南多·皮门特尔对城邦的演变深信不疑，他看重西班牙的王权，并从西班牙人那里获得了特斯科科城邦的特权，好像借助了王家法令就真的能实现复兴似的！手抄本画家幸好没有采用西方认为的"书写"方式来记录这些演变——他们完全懂得如何通过绘画表达演变的复杂性。

特斯科科的现代性

"现代"文明的兴起处于内萨瓦尔科约特尔和内萨瓦尔皮利统治的时期。"现代"一词，强调着画家们所捍卫的文明遗产在当下仍有现实意义，依旧值得被称颂赞叹。《奎纳津手抄本》的画家以3种连续的形态，展现出特斯科科的现代性：首先，地名作为一种可见的事实，见证

第七章 原住民的复兴

人们从洞穴生活到城邦生活的转变；其次，族群在画中的排列方式表现出他们分属不同的街区；最后，皇宫的不朽彰显了两位至高无上的统治者的权力。[1]

画家结合石头（tetl）和罐子（comitl）图样组成的字形表达出了特斯科科这座城市的发音。字形之大，反映出领主对城邦宏伟、威望的期冀。在《奎纳津手抄本》中，领袖奎纳津欢迎着一群托尔特克人。从这些人的外表和携带的行囊推断，他们是来自文明世界的难民。[2] 特斯科科城邦的诞生是以不同的族群为基础的，画家也在手抄本中标注了各族群的来源。

接着显示的是一幅新的城邦景象，有宫殿和大厅，包括王座厅、国事厅和音乐厅。建筑的风格遵循了宇宙学的准则，顾及了世界的四个方位。同时，在宫殿高处，国王内萨瓦尔科约特尔和内萨瓦尔皮利坐于宝座之上。这个场景反驳了其族群的祖先来自巨大洞穴的论调。在王宫四周排列的，是特斯科科的附属城邦和卫星城邦。

《奎纳津手抄本》究竟是一张建筑平面图还是一张已有既成风格的风景画？王宫难道不是应该像西方那样，[3] 象征着王权吗？例如，香波堡的建筑风格赞颂着瓦卢瓦王朝的伟大，呼应着宇宙的空间，传递着帝国的象征体系。"列奥那多［·达·芬奇］（Leonardo da Vinci）极有可能绘制了香波堡的图纸，他围绕中央的十字形向四个方向设计出了这座城堡。"香波堡体现出了"天体和可理解的元素世界"。相较之下，《奎纳津手抄本》中王宫的功能似乎完全不同。手抄本画家力图让读者直观

---

[1] Lori Boornazian Diel, « The Mapa Quinatzin and Texcoco's Ideal Subordinate Lords »（《奎纳津文档与特斯科科理想的下级领主》）, in Lee & Brokaw (2014), p.117-146.
[2] Douglas (2010), p.58.
[3] Ibid., p.77.

感受到画中王朝的力量。画中的宫殿超越了对最高政治秩序、和谐宇宙的表达。手抄本的风格化表现手法不是为了粗略表现现实事物，而是为了让最重要的力量跃然纸上。

手抄本里的平面图并不是为了表达事物的象征意义，它更像是事物的一部分。对此，我们可能需要借助"伊希普特拉"（ixiptla）这一概念。修士们将其翻译为"形象"（image），既指偶像，又表示献祭给神灵的受害者[①]。但是，"伊希普特拉"并不属于意识表征或象征的范畴，它拥有另一种力量，能够分毫不差地将手抄本上的内容与现实中的其他维度对接起来。印第安人认为，现实中的这些维度是互相毗邻的。所以，"伊希普特拉"与现实的关系，更像是借喻关系，而非象征关系。[②]

王座厅位于宫殿的东方，形状类似于其他手抄本中的洞穴，让人马上联想到人们原来居住的原始洞穴——奇科莫茨托克。这是"视觉上的类比"[③]，还是纯粹的暗喻？从奇科莫茨托克原型、祖先奎纳津居住的洞穴到王座厅，好像所有元素都彼此镶嵌、互相融合，体现出了同一事物连续的不同方面。我们是否可以从这一连续的事物中找到一点儿思路呢？或许，画家们这么做不只是想要强调洞穴的象征意义，[④]还要掩藏其背后偶像崇拜的意义。他们谨慎却安全地指向了一个"他处"，一个

[①] 指神附在活人或动物身上。——译注
[②] 字形的手法是部分代表整体、换喻和提喻，而口头语言则更多使用暗喻手法。[Katarzyna Mikulska, « "Secret Language" in Oral and Graphic Form: Religious-Magic Discourses in Aztec Speeches and Manuscripts » (《口述和图形形式的"秘密语言"：阿兹特克演讲和手稿中的宗教魔法论述》), *Oral Tradition* (《口述传统》), vol.25, n° 2, 2010, p.325-363; Jerome A. Offner, « Improving Western Historiography in Texcoco » (《改进特斯科科的西方史学》), in Lee & Brokaw (2014), p.46].
[③] Douglas (2010), p.60.
[④] Ibid., p.92.

彼世，一个超验之处。在那里，诸神的隐秘行动逐渐展开。这种解释方法可能过于西式了，很难让人真正地满意。我们面对的难道不正是一个以多种形式表现出来的现实吗？这个现实不正体现为阿科尔瓦区域（acolhua）的人物、族群、事件和一系列的景象吗？面对入侵者想要强加给人们的"事实"，画家笔下的现实正岌岌可危。

画中，一座音乐厅面朝王宫的院落打开。一个涡形字从鼓中传出，让人看到了音乐中的不可见部分、声音和实质。鼓旁站着一位盛装打扮的舞者，他极有可能是内萨瓦尔科约特尔的儿子、掌管着音乐和舞蹈的霍奇克采尔（Xochiquetzal）。[1] 只有把音乐、歌曲、步伐和姿势结合起来，才能够进入另一个世界，即神的世界。音乐和舞蹈的表达让我们能够更接近最终的事实，就像画中温暖的火焰一样，让火神以明亮和灼热的方式在画中体现出来。[2] 就像在古代中国，"旋律的流动，动作、姿势的和谐顺序都是与世界整体进程协调一致的特殊进程，能够让世界的进程更好地存在于人们的意识之中"[3]。

没有司法权的行使，便无"文明"可言。《奎纳津手抄本》的第3页描绘了人们赋予贵族和平民不同的司法权利。手抄本展现了司法的各种表现形式，[4] 共有四列罪罚——破门偷盗、通奸、暴动和司法腐败，以及与之对应的惩罚办法。其中也出现了行使司法权的具体方式和地点（市场、法院、作为监狱的木笼）。此外，画中还加上了之前没有的笔

---

[1] Douglas (2010), p.87. 需要注意的是，画中手持扇子和花束的人是一个舞者，他没有击鼓，就像火盆产生火那样，鼓可独自演奏。
[2] Douglas (2010), p.89.
[3] Ibid., p.186 sq. 同一时期的《门多萨手抄本》(*Codex Mendoza*) 画家则放弃向我们展示蒙提祖马的宫殿。
[4] Jerome A. Offner, *Law and Politics in Aztec Texcoco* (《阿兹特克人的法律和政治》), Cambridge, Cambridge University Press, 1983.

触，让一座完整的城邦，也就是政治社会的形象更加完美。如此一来，人们对于西班牙世界也就没有什么可以艳羡的了。通奸和违抗军令可以被处以死刑。这让人联想起对卡洛斯·奥梅托钦的死刑判决很可能源自其祖父内萨瓦尔科约特尔，甚至是他的父亲内萨瓦尔皮利的决定。《奎纳津手抄本》中出现的两个儿子，一人挥霍无度，一人小心谨慎，不禁让印第安人想起了奥梅托钦和安东尼奥·皮门特尔截然不同的命运，而他们都是内萨瓦尔皮利的儿子。

画家关于行使司法权的表现方式独具风格，是一种曾被视为再现现实的基本方式。这幅画不是简单的用来教学的材料，[1] 画中的素材是在印第安人通过理性辩论的特定情况下被构想出来的。辩论需要清晰、简单，能赞颂特斯科科王子正义的强有力证据。翻看画卷，应当如同打开了一面镜子。在这面镜子中，查理五世和他的儿子费利佩王子需要在大西洋彼岸的内萨瓦尔科约特尔和内萨瓦尔皮利身上看到自己的影子。这便是《奎纳津手抄本》想要展示的证言。它借助的不是简单的插图，而是任何话语背后的象形文字本身所具备的力量。因此，当权者和特斯科科手抄本画家都意识到：16 世纪 40 年代，印第安人不仅眼睁睁地看着包含新法院、新法官的新司法体系被从外部强加而来，也看着那些承载着自己的知识和成就的司法体系正逐渐变成过去的残余，变成一个一去不复返的世界的遗产，其管辖权愈发局限于当地事务和轻微犯罪。从此以后，西班牙王室及其代表开始行使生杀大权，总督和审问院决定着法律的标准和应用的条件。

---

[1] Douglas (2010), p.154.

第七章　原住民的复兴　　　　　　　　　　　　　　　　　　　143

再现字形的力量

对此，手抄本画家们如何应对呢？他们"画出"了字形，并完全排除"书写"字形的做法。在奇奇梅克人到达之前，墨西哥谷地并不是一座空城。实际上，修罗托和他的队伍进入了一个建有金字塔形建筑的景象之中。意为金字塔的字形十分具体地体现出了有组织的城邦的出现和仪式中心的建立。字形可能会发生演变，纪念性的建筑物可能会崩塌：手抄本画家用崩塌和瓦解的金字塔，寓意文明危机的到来。一个哭泣的成年人形象多次出现在《修罗托手抄本》的第1页，凝聚着巨大的情感力量，体现出在图拉城毁灭之后，人们被迫逃难的悲痛。然而，外逃并不意味着文明的终结，难民把被毁灭的伟大城邦的艺术带到了别处。手抄本画家们精准形象地表达出了"文明的迁移"。

因此，字形能够体现出"文明"的痕迹。画家们用笔触循序渐进地展示着文明的发展。从游牧生活到定居生活的转变，首先被表现为人们定居在洞穴中。特洛津时代的狩猎-采集者便是在遍布洞穴的景象中逐渐学会了种植作物。[1]而从洞穴到城邦的演变被表现为地名字形的演变：一页接着一页，蒂萨尤卡最初看上去像是穴居动物的庇护所，围绕着这个庇护所形成了一个大的院落；随后，蒂萨尤卡变成了被护城墙环绕的城邦。这种转变与画中人们生活方式的演变是一致的（彩图第4~5页）。在城市生活方面，画家们没有掩盖奇奇梅克人得益于托尔特克人的迁出。例如，奇奇梅克人继承了托尔特克人关于王位合法性的表现形式——王座。在《修罗托手抄本》的第2页，他们的首领便端坐在王座之上。

---

[1] Douglas (2010), p.53.

蒂萨尤卡的字形不仅是文明的标志，它的尺寸也伴随着城邦力量的发展而变大——比代表其他地名的字形都要大。特斯科科城后来对其邻邦和臣民的霸权地位是毋庸置疑的。阿斯卡波察尔科城的政治高度发展，它的地名字形也变得更突出。而蒂萨尤卡城的光芒愈发暗淡，它的字形越缩越小，最后从手抄本上消失了。[①] 因此，地名的字形在《修罗托手抄本》中发生着变化，它的出现、变大、变小，甚至消失都体现着该地区各城邦政治势力的此消彼长。同时，其他的字形也以同样的方式表现着人们从狩猎到农业和城市生活的发展轨迹。在《修罗托手抄本》的第 2 页，奇奇梅克人的各个小领头人还需要向他们无所不能的君主呈献猎物。随后一页，玉米田第一次出现，奇奇梅克守卫奉奎纳津之命看管着它。在离玉米田稍远一点儿的地方，有一根用来掘地的棍子，说明特斯科科城的领主和村民从此以耕种为生。[②] 他们不再满足于管理所侵占土地的耕种，而是开启了农耕文明和城市文明。因此，墨西哥谷地的"地图"不是一张满是地点的快照，而是把在大征服之前的几个世纪里，这片土地的连续状态以图画、字形或空间的形式展现了出来。

---

① Douglas (2010), p.48, 57, 64.
② Ibid., p.67-68.

第八章
另一种时间秩序

为何手抄本画家选择不再过多表现奇科莫茨托克洞穴和迁移的各个阶段呢？他们的态度令人好奇，因为同一时期的绘画作品，如《高廷昌2号地图》(*Carte 2 de Cuauhtinchan*)和《奇奇梅克-托尔特克史》(*Historia Tolteca-Chichimeca*)都展现了这段历史。在这两幅作品中，从人们出发起，整个迁移的过程都与神的干预有关。"出发"指的是人们离开奇科莫茨托克洞穴——被纳瓦特尔语族群视为最初起源的地方。关于"出发"的叙述多穿插着寓言故事，强调各族群的流动，也会讲到族群的历史。普埃布拉山谷的画家们绘制了《高廷昌2号地图》，记述了祖先走出奇科莫茨托克洞穴，以及纳瓦人向乔鲁拉城迁移的景象。在这幅1544年前完成的画作中，画家们毫不犹豫地把神灵和人体献祭表现出来，这说明当时原住民的宗教权利尚且具有合法性。虽然这幅画作与上文提到的手抄本属于同一时期的作品，但它的内容反映出一个邻近地区的画家与特斯科科的手抄本画家做出了不同的选择：他们更倾向于完整地呈现过去，不遗漏任何"史前"的信息，哪怕这些信息在宗教人士眼中带有偶像崇拜的色彩。①

记忆的世俗化

特斯科科的手抄本画家们一定做了自我审查，倘若他们已经虔诚地皈依基督教，那就是出于信念选择了这么做，还有一部分原因则是出于政治考量。消除与"偶像崇拜"有关的元素并不意味着清除过去，而是和所有被西班牙人视为"偶像崇拜"的过去划清界限。因此，画家们清理了他们绘制的所有与过去相关的神迹。这类神迹不只出现在大迁移的过程中。如果我们对比《修罗托手抄本》与另一幅在米斯特克②大征服之前完成的《苏支纳托尔手抄本》(*Codex Zouche-Nuttall*)，就可以观察到神的消失。表面上看，在连续的片段里没有任何超自然力量的介入。难道在16世纪40年代的时候，印第安人的神灵已经消失了吗？③

画作上的另一处缺失也让人感到震惊，且意义重大。特拉洛克山的最高海拔据说超过4000米，可矛盾的是，这座山在人口迁移和城市发

---

① Keiko Yoneda in David Carrasco & Scott Sessions, *Cueva, ciudad y nido de aguila*(《洞穴、城市和鹰穴》), Chicago, University of Chicago, 2020, p.191. 米田（Yoneda）使用"史学传统""历史意识"等词，把"真相"从"超自然事件"中区分出来。而约翰娜·布罗达（Johanna Broda）则提出了"对于情节的神话式的操纵"［见 Johanna Broda, 1978, « Consideraciones sobre historiografía e ideología mexicas. Las crónicas indígenas y el estudio de los ritos y sacrificios »（《关于墨西哥史学和意识形态的考虑：原住民编年史及对仪式和牺牲的研究》）, *Estudios de Cultura Náhuatl*（《纳瓦特尔语文化研究》）, Mexico, UNAM, 1978, vol XIII, p.97-111］。
② 中美洲的主要古文明之一，由米斯特克人创造。"米斯特克"一词源于纳瓦特尔语，意为"云中之民"。——编注
③ 在后面某些情节的注释中，神再次出现了。人们解释说托尔特克人效忠于"魔鬼"，而奇奇梅克人则满足于崇拜被他们称为父亲的太阳和大地。Douglas (2010), p.132, 138.

第八章　另一种时间秩序

展方面似乎显得过于默默无闻了。而画作又时时刻刻展现着整片区域的地理情况和移居者在这里的定居情况，其中最重要的表现对象恰恰是一座供奉水神和农神特拉洛克的神庙。特拉洛克山正好处于诺帕津前往墨西哥谷地的路线上，但它没有被标注名字。事实上，西班牙人在特拉洛克山问题上的表现，并没有像在奇科莫茨托克问题上那样无知。1539年酋长卡洛斯·奥梅托钦的诉讼案公开审查了特拉洛克山激发和庇佑的各种信仰，还审问了证人和被告，没收了祭品，收集了与崇拜相关的物件。画家的谨慎似乎更表达了一种"不予置评"的态度。①

　　对起源保持沉默、严守特拉洛克山的秘密……我们可以说这是"世俗化"印第安人记忆的做法吗？② 在西班牙入侵者所推崇的基督教的影响下，画家们去掉了自身历史中的丰富内涵和宗教共鸣，从而拥有了一个没有神迹的历史，一个没有原始起源的过去，一个把祖先的痕迹抹去的景象，一如人们所谓的"脱盐的水"。

　　不过，要谈论"世俗化"，还需要厘清世俗与宗教的界限。这个界限在我们眼里是比较明确的。可对于16世纪的印第安知识分子和西班牙知识分子来说，只有当大西洋的两岸都存在明确的世俗与宗教形式时，才能区分两者。我们今天仍然能够体会到宗教与世俗的区分方式不是普遍性的。中性宗教领域存在的前提条件是人们把信仰视为一个可以

---

① 西班牙人不是没有能力想象原住民与其生活环境的关系，因为前者在自己的国家西班牙有过相同的经历。不过，新西班牙的景象对于一个来自遥远疆土的欧洲人来说，还是缺乏意义和存在感。
② William M. Barnes, « Secularizing for Survival: Changing Depictions of Central Mexican native Rule in the Early Colonial Period »（《为生存而世俗化：殖民早期对墨西哥中部原住民统治不断变化的描述》）, in Elizabeth Hill Boone (ed.), *Painted Books and Indigenous Knowledge in Mesoamerica. Manuscript Studies in Honor of Mary Elizabeth Smith*（《中美洲的彩绘书籍和原住民知识：纪念玛丽·伊丽莎白·史密斯的手稿研究》）, New Orleans, Tulane University, 2005, p.319-344.

脱离其发展环境的意识和信仰的集合。对方济各会修士来说，这是再自然不过的想法了。他们相信印第安人身上的所有"古老戒律"和基督教的性质是相同的，是可以分离和替换的。因此，他们只需要根除印第安人身上所有的戒律，再灌输基督教的教义就足够了。可那真的是界限鲜明的"宗教"吗？修士们认为基督教必须取代印第安人恶魔般的信仰，同时不必触及那些受偶像崇拜荼毒后依然保存无恙的习俗。①

同样界限分明的"非宗教"又指什么呢？在印第安人眼里，它有什么特殊的存在方式吗？总体而言，西班牙人并没有对此提出过多的疑问，而是幻想着印第安人的日常生活既包含无辜的、可容忍的世俗活动，又包含大逆不道、势必严惩不贷的宗教习俗。这自然让欧洲人和印第安人都非常满意。欧洲人放弃了彻底根除印第安人习俗这个不现实的想法，而是让印第安人自己选择想要根除的祖先的信仰和习惯。

特斯科科的画家利用了西班牙人的这种幻想。他们考虑到了基督教的禁令，利用欧洲人的盲目，谨慎地清除、削弱所有表面上引人注目的事物。在《修罗托手抄本》的第一幅画中，乔鲁拉城字形的上方出现了一个与日期 1- 苇年（Ce Acatl）② 对应的小蛇，两个留着长发的祭司围在小蛇周围，很好地体现出羽蛇神的存在。同时，画家隐没了所有基督教的神迹，竭尽所能保留自己信仰的事物。他们采用的手法不容小觑，我在下文会继续谈到这个话题。

与其说手抄本画家世俗化了已逝的时光，不如说他们懂得如何展示最不引人烦忧的一面，如何转移欧洲人还不够老到的目光。这种方式还

---

① 方济各会修士贝尔纳迪诺·德萨阿贡很可能是极少数认为印第安人的整个世界已经被偶像崇拜完全渗透的人，并有证据作为支持。他很可能使用了"传染"这个词来描述偶像崇拜。
② 纳瓦特尔语中的 1 芦苇，属于阿兹特克历法。——译注

第八章　另一种时间秩序　　　　　　　　　　　　　　　　　　149

能说明哪些问题呢？通过阅读印第安人的材料——散发着古老光晕和具有异国情调的手抄本、字形、染色、二维展现方式等，我们会发现，画家还利用了一点：在与现实的关系问题上，西班牙法官和修士们存在着根本分歧。

　　人们曾经认为，画家不得不借助"寓言"保持表面上的沉默。在寓言故事中，所有神话式的起源、神的迹象都被一系列暗喻代替。①暗喻又为手抄本传递的不再具有明确"神意"的信息注入了形而上的色彩：君主占据着神的位置，双王父子内萨瓦尔科约特尔和内萨瓦尔皮利对应着双神特拉洛克和维齐洛波奇特利；手抄本中偶然突出的部分或许隐藏着重要的地点；奇奇梅克人的洞穴很可能隐蔽在某个特定的地方；特斯科科的宫殿和香波堡一样，展示着奢华的宇宙景象……手抄本发挥了象征性戏剧的功能，神的姿态被系统化地转化为人的一举一动。②这种方式好像是理所当然的，就像16世纪法国诗人皮埃尔·德龙萨（Pierre de Ronsard）的著名诗句描述的那般：

　　　　世界一舞台，世人皆俳优……
　　　　天空与命运，悉数为看客。

　　可特斯科科毕竟不是香波堡，墨西哥谷地也不是卢瓦尔河谷，③上述解释未必站得住脚。我们也要尽量避免用自己看待问题的方式去揣测印第安精英的想法，还是应该更多地去理解原住民民族自身的想法。在

---

① 解读印第安隐喻的做法由来已久：从16世纪开始，方济各会的贝尔纳迪诺·德萨阿贡就十分赞成使用这种阐释印第安思想的方法了［Rios Castaño（2014），p.232］。
② 依据 Douglas（2010，p.51），《修罗托手抄本》采用了空间隐喻的手法。
③ 墨西哥的思想家同样也不是欧洲的思想家，见 E. R. Curtius, *La Littérature européenne et le Moyen Âge latin*（《欧洲文学与拉丁中世纪》），Paris，PUF，1956，p.219-244。

与世界的关系中，原住民更看重明确的关系、内心的亲近。他们认为可以依托部分来触及整体，而我们则可能认为需要解决可见与不可见之间连续性的问题、内在性与不可察觉性之间距离的问题。对原住民来说，绘画的实体性、龙舌兰叶子的脆弱、颜料的涂层、"重画的部分"、图形的应用，各种存在和姿态在手抄本的页面上蔓延，架起了一座桥梁，通往印第安人在16世纪40年代时记忆犹新、依旧理解的过去，通往一个众生、万物和神灵彼此联系的世界——"可见与不可见的事物彼此呈现、互相作用，形成了永恒的往复关系：一个为了另一个，一个变成了另一个，既没有损失，也没有中断"①。

弗郎索瓦·朱利安（François Jullien）在研究儒家思想时提醒我们，我们的思维方式并不是普世的，也不是理所当然的。中国的独特性或许能帮助我们探索墨西哥的独特性。原住民的世界跃然纸上，在我们的眼前徐徐展开，它是现时的，迸发着强劲的生命力。洞穴具有"伊希普特拉"的意义，是活生生地存在于纸上的。呈山洞状的岩石蜿蜒曲折，打开了群山起伏的景色，另一个洞穴也随之出现。洞穴遥远而原始，又是如此之近。倘若可见之物是画家勾勒的图形，而不可见之物潜藏在某个不可接近的他处，又时时刻刻体现着事物的至高现实，手抄本画家便无意把两者对立起来。各个世界互相影响，任何事物都不可能孤立于一个不可到达的地方。② 换句话说，在这个阶段，印第安人还不需

---

① François Jullien, *Procès ou Création. Une introduction à la pensée des lettrés chinois* (《过程与创造：中国文人思想导论》), Paris, Seuil, 1989, p.107. 或依照莫里斯·梅洛－庞蒂所言："可见事物的特点就在于它具有一个在严格意义上不可见的层面，而可见事物则使这一层面以某种缺席呈现出来。" Maurice Merleau-Ponty (1964/2007), p.85.
② 正是这种对"物"存在的信念，转移到了后来的基督教图像中。它也解释了为何大批印第安人加入基督教，以及一个存在了几百年的现象：瓜达卢佩圣母不是为了代表什么，她是"存在"。关于此类问题，见 Gruzinski（1990）。

第八章　另一种时间秩序　　　　　　　　　　　　　　　　　　151

要玩捉迷藏，更不需要为了掩藏神话谱系而建立一个"部分隐藏的次级文本"，他们也不需要区分过去世界中的"神圣"与"世俗"。只是随着一代又一代的传承，知识会逐渐消散，会变得碎片化，变得更分散，变成越来越具有暗示意味的模糊记忆，变成被禁止的实体，变成西班牙人能够接受的信仰，同时复杂地混合着基督教的传奇故事、古老的分界方式和大征服后第一个百年回忆。

众生与万物的连续性

众生与万物的连续性围绕"时间的秩序"建立起来，如果这里的"时间"就是我们所理解的那个时间。我们总会在词汇上犯难：如何在谈论"时间"时避免把它看成一个普世的观念，避免认为印第安人和西方人认识的时间是一致的？时间的观念不是一成不变的。当代欧洲人和前人西班牙修士理解的时间也不一样，哪怕他们属于当代欧洲的历史。方济各会前人、大征服时期的印第安精英和今人看待过去的方式各不相同，人们总体上很难察觉到这一点，更注意不到以上群体各自目光的独特性和不可类比性。

从最简单的说起，殖民的记忆倒置了本末。在接受基督教之前，印第安画家对"世界的起源"情有独钟，保护和传承起源是非常重要的工作。[1]16 世纪，在殖民和宗教压迫下，手抄本画家更专注展现近一些的时代，哪怕要付出遗漏遥远过去的代价。

---

[1] 在古埃及也有类似的想法："这是真正有意义的历史，只有这种历史才能被讲述，它也是神话所参考的历史。" Jan Assmann, *La memoria culturale. Scrittura, ricordo e identità nelli grandi civiltà antiche* (《文化记忆：古代文明中的文字、记忆和身份认同》), Turin, Einaudi, 1997, p.150.

特斯科科的手抄本唤起或再现了一个已经逝去的过去。原住民当时所处的"现在"与画作中展现的情节和谐共存。印第安人没有构想出不可逆的时间洪流，在现在和过去之间划分出不可逾越的鸿沟。和基督教修士们不一样，印第安人认识的时间不是自创世时射出、面向最后审判的"时间之箭"，也并没有随着人们对千禧年的期待加速前进。

　　西方对于时间的普遍认识与手抄本画家绘制的时间毫不相关。由此，我们是否可以认为画作中的空间维度远胜于时间维度，并需要从空间和时间两个角度解读手抄本呢？手抄本中的种种过去受制于一个复杂的互动过程，与冲突息息相关。多个世纪以来，这些冲突可能是奇奇梅克人迁移过程中托尔特克人的撤退，也可能是特斯科科早期居民与其对手的战争。众生与万物在来来往往、从不间断的对抗中获得了新生。一次次对抗、交流、融合，循环往复，对立元素接踵而至。[1]当《修罗托手抄本》前面几页会集了托尔特克人和奇奇梅克人、定居者与游牧者、农耕者与狩猎-采集者时，毫无疑问，它记录下了初始二元性，宇宙运行的重要原则之一，呼应着代表宇宙起源的双面神奥梅特奎特利（Ometecuhtli）和奥梅西瓦特尔（Omecihuatl）[2]。

　　《修罗托手抄本》的起始部分主要展现了奇奇梅克人面对遭受文明断裂的托尔特人的景象，后面又描绘了阿科尔瓦人和特帕内克人两个族群相依相离的画面。两个讲纳瓦特尔语的阵营都声称自己是修罗托和托尔特克城邦的继承者。随后，特斯科科和阿斯卡波察尔科城爆发了激烈斗争，2个阵营各自将实力分散到了3个城邦。东部的特斯科科、韦霍特拉、科阿特林昌3个城邦与西部的阿斯卡波察尔科、特诺奇蒂特兰、

---

[1] Douglas (2010), p.91.
[2] 关于"推动人类世界万物运行的神力的宇宙进程"，可见 Alfredo López Austin, *Tamoanchan y Tlalocan*（《塔摩安羌和特拉洛坎》），Mexico，FCE，1995，p.223。

第八章　另一种时间秩序　　　　　　　　　　　　　　　　　　153

库尔瓦坎①再次形成对峙。当阿斯卡波察尔科被击败、从版图上消失的时候，一种新的对立又确立起来：特诺奇蒂特兰的实力一天天增强，威胁着特斯科科的地位。两座城邦的对峙影响着这片土地的政治形势，持续到了西班牙人闯入的那一刻，甚至更久。

年轮的交结

　　手抄本画家如何表达这一系列冲突呢？他们在《奎纳津手抄本》中让字形并列出现，对应着事件发生的时间顺序。他们还以相同的并列方式，描绘了生活在特斯科科城各个街区的不同族群。②随后，画家们又使用了相同的手法，把库尔瓦坎城插到"野蛮生活"图像和城邦生活图像之间，置于这幅画的右下角。

　　画家们也运用了更精准的工具，这个工具不是我们理解的那种"日期"。被画家们记载的事件需要名副其实，在其历法中具有重要的位置。中美洲历法以被命名的52年为一个周期，每个年份都由一个数字和一个事物组成。我们常把印第安人的年计算成公历中的年，把两者对应起来，比如2016年对应着印第安历法中的4-石年。名称不是纯粹表达时间顺序的标志，它更像一种共鸣箱，把过去的重要片段交织起来。因此，人们会觉得有两种纪年方式：一种是阿兹特克神圣历（tonalpohualli），以260天为一个周期；另一种是阿兹特克太阳历（xiuhpohualli），以365天为一个周期。和欧洲的观察者想的不一样，

---

① 如果说二元性占主导地位，数字3也有着重要的作用：墨西哥谷地有3座重要的特斯科科城邦，另外还有3处发生决定性事件的记忆之地。并且，火神希乌特库特利（Xiuhtecutli）的居所火炉也是由3块石头支撑起来的。
② Douglas (2010), p.59.

神圣历和太阳历不是星象学家观察而来的日历,①而是一种推动装置,能够调节宇宙在变化发展过程中释放的不断交融的能量。宇宙的现实按照神圣历和太阳历的节奏不断交织。如果世界是一个生物,这种推动装置就像位于其心脏的两个巨型生物钟。②因此,这种观念和基督教中被神的手指控制的"时间之箭"完全不同。③宇宙的变化和宗教的超越性关系不大,它源自神圣历中周期性的事件组合,承载着每个人携带的能量。日与夜的每个时刻都对应着无数的交叉影响。西班牙修士们花费了很长时间辨别这些影响,试图弄清楚某种命运、某个事件或是某些大起大落。

神圣历和太阳历每52年重合一次。这种情形被称为新火典礼,标志着"年轮的交结"。一个52年的周期结束时,具有相同名称的年会再次出现,相同的能量组合也会再次产生。奎纳津在1-石年建立了特斯科科,而他的曾孙内瓦萨尔科约特尔在另一个1-石年流亡归来,于这座城邦再次掌权。哪怕细枝末节毫不相同,奎纳津所处时期发生的事情也会再次以相似的脚本上演。"日期"的作用在于定义或限定可能会在不同情境下,以不同形式重演的某种事件。比如,1-石年对应着在墨西哥谷地过去发生的两个重大事件:其一是墨西加人出走阿兹特兰城(Aztlan),开始大规模南下;其二是墨西加人的第一位君主阿卡马皮奇特利于1376年登基。以及"三城联盟"发生在一个2-房年,即1429

---

① 还有一种观点认为时间只有在仪式实践中才具有意义。Lars Kirkhusmo Pharo, *The Ritual Practice of Time. Philosophy and Sociopolitics of Mesoamerican Calendars* (《时间的仪式练习:中美洲历法的哲学和社会政治》), Leyde, Brill, 2014.
② James Maffie, *Aztec Philosophy. Understanding a World in Motion* (《阿兹特克的哲学:理解运动中的世界》), Boulder, University Press of Colorado, 2014, p.459.
③ 更别说我们关于时间的共同认识是如此的令人安心,已经无法再领会其他科学的解读方式了。

第八章　另一种时间秩序　　　　　　　　　　　　　　　　　　　155

年；而在另一个 2-房年，也就是两个周期前的 1325 年，特诺奇蒂特兰建立。再如内瓦萨尔科约特尔在 4-苇年回到了特斯科科，4-苇年也是许多纳瓦王子加冕的年份。①

对印第安人来说，赋予一件事特殊性，远比在时间长河中标注事件的位置更加重要。因此，特斯科科的画家们没有在手抄本中给先后发生的事件标注周期，而是强调事件之间的交相呼应。②西方读者总是想通过找到蛛丝马迹建立一条完美时间线，破解事件发生的时间谜题，但这种探索并非总能成功。③

世界的运动和它的动力装置驱动着地球表面发生的一切。把创世和基督的诞生作为起始点的线性纪年法，对特斯科科的画家们而言是完全陌生的。诚然，印第安人也经历过"世界诞生"的阶段。4 个太阳纪一个接一个地存在又消失，第五个太阳纪已经开启了。印第安人认为，初始的运动早于太阳纪的诞生："它没有被创造和塑造。"④初始的运动对应着宇宙起源之神奥梅特奎特利和奥梅西瓦特尔的双面性，集结宇宙相互对立的原则，自动生成。它将永不停歇地变化、转化，毁灭与创造共生，秩序与混乱共存。⑤一对又一对的对立元素得到发展，在相互依存的绝对关系中彼此补充又彼此碰撞。战争就像水与火的不相容、男人与女人的紧张关系、奇奇梅克人与托尔特克人的对立、阿科尔瓦人与特

---

① Douglas (2010), p.150.
②《修罗托手抄本》告诉我们，在一个 5-石年，修罗托和他的儿子身处修罗克（Xoloc），这年年末时他定居在了蒂萨尤卡。而其他记载年份的字形标注了在 1-房年与 6-兔年之间，各族群依次到达蒂萨尤卡与修罗托会合的顺序，见 Douglas（2010），p.48.
③ "《修罗托手抄本》中关于年份的零星叙述是有问题的，而西方编年史更为严密。"Douglas (2010), p.133.
④ Gerónimo de Mendieta, *Historia eclesiástica Indiana* (《印第安教会史》), Mexico, Salvador Chávez Hayhoe, 1945, t.Ⅰ, l.Ⅱ, chap. Ⅷ, p.95.
⑤ Maffie (2014), p.170.

帕内克人的冲突，都在不同时期和不同地点体现出了"宇宙的进程和未来"[①]。

印第安人认为时间本身并不存在，不是我们能够提取出来加以处理的抽象参照体系。时间只有在被仪式化的时候才能够被理解，是充沛能量聚合的产物。他们把这种能量称为托纳利（tonalli）[②]。如果没有任何事情发生，时间就不存在。时间只在某个确定的场合存在，即我们曾经所在之处、我们现在所在之处、我们未来在某个时刻做某件事之处。[③]因此，在印第安人的世界，存在"时空"（复数）这个我们难以理解的概念，因为我们早已习惯把时间和空间分开看待了。例如法国哲学家莫里斯·梅洛-庞蒂提到，空间"是一种超越了一切视点、一切潜在、一切深度的，没有任何真正厚度的完全肯定的存在"[④]。这是西方人的看法，印第安人不是这么想的。

就像《修罗托手抄本》展现的那样，过去的节奏发生着变化。手抄本的前5页记述了奇奇梅克人的到来、墨西哥谷地纳瓦城邦的建立，移民者经历了几百年才变成了托尔特克人。这个很长的阶段后面紧跟着一个很短的阶段：手抄本后面的几页只涵盖了1409年到1427年发生的事，集中笔墨描述了特斯科科君主伊斯特利尔索奇特尔一世（Ixtlilxochitl Ome Tochtli）的死亡和他的儿子内萨瓦尔科约特尔的出逃。因此，手抄本第一阶段的时间标识相对松散，而第二阶段紧凑地记录着15世纪初

[①] Maffie (2014), p.370-371.

[②] Ibid., p.420-421.

[③] Monique Legros, « La expresión del pasado del nahuatl al castellano »（《过去的表达，从纳瓦特尔语到西班牙语》）, in *La memoria y el olvido, Segundo Simposio de Historia de las mentalidades* (《记忆与遗忘，关于心态史的专题讨论》), Mexico, INAH, 1985, p.21-32.

[④] Maurice Merleau-Ponty (1964/2007), p.48.

第八章　另一种时间秩序　　　　　　　　　　　　　　　　　　　　　157

发生的时事。①此外，手抄本第一阶段记录了在墨西哥谷地持续上演的事件，而第二阶段则更趋近于编年史的记载方式。

　　画家还在表示年份的字形上标示了时间期限，也在托尔特克人从图拉城逃亡的路线上标记了许多记号。有些记号表示难民到达的时间，有些表示他们生活的每个阶段的时长。在《修罗托手抄本》第 1 页中表示乔鲁拉城字形的下方有一个"78 年"的标志，它还有另一种含义：表示在图拉城难民到达之前的 78 年，这座神庙已经建成。人们可以依照某些确定的空间，通过画中的印第安字形和期限定位不同的阶段。②也有几个时间标志，记录了各种事件发生时间与作画时间的距离，这种做法显然受到了殖民的影响。

　　当今的人们试图借助编年表厘清各事件发生的先后顺序。这种做法是以理解"时间之箭"为前提的，但这支箭在手抄本中却不存在。《特洛津手抄本》的画家只能参考一代又一代君主的轮流继位，在空间中把不同的时期并列表示出来。③

家　谱

　　《修罗托手抄本》的画家也运用了大量家谱，把时间的流逝在二维空间中通过世代变化表现出来，为我们提供了其他可视化记忆的方式。画家没有着重展现亲属关系，也没有建立我们熟悉的家谱树，他们自有

---

① Douglas (2010), p.133.
② 此处并不存在一致的参考信息，就像关于古希腊人奥运会的信息或者古罗马人的领事名单，即便认为墨西加人将其自身的纪年法强加给了附属族群，也无法由此获取该区域其他首领的信息。
③ Douglas (2010), p.54.

一套记录继承脉络的方法。① 记录继承的脉络可能终于让欧洲的观察者们觉得来到了熟悉的领域：西班牙人对"直系"的看法与印第安人标注权力移交的方式是一致的。② 他们十分熟悉中世纪的家谱，因此想要看懂印第安人画作中的王朝也不是难事。《修罗托手抄本》的家谱序列超过60条，共涉及319人。③ 主家谱可以追溯到修罗托和他的妻子托米亚（Tomiyauh）。这个家族从修罗托算起共繁衍了8代，总计185人。④ 这群人构成了一张紧密的关系网络，随着手抄本的记载逐渐展开。因此，家谱很好地展现了联盟和武力关系的发展变化。此外，画中缺失的信息从来不是故意为之的。《特洛津手抄本》的画家准确地精简、中断了科阿特林昌和韦霍特拉的家谱，以明确表达出特斯科科对其姐妹城邦的管辖和控制。⑤ 代际间的传承关系能够体现出政治力量的变化、外交上的往来，以及生活方式的转变。例如，奇奇梅克人逐渐穿起了托尔特克人的衣服，留起了托尔特克人的发式。

家族政治的重要地位如何主要取决于家族与创始人修罗托的亲疏程度，以及是否混有托尔特克血统；男性血统的重要程度大于女性血统。我们举一个比较理想的例子——奎纳津的儿子特乔特拉拉特新，他的父亲是修罗托的后代（即奇奇梅克人），母亲是托皮尔特辛的后代（即托尔特克人），而他的妻子托兹昆津（Tozquentzin）声称其母系也可以追

---

① Justyna Olko, « Remembering the Ancestors: Native Pictorial Genealogies of Central Mexico and their Prehispanic Roots »（《纪念祖先：墨西哥中部的原住民图示家谱及其前哥伦布时期的根源》）, in Amos Megged & Stephanie Wood (2012), p.51-72.
② Susan Spitler, « The Mapa Tlotzin : Pre-conquest History in Colonial Texcoco »（《奎纳津文档：殖民时期特斯科科的征服前历史》）, *Journal de la Société des Américanistes*（《美洲研究学会期刊》）, vol.84, n° 2, 1998, p.71-81.
③ Douglas (2010), p.102.
④ 家谱以一夫一妻制的形式呈现，这可能是受到了宗教或基督教模式的影响。
⑤ Douglas (2010), p.120.

溯至相同的托尔特克祖先。这就组成了一个享有盛誉的家谱，即奇奇梅克人和托尔特克人的结合。这种结合是取得城邦霸主地位的决定性因素。就像特斯科科，哪怕它没有邻邦科阿特林昌和韦霍特拉那样悠久的历史，却始终占据主导地位。[①]正统家谱总会占据上风，这是一条永远不会被推翻的定律。它不是时代巧合和血统生物性共同作用的结果，而是因为正统家谱始终是霸权的重要源头，决定着家族未来的走向，决定着未来能够获取至高权力。特斯科科和特诺奇蒂特兰的君主正是借助这种不可辩驳的合法性发挥实力的，而阿斯卡波察尔科城的败北也是由于它的家谱中存在缺陷。

　　厘清家谱分支与各家族领土之间的对应关系是很困难的。时间总是在特定的空间不断流动和变化。因此，只有具备经验老到的目光，才能看明白奇奇梅克人的家谱是如何随着新移民后代的逐步同化和扎根，逐渐消失、融入至托尔特克人家谱的。在新的领土上，洞穴勾勒出的些许空间轮廓清晰地表达出奇奇梅克人的定居生活和文化适应的过程。从此以后，女人更喜欢身着棉质的裙子，而不是动物皮毛。她们格外注重发型，这也体现了她们的托尔特克人血统；她们在奇奇梅克族群中担当着"文明开化者"的角色。[②]手抄本上的家谱序列逐渐增多，恰恰表达出在奇奇梅克人与托尔特克人的联姻过程中，混血后裔逐代增加。在整个墨西哥谷地，定居生活、结盟和联姻终结了奇奇梅克狩猎-采集者与托尔特克农民之间的对立关系。[③]

---

① Douglas (2010), p.110-111.
② Ibid., p.116.
③ Ibid., p.107.

片段链

应该如何把这些事件串联起来呢？它们是否遵循着一定的因果关系？这种关系是否被安置在一个被视为时间本质的时间段内？经典的因果关系是否也被呈现在画家们着重表现的重要人物身上？表面上看，手抄本画家似乎想要强调个体的作用，[1] 这些个体并不属于用字形表示的原始城邦。[2]

需要明确文艺复兴时期的思想家是如何定义个体和历史行动者的吗？我们在马基雅维利和圭恰迪尼的思想中找到的"特征"概念，与我们现代视角中个体的自主性关系不大。[3] 马基雅维利和圭恰迪尼认为，人被一系列亚里士多德式的标准所定义，这些标准对应着一系列的道德价值，直接影响人的行动。自我的概念更多的是基于身体和行为特征，而不是内心生活和绝对的个体独特性。印第安画家不可能已经领会了历史行动者的理论。

我们也需要探讨在中美洲社会是否同样存在"事件顺序"概念吗？这个出发点再一次让人觉得地球上所有的民族都用欧洲的方式、运用同一套概念体系好像是毋庸置疑的！[4]《奎纳津手抄本》的画家向我们展

---

[1] 这些个体的姓名被标注了出来，他们若是奇奇梅克人首领或特斯科科君主时，则被标注了更有暗示意味的字形。
[2]《修罗托手抄本》从这个角度出发，在第 6~10 页讲述了 1409—1427 年发生的事情，展现了一种"概括的政治历史"，同时点缀了"英雄传记"。H. B. Nicholson, « PreHispanic Central Mexican Historiography »（《前哥伦布时期的墨西哥中部史学》）, 1969, p.62.
[3] Jacques Bos, « Framing a New Mode of Historical experience: The Renaissance Historiography of Machiavelli and Guicciardini »（《构建历史经验的新模式：文艺复兴时期马基雅维利和圭恰迪尼的史学》）, in Rens Bod, Jaap Maat & al. (eds.), *The Making of the Humanities*（《人文科的形成》）, vol. I, Amsterdam, Amsterdam University Press, 2010, p.359.
[4] Douglas (2010), p.9.

第八章　另一种时间秩序

示了族群逐渐聚集，形成特斯科科城邦的雏形。我们不禁看出了一种因果关系，猜测一个事件引发了另一个事件。手抄本真的呈现了这种关系吗？画家们把各族群同时置于同一空间或把他们用家谱顺序排列出来，在展现一系列事件和人物的同时，似乎更关注这一切所构成的整体。他们画出了前后连贯的人物和行动，但并没有深究原因和目的。①

我们可以把画家们的想法放在一个受两股原始动力相互作用影响的世界中理解。两股力量产生的动力不停地产生无数的空间和时间，在这些时空里又涌现出了令人难忘的人物和事件。②中国的历史能帮助我们再次深入理解这个思路，它有这样一种观点，"历史的因果与时间的动力相融合，时间的动力就是'道'中的宇宙动力"③。《修罗托手抄本》和《特洛津手抄本》中的合法家谱如同通往未来的轨道，既可以引导世界的运动，又为运动提供了空间。这些家谱将运动引向了特斯科科注定的辉煌，又与这一辉煌一起达到顶峰。创造、奠基、毁灭彼此联系，交替前进。

通过展现空间和时间两个维度，画家们展现了在同一时间和同一空间内发生的一系列事件。而在欧洲式的叙事中，事件只能随着章节的线性结构被讲述，文本中还会夹杂着回忆或倒叙。画家们则另辟蹊径，概括地表现出角色的移动，并根据事件的重要性合理地利用画幅大小。因此，在《修罗托手抄本》的第 1 页，我们既能看到诺帕津视察领土，又

---

① Douglas (2010), p.159.
② 与中国历史学家不同的是，墨西哥画家并没有为了启迪后人而评估在历史转折之时人们行为的恰当性，以及汪德迈（Léon Vandermersch）所说的"（历史时刻）蕴含成功与失败倾向的做法"。对汪德迈来说 [《 La conception chinoise de l'histoire 》(《中国的历史观》), in Anne Cheng (éd.), *La Pensée en Chine aujourd'hui* (《中国思想史》), Paris, Gallimard, 2007, p.67]，中国思想并没有把时限看成时间的本质，而是更强调"时"，也就是"其思想中以事物进程构成的形势演变，而人们评估着事物的进程"(Ibid., p.65)。
③ Ibid.

能看到大批托尔特克人来到墨西哥谷地避难。"无城可居"的文明人向南方和东方迁移，到达了邻近的普埃布拉谷、乔鲁拉城，在孕育新兴文明的地方定居下来。而奇奇梅克人正在组织考察和界定路线的行动，好通过丈量南边、东边、北边，最后是西边的空间，划定自己的领土。①后来，包括奇奇梅克人和托尔特克人在内的所有人都聚集在了蒂萨尤卡。两个族群会聚起了"现代"萌芽的种族和政治因素。这些因素不断累积，促成了"三城联盟"的形成。画家们着重强调产生这个"文明进程"的复杂性和流动性。他们当然没有用文字抽象地表述这一过程，而是在画卷上标注了精确的地点、族群和所有的迁移，从戏剧中的天顶视角展示了墨西哥谷地的过去。所以，我们面对的既不是风景画，也不是地理图示。

空间化的表达方式还解决了一个问题：诺帕津收到父亲修罗托要求勘测墨西哥谷地的命令的地点，和他回来汇报任务的地点是相同的。因此，诺帕津考察之路的出发点也是到达点。画家们似乎压缩了时间，只展现了这两个时刻，将终与始相接，或者借莫里斯·梅洛－庞蒂的话说："就好像这种不可缩减的事物之间的对峙能够并且只能够让过渡和期限呈现在画布上。"②画家们还用这种手法记述了特斯科科的末代君主卡卡马特辛。他在科尔特斯到来之前即位，与处于家谱首位的开国君主修罗托及其妻子相呼应。再者，画家们还在同一页中展现了内萨瓦尔科约特尔的逃亡和他重登王位的场景。因此，印第安人对过去的处理远非线性的。

手抄本中的空间会随着发生事件的变化而变化。没有任何事件发生

---

① Douglas (2010), p.48.
② Maurice Merleau-Ponty (1964/2007), p.79.

统治者阿卡马皮奇特利

自 1375 年起，阿卡马皮奇特利开始统治特诺奇蒂特兰，他是史料记载的第一位墨西加人的统治者

出自《杜兰手抄本》

特斯科科统治者内萨瓦尔皮利

这幅著名的国王肖像很有可能通过《伊斯特利尔索奇特尔手抄本》保存下来，而非被《特斯科科述略》作为插图采用。画家极有可能参考特斯科科贵族的存画创作了这幅肖像

出自《伊斯特利尔索奇特尔手抄本》

奇奇梅克人看到的废墟

考察卡瓦克的废墟

画中左侧的脚印和眼睛表达修罗托前来此地视察；杂乱的石头和疯长的杂草意味着两座金字塔已经沦为废墟，而悬于两座金字塔之间的象形字形则代表托尔特克人

两个洞穴之间的托尔特克废墟

一座荒废的神庙伫立于瓦砾之上，它便是人们所说的"托尔特克神庙"。图中右侧为蝙蝠洞穴，左侧为石头洞穴。诺帕津曾在最左侧的库亚卡特尔洞穴（Cuauyacatl）高处眺望托尔特克人的废墟。每个洞穴上方都画有一只眼睛，表示诺帕津曾于此处视察

出自《修罗托手抄本》

奇奇梅克人到达墨西哥谷地

本页展现了修罗托率领奇奇梅克人到达墨西哥谷地时的景象。上部有绵延的山脉，中部有墨西哥谷地的湖泊。修罗托最初在蒂萨尤卡洞穴驻扎。该洞穴由表示狗头的字形表达出来。这幅画作同时展现了 20 多年里狩猎-采集的奇奇梅克人与农耕的托尔特克人接触和交融的过程

蒂萨尤卡的转变

定居蒂萨尤卡

修罗托坐在蒂萨尤卡区域某个山顶的洞穴里，他的脚下分别是他的儿子诺帕津，随从阿卡托马特尔（Acatomatl）和库哈特拉帕尔（Cuauhatlapal）。此时的蒂萨尤卡还未出现"城邦"或城邦国家

奇奇梅克人的定居

画作展现了奇奇梅克人到达墨西哥谷地 80 多年后的景象。修罗托依旧统治着蒂萨尤卡。在画面左上方,修罗托朝向他的儿子诺帕津,两人身处一个(长方形)狩猎场地。场地的下方区域为后来的特斯科科城。画作也展现了最早的奇奇梅克人与托尔特克妇女联姻的景象

蒂萨尤卡,奇奇梅克人的政权所在地

修罗托面朝蒂萨尤卡洞穴,安坐在王位之上,他的后侧是妻子托米亚,脚边是两个女儿希鲁拉索奇特尔(Cihuaxochitl)和奎特拉索奇特尔(Cuetlaxochitl)。在修罗托头部上方有一个已被磨损的数字,很可能表示修罗托与奇奇梅克人在墨西哥谷地生活的时长

出自《修罗托手抄本》

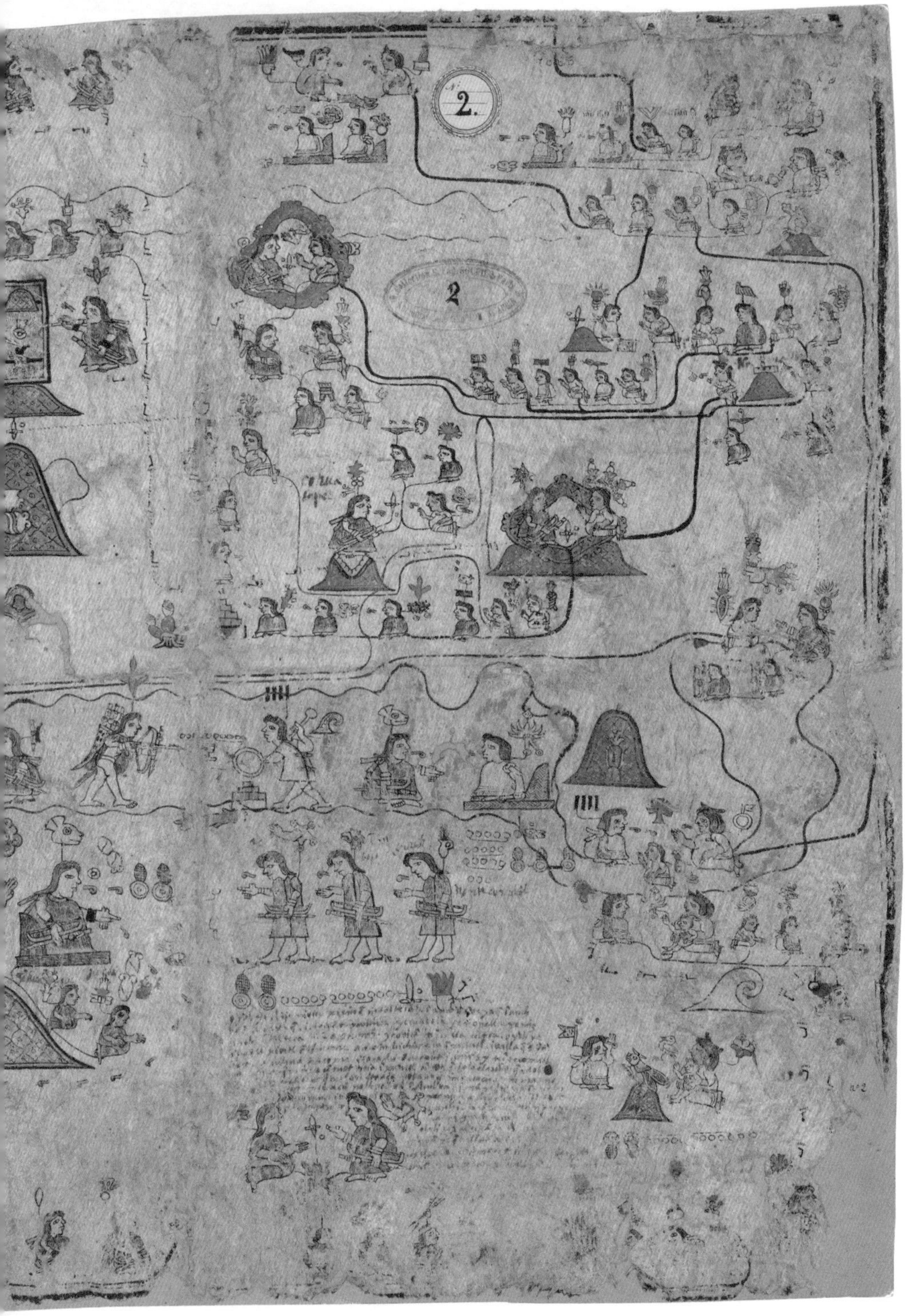

特诺奇蒂特兰的建立

《门多萨手抄本》由一位不知名的修士与画家弗朗西斯科·古普尤瓦胡卡尔合作,于1541年或1542年在圣胡安·莫约特拉街区完成。总督安东尼奥·德门多萨或他的手下极有可能订购了这幅画作。与特斯科科手抄本不同,这幅手抄本从头到尾顺应了西班牙人的视角,并在西班牙人的监督下完成。这解释了为什么它包含了西班牙语批注、使用了欧洲纸张,并且做了某种信息处理

出自《门多萨手抄本》

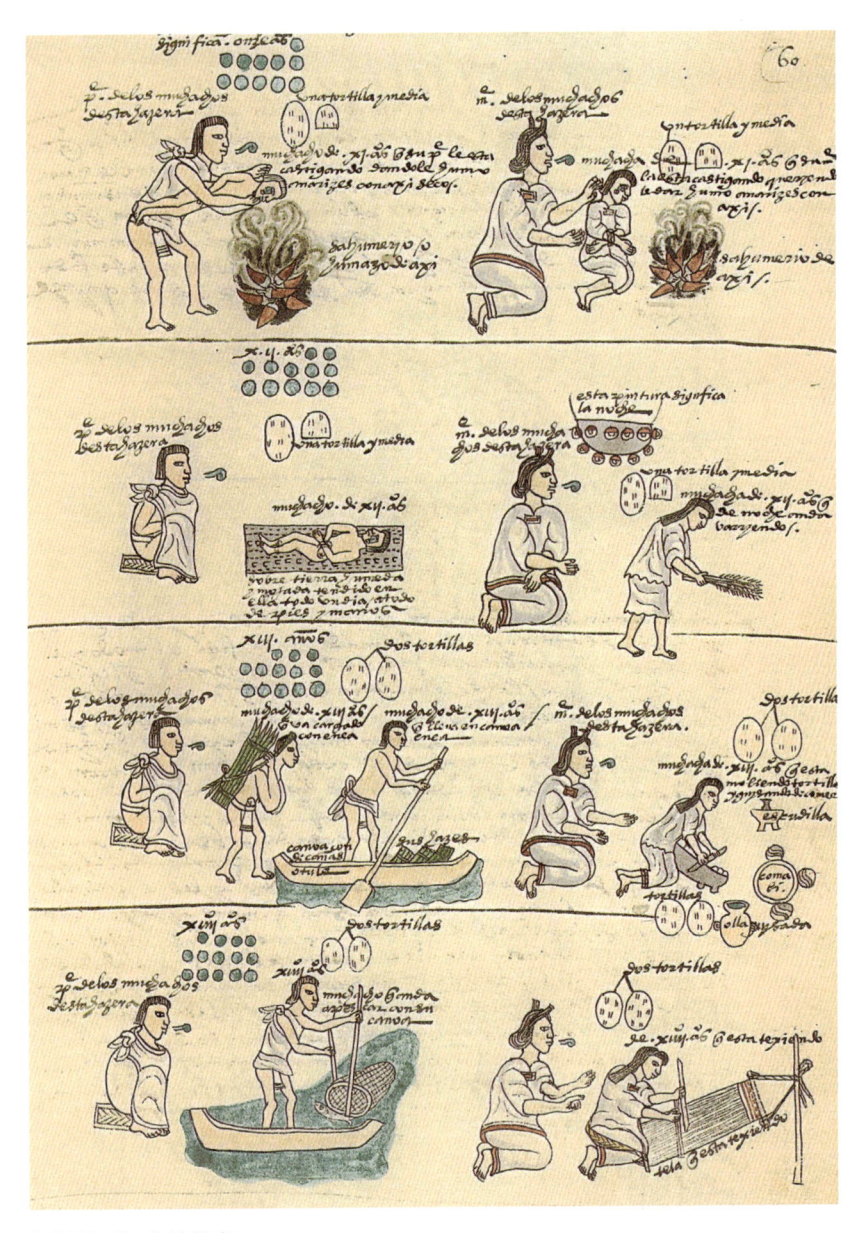

年轻墨西加人的教育

手抄本的第三部分展示了墨西加人的社会图景,包括机构设施、群体活动、生命周期、儿童教育、青少年培养、犯罪刑罚,同时也没有忽略妇女和老人。该部分让人联想到《奎纳津手抄本》中描绘特斯科科宫殿和司法的画面,对此,人们很难弄清楚"哪个手抄本面世得更早"。

出自《门多萨手抄本》

特拉洛克神

"我无法做到叙述所有的神,这是一个永无止境的任务。我只会提到 3 个被(印第安人)视为最重要的神。首先是最杰出的神特斯卡特利波卡,其次是维齐洛波奇特利,最后是特拉洛克。"(见胡安·包蒂斯塔·德波马尔的《特斯科科述略》)该图也被收录进德波马尔书写的历史文本

出自《伊斯特利尔索奇特尔手抄本》

8

时，空间会收缩或变得空荡荡的，或以各种方式扭曲。画家以这种方式生动地表达出了演变和过渡的过程。山脉勾勒出的环境框架对行动至关重要时，它会拉长，而在不被需要时，它会消失。① 画家绘制"地理"不是为了呈现墨西哥中心城邦的静态形象，而是为了展现他们想要讲述的片段，想要传递的信息，想要做出的说明。比起画家能够精确画出的地势起伏，他们笔下的时空流动性更让人为之注目。②

大事件

在画家们的脑海中，什么样的片段是值得记录的呢？③《奎纳津手抄本》的画家们似乎一致认为，特诺奇蒂特兰、特斯科科和特拉科潘组成的"三城联盟"是建构过去的主轴之一。画家们首先画出了受阿斯卡波察尔科城保护的特帕内克联盟的成员，随后细致地描绘出了该联盟领主泰佐佐莫克（Tezozomoc）的阴谋诡计。这位领主权力无边，铁了心要征服整个墨西哥谷地，进而率部攻打特斯科科，成功废黜了君主伊斯特利尔索奇特尔一世，并将其置之死地。后者的儿子、年轻的内萨瓦尔科约特尔不仅失去了王位，还不得不逃亡。后来，泰佐佐莫克又率军攻打了特诺奇蒂特兰；他死后，他的儿子马斯特拉（Maxtla）继承他的遗

---

① Lesbre (2012), p.24.
② P. E. B. Coy, « Tetzcotzonco, usurped and neglected »（《被篡夺和忽视的特兹科松科》），*Man, The Journal of the Royal Anthropological Institute*（《皇家人类学研究所杂志》），New Series, vol. I, n° 4, 1966, p.543. 第 10 版中的墨西哥谷地地图与《修罗托手抄本》第 1 页相邻排列。
③ 阿莫斯·麦基德（Amos Megged）强调事件及其发生地之间的联系，更倾向于使用"祖先的事件"一词，而非"历史事件"［见 *Social Memory in Ancient and Colonial Mesoamerica*（《古代和殖民时期中美洲的社会记忆》），Cambridge，Cambridge University Press，2010，p.180］。

志，继续对外征战，却没有成功。马斯特拉在特帕内克之战（1427—1428 年）中被内萨瓦尔科约特尔及其舅舅伊斯科阿特尔（Ixcoatl）组成的联盟击败。从那以后，特诺奇蒂特兰和特斯科科一起统治着墨西哥谷地（直到西班牙征服者到来，这份平静才被打破），① "三城联盟" 的时代也就此来临。《奎纳津手抄本》上出现了一系列的时间标志（对应着公历纪年中的 1427 年、1428 年、1429 年和 1430 年），插在特斯科科的两个盟友特诺奇蒂特兰和特拉科潘之间，标志着这场斗争的曲折。一位画家还标注了数字 115，表示所描绘事件发生时间到手抄本完成时（1542 年或 1545 年）间隔的年份。

印第安人的记忆似乎总是围绕与宇宙原则有关的数字展开。天空、大地和隐秘的世界不就是三位一体的一种形式吗？"三城联盟" 与传统的宇宙模式有关，后者的光芒照耀着 3 座结盟的城邦。"三城联盟" 之所以能成为一个（印第安人心中的）重要事件，是因为三位一体的特性抬升了它的地位，成为美洲印第安人安身立命的根基，而不是因为它本身构成了一个独特的时刻。②

毫无疑问，在印第安人眼中，手抄本中的重要事件勾勒出了特斯科科谷的全部过去。修罗托和他的子孙后代在这里定居下来便是重要事件之一，而《奎纳津手抄本》画家阐释的 "三城联盟" 则是另一个重要事件。不过，西班牙的征服只在特洛津的家谱中被间接提及。而特斯科科酋长卡洛斯·奥梅托钦在 1539 年被活活烧死一事，就发生于这几件手抄本完成前的短短几年内，也没有被记录下来。我们如今诧异于这种沉默或谨慎，因为我们掌握着手抄本以外的信息，比如特斯科科的酋长

---

① Douglas (2010), p.78.
② Ibid., p.79. 该同盟的形成是基于一个现实，还是说社会对数字 3 的强调促使人们以这种形态来建构过去呢？

第八章　另一种时间秩序　　　　　　　　　　　　　　　　　　　　　　165

曾在宗教裁判所内受审，或者因为我们觉得西班牙大征服带来的广泛冲击理当具有划时代的意义。对所有发生在大征服之前的事，我们其实也是基于印第安画家的选择来了解的。换言之，除非我们掌握了其他获取信息的途径，否则很难评估画家们保持沉默和故意操纵的过去，也很难更广泛地衡量画家们选取事件的标准。至少，人们看到一些"宗教的""神话的"或者神圣的事件——这些对西班牙人来说都属于"传说的"范畴——都受到殖民当局的审查，或者更准确地说，被系统压制了。

若要明确"重要日期"的独特性，还有一个难点。那就是画家们似乎并没有把一般性或普遍性与独特性对立起来。3部手抄本中的奇奇梅克人仍旧是修罗托带领的奇奇梅克人，并不是莫托里尼亚笔下那些被统一称呼、毫无特点的奇奇梅克人。同样地，画家们对统治模式、政治图景、司法机制、法律运行的描绘给人一种只涉及了特斯科科城的印象。①《奎纳津手抄本》使用了一个特殊的场景，概括性地展示出了我们所理解的"权力"与"法律"。而城邦国家的概念，也就是不可译的"altepetl"，始终与一个既定的时空关系（明确的地点加上一个确定的时间）密不可分。因此，当地这些精英不是没有抽象思维，而是这种思维并没有表现出西欧的形态：二元性或者特殊与普遍的对立性。相反，所有被个别提及的事物似乎又以一种整体性的方式呈现出来，这就有点像我们没有区分"大革命"与"法国大革命"。②

一个相同的意识形态目标贯穿了所有手抄本：对领土的占领宣示着阿科尔瓦权力的中心地位。它系统性地决定了画家们对事件的选取，也体现在画家们对空间的处理方式上。《修罗托手抄本》涵盖了极为广阔

---

① Douglas (2010), p.60.
② Juillien (1989), p.199.

的地域，包括墨西哥谷地、普埃布拉谷部分地区、图兰辛戈地区和梅茨蒂特兰省，但画家们还是执意凸显阿科尔瓦的霸主地位，把特斯科科城及其臣民置于手抄本的中心位置。这种意图很好辨认，比画家们对时空的运用方式更显而易见。因为画家们身处殖民时代，特斯科科以前的领主在今后将不得不采取行动强化自身的地位，甚至不惜抹除邻邦特诺奇蒂特兰的历史。印第安人以"传统方式"作画的同时也心系事物发展的最新动态。

第九章
妥协与反抗

画家们是否参考了征服者和传教士带来的历史形式？他们是注定要消失，或只剩下些许残余的"前现代"世界的幸存者吗？他们对席卷墨西哥的殖民现代性做出回应了吗？他们是"非现代的"，还是"前现代的"？他们会保护那个西方世界已经无法获取的他处[1]，[2]甚至挽回15世纪特斯科科的另一种现代性吗？画家们建构过去的方式完全没有遵循当时欧洲主流的划分方法："现代/中世纪"或是"现代/古代"；也与西方殖民的历史化进程不同，画家们并没有把西方的殖民当下视为必然的划分标准。

最初的殖民影响

前文提到，印第安人会诉诸与口述记忆有关的传统表达系统。他

---

[1] 即欧洲人闯入之前的墨西哥。——译注
[2] Rabasa (2011), p.144.

们保存的信息资源时间久远，甚至可以追溯至最初的记忆保存者或叙述者。然而，传统不是一成不变的。虽然我们研究的手抄本画家没有特意把字形和征服者的文字联系起来，但人们可能通过不断接触欧洲的书写形式，在实践中改变了字形，创造出了"由画谜组成某种形式的句子"①。相较于西班牙人到来前时期留传下来的手抄本，《修罗托手抄本》只能按照一定的方向翻看，也体现出了早期殖民的影响。

通过隐藏各种明确的偶像崇拜痕迹、参与被外部强加的有关印第安文明的辩论，画家们显然已在根本问题上做出让步。他们在创作中强调特斯科科王朝的合法性和首要性，以及面对外部力量的控制时其遗产的不可侵犯性。这种坚定意愿也让他们与殖民世界日渐趋近。他们在手抄本中大量使用着与政治和权力有关的语言，建立起与入侵者相同的表达方式。

《修罗托手抄本》中的事件在一种可谓"原始风貌"的背景下展开，既采用了粗略的图示手段，又展示了某个地区的全景。第一种表现方式自然保留着原住民的传统，第二种表现方式则透露出入侵者的痕迹。墨西哥谷地湖泊的画法让人想起 1524 年在纽伦堡出版的一幅雕刻画。这幅雕刻画呈现了墨西哥谷地的景象，极有可能是受到原住民绘画的启发。从这个角度说，《修罗托手抄本》可能就是一个混合产物。②

《奎纳津手抄本》的特斯科科宫殿图里出现了所罗门圣殿。这座圣殿自一部名为《纽伦堡纪事》(*Chronique de Nuremberg*) 的通史著作出版后，逐渐流行起来。这部著作是用拉丁语写成的，于 1493 年在纽伦

---

① Patrick Lesbre (2012), p.7.
② Barbara Mundy, «Mapping the Aztec Capital: The Nuremberg Map of Tenochtitlan, Its Sources and Meaning» (《绘制阿兹特克的首都：纽伦堡版的特诺奇蒂特兰地图，它的来源和意义》), *Imago Mund* (《世界的形象》), vol.50, 1988, p.11-33; Douglas (2010), p.45.

第九章　妥协与反抗　　　　　　　　　　　　　　　　　　　　　　　　169

堡出版。《奎纳津手抄本》是否受到了这本书的影响？画家们是否在听完方济各会修士描绘的所罗门圣殿后受到启发，把它与特斯科科君主所处的宇宙投射联系了起来？两部著作有着相同的十字布局，在图画上部都绘制着神所处的"至圣所"。手抄本的神迹是特斯科科国王（即神的伊希普特拉），而《纽伦堡纪事》中的神迹以约柜的形式呈现。两座宫殿中还有相同的院落和王宫，从祭坛中升起的炊烟也都正好对应着宫殿院落中的两束火焰。此外，《纽伦堡纪事》中包含的诸多家谱难道没有吸引特斯科科王子和画家的目光吗？①这些问题都难以回答。但毫无疑问的是，人们当时可能对文艺复兴时期的世界了解较少或考虑到政治因素，总是倾向弱化基督教对印第安贵族的影响，以及后者的学习能力和被同化的能力。

　　手抄本画家似乎利用了西班牙教士和原住民精英应对可见与不可见、显性与隐性的不同方式。在他们所处的殖民世界，不仅有族群的对立冲突，还有世界观的碰撞。其中被淹没、被隐藏部分的意义和性质，可以依照人们身处的阵营（美洲印第安人阵营或基督教神学家阵营）发生改变。在修道院和印第安精英学校中，表象对应的是不可触及的现实，现实是隐藏的、超验的、高级的。而在美洲印第安人的世界里，现实是可以触及、可估量的，它凝聚着以多种形式呈现的潜在力量和存在。

　　印第安人对现实的理解与入侵者截然不同，他们没有听从修士、法官和欧洲人的解释或命令。印第安人认为山川有雌雄之分，彼此互动交

---

① 《纽伦堡纪事》在墨西哥的传播也体现在几幅小插图（彩虹和星星）的设计上，这些插图出现在方济各会修士贝尔纳迪诺·德萨阿贡的手稿《佛罗伦萨手抄本》（*Florentine Codex*）中；这部编年史可能保存在墨西哥城圣奥古斯丁修道院的图书馆里，也有可能保存在特拉斯卡拉方济各会修道院的图书馆里。*México en el mundo de las colecciones de arte* (《艺术收藏中的墨西哥》), Mexico, UCOL, 1994, p.84.

流；它们是拥有身份的生灵，有着比住在那里的居民更悠久的记忆，孕育着一个有机的整体，但是我们的眼睛只能看到那儿的山谷和风景。①当新到来的人还没有把基督教神话与墨西哥环境嫁接起来的时候，在印第安人眼中，地球还是一个从世界的苦痛与撕裂中诞生的生命体，养育着向它献祭的人类。地球上布满了洞穴。这些洞穴为人类的始祖遮风避雨，并继续开辟着地球表面和雨神特拉洛克掌管的水上王国之间的通道。

当这些洞穴变成了金字塔和城市，当田野变成了荒芜的灌木丛，家谱上的夫妻们曾经居住的土地也发生了彻底的改变。但特斯科科的画家们并不是莫托里尼亚那样的历史学家，也不是16世纪的西班牙编年史学家。如果我们把历史看成对一段过去的线性记叙，并且需要依托因果关系，采用文本的形式，以日期为依据，那特斯科科的画家们还没有把他们自己的历史变成欧洲式的、人文式的或者传教式的历史。

一个符合正典的版本

反过来说，一切都表明，画家们已经开始在建构过去的过程中加入一些被外部强制加入的段落、故意遗漏某些部分或对某些事件保持缄默了。②从这个层面出发，我们也许可以更好地衡量殖民所引发的各种巨变的影响。传教士们引入了"正典"的观念，它的存在依托于不随时间

---

① León García Garagarza (2012), p.199.
② 早在16世纪30年代，特斯科科的主张就受到了挑战：1537年，特基斯特兰（Tequizistlan）起诉特斯科科，对该领主国窃取的权利范围提出异议。Charles Gibson, *The Aztecs under Spanish Rule* (《西班牙人统治下的阿兹特克人》), Stanford, Stanford University Press, 1964, p.18-24, et Megged (2010), p.199-200.

第九章　妥协与反抗　　　　　　　　　　　　　　　　　　　　　　171

改变的书写文本。《圣经》就是这种经久不变的文本的最好范例。"正典"的观念像一颗外来的种子，被播种到了一片肥沃的土地上。纳瓦特尔语中本身便有一个习语 "in tlillo in tlapallo" 同时表达书写或绘画、智慧与记忆，记忆又属于"能够回忆和拥有书籍与账本的人"（tlapouhqui-tonalpouhqui）[①]。画家们非常清楚，特斯科科的居民缺少一份对外对内都具有权威性的基本文本，这份文本既能出示给西班牙法院，又能呈递给西班牙国王。为了抵抗"现在"的境遇，画家们需要打造一个有且仅有唯一版本的过去，它必须经过删减，符合正典。哪怕只是因为想要与自己崇高的祖先（奇奇梅克人和托尔特克人的化身修罗托和羽蛇神）保持独有的关系，特斯科科也必须要和其他领土（如科阿特林昌、韦霍特拉、科阿特佩克和阿斯卡波察尔科）有所区别。特斯科科曾经是，也需要仍旧是一个典型的城邦。

　　在欧洲，正典的确立通常会涉及道德准则。殖民没有增强画家们的道德感吗？事实上，主导事件进程始终的合法原则仍然是前哥伦布时期的，只有国王的模范形象和司法行使的呈现方式可能与画家和赞助者接受了基督教教育有关，并且也只体现在《奎纳津手抄本》中。

　　16世纪40年代，画家们仍在探索，这就解释了为何虽然3部手抄本创作于同一时期，却遵循完全不同的路径。这个时期尚处于试验阶段，人们还在抵抗着"现在"，也就是殖民者和基督教到来的时代。在经历了这一非凡的开端之后，画家们的继任者继续拯救着阿科尔瓦的过去，但每次都不得不向欧洲式的历史做出让步。[②]

[①] Garagarza (2012), p.193.
[②] 关于"三城联盟"不过是前哥伦布时期地缘政治的殖民再现的观点，见 Jongsoo Lee, « The Aztec Triple Alliance. A Colonial Transformation of the Prehispanic Political and Tributary System »（《阿兹特克的"三城联盟"：前哥伦布时期的政治和朝贡制度的殖民转型》），in Lee & Brokaw（2014），p.63-91。

墨西哥城的画室

　　同样是 16 世纪 40 年代，墨西哥城的画室里还推进着其他见证时代震荡的项目。这些项目中，一些和特斯科科的手抄本画作类似，另一些则不同。但大多数项目有着共同的关注点，都着眼于过去，同时不触碰殖民地的现状。画家们描绘的都是西班牙人到来前的事物，而非当代的。如同佛罗伦萨、威尼斯、匈牙利或苏格兰的历史学家所做的那样，特斯科科的画家和特诺奇蒂特兰的画家都颂扬着各自城邦的伟大辉煌，从佛罗伦萨到特斯科科，从里斯本到墨西哥城，人们都对一个"民族的"过去或者"原民族的"过去有着同样的忧虑。卢西奥·马里诺·西库洛写下了西班牙的历史，波利多尔·维吉尔（Polydore Virgile）写下了英格兰的历史，安杰洛·安布罗基尼（Angelo Politien）写下了葡萄牙的历史。因此，这种忧虑其实并不新鲜：民族史是罗马历史学的发明，更精确地说，是提图斯·李维留给后世的遗产。[①]

　　《门多萨手抄本》很可能是由总督安东尼奥·德门多萨订购的（彩图第 6 页）。[②] 该手抄本由一位不知名的修士与画家弗朗西斯科·古普尤瓦胡卡尔（Francisco Gualpuyohualcal）合作，于 1541 年或 1542 年在圣胡安·莫约特拉（San Juan Moyotla）街区完成。也就是说，他们身处王国首都的中心位置、总督的庭院，印第安人上流社会的遗留地。这

[①] Momigliano (1992), p.85.
[②] Douglas (2010), p.98; Xavier Noguez, « Códice Mendoza » (《门多萨手抄本》), *Arqueología mexicana* (《墨西哥考古学》), n° 31 hors-série, août 2009, p.64-67; Frances Berdan & Patricia Rieff Anawalt (eds.), *The Codex Mendoza* (《门多萨手抄本》), 4 vol., Los Angeles, University of California Press, 1992, et *The Essential Codex Mendoza* (《〈门多萨手抄本〉收藏版》), Los Angeles, University of California Press, 1997. 也可能是总督的亲信，一位名为阿隆索·德卡多纳·德维拉维西萨（Alonzo de Cardona de Villaviciosa）的西班牙人订购的。

第九章　妥协与反抗　　　　　　　　　　　　　　　　　　　　　　　173

部手抄本本来是为查理五世绘制的，最终却没有交到他的手上。《门多萨手抄本》历尽艰险，曾在大西洋上漂泊，后来被带到了法国，到了巴黎的宇宙学家安德烈·泰韦（André Thévet）手中，接着又漂泊到了伦敦，最后的落脚点是牛津，至今仍安静地躺在那里。

与特斯科科的手抄本不同，《门多萨手抄本》从头到尾顺应了西班牙人的视角，是在西班牙人的监督下完成的。这就解释了为什么它包含了西班牙语批注、使用了欧洲纸张，并且做了某种信息处理。但两位画家的合作并不十分理想。做批注的西班牙画家抱怨时间不够，只有10天不到的时间完成分内的工作，厘清信息提供者之间的分歧。这部手抄本表现出了昔日霸权的统治格局，把所有的信息集中于特诺奇蒂特兰这座城市，使其自始至终占据着中心位置。

《门多萨手抄本》分为3个部分。第一部分列出了1325—1520年的特诺奇蒂特兰君主（从阿卡马皮奇特利到蒙提祖马）所征服的城邦，并省略了所有战败的情况。第二部分列出了每个城邦进贡给"三城联盟"的所有手工制品和原材料，总计371件。这既体现出墨西加人统治下的经济地理格局，又提供了特诺奇蒂特兰丰富物产的样本。第三部分展示了墨西加人的社会图景，[①]包括机构设施、群体活动、生命周期、儿童教育、青少年培养、犯罪刑罚，同时也没有忽略妇女和老人的存在。第三部分让人联想起了《奎纳津手抄本》中描绘特斯科科宫殿和司法的画面，对此，人们很难弄清楚"哪个手抄本更先面世"（彩图第7页）。

《门多萨手抄本》对墨西加人过去的描绘十分详细，直到今天还指

---

① 人们急迫地称之为"对墨西加人日常生存的人种学描述"，见 Berdan & Rieff Anawalt（1997），p.12。

导着我们对前哥伦布时期社会的认识，但它也有一个巨大的空白，就是并没有展示任何大型典礼仪式、宗教习俗、祭祀和对神的崇拜。和特斯科科的手抄本一样，《门多萨手抄本》也省略了人口迁移的具体情况。它试图通过描绘特诺奇蒂特兰建立的盛大开幕式，扭转对古老崇拜守口如瓶的僵局。墨西哥城的手抄本画家是否也像特斯科科的画家一样，受到16世纪40年代初盛行的保守和谨慎之风的影响？这两座重要城邦的画家不约而同地做出了相同的取舍！他们都试图摆脱烦琐的史前史，因为剔除其中奇特的或"妖魔的"因素是非常困难的，而且也不应该让征服者有对这段历史感兴趣的可能性。我在前文分析过特斯科科画家的初衷，对于墨西哥城画家的做法，我们也不能直接将其判定为一种世俗化的实践。墨西哥城的画家注重呈现殖民当局要求的、所有有助于巩固殖民统治下墨西加人地位的信息。同时，画家也可以提醒殖民当局，墨西加人居住在他们自己的家，他们才是这里的创建者，是这里的第一批合法居民。否则，殖民当局的政治地位会被削弱，让印第安人共和国的统治权完全落入当地精英手中，这种权力的分割也正是城邦统治的重要组成部分。

　　手抄本的第二部分回应了殖民政府的直接要求：新当局在墨西加人的势力范围内能获得哪些好处？具体以何种形式呈现，数量是多少呢？提供信息的原住民宣传了他们的墨西加扩张版本，并通过具有官方性质的手抄本得到了认可。这样就形成了一个双赢的局面。当地精英确立了他们的解释和主张，西班牙当局又可以获得征服者的自豪感。

　　手抄本的第一部分和第三部分则采取了更为复杂的策略。与历史有关的部分，即政治史与军事史部分，直接从城市的建立开始展现。画家们"遗忘"了人们在太阳神维齐洛波奇特利指引下长途跋涉的过程，选择从他们的祖先到达墨西哥谷地的那一刻讲起。特诺奇蒂特兰的建立始

第九章　妥协与反抗　　175

于手抄本的第1页，是全卷最令人惊叹的一页，也是最精致的一页。画家们没有弱化这个事件的作用，而是好像要弥补之前的那段空白似的，集中了所有精力在第1页中描绘它。除了包括特诺奇（Tenoch，特诺奇蒂特兰的名字由此而来）在内的10位城市创始人，画家们还绘制了一只立于仙人掌之上的雄鹰。仙人掌位于一个梅花图形的中心点，那里正是特斯科科湖和特诺奇蒂特兰建城的位置。画面的4个分区分别对应了维齐洛波奇特利建立的4个原住民区，并更为明显地对应着围绕某一轴心的宇宙的4个方向。墨西哥城非常明显地处于山谷中心位置，也就是原住民眼中的世界和宇宙的中心。同样地，如果透过印第安人的慧眼，还可以看到从原始水域中浮现出的土地，后来被羽蛇神和特斯卡特利波卡（Tezcatlipoca）分割成了4个区域。这两位神后面变成了支撑起天空的宇宙之树。

这一次，在不回避战争和人祭习俗的情况下，画家们所做的一切都是为了把人们的注意力吸引到这个仪式上来：他们在鹰的右侧绘制了一面"tzompantli"，即人头骨陈列墙，以提醒人们仪式的重要性，以及仪式与征服者之间的联系；他们在画面上方的三角地带绘制了在特诺奇蒂特兰修建的第一座神庙。画家们为什么要展示如此多的信息呢？这座城市的"辉煌"起源众所周知，难道他们还担心人们会忽略它吗？其实在同时期的欧洲，许多欧洲城市也开始觉得自己是某些神或半神的后代。里斯本被追溯到了俄底修斯（Odysseus），塞维利亚被追溯到赫拉克勒斯。这是否意味着在墨西哥和在欧洲一样，为了减少新信徒理解上的混乱，神话式的家谱已经不那么特殊了。或者更简单地说，这种家谱已经逐渐被殖民势力接受了？毕竟查理五世于1523年授予的勋章已经采用了鹰所落脚的植物，即有着"10片仙人掌叶子"的植物图样。

画家们在前所未有的创作情景下完成了这部手抄本，它是被"外部使用"的作品，脱离于任何典礼习俗、仪式操作和宇宙共振，所绘之物也就不再属于一系列可以连接宇宙的部分。借喻的力量转化成了欧洲赞助人完全理解的纯粹象征意义与告知意义，所绘之物全部变成了图像和符号。

然而，这部手抄本不是一部西方编年史，更不是配有插图的，提供数量、经济和地理资讯的文本。画家们使用字形标示人物、事件（例如燃烧的庙宇意味着城邦被攻占），使用西班牙人到来前的方式精选事件，以及采用与基督教相异的时间观。这些都揭示了印第安画家采取的策略，以及各个叙述段落暗含的意识形态——展现特诺奇蒂特兰的优越与荣耀。

绘制起源

如果说特斯科科的画家和墨西哥城的画家在创作时都决定忽略人口的迁移，那么同时期的其他画家则做出了相反的选择。《波杜里尼手抄本》(*Codex Boruini*) 又称《漫游之路》(*Tira de peregrinación*)，讲述了特诺奇蒂特兰建城之前人口迁移的历史。根据唐纳德·罗伯逊（Donald Robertson）的说法，这部手抄本创作于1530—1541年，很可能出自墨西哥城，被认为是记述墨西加人历史的最古老的资料。[①] 它重视特诺奇蒂特兰人的祖先奇奇梅克人，也丝毫不掩盖城邦居民奇奇梅克

---

① 它源自一部已经失传的被命名为《X手抄本》(*Codex X*) 的手抄本。Maria Castañeda de la Paz, « La *Tira de la Peregrinación* y la ascendencia chichimeca de los Tenochca » (《〈漫游之路〉和特诺奇蒂特兰人的奇奇梅克祖先》), *Estudios de Cultura Náhuatl* (《纳瓦特尔语文化研究》), Mexico, UNAM, 2007, vol. 38, p.183-211.

人和托尔特克人的双重血统。① 和特斯科科的手抄本一样,《漫游之路》中的墨西加人也自诩杰出的战士和猎人的子孙。

《漫游之路》让我们看到了前哥伦布时期当地的"编撰"风俗。墨西哥城的画家们很有可能把他们的祖先墨西加人置于一个早已存在的神话故事中,并替换了一个守护神:以鹰为形象的维齐洛波奇特利取代了云蛇神（Mixcoatl）的位置。② 手抄本画家们似乎很习惯在手抄本中采用或穿插其他完整的画作,但并不意味着他们像文艺复兴时期的欧洲编年史学家那样乐此不疲地抄袭前人的作品。

《漫游之路》属于遵循了独特模板的系列画作。③ 整个系列都结合了字母书写和字形,这说明在16世纪,原住民的习俗发生了转变。标有1576年的《奥宾手抄本》（Codex Aubin）也属于这个系列。画家当初创作这部手抄本是为了对《漫游之路》或者与之极为相似的另一部作品做出有侧重的解释。因此,我们会觉得手抄本画家脑海中保存了一些信息,但他们并没有将其详尽地记录下来。④ 到了16世纪下半叶,《阿兹卡蒂特兰手抄本》（Codex Azcatitlan）⑤ 的创作者极有可能也受到了

---

① María Castañeda de la Paz, « El *Códice X* o los anales del grupo de la *Tira de la Peregrinación*. Evolución pictográfica y problemas en su análisis interpretativo » (《〈X 手抄本〉和〈漫游之路〉的史料：象形字形的演变及解释等问题》), *Journal de la société des américanistes* (《美洲研究学会期刊》), 2005, vol. 91, n° 1, p.9.
② La Paz (2007), p.207.
③ 据说,大英博物馆的《奥宾手抄本》、法国国家图书馆（巴黎）的墨西哥40号和85号手稿,以及美国普林斯顿图书馆的8号手稿均与《X 手抄本》有关。《漫游之路》很可能同时是《奥宾手抄本》和《X 手抄本》的复制品,内容更为完整。而墨西哥40号和85号手稿,以及8号手稿更有可能是《奥宾手抄本》的复制品。
④ 这批画作流传甚广,给很多作者带来了灵感,如方济各会修士胡安·德托克马达、印第安人齐马尔帕赫恩（Chimalpahin）和泰佐佐莫克,甚至一些匿名的手抄本画家,如绘制了《阿兹卡蒂特兰手抄本》和《特莱里亚诺-雷曼西斯手抄本》（*Codex Telleriano-Remensis*）的画家。
⑤ 该手抄本使用了欧洲纸张,讲述了墨西加人的迁徙、君主的征战,最后讲到了西班牙人的大征服。

《漫游之路》启发。这部手抄本以书的形式展现在世人的面前。人口迁移的主题占了好几页，但在墨西加神话的起点阿兹特兰城矗立着的不是湖泊与渔民之神云蛇神的神庙，而是维齐洛波奇特利神庙。也就是说，墨西加人历史的正统版本已经固化。[1]这个版本不再掩盖过去，而是自然地陈述过去。这也证明了反对偶像崇拜的疾风骤雨已经褪去，人们开始用一种更为淡然的眼光看待那个遥远的年代了。原始时代、神话时代和"历史时期"的区分似乎也在人们的脑海中逐渐根深蒂固。[2]

随着时间的推移，象形文字以一种复杂的方式失去了价值。它的空间逐渐被字母书写挤压，最终只能沦为书面文本中的简单标记。《奥宾手抄本》的画家已经无法区分出原有参考版本中绘制出的所有人物了，只能冒着曲解的风险选取一部分字形。一些情节也失去了意义。比如《漫游之路》展示了3个人物，他们在献祭之前躺在仙人掌上；而《奥宾手抄本》只集中笔墨描绘出一棵栽种于其中一人身体之上的灌木，其他的画作更只是保留了对献祭人物的描绘。

16世纪末，奇奇梅克人的传统没有出现在许多主流的传奇故事里，而是以字形的方式被呈现出来。这些传统本可以被抄写下来，载入史册，但却变得越来越难以辨认，最终只能以失传告终。我们比照《漫游之路》与《奥宾手抄本》，[3]可以看到从绘画到书写的演变。画家们彼时尚能忠实地还原看到的画作，但受限于自身掌握的知识，他们对画作的

---

[1] 这是双语手抄本，面对的是原住民读者，并在西班牙人的资助下完成，因此结合了象形字形和拼音文字的解释。原住民的作画形式和流派已经基本适应了由西班牙人主导的城市环境。

[2] María Castañeda de la Paz, « De Aztlan a Tenochtitlan. Problemática en torno a una peregrinación » (《从阿兹特兰到特诺奇蒂特兰，有关朝圣的问题》), *Latin American Indian Literatures Journal* (《拉丁美洲印第安文学杂志》), vol.18, n° 2, 2002, p.163-212.

[3] 前提是认为《奥宾手抄本》的作者是为了解释《漫游之路》或另一件与之接近的作品。

第九章 妥协与反抗

理解也就只限于实际看到的东西了。新的绘画方法引发了新的信息筛选机制，强加了西欧式的阅读方式：不再是从下往上阅读，而是从上往下；不再是从右至左阅读，而是从左至右。画作空间的缺乏也导致画家们更集中展现纳瓦特尔语的字形和批注。到了17世纪30年代至50年代，画家们已经彻底不在画作中使用字形了。

第三部分

新世界的全球史

UNE HISTOIRE GLOBALE DU NOUVEAU MONDE

士兵们带着火器在巨大的河流中前行，他们带来的不是死亡，而是一些无名之物。印第安人一旦被驱散，就再也不能站立在世界的明亮面。我认为很多印第安人并没有脱离险境，他们甚至没有打算那样做：孤独的他们没有任何容身之处了，只能努力在这片土地上存活下来。

——胡安·何塞·赛尔，《继子》

第十章
作为历史学家的巴托洛梅·德拉斯·卡萨斯

几个世纪之后，写于16世纪40年代的原住民历史以书籍的形式重新出现在世人的面前：莫托里尼亚的《回忆录》于19世纪末首次出版；《修罗托手抄本》的复制品更是在1951年才面世，并附有查尔斯·迪布尔的一份研究报告。这些作品其实在很早以前就在被传阅了，它们首先落到了新世界的著名人物之一——多明我会修士巴托洛梅·德拉斯·卡萨斯手上。他的"印第安人守护者"形象深入人心，我们有时可能会忽略他其实也是文艺复兴时期最为大胆的历史学家。他的勇敢并不体现在生前完成并出版的简短论著，而是淋漓尽致地展现在他留下的另外两本重要著作《印度群岛的历史》（*Historia de las Indias*）①和《辩护史》②中。

---

① Bartolomé de las Casas, *Historia de las Indias*（《印度群岛的历史》）, André Saint-Lu (éd.), Caracas, Fundación Biblioteca Ayacucho, 1986.
② 1527年，巴托洛梅·德拉斯·卡萨斯开始撰写《印度群岛的历史》。至于《辩护史》，他很有可能是自1526年起开始构思，到1552年，甚至1555—1556年才下笔，并于1557—1558年完成了这部独立著作。具体可参考埃德蒙多·奥戈尔曼（Edmundo O'Gorman）编辑的《辩护史》（1967年版）、阿亚库乔（Ayacucho）版本的《印度群岛的历史》（转下页）

和同时代的莫托里尼亚一样,德拉斯·卡萨斯正在书写新世界和印第安人的历史。他也做实地考察,这个经历使他成了一个正在消失的世界的见证人。他急迫地收集那些亲眼所见的生灵涂炭的证据,并在著作《西印度毁灭述略》中加以描述。

弗拉维奥·约瑟夫斯的影子

巴托洛梅·德拉斯·卡萨斯为美洲印第安人的历史提供了新的方向。他不像莫托里尼亚那样,必须屈从于教会的命令,也不必像特斯科科的画家们那样,把集体任务或是特殊政治阵营作为挡箭牌,从而刻意回避一些问题。德拉斯·卡萨斯走上了另一条道路。他写作不仅是为了争取国王及其亲信的支持、说服法学家和神学家,也是为了让更多的有识之士关注印第安人的处境。他选取的题材越新,就越需要引经据典,越要充分利用一切能利用的资源。西塞罗(Cicéron)曾言,历史是"时代的见证,生活的老师"[①]。这一思想让德拉斯·卡萨斯对历史学家的职责和必须要避免的错误有着批判性的认识。他引用了许多研究古希腊史的大家的观点,如希罗多德、修昔底德、波利比乌斯、普鲁塔克(Plutarchus)、帕夫萨尼亚斯(Pausanias)、哈利卡尔那索斯的狄奥尼西奥斯(Denys d'Halicarnasse);或者古罗马历史中的伟大人物,如普林尼、提图斯·李维、西塞罗、奥卢斯·格里乌斯(Aulu-Gelle)、马克罗比乌斯(Macrobius)、苏埃托尼乌斯(Suetonius)、恺撒(Caesar);

(接上页)中安德烈·圣-卢(André Saint-Lu)所写的导言,以及 Javier Durán Barceló,« La teoría historiográfica de Bartolome de las Casas »(《巴托洛梅·德拉斯·卡萨斯的历史学理论》),AISO, Actas III, 1993, p.161-168。

① *De oratore*(《论演说家》), trad. M. Nisard, 1869, t. II, IX.

第十章 作为历史学家的巴托洛梅·德拉斯·卡萨斯

以及地理学家托勒密、斯特拉波（Strabo）和哲学家柏拉图（Plato）、亚里士多德（Aristotle）；还有诗人荷马（Homer）、维吉尔（Vergil）、贺拉斯（Horatius）。为了增强说服力，德拉斯·卡萨斯也参考了教会修士尤西比乌斯、鲁芬（Rufin）、奥古斯丁、圣哲罗姆的作品。其中，奥古斯丁作为重要的参考贯穿于德拉斯·卡萨斯的作品，为他建立了哲学和历史神学的基础，也是他关于古代异教知识的最可靠指导。

德拉斯·卡萨斯不仅参考古代作家，还引用了中世纪学者的观点。如百科全书作者圣依西多禄、西班牙神学家阿隆索·托斯塔多（Alonso Tostado）和方济各会的尼古拉·德利拉（Nicolas de Lira）等释经学家。

为了了解有关"印度"的信息及其时代意义，德拉斯·卡萨斯参阅了很多文本，其中大部分是二手资料。这是他所处时代的常见做法，有助于节约时间等成本，但也难以避免所参考的文艺复兴时期的文献可能存在信息不准确或被扭曲的情况。[①]

不过，德拉斯·卡萨斯的创举不在于此。在《印度群岛的历史》的序言的开头，他就提到了一个1世纪的重要人物——历史学家弗拉维奥·约瑟夫斯。他是祭司玛他提亚（Mattathias）的儿子，一生致力于捍卫战败的犹太人，向罗马征服者解释犹太人的历史和文明。当德拉斯·卡萨斯接受了这位古代前辈的论点时，便开始向他看齐了：

> 有些人想让自己的文学才华大放异彩，并渴望由此带来的名声，就热衷于这种研究；有些人则是迫于所参与事件的必要性，不

[①] 例如，德拉斯·卡萨斯大量参考了亚历山德罗·亚历山德里（Alessandro Alessandri）的《重大日》（*Dies geniales*）中的史料和引言。在查阅曼涅托（Manéthon）、贝洛索斯和费边·皮克托（Fabius Pictor）的相关资料时，他也参考了维泰博的安尼乌斯的作品。

得不借由整体叙述来展现事件的真实面目;还有很多人,他们对很多需要了解的重大事实非常无知,正是无知驱使他们为了普遍利益去探索历史的原本样貌。我接受的主要是后两种训练。我们犹太人支持了对抗罗马人的战争,我经历了战争中的重大事件和最后的结局,就必须要事无巨细地把它们讲述出来,以驳斥那些在著作中改变其真实性质的人。①

多明我会修士巴托洛梅·德拉斯·卡萨斯同样有展现真相的责任,同样要与同时代人的无知做斗争,同样在面对人类的悲惨命运时错愕不已。似乎"文明的冲突"标注了人类历史的节奏:从 70 年耶路撒冷圣殿的毁坏起,基督教时代便开启了一段毁灭的历史,这种毁灭在 16 世纪西班牙人对印第安人的征服过程中达到了顶点。

在《犹太战史》(*Guerre des Juifs*)②和《犹太古史》(*Antiquités judaïques*)③中,约瑟夫斯为文明遗产和在他看来完全被蔑视的过去发声,对抗着那些忽视或歪曲犹太传统的异教圈子。④他的论战和辩护热情深深吸引着德拉斯·卡萨斯。二人面对权力的立场也十分相似。谎言的抨击者弗拉维奥·约瑟夫斯是弗拉维王朝和罗马帝国的仆人,而德拉斯·卡萨斯则始终捍卫着他的主人查理五世及帝国王室的荣誉。

---

① Flavius Josèphe, *Antiquités judaïques* (《犹太古史》), l. Ⅰ, Préambule, tiré des *Œuvres complètes* (《完整作品集》), Paris, Publications de la Société des études juives, 1900-1932.
② 本书用 7 卷的篇幅记述了犹太地区的最后一次起义(66 年)和提图斯占领耶路撒冷的情况。trad. André Pelletier, Paris, Les Belles Lettres, 3 vol., 1975.
③ 写于 93 年,共 20 卷,灵感来自哈利卡尔那索斯的狄奥尼西奥斯的《罗马古史》(*Antiquités romaines*)。trad. Étienne Nodet, Paris, Éditions du Cerf, 1992-2010.
④ 见泰奥多尔·雷纳克(Théodore Reinach)撰写的《驳斥阿皮翁》(*Contre Appion*)。trad. Léon Blum, Paris, Les Belles Lettres [1930], 2003.

第十章　作为历史学家的巴托洛梅·德拉斯·卡萨斯

德拉斯·卡萨斯之所以对犹太历史学家感兴趣，也与他选择的方法论有关。如何把政治史从信仰、法律的历史中剥离出来？对于这个问题，《奎纳津手抄本》的画家们把政治、司法与特斯科科的重要历史片段结合在一起，交替展示着各个层面的信息。约瑟夫斯则十分细致地把犹太人的古史从罗马帝国征战的编年史中抽离出来。德拉斯·卡萨斯把殖民叙事和对中美洲社会的描述完全分开，分别记录在《印度群岛的历史》和《辩护史》中。还有就是两位历史学家都自视为所叙事实的目击者，这便加强了叙述的真实性。他们使用了近乎相同的论述方式：约瑟夫斯基于犹太世界的古老性、示范性和普遍性描述了法律和习俗；德拉斯·卡萨斯在维护美洲印第安人的古代史时也有着相同的想法。此外，约瑟夫斯还致力于确立两个世界的联系。他将罗马历史与犹太历史做了对照，把亚伯拉罕的形象置于古埃及和古希腊的背景下，还把摩西与引领其人民的伟大哲学传统联系起来，避免把犹太世界看成独立宇宙或异国情调。德拉斯·卡萨斯也是这么做的，他也执着地挖掘着新世界与古代地中海世界的相似之处。①

德拉斯·卡萨斯是如何接触到约瑟夫斯作品的呢？约瑟夫斯的犹太史作品从未失去过基督教历史学家的青睐，而且因过于独特，被命名为"弗拉维奥·约瑟夫斯的证言"。作为犹太裔历史学家，约瑟夫斯能够对耶稣产生兴趣实为罕见，这也使得他的著作在中世纪以手稿形式被大量传阅，并早在1470年就于奥格斯堡印刷出版。

---

① 在《印度群岛的历史》（t. Ⅲ，p.250 de l'édit. de FCE，Mexico，1986）中，德拉斯·卡萨斯在谈到庞培（Pompée）对亚美尼亚王国的战役时引用了《犹太古史》，并把这场战役比作科尔特斯对墨西哥的征服。

另一种古代史

弗拉维奥·约瑟夫斯指责希腊人和罗马人不了解犹太人的世界，认为他们与古埃及和古巴比伦的历史学家不同，因为后者即使误解了事实，也会谈及以色列。他让这些被历史遗忘的人重新进入大众的视野，以支持他的辩护。[①]在15世纪末，这种做法有了新的意义。这些历史学家不仅是希腊史学的弃儿，也是落入古罗马和古希腊桎梏的战败国的发言人。谁是彼时这种新历史的推崇者呢？打破古希腊和古罗马主流论调的想法激发了意大利多明我会修士乔瓦尼·南尼（Giovanni Nanni，别名维泰博的安尼乌斯）的精力和想象力。他宣称自己有一个轰动性的发现，将彻底改变人们对古代世界的认识，因为他找到了其中几位历史学家缺失的片段。[②]

约瑟夫斯的"新历史"在欧洲取得了巨大的成功。在这种情况下，安尼乌斯把古代的神和人物与《圣经》中的族长对应起来，创建了一些家谱，在这个过程中找到了一些找不到对应人物的缺失部分。这让他有机会将欧洲的王朝与埃涅阿斯（Énée）和特洛伊的创建者达耳达

[①] G. P. Verbrugghe et J. M. Wickersham, *Berossos and Manetho Introduced and Translated. Native Traditions in Ancient Mesopotamia and Egypt* (《贝洛索斯与曼涅托观点的介绍与翻译：古美索不达米亚和埃及的本土传统》), Ann Arbor, Michigan, University of Michigan Press, 2000.

[②] 1498年，安尼乌斯在罗马出版了《不同作者的历史书写评论》(*Commentaria super opera diversorum auctorum de antiquitatibus loquentium*)，后来成为《古代史第17卷》(*Antiquitatum Variarum volumina XVII*), à Rome en 1498. Walter Stephens, « Complex Pseudonimity: Annius of Viterbo's Multiple Personna Disorder » (《复杂的假名：维泰博的安尼乌斯的多重人格障碍》); Manuela Doni Garfagnini, *Il teatro della storia fra rappresentazione e realtà* (《表征与现实之间的历史剧》), Rome, Edizioni di Storia e Letteratura, 2002, chap.2, p.79-129; Anthony Grafton, *Forgers and Critics: Creativity and Duplicity in Western Scholarship* (《伪造者与批评家：西方学术的创造力与表里不一》), Princeton, Princeton University Press, 1990.

第十章　作为历史学家的巴托洛梅·德拉斯·卡萨斯　　　　　　　　　　189

诺斯（Dardanus）相联系，一直追溯到了挪亚。安尼乌斯为了满足教会的爱国之心，使出浑身解数。比如，他把西班牙的首位国王和领主土巴说成是挪亚的孙子，也就是雅弗的第五个儿子。[①] 他的时光倒流机把西班牙君主制建立的时间拨到了大洪水发生后的第 143 年，几乎与巴比伦同处一个时代！主教和国王慷慨地资助出版了这部《古史汇编》（*Antiquitatum*），[②] 安尼乌斯也没有让这些出资人失望。同时，他的博学还为教皇和王室赞助者们服务，而这些人也没有必要质疑他的发现。

安尼乌斯在"新编年史"中，毫不犹豫地纠正凯撒利亚的尤西比乌斯的错误。面对古希腊历史学家的错误及其身后的人文主义追随者，他尤其想重建历史的真相。古希腊人曾奚落野蛮人和他们的信仰，但真正的宗教信仰来自迦勒底人、古埃及人和古希伯来人。[③] 安尼乌斯解释说，意大利的兴起和古希腊没有多大关系，它在罗马帝国之前的起源可以证实这一点。他还吹嘘自己懂得伊特拉斯坎语和各种东方语言。他甚至还

[①] *De primis temporibus et quatuor ac viginti regibus Hispaniae et ejus antiquitate*（《关于西班牙的最初时期、24 个国王及其古代历史》），Anvers, 1545; José Antonio Caballero López, « Anio de Viterbo y la historiografia española del siglo XVI »（《维泰博的安尼乌斯与 16 世纪的西班牙历史学》）.

[②] Grafton (1990); José Caballero López, « El Beroso de Annio de Viterbo y su presencia en las historias de España »（《维泰博的安尼乌斯与贝洛索斯及其在西班牙历史中的存在》），*Revista de investigación y reflexión histórica sobre la Antigüedad*（《古代史学研究与思考期刊》），vol.11-12, La Rioja, 2004, p.81-128; Soledad González Díaz, « Genealogía de un origen: Tubal, el fálsario y la Atlántida en la Historia de los Incas de Sarmiento de Gamboa »（《起源的家谱：萨米恩托·德甘博亚的〈印第安人的历史〉中的土巴、欺诈者和亚特兰蒂斯》），*Revista de Indias*（《印度群岛杂志》），vol.72, n° 255, 2012.

[③] Walter Stephens, « From Berossos to Berosus Chaldæus: The Forgeries of Annius of Viterbo and Their Fortune »（《从贝洛索斯到贝洛索斯·卡尔达斯：维泰博的安尼乌斯的伪造和他们的财富》），in Johannes Haubold & al. (eds.), *The World of Berossos*（《贝洛索斯的世界》），Proceedings of the 4th International Colloquium on « The Ancient Near East between Classical and Ancient Oriental Tradition »（《介于古典和古代东方传统之间的古代近东》），Durham, Hatfield College, 2010, Wiesbaden, Harrassowitz, 2013.

想写一部以大洪水为起点的世界历史，把被推崇为掌握了神授知识的伊特拉斯坎人作为这部巨著的主要角色。

安尼乌斯试图建立一个古希腊人不再是主要参与者的通史，他的想法鼓舞了巴托洛梅·德拉斯·卡萨斯，让后者坚定了自己关于美洲历史的计划。[1] 这种去中心化和对古希腊历史学家及整个古希腊世界的不信任相辅相成。在弗拉维奥·约瑟夫斯眼中，"古希腊人已经不值得信赖了"[2]。安尼乌斯认为，古希腊人也没有任何理由继续垄断历史的记忆了。总而言之，比起东方的邻居，古希腊人对于历史和写作的实践要晚得多。安尼乌斯在《古史汇编》中加入了对天主教君主的献辞，并激烈地批判《骗人的希腊》(Graecia mendax)[3]。德拉斯·卡萨斯和安尼乌斯及其他人[4]一样，也对此心生厌恶，并在《印度群岛的历史》的序言中再次抨击了这一现象。

但德拉斯·卡萨斯始终心系西印度群岛，想要在这个问题上超越意大利人文主义的辩论范畴。他的目的在于质疑另一个占主导地位的历史学，即新世界的历史学。他想把新世界受压迫的民族推上舞台，而不是像古代那样将其视作"野蛮人"。德拉斯·卡萨斯把围绕古代世界的辩论转移到了当代世界。那些曾经在伊特鲁里亚、西班牙和法国遭受入侵的原住民，在反对古希腊历史的潮流下，重新被颂扬和声援。从地中海

---

[1] Christopher R. Ligota, « Annius of Viterbo and Historical Method » (《维泰博的安尼乌斯及其历史方法》), *Journal of the Warburg and Courtauld Institute* (《沃伯格和考陶德研究所杂志》), vol.50, 1987, p.44-56.

[2] Dans le *Contre Appion* (《驳斥阿皮翁》), l. I , chap.2.

[3] Jean-Yves Tilliette, « Graecia mendax » (《骗人的希腊》), *Cahiers de la Villa Kerylos* (《凯里罗斯别墅手册》), vol.16, n° 1, 2005, p.1-22.

[4] Dont Guillaume Postel, voir François Secret, « Postel et la Graecia mendax » (《波斯特尔与骗人的希腊》), *Bibliothèque d'Humanisme et de Renaissance* (《人文主义和文艺复兴图书馆》), vol. XXXIX , 1977, p.125-135.

第十章　作为历史学家的巴托洛梅·德拉斯·卡萨斯

到新世界，这些原住民变成了西班牙人注视下的美洲印第安人。拒绝把过去建构在古希腊和古罗马历史的根基之上，就是拒绝信赖在西印度群岛已经得到认可的编年史学家，德拉斯·卡萨斯对此并不欣赏。

有些古代史学家曾捍卫过被历史埋没、蔑视和虐待的民族。参考这类历史学家，就是发起一场自我辩护：在贝洛索斯笔下的巴比伦人、曼涅托笔下的埃及人、弗拉维奥·约瑟夫斯笔下的犹太人、保卢斯·奥罗修斯笔下的第一批基督徒、安尼乌斯笔下的伊特拉斯坎人为自己辩护后，便是逐渐显现的印第安人了。和德拉斯·卡萨斯一样，这些人中的大多数都是宗教人士。在德拉斯·卡萨斯眼中，即使他们信仰的神不是基督教徒的神，这份神职也保证了他们著作的严谨性和真实性。曼涅托用希腊语写就了古埃及史，其实是针对希罗多德所写的《历史》发出了埃及人的反对之声。至于巴比伦的神父贝洛索斯，他重新把伊特鲁里亚的过去带入了世人的视野。

贝洛索斯也基于美索不达米亚的传统写过大洪水。[1] 然而，这个被安尼乌斯"奇迹般"发现的贝洛索斯是伪造的。假贝洛索斯的文章在1498年以拉丁文发表，提供了极为"丰富"的叙述，记载了从大洪水到达耳达诺斯的世界史。挪亚从方舟中出来后，带领着一群巨人，也就是他的孙子们到达了意大利。在那里，他化名雅努斯（Janus），他的妻子名为维斯塔（Vesta），而他的儿子含则变成了萨杜恩（Saturne）。挪亚七律文明由此开启。他们的后代变成了后来的伊特拉斯坎人，效仿起

---

[1] 贝洛索斯写过一部名为《巴比伦史》（*Babyloniaca*）或《迦勒底史》（*Chaldaiaca*）的巴比伦历史著作。这部作品只有一些片段留存下来。虽然贝洛索斯掌握了巴比伦的史料，但他的历史书写方法沿用了伊奥尼亚的原始传统，而且叙述包含了一些奇幻元素。Christine Dumas-Reungoat, « Bérose, de l'emprunt au faux » （《贝洛索斯：从借用到伪造》），*Kentron*（《肯特隆》），vol.28, 2012, p.159-186, 165.

了希伯来文明。阿拉米语和伊特拉斯坎语的相似性,以及两片土地上生活方式的相似性,似乎都证实了安尼乌斯提出的两种文明之间的联系。德拉斯·卡萨斯参考了安尼乌斯的说法,就是这个所谓"被证实过的"伊特拉斯坎历史阶段。他借鉴了安尼乌斯许多关于原始世界的资料和想法,用来比较印第安族群和欧洲的古代居民。

事实上,德拉斯·卡萨斯并不知道他主张的历史学转向在一定程度上是以安尼乌斯捏造的史料为基础的。他开始撰写历史著作时,被安尼乌斯篡改的部分仍未被证实,尽管人们已经察觉到了些许蹊跷。但德拉斯·卡萨斯既没有能力,也没有时间去考证这些被他人呈现的久远史料。[①]

考古学家的目光

巴托洛梅·德拉斯·卡萨斯对安尼乌斯产生了兴趣,这让他的作品与考古学家的传统及他们在文艺复兴时期的继承者产生了联系。[②]面对伟大的政治与军事历史,考古学涉及过多方面,处于边缘位置,往往不被重视。16世纪的考古学家就拾起了人文历史学家不感兴趣的部分:习俗、道德、信仰、宗教制度和仪式典礼。而这些刚好是德拉斯·卡萨斯需要的,能够帮助他确定"自然界把印第安人的智慧置于何种水平"[③]。

[①] 面对人文主义者胡安·路易斯·比韦斯(Juan Luis Vives),德拉斯·卡萨斯为贝洛索斯文本的真实性做了辩护。直到约瑟夫·胡斯特·斯卡利杰尔(Joseph Juste Scaliger)和佛罗伦萨人文主义者吉罗拉莫·梅伊(Girolamo Mei, 1565/1566)才明确地揭露了伪造者。Girolamo Mei, *De origine urbis Florentiae* (《佛罗伦萨的城市起源》), 1565-1566 (ms., Florence, Biblioteca nazionale, Magl., XXV, 167, 390).
[②] Alain Schnapp (ed.), *World Antiquarianism. Comparative Perspectives* (《世界古物研究:比较的视角》), Los Angeles, Getty Research Institute, 2013.
[③] AHS, t. I, p.169 (chap. XXXIII).

第十章 作为历史学家的巴托洛梅·德拉斯·卡萨斯　　　　　　　　　193

人们对于这些方面的好奇心可以追溯到古罗马学者马库斯·特伦提乌斯·瓦罗（Marcus Terentius Varron）。彼时马库斯已经开始研究我们如今所说的古代世界的宗教和文化人种学。并且从他开始，教会的神父们（尤其是圣奥古斯丁）学会了通过区分神圣事物与人类事物、精神与世俗来分析古罗马宗教。人文历史和考古学可以并行不悖，德拉斯·卡萨斯的《印度群岛的历史》就证实了这一点：在这本书里，两种历史研究方法被交替使用着。

德拉斯·卡萨斯从希罗多德那里获得启发，又参考了古希腊历史学家帕夫萨尼亚斯。① "帕夫萨尼亚斯就像身处伟大时代的德国文献学家或考古学家，不仅描绘了许多希腊古迹，还讲述了希腊不同地区的历史"②。德拉斯·卡萨斯更喜欢阅读与他思想相近之人的作品，比如佛罗伦萨人文主义者安杰洛·安布罗基尼。因为后者的《杂记》（Miscellanea）取自奥卢斯·格里乌斯的《阿提卡之夜》（Nuits attiques）。《阿提卡之夜》是一部关于艺术、地理、文学和哲学的汇编，成书于2世纪的雅典。此外，为了阐明异教的缺陷，德拉斯·卡萨斯还大量参考了那不勒斯法学家亚历山德罗·亚历山德里的著作。这位作者不仅受到了《阿提卡之夜》的启发，还受到了马克罗比乌斯的《农神节》（Saturanales）的影响。马克罗比乌斯是与圣奥古斯丁同时代的人，他的《农神节》讲述了古罗马的宗教节日。德拉斯·卡萨斯还引用了另一位生活在15—16世纪的意大利人文主义者洛多维科·里基耶里（Lodovico Ricchieri）的作品《古训》

---

① 可能是1551年版，见 David A. Lupher, *Romans in a New World. Classical Models in Sixteenth Century Spanish America*（《新世界中的罗马人：16世纪西属美洲的古典模式》），Ann Arbor，University of Michigan Press，2003，p.271-272。
② Paul Veyne, *Les Grecs ont-ils cru à leurs mythes?*（《希腊人相信他们的神话吗？》），Paris, Seuil, 1983; rééd. Seuil, Points Essais, 1992, 2014.

(*Antiquae lectiones*)。① 这部著作收录了丰富的知识和深入的引文，非常适合迫切寻求参考资料的研究者使用。《古训》还参考了大量古希腊和古罗马的作品，涉及从风俗习惯到信仰仪式，从地理到哲学流派的诸多主题。不仅是德拉斯·卡萨斯，包括其后的蒙田，都大受裨益。

《印度群岛的历史》中还不断涌现出其他作者和作品名。例如我前文提到过的弗拉维奥·比翁多，他是15世纪最好的古代和古罗马考古学学者。② 还有拉斐尔·德沃尔泰拉（Raphaël de Volterra），他的百科全书就像地理、传记和语言学的大杂烩。③ 再如波利多尔·维吉尔，他于1499年出版的百科全书《论发明》（*De rerum inventoribus libri* VIII）取得了巨大的成功，在欧洲多次再版，并被翻译成多种语言。这部百科全书收集了大量史料，涵盖了多个领域，如占星术、音乐、美食和占卜术，甚至涉猎了基督教的起源和仪式。④ 无论是维吉尔、德沃尔泰拉还是安尼乌斯，都是倾心于罗马教廷的。德拉斯·卡萨斯有可能正是阅读了维吉尔认为建筑在人类历史进程中占有重要地位的观点，深受启发，才衡量了墨西哥和秘鲁宏伟建筑的重要性。⑤

---

① 1516年威尼斯出版商阿尔杜斯·马努提乌（Alde Manuce）出版了此书，共计16卷；后瑞士巴塞尔的富洛出版社编撰了论述版，共计30卷。

② 德拉斯·卡萨斯基于比翁多所著《胜利的罗马》（*De Roma triumphante*）第一卷，揭示神物蕴含的秘密。

③ 共计38卷，见 *Commentariorum urbanorum Libri octo et triginta*（《城市评论》第八卷和第三卷），Rome，1506；Bâle，1530。

④ Martine Furno, « Polydore Virgile, *De inventoribus rerum*, II, 7-XIV, une histoire de l'architecture sans traité ni architecte »（《波利多尔·维吉尔的〈论发明〉II, 7-XIV, 一部没有条约和建筑师的建筑史》），*Cahiers des études anciennes*（《古代研究手册》），vol. XLVIII, 2011, p.237-253.

⑤ 德拉斯·卡萨斯对保罗·乔维奥（Paolo Giovio）出版于1524年的作品《罗马人》（*De romanis piscibus*，Rome）充满兴趣。Philippe Glardon, « Quelques réflexions sur l'*histoire naturelle* du XVIe siècle: historiographie, méthodologie et perspectives »（《对16世纪〈自然史〉的一些思考：历史学、方法论和观点》），Gesnerus 63, 2006, p.280-298.

第十章 作为历史学家的巴托洛梅·德拉斯·卡萨斯

在那个年代，人们也可以通过对比近期的史料来描述宗教、道德和风俗习惯。① 对此，我们会想到人文主义者埃尼亚斯·西尔维厄斯·皮科洛米尼（Aeneas Sylvius Piccolomini），他后来成了教皇庇护二世。德拉斯·卡萨斯参考了他关于中世纪波希米亚王国的简明论述。② 还有一位必须提及的作者就是乌尔姆大教堂的议事司铎约翰·贝姆斯（Johann Boemus）。他的《万国风俗和法律条例》（*Omnium gentium mores, leges et ritus*）出版于1520年，后被多次再版。这本书包含了大量关于欧洲、非洲和亚洲人民的奇闻逸事和相关描述。若要谈论广袤世界中的各地人民，这是一部必读之作。甚至到了17世纪初，印加人加西拉索·德拉维加（Garcilaso de la Vega）的作品还在引用这本书。贝姆斯并没有实现人种志和人类学的转向，③ 但他坚信，政治领域的行动者必须了解世界上的各个族群。德拉斯·卡萨斯非常认同贝姆斯的这个想法，他还在《辩护史》中呼应了贝姆斯这个想法的另一个层面。事实上，贝姆斯万分谨慎地提出了一个适用于全人类的演化图谱，描绘出了第一批人类从野蛮到文明的演化过程。④ 他认为自己对演化的现代阐释完全可以和更传统、更正统的思想共存。而依据该思想，人类的多样性源自

---

① Wolfgang Lazius, *Reipublicae Romanae in exteris provinciis constitutae commentarii*（《罗马共和海外省评论》）, Bâle 1551, cité et identifié par Lupher (2003), p. 272.
② *Historia Boiemica*（《波希米亚的历史》）, Bâle, 1575, chap.41, « De Adamitis haereticis »（《论异端亚当》）, p.37-38.
③ Margaret Hodgen, *Early Anthropology in the Sixteenth and the Seventeenth Centuries*（《16世纪和17世纪的早期人类学》）, Philadelphie, University of Pennsylvania Press, 1964; Klaus A. Vogel, « Cultural Variety in a Renaissance Perspective: Johannes Boemus, *On the Manners, laws and Customs of all People* (1520) » [《文艺复兴视角下的文化多样性：约翰·贝姆斯的〈万国风俗和法律条例〉（1520年）》], in Henriette Bugge & Joan Pau Rubiés (eds.), *Shifting Cultures: Interaction and Discourses in the Expansion of Europe*（《文化变迁：欧洲扩张中的互动与话语》）, Munster, Lit, 1995, p.17.
④ Vogel (1995), p.29.

他们的罪恶和偶像崇拜，是他们精神和道德的初始纯粹状态不断退化的结果。

在16世纪，考古学家在研究全球各地的风俗、信仰、习惯和生活方式的多样性时，采用了一种自认为更高级的参照标准，也就是我们今天所说的古希腊和古罗马文明。他们普及知识、捍卫观点，并提出了一些更根本的问题。他们在一个基督教或基督教化的社会中，对世俗与宗教、神法与自然法、可宽容与不可宽容之间的界限提出了质疑。人文主义者胡安·希内斯·德塞普尔韦达正是根据这些原则认为，即使是在最复杂的社会，倘若人祭和食人已经成为一种制度，那这个社会必须被看作野蛮人的社会。考古学家在解构神话方面展现出了非凡的天赋，但他们也花费了大量力气重构神话。文艺复兴时期的所有历史编纂工作充斥着这些推翻，以及推翻后迅速开始重建的行为。这个时代最优秀的人毫不犹豫地编造原始资料，捏造神话与历史之间的联系。

那么，这对德拉斯·卡萨斯的作品会产生什么影响呢？和同时代的人一样，德拉斯·卡萨斯很难想象出一个完全清除神话痕迹的过去：神话与历史属于同一个叙事框架，因为神话中往往包含着无法回避的真相。两者之间互相渗透，彼此交融。这就解释了为什么人们尊重古老的传统，无论这些传统源自何处，有没有被广泛记载；以及为什么人们倾向于倾听印第安人的"传说"，试图从中汲取元素以建立原住民的过去。这同样解释了为什么人们可以通过一个潜在的神话思想体系，用一个神话替换另一个神话。印第安人的历史学家随后会用大量篇幅厘清曾前往印度或者美洲传教的使徒圣多默（Saint-Thomas）与羽蛇神之间的关系。从欧洲到美洲，人们都厌恶推翻一切从头开始，厌恶恶意摧毁传统后没有取而代之的事物。人们会对空缺心生恐惧，而这种恐惧又会激发

第十章　作为历史学家的巴托洛梅·德拉斯·卡萨斯

如今看来十分离奇的建构，激发人们对神话之神秘莫测、不可捉摸的需求。因为神话的这一面能够弥补一部分空缺。[1]

全景视野下的"世界的另一半"

巴托洛梅·德拉斯·卡萨斯首先是一个注重实地考察的人，他在加勒比群岛生活过，并在他作为主教的辖区内获得了一些与墨西哥有关的经验。通过这个身份，他成为政治的参与者和印第安文明毁灭的见证者。当在西班牙写下与欧洲有关的作品时，他还是一位政府官员。因此，他可以参考前人，即方济各会修士安德烈斯·德奥尔莫斯和莫托里尼亚的作品，以及殖民当局和教廷创作的成果。德拉斯·卡萨斯在 16 世纪 20 年代末构思《印度群岛的历史》时，手边很有可能有贡萨洛·费尔南德斯·德奥维多的《印第安自然史》(*Sumario de la Natural Historia de las Indias*) 或者马丁·费尔南德斯·德恩西索 (Martín Fernández de Enciso) 的《地理全书》(*Suma de geographía*) 作为参考。在德拉斯·卡萨斯的作品中，有关与当地精英接触和交流的内容只占了很少一部分。如果和莫托里尼亚比较，德拉斯·卡萨斯接受的是多明我会而非方济各会的教育，这是两人的不同之处。更重要的是，两人的研究思路和方法差别很大。德拉斯·卡萨斯搜集的资料是为了揭示西班牙人大征服所造成的影响，而莫托里尼亚的研究更多的是为了搜集资料。德拉斯·卡萨斯既没有过多评论旧世界的史料，

---

[1] Christopher Wood & Frank Borchardt, *German Antiquity in Renaissance Myth* (《文艺复兴神话中的德意志古史》), Baltimore et Londres, Johns Hopkins Press, 1971. 关于羽蛇神神话的形成，见 Gillespie (1989)。

也没有过多评论墨西哥的史料，在他看来，史料只需要能够用来做历史论证就可以了。①

德拉斯·卡萨斯坚持的视角不允许他采用其他方法。他不是唯一研究征服史与殖民史的人，但他在《印度群岛的历史》中的研究对象是史无前例的。他感兴趣的是所有为西班牙人熟知的中美洲社会，从墨西哥北部到安第斯山脉的所有印第安社会，无论是已经被殖民的还是尚且自由的社会。这个研究对象的广度绝对前所未有，是一块横跨了两个半球的广阔大陆。因此，针对该对象的研究方法与方济各会修士缓慢的、系统的实地考察方法完全不一样。如果要围绕德拉斯·卡萨斯的研究对象做一个和莫托里尼亚所做的同样深度的调查，所需的金钱、时间、知识、原住民语言和实地考察的次数是不可想象的。因此，德拉斯·卡萨斯是第一个意识到自己研究对象的无限多样性及自身知识局限性的人。②

德拉斯·卡萨斯的《辩护史》也是一个巨大的工程。他是第一个想要系统描述和阐释美洲世界全貌的人，③这种全景图式观察印第安人世界的研究，在欧洲还没有类似的做法。就算有，那还是德拉斯·卡萨斯在《辩护史》中描绘古欧洲。从古希腊人、古罗马人到地中海各民族，以及西班牙人、法国人或英国人的祖先，德拉斯·卡萨斯带我们领

---

① 这就是德拉斯·卡萨斯与洛佩斯·德戈马拉的对比，后者走的是人文主义历史的道路，向古典作家致敬，旨在追求优雅的风格，将历史进程世俗化，并发展出一种爱国主义或原民族主义的观点。见路易丝·贝纳·塔绍（Louise Bénat-Tachot）在2017年出版的《通史》(*Historia general*, Madrid, Casa de Velázquez) 评论版中的观点。
② AHS, t. II, p.31 (chap.CXL).
③ Anthony Pagden, *The Fall of Natural man: The American Indian and the Origins of Comparative Ethnology* (《自然人的堕落：美洲印第安人和比较民族学的起源》), Cambridge, Cambridge University Press, 1982. 直到1590年，名为何塞·德阿科斯塔（José de Acosta）的耶稣会修士才继承了如此雄心勃勃的研究。

第十章　作为历史学家的巴托洛梅·德拉斯·卡萨斯　　　　　　　　　　　　　　　199

略了欧洲的各个族群。我们也可以衡量德拉斯·卡萨斯与耶稣会修士胡安·派斯·德卡斯特罗（Juan Páez de Castro）的差距。后者曾于1555年思考"西班牙历史"的书写方式。尽管德卡斯特罗的回忆录非常有趣，但他的思考却始终围绕着伊比利亚半岛展开。而那时的德拉斯·卡萨斯已经开始对另一个世界的诸多领域展开初步研究。①

德拉斯·卡萨斯将美洲大陆看作"世界的另一半"："从今往后，让我们讲述和展示世界的另一半吧，那里的居民和我们一样拥有智慧，一样适应社会生活，在那里一样形成了我们称为村庄、房屋、城镇和城市的族群、社区和团体。"②他坚持着全景视野："我们要全面讨论的是这个新世界中所有的民族。"③也就是说，他不仅把所有美洲社会放在美洲的框架中讨论，也将其置于全球视角下讨论。印第安人的历史已经与世界其他地区密不可分。一种以信仰为基础的世界意识也随之产生："无论哪一个民族、身处世界哪一端的人们，无论他们身处气候炎热、寒冷还是温和的区域，他们都拥有自由意志。"④人类的统一性思想正不断地得到肯定："身体的多样性似乎先于灵魂的多样性，人们在智力上有差异，必然也有智慧与愚昧之分。但他们的灵魂不会因此有特别的差异，因为他们都属于同一物种。身体上的差异没有任何意义，而智慧的高低是偶然的差异，不会导致物种的差异。"⑤因此，德拉

---

① Juan Páez de Castro, « *De las cosas necesarias para escribir Historia* (Memorial inédito del Dr Juan Páez de Castro al Emperador Carlos V) »［《历史书写所需之物（胡安·派斯·德卡斯特罗献给皇帝查理五世的未公开回忆录）》］, Fray Eustasio Esteban (ed.), *Ciudad de Dios*（《上帝之城》）, t.28, 1892, p.601-610; t.29, 1892, p.27-37.
② AHS, t.I, p.287 (chap. LV).
③ Ibid., p.115 (chap. XXIII).
④ Ibid., p.124 (chap. XXIV).
⑤ Ibid., p.117 (chap. XXIII).

斯·卡萨斯坚信所有人都遵循着相同的发展轨迹，即使并不同步："毫无疑问的是，印第安人在很久以前就像世界另一半的其他民族那样，开始了他们的文明。"

尽管德拉斯·卡萨斯与许多前辈一样，一直认为亚洲"所有的东西都比欧洲更好、更丰富、更美丽"①，但他的观点毫无疑问是欧洲中心主义的。他的参照体系又怎么可能不是欧洲中心主义的呢？他的著作是写给西班牙人和基督徒看的，写作背景又是传播基督教信仰和拯救灵魂。他参照旧世界的古代社会、中世纪社会来认识中美洲的社会。而他提出的问题，也是以自古希腊和古罗马时代遗留下来的基督教世界的知识为基础的。

不过，由于不断地想要为印第安社会确立其应有的地位，德拉斯·卡萨斯逐渐把天平向美洲人一侧倾斜。他认为，原住民社会并不是人类社会唯一的组织方式，更不是最差的方式。这种看法可能会让一些人不悦，而这些人诋毁印第安人就是为了能够更好地利用或奴役他们。②古代世界或基督教世界原则上应该优于原住民社会，可德拉斯·卡萨斯却竭力证明相反的事实。他援引诸多证据以证明相较于旧世界，印第安世界更具优越性。新世界甚至成了典范之地，只有在涉及被大征服蹂躏之处，美洲才变成了欧洲的投影。面对印第安人的时候，古希腊和古罗马文明在宗教方面的优越性开始显得颤颤巍巍。

德拉斯·卡萨斯的思想在新旧世界之间来回穿梭和发展。每当他写到异教欧洲甚至基督教欧洲的时候，都会使人心生罪恶感，好像西班牙或明或暗地再次面临毁灭的威胁。这种恐惧很快也出现在了其他

---

① AHS, t. I , p.152 (chap. XXX).
② Ibid., p.115 (chap. XXIII).

作者笔下。①利马的多明我会修士弗朗西斯科·德拉克鲁兹（Francisco de la Cruz）也对此感到恐惧，甚至产生了把拉丁基督教转移到美洲的计划。但他的希望很快破灭。1578 年，他被秘鲁宗教裁判所送上了火刑架。

---

① 如多明我会修士费利佩·德梅内塞斯（Felipe de Meneses）和奥古斯丁修会修士托马斯·德比利亚努埃瓦（Thomas de Villanueva）；见阿兰·米卢（Alain Milhou）对德拉斯·卡萨斯的介绍，*La Destruction des Indes*（《印度群岛毁灭述略》），Introduction d'A. Milhou, Paris, Chandeigne, 1995, p.70。

第十一章
从葡萄牙的非洲到原始的欧洲

发现和征服墨西哥,以及入侵秘鲁共同构成了世界历史和全球化的重大转折,这种转折首先出现在欧洲人的想象中,然后出现在与他们接触的民族中——美洲印第安人、非洲人、土耳其人、中国人和日本人。人们逐渐意识到还有第四块大陆,而不是传统看法中的三块大陆。对于巴托洛梅·德拉斯·卡萨斯而言,这不仅是在全球范围内增加一块巨大版图的问题,还需要研究这块大陆与其他三者的关系。因此,他把西印度群岛的现在与南大西洋的过去、与非洲海岸的过去联系起来,是在做一件极具开创性的事,预示着一部新世界的全球史即将诞生。[1]

绕道非洲的葡萄牙人

德拉斯·卡萨斯对非洲世界的好奇心让《印度群岛的历史》的读者

---

[1] 洛佩斯·德戈马拉在关于巴巴罗萨的著作《巴巴罗萨海盗编年史》(*La Crónica de los corsarios Barbarrojas*)中谈到了非洲。

感到惊讶。从第 15 章开始，他花了不少篇幅描述非洲。这些章节始于一个非常明确的问题：哥伦布是否真的发现了美洲大陆？① 德拉斯·卡萨斯实际上想要通过这个问题推翻以下论断：新世界被西班牙王朝的远古奠基人——国王赫斯珀（Hesper）②——发现和征服之后，便臣服于伊比利亚王国。对德拉斯·卡萨斯来说，这是一个展示其博学和能力、清除历史中神话成分的好机会。③ 这也是一个运用古代与现代对立性的机会。德拉斯·卡萨斯想运用该对立论证伊比利亚人发现美洲大陆是现代的事情，发生在"现在，不比我们所处的时代早多少"。于是他打开了非洲的档案，想要搞清楚大西洋中的岛屿是如何被发现的。④

德拉斯·卡萨斯这部分看似离题的讨论篇幅很长，也远比表面看上去更严肃。他在这部分的开头说要讲一些"古代的愉快之事"或者"听上去很有趣的事"，但展示的内容和使用的口吻很快就让人发现根本不是那么回事。他想要讨论的不仅是第一次发现新大陆的假说，还有通过追溯西印度群岛的非洲和大西洋起源，讨论其不幸到底从何而来。他之所以扩大研究对象的地理范围，是因为他要在这部作品中展开新一阶段的辩论，即讨论伊比利亚半岛扩张的合法性和历史条件。他认为，历史可以解释新世界人民的命运，但是这个历史是从别处，是从非洲海岸开始的。他认为，若要研究美洲大陆，需先研究非洲。

西印度群岛与非洲的联系不是通过征服关系确立的。彼时到访非洲的葡萄牙人的目的地其实是东方，其次是巴西的海岸线。西班牙人几乎

---

① Chapitres XV - XXVII, in HI, FCE (1986), t. I, p.3-148.
② Ibid, p.77 (chap. XV). 关于赫斯珀的统治，见 « l'Éthiopie postérieure du côté de l'Occident »（《西方边上的后埃塞俄比亚》，Ibid., p.78）。
③ Ibid., p.81-86 (chap. XVI).
④ Ibid., p.90, 91 (chap. XVII).

第十一章 从葡萄牙的非洲到原始的欧洲

从未离开过加那利群岛,他们遵守着《托尔德西里亚斯条约》(Treaty of Tordesillas)规定的分界线,可这条被诅咒的分界线连接着两个世界。

德拉斯·卡萨斯把大西洋非洲的近期历史纳入《印度群岛的历史》,他想要抽离出这条分界线,挖掘出他所认为的伊比利亚扩张之悲剧和残暴的基础。伊比利亚人完整意义上来说指的是葡萄牙人和西班牙人。为了实现这个目的,他参考了很多西班牙的资料、王家信件和编年史,[①]同时也没有忽略葡萄牙方面的信息。他与里斯本伟大的编年史学家展开了关于"葡萄牙历史"的对话。这种做法在那个年代非比寻常,直至今日亦是如此。与德拉斯·卡萨斯同时代的西班牙学者中很少有人沿着他开辟的这条道路前行。我们把德拉斯·卡萨斯的方法称为"对话",是因为他不仅引用或者摘录了葡萄牙史学家的资料,还不断尖锐地批判这些同行总是为葡萄牙人在非洲土地上犯下的恶行和施行的"酷刑"做无礼的辩护。

要讨论历史资料,那就得先得到它。1547年,德拉斯·卡萨斯居住在里斯本。前一年,他放弃了恰帕斯的主教职位,在返程的途中先去了亚速尔群岛,随后便在里斯本安顿下来,等待着西班牙宫廷的指令。那他当时会不会在塔霍河河畔的圣多米尼克修道院遇到了教友巴尔托洛梅乌·多斯马蒂雷斯(Bartolomeu dos Mártires)?也就是1551年在萨拉曼卡大学获得神学教师头衔,又在2001年被教皇宣福的那个人。无论如何,德拉斯·卡萨斯都承认那时会经常去拜访一些"有身份,有威望"的人物。对葡萄牙的学界而言,1547年也是一个重要的时间点。因为在这一年,国王胡安三世(Jean Ⅲ)建立了科英布拉艺术与人文学

[①] 见西班牙的胡安二世(Juan Ⅱ)就加那利群岛问题给葡萄牙的阿方索五世(Afonso Ⅴ)的信(1454年4月10日),信件部分由费尔南·佩雷斯·德古斯曼(Fernán Pérez de Guzmán)撰写,于1543年在塞维利亚出版。

院。德拉斯·卡萨斯会不会因此结识了编年史学家若昂·德巴罗斯？后者当时应该正"没日没夜地撰写着亚洲的历史"，也就是《亚洲旬年史》的第一卷。德巴罗斯那时还担任着重要的职务，负责"管理亚洲和非洲的贸易"，同时兼任印度之家（Casa da India e Mina）①的财务官。德拉斯·卡萨斯在返回塞维利亚的途中曾在拉古什稍做停留，他在那里见到了一个世纪以前被恩里克（Henri）王子手下的黑奴贩子带来的黑人后裔。②

德拉斯·卡萨斯因此拿到了一些重要的资料。例如，埃亚内斯·德祖拉拉撰写的《几内亚的发现和征服编年史》。③这本书记载了航海家恩里克王子的传奇故事，以及葡萄牙大发现第一阶段的基本史料。这部著作以手稿的形式保存下来，通过副本得以流传。编年史学家德巴罗斯也是受这本书的启发，写成了《亚洲旬年史》的第一卷，并于1552年在里斯本出版。④德拉斯·卡萨斯应该至少参考了德巴罗斯《亚洲旬年史》的前两卷，以及提图斯·李维的著作。很可能是受这两位作者的影响，德拉斯·卡萨斯也是以10年为单位书写的《印度群岛的历史》。他对葡萄牙历史的好奇心促使他阅读了另外两位著名历史学家的作品，分别是加西亚·德雷森迪（García de Resende）于1545年出版的《葡萄牙王国若

---

① 此处的印度之家，是葡萄牙在大发现时代的官方商业组织，负责管理葡萄牙帝国在亚洲和非洲的帝国贸易、贸易站和军事基地，以及保护葡萄牙王室的商业利益，1503年后，该组织吸纳了航海家恩里克王子于1443年建立的几内亚和米纳之家（Casa da Guiné e Mina），因此也被称为"印度和米纳之家"。——译注

② HI, FCE (1986), t. I, p.132.

③ trad. Edgar Prestage en 2 vol., Londres, Hakluyt Society, 1896-1899, sous le titre *The Chronicle of Discovery and Conquest of Guinea*（《几内亚的发现和征服编年史》）.

④ João de Barros, *Décadas da Ásia de Ioam de Barros, dos feitos que os Portuguezes fizeram na conquista e descobrimento dos mares e terras do Oriente*（《若昂·德巴罗斯的〈亚洲旬年史〉介绍了葡萄牙在征服和发现东方海洋和土地方面的成就》）, Germão Galharde & Ioam de Barreira, Lisbonne, 1552 (1r^e); 1553 (2e).

昂二世编年史》(*Chronique du roi Jean II de Portugal*),以及费尔南·洛佩斯·德卡斯塔涅达(Fernão Lopes de Castanheda)的《葡萄牙人发现和征服印度纪事》(*Histoire de la découverte et de la conquête de l'Inde par les Portugais*)[1]。德拉斯·卡萨斯显然是懂葡萄牙语的。

德拉斯·卡萨斯不仅是一位积极的论战者、精练且尖锐的专论作者、考古学家的传人,还是一位熟稔葡萄牙文献的行家:埃亚内斯·德祖拉拉、若昂·德巴罗斯、加西亚·德雷森迪、费尔南·洛佩斯·德卡斯塔涅达,再加上意大利航海家阿尔维塞·卡达莫斯托,这些作家率先发表了欧洲记载葡萄牙人航行的历史,为传播航海家恩里克王子的形象做出了巨大贡献。[2]

若我们考虑到在 15 世纪和 16 世纪,也就是在早于葡萄牙王室与西班牙王室联姻(1580—1640 年)的时代两边学界的联系十分密切,那么德拉斯·卡萨斯这么做也就不足为奇了。葡萄牙历史学对西印度群岛历史学产生的影响正是与双方的交流有关。葡萄牙是第一个打开非洲和远东大门的欧陆王国,[3] 也是第一个面对未知世界的欧陆王国,同时率先通过描述和绘图等复杂技艺厘清世界的信仰基督教的国家。

德拉斯·卡萨斯借助自己历史学家、西班牙人和教徒的多重身份,

---

[1] 第一卷于 1551 年在科英布拉出版;3 年后重新出版,同年由安特卫普出版社翻译成西班牙语。德拉斯·卡萨斯也熟知在巴西建立的耶稣会的信件。
[2] 阿尔维塞·卡达莫斯托是受雇于航海家恩里克王子的航海家和奴隶贩子,他于 1455 年和 1456 年在热那亚人安东尼奥蒂·乌索迪马利(Antoniotti Usodimare)的陪同下探索了非洲的西海岸。具体可见其著作《新世界国家和古老未知岛屿》[*Novus orbis regnorum et insularum veteribus incognitorum*(Bâle,1532)],后西蒙·格里纳乌斯(Simon Grynaeus)于 1508 年重新出版了这部作品的米兰版本。
[3] Voir Vincent Barletta, *Death in Babylon. Alexander the Great and Iberian Empire in the Muslim Orient* (《巴比伦之死:亚历山大大帝和伊比利亚人帝国在伊斯兰东方》), Chicago, The University of Chicago Press, 2010.

逐步讨论着葡萄牙作者们的立场。在详细引用了历史学家埃亚内斯·德祖拉拉关于葡萄牙人残暴行为的叙述后,德拉斯·卡萨斯批评德祖拉拉"比航海家恩里克王子更麻木不仁"。对发生在另一处的凄惨事件,他评论道:"还是这位历史学家,从他的反应可以看出,这件事对他来说是可怕的,但他接着就提到了神的仁慈和善良。"① 另外,若昂·德巴罗斯也没有逃脱德拉斯·卡萨斯的批评:②

  葡萄牙历史学家若昂·德巴罗斯在他的《亚洲旬年史》第一卷的第十二章,对一些事做了美化和修改。他写到葡萄牙王子被想要侍奉和赞美神的愿望驱使,虔诚地想让群岛的居民接受洗礼,并拯救他们的灵魂。这可是一种寻求神的名义和庇佑的好办法,哪里是真的要洗礼和拯救灵魂呢?不然为何一边要拯救他人,一边又犯下触怒神的罪恶呢?所有这一切,就是为了篡夺西班牙王朝所声称拥有的海洋和岛屿的主权。为了达到这个目的,他们打破了西班牙和葡萄牙共同建立、共同宣誓的友谊与和平,可耻地掩盖了耶稣基督一尘不染、和平公正的法律,让无数的灵魂落入地狱,并毫无理由地对没有冒犯神且热爱和平的岛民发动残酷的战争、肆意屠杀。③

  阅读了葡萄牙文献的德拉斯·卡萨斯义无反顾地谴责着恩里克王子发起的远征:"若如人们所说,恩里克坚守宗教的信仰……他的人把许多人送入地狱,显然是他犯下了大错,他要为一切残酷的罪行负责。"

---

① HI, FCE (1986), t.I, p.133 (chap. XXIV).
② Ibid., p.93, 94 (chap. XVII, XVIII).
③ Ibid., p.94.

德拉斯·卡萨斯同时批评了被新的财富引诱、急于奉承航海家王子的公共舆论:"人们开始歌颂关于王子的作品,称赞他在茫茫大海之中开辟了道路。"① 德拉斯·卡萨斯也在加勒比群岛殖民者、在凯旋的西班牙殖民者身上观察到了相同的行为。

全球视野

巴托洛梅·德拉斯·卡萨斯的视野是全球性的。埃亚内斯·德祖拉拉认为攻占休达是若昂一世统治时期的关键性事件,而生活在一个世纪之后的德拉斯·卡萨斯则将其视为西方世界向非洲和亚洲扩张的起点。② 在这一点上,德祖拉拉和同时代的葡萄牙人若昂·德巴罗斯、费尔南·洛佩斯·德卡斯塔涅达,以及也扬帆海上之路的西班牙人的看法是一致的。但与他们不同的是,葡萄牙历史学家论述的口吻总是夹杂着扩张主义者的洋洋恣意和一种十字军东征的历史遗臭。而德拉斯·卡萨斯则谴责这些探险活动是造成人类灾难的源头,最终给美洲印第安人带来了毁灭性的打击。

为了拆解这种胜利主义,德拉斯·卡萨斯从葡萄牙人的著作里选取和引用了一系列事件和例证,这也让他的文字多了一些悲剧色彩。德拉斯·卡萨斯认为,加那利群岛的殖民化(1402 年)是欧洲人一步步走向全球大破坏的开端,借用彼得·斯洛特迪克的话来说,就是敲响了

---

① HI, FCE (1986), t. I, p.128 (chap. XXIV).
② Luis de Souza Rebelo, « Las crónicas portuguesas del siglo XVI » (《16 世纪的葡萄牙编年史》), in Fernando Gil, *Viagens do olhar. Retrospecção, visão e profecia no Renascimento português* (《凝视之旅:葡萄牙文艺复兴时期的回顾、愿景和预言》), Porto, Campo das Letras, 1998, p.175-201.

"犯罪之钟"。① 欧洲人对大西洋岛屿的发现和征服是一种彻底的、毫无根据的侵略行为,他们攻击了"那些原本在自己的乐土上平静生活,不主动伤害他人的人民"。这段历史是人们违背基督教信仰的最佳例证:"征服者并没有注意到岛上这些人是有理性、有灵魂的,也没有注意到这里的天和地。所有从天而降的事物,所有土地之上的事物,都是上帝泽被后世,赐予所有人的共同财产。他们自然是这里的主人。"②

今天,任何全球视野的历史研究方法都需要研究者展开深入的实地调查。15世纪的历史学家对拉各斯奴隶市场的描述实际上受到了埃亚内斯·德祖拉拉的影响。德祖拉拉展示了一幅悲惨的景象:黑人们受到非人的对待,孩子被迫与父母分离,妻子不得不离开丈夫……"到底是有多么铁石心肠啊,看到这些凄惨之人怎么就不会心生怜悯呢?"德拉斯·卡萨斯如此批评德祖拉拉;③ 他还谴责了德祖拉拉的观察、对此的态度和为恩克里王子开脱的理由,即以"拯救丢失的灵魂"之名,将俘虏们置于悲惨境地的罪恶。"无论是王子的好意,还是随后掠夺的财富,都不能成为暴力犯罪的借口。"

1445年,在毛里塔尼亚外海的阿尔金岛上发生了一件性质完全不同的事。一些非洲人袭击并屠杀了一群试图登陆的葡萄牙人。德拉斯·卡萨斯对原住民的反抗行为表达了强烈的敬意:"这是第一批正义之士,他们为被肆意杀害和俘虏的非洲人杀死了葡萄牙人。"④ 尽管德拉斯·卡萨斯没有忽略西班牙人应当对占领群岛承担的责任,但他对葡萄牙邻居更为厌恶:"他们把能偷的东西都偷了,如同土耳其人和摩尔人

---

① Peter Sloterdijk, *La Mobilisation infinie. Vers une critique de la cinétique* (《无限的调动:走向动力学的批判》), Paris, Christian Bourgois, 2000.
② HI, FCE (1986), t.I, p.92-93 (chap. XVII).
③ Ibid., p.131 (chap. XXIV).
④ Ibid., p.132 (chap. XXIV).

一般。"[1]在不喜欢后两种人的德拉斯·卡萨斯笔下，应该不会有比这更严厉的批评了。

这部大西洋历史只是西班牙王朝征服西印度群岛的前奏，作为一段过去，为当时正在酝酿的未来打下了"邪恶"的基础。从15世纪开始，征服和战争的合法性问题就被提出："该以怎样正义和合法的名义去折磨、攻击、杀戮和奴役这些原本在自己的家园安安静静、安分守己的加那利群岛人呢？他们从来没有来过法国、西班牙，从没去任何地方做过恶、犯下过罪行、施加过暴力，也从来没有伤害过世界上的其他生灵……而他们[葡萄牙人、西班牙人和法国人]却要前往这些人的家园。他们心怀不轨，想要占领这些人的土地、剥夺他们的自由，可他们才是自己家园的主人。"1445年的阿尔金岛事件确凿无误地证明"这片土地的所有人民"都在"对葡萄牙人发动一场完全正义的战争"。德拉斯·卡萨斯正是想要在这个背景下，而不只是在西班牙占领西印度群岛的背景下，探讨"针对异教徒发动战争的3个理由"。

对德拉斯·卡萨斯而言，非洲人和葡萄牙人关系的性质决定了新世界一系列事件的发展进程。二者的关系把新世界的历史与大西洋-非洲的历史以一种复杂的形式联系了起来。相较于把各大洲并列讨论的百科全书和通史，德拉斯·卡萨斯使用了一种动态的历史研究方法，因为他想要探究"伊比利亚帝国主义"的洲际原动力。这种方法能够解释为何非洲和大西洋的事件开启了"印度群岛的毁灭"："葡萄牙人对这些人民犯下的滔天罪行……是残酷的战争、屠杀、奴役、彻底毁灭这个地方曾经安宁与热爱和平的人。"德拉斯·卡萨斯也将用同样的字眼来形容西印度群岛的不幸。

---

[1] HI, FCE (1986), t. I, p.95 (chap. XVIII).

德拉斯·卡萨斯不厌其烦地提到这个问题:"葡萄牙人以什么样的理由和正义的言辞来为如此严重的罪恶和破坏,为所有的死亡和奴役、所有的丑陋和逝去的灵魂,为这些可怜人遭受的一切辩护和开脱呢?他们所做的一切如同是在对待摩尔人。难道仅仅因为这是一些异教者吗?这是何等的无知和盲目!"和新大陆的原住民一样,加那利群岛和非洲海岸的居民从来没有攻击过基督教徒及其祖先。"他们生活的地方离曾经攻击过我们的摩尔人很远,处于埃塞俄比亚的边缘地带,并且没有任何书面材料记载和证明这些人的土地是从教会手中掠夺的。"①

葡萄牙属非洲的历史是西印度群岛惨遭破坏的关键,它解释了美洲印第安人世界被消灭的历史起源。德拉斯·卡萨斯的这种研究方式几乎不借助任何神灵或魔鬼的解释,并不断地凸显出葡萄牙扩张的原动力——龌龊的物质追求。同时,这种研究方式还着重表现了西方世界与非洲社会、与中美洲社会之间的冲突。迪佩什·查卡拉巴提在《地方化欧洲》一书中详细地分析了历史主义的双重性,这种双重性在此处达到了顶点:是西方世界造就了地球上这片区域的过去,也是西方世界在谴责伊比利亚的扩张主义。

驯化人

当《印度群岛的历史》涉及西班牙统治下的美洲印第安社会时,它就不再只是一部政府和殖民编年史了。到了16世纪中叶,人文主义者弗朗西斯科·塞万提斯·德萨拉萨尔(Francisco Cervantes de Salazar)对墨西哥城的进步赞叹不已,"这里曾是未开化的荒蛮之地",大学被

---

① HI, FCE (1986), t. I, p.108 (chap. XIX).

第十一章 从葡萄牙的非洲到原始的欧洲 213

建立起来之后，此地开始接受一切知识："新西班牙如今以其大量的财富闻名，将来它会继续因其众多的学者而闻名。"①对这种胜利主义的观点，德拉斯·卡萨斯则做出了另一番解释：他通过谴责殖民者给当地人民带来的痛苦（即《印度群岛的历史》），将殖民之前的时代描述为美洲印第安文明的熔炉（《辩护史》）。在他的笔下，全球史开始描述一块大陆范围内的转变过程，②但这个转变和旧世界没有关系，无论旧世界是其他宗教的世界还是基督教的世界。

德拉斯·卡萨斯的研究方法再次显露出了全球史的特征，因为它是以一个我们众所周知的普遍原则为基础的，即人类的团结。"世界人民之间是相互团结的，他们通过博爱与自然的亲情紧密联结"，因此，历史学家能够讨论"在世界范围内发生的事，犹如讨论在一座城邦中发生的事"③。德拉斯·卡萨斯受圣奥古斯丁著作的启发，还采用了另一个与团结有关的普遍原则，即宿命论与救赎构成了人类历史的动力。

在18世纪，人们所谓的"文明"也是在这个团结的范畴内发展起来的。德拉斯·卡萨斯认为文明是"有纪律的、具有政治性和理性的人类所具备的一切政治美德和一切人性"④。文明包含着一种普遍的能力：所有人都是可以转变的、可以完善的，所有人都可以进入一种文明的秩序。⑤只需要通过"合理的制服和吸引"，就可以实现这个过渡。德

---

① *México en 1554. Tres diálogos latinos de Francisco Cervantes de Salazar* (《1554年的墨西哥：弗朗西斯科·塞万提斯·德萨拉萨尔的3部拉丁语对话录》), ed. facsimilar, Mexico, UNAM, 2001, p. 19.
② Norbert Elias, *La Civilisation des mœurs* (《礼仪之邦的文明》), Paris, Calmann-Lévy, 1973 (1re éd. Bâle, 1939); *La Dynamique de l'Occident* (《西方的活力》), Paris, Calmann-Lévy, 1975.
③ HI, FCE (1986), t.I, p.8, citant Diodore de Sicile, voir Luigi Canfora, *La storiografia greca* (《希腊史学》), Milan, Mondadori, 1999, p.268; Momigliano (1983), p.80.
④ HI, FCE (1986), t. I, p.16.
⑤ Ibid., p.14-15.

拉斯·卡萨斯强调说服与准备的重要性，他认为应该吸引人们，让他们"处于被制服的状态"。"制服"的西班牙语为 reducir，意为"使处于更好的秩序中""使回到更正确的轨道上"；"准备"的西班牙语为 aparejar，指的是"整理好思绪"，也有"装备"的意思，即"给动物（特别是役畜）套上鞍辔，方便驾驭，或让动物驮载货物和工作"①。德国哲学家彼得·斯洛特迪克在一篇引起轰动的散文中提到了欧洲人文主义的双重基础：人文主义者不论付出多大代价，都要通过驯化人的方式来改善人类。②原则上，范例和教育完全足够使人摆脱野蛮状态，使其成为一个社会人，融入一个开化的社会。

在16世纪，驯化事业不仅是欧洲人的事情或文人的活动，它在大西洋的另一端也突然不可节制地发展起来。印第安居民没能逃过这场驯化事业，因为这些居民"值得在我们的带领下归向基督，遵循我们所经历的秩序和道路，过上合乎道德的生活方式"③。对16世纪的西班牙基督教徒德拉斯·卡萨斯而言，并不是所有的道路都是一样的。④"（基督教）是唯一能净化和洗刷所有未开化民族之污秽和野蛮的宗教。"⑤倘若确实存在多种形式的文明，那么其中一种形式的文明始终胜过其他形式的文明，那便是"政治的、理性的和基督教的文明"⑥。所有人无一

---

① 在《科瓦鲁维亚斯词典》中，el aparejador 是指"提供材料，让其他人像建筑工人一样劳动和工作"［Sebastián de Covarrubias, *Tesoro de la lengua castellana o española*（《卡斯蒂利亚语或西班牙语宝库》），Séville, 1611, p.192］。
② Peter Sloterdijk, *La Domestication de l'être*（《生命的驯化》），Paris, Mille et Une Nuits, 2000.
③ AHS, t.Ⅱ, p.365 (chap.CCⅦ).
④ 在《唯一的召唤方式》(*De unico vocationis modo*) 中，说服在传教活动中的作用及印第安人接受神圣话语的智力能力已经出现。
⑤ HI, FCE (1986), t.Ⅰ, p.16 (Prólogo).
⑥ AHS, t.Ⅱ, p.372, 374 (chap.CCⅨ).

例外，"无论他们是多么的野蛮和没有人性"，都可以"通过接受自然状态下的教育和教义"步入"文明"，而"宗教教义"是最好的方式。①

在这条原则之下——在一个受宗教裁判监视、受教条重压的社会中，又怎会有其他原则呢？——人的转变也可以通过基督教之外的其他方式实现。为了说明这一点，德拉斯·卡萨斯引用了西塞罗《论取材》（*De l'invention*）的序言。② 在这部探讨演说的早期作品里，西塞罗分析了口才在社会起源中的作用。原始社会如同野兽，需要身体的力量和非理性的资源。它不关心神灵崇拜，也不关注对人类的责任，不了解婚姻的纽带和法律的益处。直到出现了一个天选之人，"一位伟大的智者"，他明白人类才智的潜力，以及在教育和改善这种才智的情况下人类可以从中获取的能量。基于托马斯主义理论中自然法则的普遍性原则，德拉斯·卡萨斯在《辩护史》中采用了西塞罗的思想，强调理性是唯一的力量。③ 他提出的这种基于理性驯化人的方式，即把粗鲁之人变成"温柔无害之人"的驯化，可以不依托于基督教。即使基督教的恩典无法根除人的本性，却可以使它趋于完善，为驯化提供无与伦比的帮助。

原始欧洲

巴托洛梅·德拉斯·卡萨斯把这种阐释投射到美洲前，先把它应用到了旧世界，他重新审视了自古代以来就流传的一些思想。未开化的生活不是一种抽象的状态，为了证实这一点，他勾勒出一个古代的史前史，也就是"粗鲁的和残暴的"、原始的意大利历史。最早的意大利人

---

① HI, FCE (1986), p.15.
② Cicéron, *De l'invention*（《论取材》）, trad. Guy Achar, Paris, Les Belles Lettres, 1994.
③ HI, FCE (1986), t. I, p.16.

是当地原住民的一支,"事实上追溯不到他们的起源",因此他们是没有过去的。德拉斯·卡萨斯通过这种讽刺的方式提醒世人,古代的及文艺复兴时期的意大利都是白手起家的。他也因此与傲慢的亚平宁半岛及那里培养出的人,尤其是他的反对者胡安·希内斯·德塞普尔韦达保持了一定的距离。德拉斯·卡萨斯写道:"今天的意大利人是多么的文明,然而在当时又是多么的没有教养、未开化和野蛮。"[1]原始的欧洲不仅限于亚平宁半岛。从雅典人开始,"他们起初极其粗暴野蛮,其他民族的人称之为蛮族"[2];至于早期的西班牙人,在被罗马人征服之前也处于未开化的状态,也是"野蛮和凶残的民族";而高卢人和塔西佗的日耳曼人后来被意大利人征服,加入了后者的行列。这种原始的状态难道不是全人类共同拥有的过去吗?[3]

德拉斯·卡萨斯谈到了原始生活,自然会谈到教化人的英雄。他认为,在古希腊和古罗马文化到来之前,朱庇特(Jupiter)、拉达曼迪斯(Rhadamanthus)、吕基亚(Lycie)或者米诺斯(Minos)扮演了教化者的角色:"他们让王国变得井然有序、文明开化和遵从法律。"Poner en policía 意为"使之文明",不只是属于古代世界的经验。"面对那些不想探究过于深入,但仍想看到神迹的人"[4],德拉斯·卡萨斯提到了更近一点的中世纪欧洲的具体例子。比如,教皇庇护二世的《波希米亚史》(*Historia Bohemica*)解释了泽西乌斯·克罗蒂努斯(Zechius Croatinus)公爵是如何将"几近野兽般凶残之人领向了政治和理性的生活"[5]。德拉

---

[1] AHS, t. I, p.251-252 (chap. XLVII).
[2] Ibid., p.256 (chap. XLVIII).
[3] Ibid., p.254 (chap. XLVII).
[4] Ibid., p.256-257.
[5] "将粗野而几乎野蛮之人引导到更为平静的生活方式"(Rudes homines ac pene feros ad usum mitioris vitae redactos), in Aeneas Sylvius, *Historia Bohemica*(《波希米亚史》), Anvers, Michaelis Forsteri, 1592, p.13。

第十一章　从葡萄牙的非洲到原始的欧洲

斯·卡萨斯每次引述这部著作，都想要阐述他关于"人被引导着发展"的论点，并逐步探索出了一个可以迁移到大西洋彼岸的社会、政治和文化的演变图示。

在德拉斯·卡萨斯笔下，在文明的进程中，人口的城市化远比文字的发明更重要。他十分熟悉古希腊的情况，认为古希腊城邦是一个框架、一个生活的共同体，是社会结构和人们共同生活的基石，也是政治的基础。城市的建立、城墙和塔楼的创造、农业的发展都是文明兴起实实在在的标志。文明的行为一方面对应着古代世界和希腊人中的刻克洛普斯，另一方面对应着《圣经·旧约》中的该隐。该隐兴建了第一座城市，并用儿子的名字"以诺"（Enoch）命名了这座城市。该隐创造出了卓越的文明，却杀死了自己的兄弟，犯下了第一桩罪行，矛盾地把这两者联系了起来。[1] 然而，城市不只是旧世界的发明，美洲也有不少例子。欧洲人刚开始与当地城市接触时，塞姆博拉城就以其3万居民的规模和在阳光之下熠熠生辉的城墙让征服者们头晕目眩，甚至让人觉得"这座城市的全部地面铺满了金银珠宝"[2]。何况还有特拉斯卡拉城、乔鲁拉城，以及令人惊叹的特诺奇蒂特兰和特斯科科城，那里的王宫是由纵横交错的房间组成的，堪比克里特岛的迷宫。[3] 秘鲁也为世人展示了许多伟大的城邦和奢华的建筑，其中大部分位于库斯科城。

若要把这种城市化的标准应用于美洲，也需要思考美洲当地居民散居的形态和理由。散居是野蛮的标志吗？对人口众多的加勒比地区和美洲大陆而言，是一种缺陷吗？完全不是，德拉斯·卡萨斯反驳道。他举出了塔西佗笔下日耳曼的例子：日耳曼人之所以没有城市化，是因为他

---

[1] AHS, t. I , p.246-247 (chap. XLVI).
[2] Ibid., p.261 (chap. XLIX).
[3] 见德拉斯·卡萨斯可能持有的《奎纳津手抄本》中的画作 [Ibid., p.276（chap.LII）]。

们有不城市化的理由，无论这种理由是与社会组织有关，还是与地理环境有关。

重温古代

《辩护史》展现出的历史全景往往令人困惑。巴托洛梅·德拉斯·卡萨斯所探索的古代没有明确的时空界限，没有按照时间顺序推进，也不是按照地理因素组织起来的。这部著作的大部分篇幅都在讲述古希腊人、古罗马人和古埃及人的故事，同时不乏对高卢人和日耳曼祭司的描述。[①]一章接一章，德拉斯·卡萨斯的思路始终围绕着他的目标：证实印第安人在各个领域都拥有理性，尤其是他们比古人更懂得如何更好地利用理性。他的整个论证过程使用了错综复杂的资料和引文，很容易让当代的读者迷失其中，毕竟当代人已经完全远离了古代世界及古代史的作者们。

这部古代史完全是依照论证的目的写成的，但它涉及的各方面之间却有一个共同点，即古代的形象不断被诋毁。德拉斯·卡萨斯把凡是能够通过诋毁古代以赞赏印第安社会的部分都呈现给了读者。他使用了讽刺的手法，希腊人便是这一手法的第一批受害者："据说他们有着非常高的人类智慧，而且让艺术技艺绽放光芒。"罗马人也未能幸免，德拉斯·卡萨斯写道："我们可以清楚地看到，罗马人在未真正了解神的情况下，是如何被魔鬼附身和欺骗的。"这就是为何罗马会如此傲慢和盲目，声称要统治这个世界、制定世界的规则，然而它却并不具备与之匹配的道德地位。德拉斯·卡萨斯不惜一切代价地批判着：一会儿提到暴

[①] AHS, t. II, p.16 sq.(chap. CXXXVII).

第十一章　从葡萄牙的非洲到原始的欧洲　　　　　　　　　　　　　　219

饮暴食的异教教士，^①一会儿提到具有性暗示的祭祀活动，例如高卢祭司为祭拜库柏勒（Bérécynthe）^②而举行的淫秽仪式。德拉斯·卡萨斯难道不知道自己讲述了这片下流之地的事情，可以大大增加读者的注意力吗？

德拉斯·卡萨斯拒绝意大利人文主义者传播的古代形象，而与他正好相反，人文主义思想家马基雅维利则提出了另一种对待古罗马的方式，即将其视为可以效仿的典范："我们有必要以他们为榜样，从曾经的世界主人那里获得启发。"^③这位《王子》(Prince)的作者以提图斯·李维笔下的罗马为标准，评价现代世界。他认为，古代人的教训可以提供"衡量现代堕落的标尺及改变该堕落的措施"，指引现代世界事物的发展。^④因为，对马基雅维利而言，古代人比现代人更接近自然，而且古代的宗教冲突让异教的地位高于基督教，仿佛"对古罗马的仰慕（是）唯一可以公开辩护且用来攻击基督教的基础"^⑤。德拉斯·卡萨斯捍卫具有同情心的基督教，而马基雅维利则赞扬古罗马那主张武力及军事力量的异教。两者的观点截然不同，其实也不足为怪。^⑥

---

① AHS, t. II, p.7-10 (chap.CXXXV).
② Bérécynthe 是库柏勒（Cybèle）的别称，在罗马被尊称为大母神。在祭拜库柏勒的仪式中可能存在阉割人或动物的做法，但历史学界对该习俗的真实性尚无定论。——译注
③ Emanuele Cutinelli Rendina, « Mythe de l'ancien et perception du moderne chez Machiavel »（《古代的神话和马基雅维利对现代的看法》）, Astérion, philosophie, histoire des idées, pensée politique（《阿斯忒里翁：哲学、思想史、政治思想期刊》）, 2/2004.
④ Cutinelli Rendina (2004), p.10.
⑤ Leo Strauss, Thoughts on Machiavelli（《对马基雅维利的思考》）, Chicago, University of Chicago Press, 1978; Reflexões sobre Maquiavel（《对马基雅维利的思考》）, São Paulo, E Realizações Editora, 2015, p.181 (trad. Elcio Verçosa Filho).
⑥ Hayward R. Alker jr., « The Humanistic Moment in International Studies: Reflections on Machiavelli and Las Casas »（《国际研究中的人文主义时刻：对马基雅维利和德拉斯·卡萨斯的反思》）, International Studies Quarterly（《国际研究季刊》）, 1992, vol.36, n° 4, p.347-371.

德拉斯·卡萨斯的观点更正统，同时更脱离传统思想。在他看来，新世界之所以能登上历史舞台，不只是源于西班牙大征服带来的致命后果。并且，新生的欧洲的考量范围不仅发生了改变，还更加开阔了。基督教不再与古代世界（或者说想象出的古代）对峙，也不必再面向它自言自语了。第三个重要角色闯入了这场对峙，也就是美洲印第安世界，甚至还有第四个世界，也就是葡萄牙占领的非洲。原本纯粹的欧洲历史舞台要变成世界的历史舞台了。欧洲面向世界的开放，也让传统的人文主义舞台发生了变化，这便是之后蒙田从事的事业。德拉斯·卡萨斯认同马基雅维利对于时代的悲观看法，但是对他来说，殖民者给印第安人造成的灾难，比起意大利的衰落和对意大利各城邦的监督，是另一番完全不同的人性重压。

在这里，我们远离了意大利人文主义圈子所发展的古代异教享乐主义、理想化的观点，更接近在这个时代初期由教会圣师和基督教辩论家推崇的批评和护教学[1]。德拉斯·卡萨斯明白，想要为印第安人辩护，从伦理纲常方面入手要比从偶像崇拜方面入手简单得多。因此，在他笔下，古代版的旧世界起到了道德上的衬托作用。他无论如何都要把天平倾向原住民社会。异教的古代和基督教对他来说都是必不可少的参照物——不然还有什么其他的办法吗？哪怕是要牺牲旧世界，他也一定要改变当时的情况：西印度群岛不能成为伊比利亚半岛的外围区域，更不能成为另一个伊比利亚半岛。

---

[1] 基督教神学的分支，主要为了展现基督教信仰的理性基础，针对批评加以辩护，并揭露其他类型世界观中可察觉的缺陷。——编注

第十二章
印第安美洲

巴托洛梅·德拉斯·卡萨斯撰写《印度群岛的历史》时，想要讲述和审视地理大发现、大征服及殖民这一系列过程。在他的许多论著中，尤其是在《西印度毁灭述略》和《辩护史》中，印第安社会始终是他思考的核心。继对印第安人感兴趣的贡萨洛·费尔南德斯·德奥维多和探索完墨西哥中部的莫托里尼亚之后，德拉斯·卡萨斯关切的是新大陆的所有居民。他提供的新视角让印第安人社会历史化蓝图更进一步，因为他的视角将所有西班牙和葡萄牙的征服者熟知的美洲大陆看成了一个整体。[1]

书写的问题

我在前文提到，莫托里尼亚认为墨西哥社会不仅拥有记忆，还有

---

[1] Sabine MacCormak, *Religion in the Andes. Vision and Imagination in Early Colonial Peru*（《安第斯山脉的宗教：殖民早期秘鲁的视觉与想象》）, Princeton, Princeton University Press, 1991, p.205-248.

史书和历史学家。[1] 而德拉斯·卡萨斯几乎完全回避了这个问题。他提到"印第安誊写人"[2]时，只是为了赞扬他们模仿西班牙书写方式的精湛手艺，丝毫不认为印第安人早就掌握了书写的技能，甚至没有提到他们实际上是从征服者那里学到了这项技能。他参考人文主义者保罗·霍韦（Paul Jove）对这个主题的论述，主要是为了展现美洲印第安人进入了文字的世界。然而，霍韦却曾指出，印第安人并非对文字一无所知，因为他们拥有文字和王室年鉴，尽管他们随后放弃了使用自己的"象形文字"。德拉斯·卡萨斯没有把卡尔梅卡当作印第安人学习绘画和阅读的地方，[3] 只提到青年人"在那里学习神灵崇拜的仪式和族群的民法"；他对历法的描述也十分简短和肤浅，[4] 而莫托里尼亚及其同伴曾非常想要弄清楚印第安人的年代计算体系。对计算年份的载体、标注年份的符号及展现和传递年份的规则，德拉斯·卡萨斯只字未提，他标记大型仪式年份的手法十分模糊，这也印证了他对印第安人的纪年法其实并不熟悉；[5] 相反，他对仪式却描述得非常详细。

然而，印第安文字的存在原本能为德拉斯·卡萨斯关于印第安人一页又一页的辩词提供非常有利的论据，并为他书写的印第安人历史注入另一种深度：还有比书写更能彰显文明的实践吗？德拉斯·卡萨斯的沉默耐人寻味，因为这一点完全可以作为捍卫原住民智力水平的重要手段，而他也是第一个意识到这一点的人："如果要讨论的话，这并不是一个微不足道的证据。"但他却冗长地描述了原住民的羽毛艺术和惊人

---

[1] 德拉斯·卡萨斯在《辩护史》第233章中引用了莫托里尼亚关于印第安人赋予历史以地位的研究，这一章在这部共267章的巨著的末尾。
[2] AHS, t. I , p.327 (chap.LXIII).
[3] Ibid., t. II , p.24 (chap. CXXXIX).
[4] Ibid., t. II , p.214-215 (chap.CLXXVII); p.185 pour la Nouvelle-Espagne (chap. CLXIX).
[5] Ibid., t. II , p.188-189 (chap. CLXX).

第十二章　印第安美洲

的羽毛镶嵌技艺。德拉斯·卡萨斯倾向于快速结束这个话题，避免写出一部无休无止的历史，并把重点放在证明"印第安世界的所有族群都具备智慧且以文明方式生活在自给自足、秩序井然的共和政体中"[①]。

德拉斯·卡萨斯缺乏实地考察的经验吗？和方济各会修士们不同，他与当地人、与不断运用绘画的信息提供者几乎不可能有什么接触。是因为他没有时间吗？是因为这与他的写作主题不符吗？这些借口在胡安·希内斯·德塞普尔韦达面前都显得十分单薄。这位人文主义者得出结论，并提出了该结论下的后果：除了用图像记录的某些事实的模糊记忆，印第安人没有文字，也没有纪念过去行动的文物，因此，他们没有成文法……结果就是他们留下了野蛮的习俗和制度。德拉斯·卡萨斯非常熟悉关于文字是否存在的论据，因此他在对野蛮程度的分级中提到了这一点。[②] 但毫无疑问，他更倾向于不对印第安社会加以分级，因为承认文字在某些族群中存在，就意味着承认它在某些族群中不存在，如此一来，印第安各族群就不能站在同一水平线上，作为一个整体与古代社会做对比了。

建构印第安人的过去

为了能够为美洲印第安人社会的理性做辩护，巴托洛梅·德拉斯·卡萨斯建构了不同的原住民的过去。莫托里尼亚呕心沥血地追溯过去、明确日期和时段时，德拉斯·卡萨斯在《辩护史》中并不太在意历史分期和时间顺序。德拉斯·卡萨斯在旅居的伊斯帕尼奥拉岛自然可以

[①] AHS, t. II, p.497-498 (chap. CCXXXIII).
[②] Ibid., t. II, p.638 (chap. CCLXIV).

信赖自己的对话者,数出至少5位国王和"无数的领主"①。相反,在群岛以外的地方,他多数情况下都是通过咨询修士来获取印第安人的记忆。因此,我们会觉得这位印第安人的捍卫者给了原住民非常有限的发声机会。

需要承认的是,德拉斯·卡萨斯每次都尽力使用当地的信息和用词。在对新大陆祭司的叙述中,他列举了用来称呼祭司的不同词语:teopixi、huey teopixqui、tlamacazcateotl、tlilancalcatl 等。②但通常情况下,德拉斯·卡萨斯还是会依托于此前已经接触美洲印第安人的西班牙历史学家的发现,例如莫托里尼亚研究的墨西哥,谢萨·德莱昂(Cieza de Leon)研究的秘鲁。事实上,只要他坚持自己的论证方向,当地信息与历史著作信息之间的差别对他来说是无足轻重的。

德拉斯·卡萨斯围绕从原始生活到文明生活两个阶段的发展框架来考虑印第安人的过去。历史性的变革总离不开政治领袖或者权威人士。这个适用于整个新大陆的独特模式,能够帮助德拉斯·卡萨斯免于沉浸在无数的细节描述,或者迷失在自己的话语之中。他的固有立场也让我们很难通过他的作品深入了解当地的历史,除非涉及一些已经被他的同人充分研究过的地区,例如墨西哥中部、秘鲁或者他亲自去过的加勒比群岛。

德拉斯·卡萨斯想要通过各种方式证实印第安人社会的理性。因此,他的文字十分冗长,也毫不宽容。他收集信息不是为了获得信息本身,而是为了支撑他的论点。他随心所欲地阐释和改造来自原住民世界的一切。在他笔下,活人祭祀充满了教化意义。不像自己的反对者

---

① AHS, t. II, p.309 (chap. CXCVII).
② Ibid., p.20 (chap. III).

第十二章 印第安美洲

胡安·希内斯·德塞普尔韦达那样将人祭视作违背自然的行为，德拉斯·卡萨斯从中看到了一种堪称典范的虔诚姿态，即把最珍贵的人类献给神灵。当然，这种虔诚在我们看来有点过度了。通过一种混杂、过滤、去背景化和时常回避美洲现实情况的辩术，德拉斯·卡萨斯提供的所有关于美洲印第安人社会的信息都是为了论证他的观点。他用相同的方式描绘出了一幅原始欧洲和古代的图画。而对美洲来说，他这样做的效果具有双重性：一方面，他为读者提供了大量资料，让读者接近印第安社会；另一方面，他把读者引入了一个理想化的视野，一个基于价值和立场，甚至是完全凭空捏造的视野。

建构印第安人的过去需要持续不断地开展镜子游戏，但这不再是希波克拉底（Hippocrate）、希罗多德或者亚里士多德使用过的、在欧洲与亚洲之间进行的镜子游戏了。面对新大陆，德拉斯·卡萨斯延续了贡萨洛·费尔南德斯·德奥维多的想法，重新审视古代，希望能由此说明：如果西班牙人更了解古代人，他们就不会诧异于自己在印第安人身上观察到的一切了。德拉斯·卡萨斯不断对比两组历史经验，有条不紊地反对着人文主义者理想化的古代，以肯定在被征服之前属于印第安人的一切。他对印第安世界充满同情，这种同情随着他对远古社会异教的反感与日俱增。他觉得比起印第安人的异教，古人的异教更加反常和邪恶，因为印第安人起码出于向善的意图。这种两个异教之间的对比在《辩护史》中比比皆是，甚至构成了这部书的主要框架，而所有对比无一例外地都对印第安人更有利。[1]同时，这本书中也不乏印第安信仰和基督教，甚至是和犹太教之间的对比。德拉斯·卡萨斯维护和赞扬墨西哥托托纳克的祭司，认为他们"保持着极度的贞洁，过着无可指摘的生活，像圣

---

[1] AHS, t.II, p.41 (chap.CXLII).

人一样值得赞美。如果不是因为不忠，他们也会和我们一样"①。

倘若我们评判德拉斯·卡萨斯的信息，认为他出于维护印第安人的善意书写历史，即便没有扭曲信息，也降低了信息的质量，那这个评判本身的意义并不大。因为德拉斯·卡萨斯的当务之急不是告知读者关于印第安人的信息，而是恢复他们的名誉：他必须让人们明白，印第安人曾有尊严地庆祝他们的节日，做过令人钦佩的忏悔，②他们的宗教信仰曾是世界上最虔诚的，因为这些人"曾高尚地想象着他们所敬之神的优秀、崇高和神圣"。由于比起宗教，道德更有助于维护印第安人，德拉斯·卡萨斯滔滔不绝地讲述着印第安人的贞操问题③、他们对婚姻的尊重及禁止通奸的做法。文艺复兴时期的意大利人文主义者更关注印第安人的军事史和外交史，而德拉斯·卡萨斯却探索出了一套庄严的日常实践，给予新大陆各个族群以道德嘉奖。

同时，德拉斯·卡萨斯也着重说明了印第安社会的政治美德。④他把这个社会与印第安人城邦结合起来，也就是与城市化结合起来。他对族群内部的组织方式、对有序国家和完美社会的特征充满了兴趣，所以非常想把印第安人社会呈现为有组织的、等级分明的团体，但却从未通过书写专门的政治史或事件史完成这个想法。在他看来，美洲印第安人的世界满足了亚里士多德提出的要求：⑤人们经营的城市生活、农业、手工业，以及他们对战士、祭司的供养，都是符合文明生活的要求的。

印第安人社会不断得到德拉斯·卡萨斯的褒奖，反而在他的叙述

---

① AHS, t.Ⅱ, p.21 (chap.CXXXVIII).
② Ibid., p.271 (chap.CLXXXVIII).
③ Ibid., p.26 (chap.CXXXIX).
④ Ibid., p.307 (chap.CXCVII).
⑤ AHS, t.Ⅰ, p.242-247 (chap. XLVI).

第十二章　印第安美洲

过程中逐渐模糊，变得面目全非，消失在了被赋予的各种光环里。德拉斯·卡萨斯指出，这里曾经盛行父爱主义，有着仁慈的君主，有着领主对臣民的人道，有着对他人和财产的尊重："人们不知道什么是偷盗、通奸、包办婚姻或者任何其他的卑劣行径。"[①]这里曾是一个共享幸福的世界："所有人都有着朴素的善良，所有人都很幸福，享受着至福。"[②] 德拉斯·卡萨斯不断地理想化印第安人社会，构建了一个乌托邦式的过去！蒙田在面对巴西的野蛮人时不也选择了与德拉斯·卡萨斯相同的处理方式吗？不也把他们变成了道德模范吗？

司法的行使在世界各地都是善政的试金石。本着考古学家的原则，同时又要时刻注意维护印第安人，德拉斯·卡萨斯探讨了司法系统、权力的仪式、继承和登基的仪式[③]、教育模式、社会等级制度[④]和通行仪礼（出生、结婚、葬礼）。他对印第安人生活诸多方面的关注加深了人们对印第安人社会的认识。这样的深度是几个世纪以来欧洲人几乎从未有过的。德拉斯·卡萨斯累积数据，营造出了一种身在其中的效果，他同时十分尊重组织和统治方式的多样性。在族群的多样性与西印度群岛各社会共享相同遗产的理念之间，这种平衡其实很难把握。

在德拉斯·卡萨斯的论证中，宗教领域仍然是关键的，因为"圣职和献祭是构成一个良好共和国的第五要素，也是（根据亚里士多德所言）尊严层面的第一要素"[⑤]。在这方面，德拉斯·卡萨斯擅长通过参考同时代人所认同的原则，将古代世界和印第安世界做对比。宗教"无论

---

① AHS, t.Ⅱ, p.312-313 (chap.CXCⅧ).
② Ibid., p.315 (chap. CXCⅧ).
③ Ibid., p.406 (chap.CCXⅦ); p.377 (chap.CCXI).
④ Ibid., p.416.
⑤ AHS, t.Ⅰ, p.369 (chap. LXXI).

真假",如人类对神之存在的认识和对宗教的倾慕一样,都是一个普遍的事实。德拉斯·卡萨斯需要做的是解释偶像崇拜的过激行为,尤其是回到古代世界,追溯它的起源。他指出,人们看到的西印度群岛的信仰并不比古代的信仰更反常。在不考虑其他因素的情况下,世界上的所有人都可以因为无知而陷入偶像崇拜。[1] 就像人们总是把语言种类的增多比作灾难,看成"邪恶和狡猾的恶魔"作恶的结果。[2] 德拉斯·卡萨斯在一定程度上把美洲偶像崇拜平庸化了。他认为,偶像崇拜是一个堕落和败坏的自然过程,在亚当和夏娃堕落之后,人类陷入黑暗,变得邪恶,助长着偶像崇拜的发展。[3]

因此,德拉斯·卡萨斯从一开始就把印第安人社会和宗教历程联系起来。这个历程看起来更像是全球范围内偶像崇拜的谱系,它是在全人类一致的时间进程上发展起来的,也是在大洪水之后的世界里,人类在地球上四处逃散时发展起来的。德拉斯·卡萨斯引用了古希腊历史学家西西里的狄奥多罗斯(Diodorus de Sicile)和古罗马基督教作家拉克坦提乌斯(Lactance)的观点。二人都曾提到过居住在埃及的"含和他的子孙"所起的作用。德拉斯·卡萨斯认为,偶像崇拜可以追溯到古埃及的两位神祇俄西里斯(Osiris)和伊西斯(Isis)。他毫不客气地讲述古埃及的异教行为:人的兽性,不断增加的、近乎无穷无尽的神的数量,魔术的兴起,在占卜和预兆中处处可见的信仰。他的此类叙述是为了去除异教的独特性,让人们相对理解印第安人的信仰。印第安人的信仰被映照在古代之镜里,它的诸多缺陷和怪异都得到了缓和。紧接着,为了把信仰合理化,德拉斯·卡萨斯还需要重述一个在古代世界已经广为流

---

[1] AHS, t.I, p.381 (chap. LXXIV).
[2] Ibid., p.384.
[3] Ibid., p.387.

第十二章 印第安美洲　　　　　　　　　　　　　　　　　　　　　229

传的论点：神灵通常只是被神化后的人。[①]他选取的这个凡人神化论，有助于把历史背景和宗教信仰联系起来，把美洲的和欧洲古代的宗教事件历史化。为了阐释印第安人的宗教性，德拉斯·卡萨斯在一些令人印象深刻的章节中总结了美洲印第安人的信仰和崇拜，[②]认为印第安人的信仰中不存在什么严重的瑕疵。印第安人和地球上其他地方的人一样，都有接受福音的能力。

通过构建印第安人的过去，德拉斯·卡萨斯把我们熟悉的社会、政治和宗教的思考框架直接投射到了美洲印第安世界上。尽管他使用的是我们非常熟悉的方法，但他所做的不过是把大发现之前人们对世界的认识之网撒在了美洲大陆上。而他透过亚里士多德学说、托马斯主义之镜对印第安人社会所做的观察，并没有让这个社会显得顽固不化，反而对古代世界与西班牙殖民者做了毫不留情的双重批判。这也正是德拉斯·卡萨斯历史化方法的含糊之处：为了更好地保护印第安人免受欧洲殖民者的侵害，使用任意删减的中世纪和古代材料来讨论西印度群岛。

一个世界末日式的现在

巴托洛梅·德拉斯·卡萨斯在《辩护史》中讨论的只是大征服之前的印第安人。而他在另一部著作《印度群岛的历史》中，试图从殖民化的角度讨论更近一点的历史——殖民史。这部著作最终并没有完成，德拉斯·卡萨斯于1520年留下了最终的手稿。他对"现在"的理解有别于莫托里尼亚。莫托里尼亚观察的是一个苦难与希望并存的社会，所描

[①] AHS, t. I , p.397 (chap. LXXVI).
[②] AHS, t. II , p.258-296 (chap. CLXXXVI-CXCIV).

述的大征服和殖民造成的灾难与德拉斯·卡萨斯在《西印度毁灭述略》中的描述一样令人震撼，[1]但对他来说，这些灾难可以与福音布道取得的成功互相抵消，因为人们在精神上的获益要远多于他们承受的损失。德拉斯·卡萨斯完全不这样想。

对德拉斯·卡萨斯来说，"现在"与"毁灭"互相混淆，模糊不清。毁灭源自"西班牙人贪得无厌的欲望和野心"。他们对黄金的追求和急速致富的欲望使得印第安人大批死亡。自中世纪以来，关于毁灭的想法便一直困扰着西班牙的历史。在德拉斯·卡萨斯的笔下，它以一种前所未有的力量获得了新生。德拉斯·卡萨斯提到了人们对西印度群岛的破坏，唤起了伊比利亚人脑海中关于毁灭最深刻的记忆：西班牙在711年遭受阿拉伯帝国的入侵。他也鼓动了一种威胁：如果上帝"怒发冲冠"[2]，决定降下第二次毁灭，那人们完全可以认为西印度的灾难性局面最终属于伊比利亚半岛的历史。而这第二次毁灭的威胁在整个16世纪始终萦绕在人们心头，鼓动了反对查理五世的公社战争发起者和日耳曼人；也在害怕柏柏尔人登陆、害怕摩里斯科人反抗的人群中流传。这种威胁影响了摩里斯科人，导致他们试图从这个角度解释自己陷入绝境的悲惨命运，为自己的反抗和失败做辩护；这种威胁甚至颠覆了当时盛行的天主教君主将成为统治整个世界的君主的预言。

德拉斯·卡萨斯使用类比手法，提到了征服者与土耳其人和摩尔人的破坏力相当，突出了美洲现在所承受的灾难。西班牙有可能因为在西印度群岛犯下的恐怖罪行再次受到惩罚："西班牙正面临着堕落及

---

[1] *Brevísima relacion de la destruycion de las Indias*（《西印度毁灭述略》），Séville, 1552; voir Bartolomé de Las Casas, *Tratados*（《条约》）, Lewis Hanke & al. (eds.), t. I , Mexico, FCE, 1997, p.1-199. 阿兰·米卢为法文版《西印度毁灭述略》撰写的序言，Paris, Chandeigne, 1995。
[2] Milhou (1995), p.57.

被其他国家摧毁、劫掠、压迫和蹂躏的巨大危险。"[1]就像把非洲的过去融入《印度群岛的历史》中那样，德拉斯·卡萨斯拓宽了讨论的范围，以毁灭为主题，努力从一个更长远的角度阐释历史。基督徒对西印度群岛的入侵将造成人类的巨大失败，预示着更多的毁灭。因此，有了4000万人死亡的可怕数字，[2]有了那噩梦般的场景：屠杀、绑架、强奸、折磨、肢解。

或许阅读温弗里德·格奥尔格·泽巴尔德（Winfried Georg Sebald）的《毁灭的自然史》(*De la destruction comme élément de l'histoire naturelle*) [3] 能够帮助我们更好地理解德拉斯·卡萨斯作品的独创性。这位德国历史学家思考二战后期德国遭受的大规模袭击，提出了这样的疑惑：该如何表达一种超出人们理解范畴和可描述范畴的灾难？如何让人体会到一种无法言说的巨变？德拉斯·卡萨斯面对的这场巨大的人类灾难，无疑也是欧洲人在近现代犯下的一系列罪行的第一桩罪行。应该如何表现一个已经完全超出认知的事件呢？而在客观性好像完全难以把握的情况下，该以何种语言表现和记录罪行的恐怖呢？对此，泽巴尔德提出了一个假设，他认为当毁灭严重到使人类回归最原始的状态时，当人类失去了自己在创世中获得的地位时，语言就行不通了："所有的一切都混在了一起，我们凝视它时会感到恐惧和晕眩。"[4]莫托里尼亚也谈到了笼罩着墨西哥的黑暗，他写道："当我们望向这片土地并发自内心审视它时，会发现它被黑暗笼罩，陷入了罪恶的混沌和绝对无序的状态。而我们看到并明白了那里存在着令人惊惧的恐怖。"[5]

---

[1] *Huitième remède* (《第八个补救措施》), in dans Las Casas (1995), p.66.
[2] HI, FCE (1986), t.Ⅲ, p.400 (l.Ⅲ, chap. CLXIV).
[3] Arles, Actes Sud, trad. Patrick Charbonneau, 2004.
[4] Sebald (2004), p.81.
[5] Motolinía (1971), p.21.

德拉斯·卡萨斯在作品中时常提及毁灭的主题，并在《印度群岛的历史》中做出了详细的阐述。在加入多明我会后第一次到宫廷为国王汇报西印度群岛的悲惨境况时，他的叙述让在场的听众感到深深的震惊并陷入了"一种精神恍惚和思维呆滞"之中。人们请求他尽快把所讲的一切写下来。德拉斯·卡萨斯于是开始了写作，就像这部作品的标题《西印度毁灭述略》透露出的那样，这一次他写得十分凝练，语言十分有力，描述的画面悲惨不堪，且不断重复出现。其实 16 世纪到处都是残忍和恐怖的场面，例如法国宗教战争和圭恰迪尼揭露的残暴的意大利战争。[①] 但让德拉斯·卡萨斯愤怒的是另一个范围内的残暴，对此，基督徒对全世界所有非基督教信仰地区都负有责任。

这本《西印度毁灭述略》起到了持续的良好效果。德拉斯·卡萨斯描述的殖民现状传遍了整个欧洲，甚至整个世界。而这种成功多数时候是因为人们被黑暗传说吸引着，并不是真的对美洲感兴趣。与莫托里尼亚相比，德拉斯·卡萨斯的视角更让人印象深刻，更侧重于展现毁灭的过程和致命结果；莫托里尼亚在讲述毁灭时思考的则是如何建立一个新的社会，而讲到重生就可能会略过一些不可言说之事。重新恢复状态，重新建立秩序，在教会和西班牙的帮助下"重建"，这些都会让噩梦般的一切很快被搁置。在这种情况下，就像温弗里德·格奥尔格·泽巴尔德写的战后的德国那样："彻底的毁灭并不是人们集体失常的可怕结果，而是成功重建的第一步。"[②]

[①] 马拉巴尔海岸的非基督徒犯了罪，编年史学家齐纳丁（Zinadim）解释说："上帝给他们派来了葡萄牙人，对他们实施暴政，使他们堕落，并对他们做出卑鄙无耻的行为。" Zinadím, *História dos Portugueses no Malabar*（《葡萄牙人在马拉巴尔的历史》），David Lopes (ed.), Lisbonne, Edições Antigona, 1998, p.62-63.

[②] Sebald (2004), p.18.

第十二章　印第安美洲　　233

在墨西哥，各方势力对此保持着沉默。无论是西班牙人还是印第安人，除了个别情况，双方基于完全相反的原因，都愿意保持缄默。直到16世纪中叶（贝尔纳迪诺·德萨阿贡的印第安信息提供者出现）甚至17世纪初，印第安人和混血儿才开始正视大征服的暴力和恐怖：缄默有自我封闭的因素，或更直白地说，也是与殖民当局合作的原住民精英权衡下的结果。①

16世纪欧洲的斗争

巴托洛梅·德拉斯·卡萨斯认为历史不过是一个陈列过去事物的博物馆，完全以行动为导向，具有时代性。一方面，德拉斯·卡萨斯在西印度群岛的政治舞台上、在神学家及传教士所在的学界中发挥着重要的作用。他的名字多与他为印第安人进行的斗争联系在一起，而非他作为历史学家的贡献。另一方面，他书写的历史（通过筛选证词建构的叙述）回答了当代的问题，在揭发新大陆的毁灭时使用了非常详细的历史例证。他即兴演绎了葡萄牙人的发现，举出了其中令人惊愕的例子。倘若我们从16世纪空前复兴的历史领域——教会史的角度——来理解他的作品，其独创性会更加明显。

欧洲史学的变革并不局限于意大利的创新或各国史学的突破。自1517年起，意大利人文主义者谴责的文学危机逐渐演化成了欧洲的信仰危机。马丁·路德发起的宗教改革颠覆了人们与过去和传统的关系。被视为唯一且统一的教会史的通史，在16世纪各种新教教派的推动下，经

---

① "沉默、退缩和冷漠解释了为什么我们对德国人在1942—1947年的所见所想知之甚少。"（Ibid., p.41）。

历着前所未有的崛起。多元化逐渐取代了罗马的中心地位，宗教的历史最先受到了冲击。许多历史学家开始重新阐释教会初期和中世纪的事物。罗马教廷的敌人开始建立一个以教皇不端为主线的历史，[1]试图寻回路德引领的隐藏的真理之路。教会的历史具有神秘意义和必须被揭示的观点，让人不禁联想到德拉斯·卡萨斯向整个世界揭示西印度群岛历史的方式。

在宗教改革期间，欧洲历史的时代分期方式表现出了刻意反罗马的倾向。路德的友人梅兰希通（Melanchthon）依据人文主义者提倡的划分方式，重新阐释了连续的3个分期：古代、中世纪和新时代。梅兰希通将这个三分法理解为从最初的教会到中世纪腐败的演变，再从无知的黑暗时代到宗教改革的演变。他将教会传统的"六个时代"中的第五个时代视为新时代到来和回归教会本源的时期。这也就意味着1000年来，西方基督教一直沉浸在愚昧和迷信之中，但在路德宗信徒的眼中，这一页已经翻过去了。

在欧洲，历史与神的旨意相互联系，神恩主义[2]与政治、宗教和原始民族主义的利益混在一起，深深影响了人们对欧洲大陆过去和现在的构想。1531年，德国自由思想家塞巴斯蒂安·弗兰克（Sebastian Franck）解释自己书写的编年史是一本历史的《圣经》。[3]而在一年前的1530年，这位德国施瓦本地区的历史学家曾预言会出现一个汇集所有改革、超越一切分歧的"第四教会"。[4]

---

[1] 随着工商业的发展，教会坐拥资产，一些高级神职人员卷入腐败丑闻或性丑闻。教会腐败引发了宗教改革运动者对教会权柄的质疑。——译注
[2] 神恩主义强调上帝对人类命运和历史事件的安排。——译注
[3] Jean-Claude Colbus, La « Chronique de Sébastien Frank » (1499-1542): vision de l'histoire et image de l'homme [《〈塞巴斯蒂安·弗兰克的编年史〉(1499—1542年)：历史的视野和人类的形象》], Berne, P. Lang, 2005.
[4] 该预言出现在他用拉丁文翻译的土耳其编年史中（1530年）。

第十二章 印第安美洲

参与宗教改革的历史学家开始为新教教派和国家服务,回应着当下、战争和流亡带来的冲击。宗教战争的灾难紧随新大陆殖民化的灾难到来,对历史学家产生了决定性的影响。人们对大屠杀的阐释起到了越来越重要的作用。弗朗索瓦·奥特芒(François Hotman)的《法兰西高卢》(Franco-Gallia)在圣巴托洛缪大屠杀发生不久后问世绝非偶然。该作品劝告人们回到先前的纯洁状态,回到法兰西高卢式的初级统治形式,认为神对法国君主制降下惩罚的时机已经成熟,人们离一直威胁着西班牙的毁灭也不远了。新教的历史受到千禧年主义的影响,反对教皇,将其比作反基督者;也鼓吹毁灭的威胁,不知不觉呼应了德拉斯·卡萨斯的"诅咒"。而德拉斯·卡萨斯在另一点上也符合新教徒的诉求:殉道者名录是新教力图重现的教会史中的重要部分,其中,关于天主教徒虐待宗教改革派的叙述被多次重复和无限放大,呼应着征服者对原住民的残暴。《西印度毁灭述略》于是被看成西班牙在胜利的情况下,关于佛兰德地区新教教徒命运的预兆。该书在荷兰的宗教改革群体中大获成功,1578—1648 年共印刷了 33 次。[1]

德拉斯·卡萨斯的作品,尤其是《西印度毁灭述略》,在北部新教国家与南部天主教国家的对立中发挥了意识形态作用。它为前者提供了主张和捍卫独立的论据,并对后者,特别是西班牙,提出了西班牙人对新大陆、葡萄牙人对非洲的责任问题;并参照非欧洲世界考虑两个国家,探讨它们政治统治的合法性。然而,德拉斯·卡萨斯的"诅咒"并没有构成国家身份的雏形。国家身份更侧重于定义西班牙人对印第安人的义务,或教廷赋予西班牙人的普遍使命。德拉斯·卡萨斯的"诅咒"

---

[1] 关于该作品在荷兰的接受情况,见 Benjamin Schmidt, *The Dutch Imagination and the New World, 1570-1670* (《荷兰人的想象力和新世界,1570—1670 年》), Cambridge, Cambridge University Press, 2001。

更多的是不断强化黑色传说，直到塑造出一个扭曲的西班牙形象，从外界看来，它以一次次残暴的远征闻名于世。

德拉斯·卡萨斯的调查无意间与新教史学的研究方向产生了交集。新教史学试图揭露罗马教廷的迷信和偶像崇拜行为。德拉斯·卡萨斯在研究古代异教时，多次指出罗马教廷对古代礼仪的继承方式，也对那些从未被根除的习俗和信仰在欧洲的沿袭感到担忧。他不仅关注到中世纪波希米亚地区，也评判了 16 世纪监护征赋的监护人可拜访的罗马教廷。德拉斯·卡萨斯一心想证明印第安人社会相较于古代社会的优越，但又把印第安人的宗教信仰与彼时基督教的遗存对立起来，他并不知道自己为敌方阵营的宗教改革者提供了宣传论据。

随着宗教改革的爆发，凯撒利亚的尤西比乌斯所引领的教会史模式经历了前所未有的复兴。马丁·路德运用了这种模式。[①] 马蒂亚斯·弗拉齐乌斯·伊利里库斯（Mathias Flavius Illyricus）也从中获得了灵感，于 1559—1574 年书写了一部教会的通史——《马德格堡世纪史》（Centuries de Magdebourg）。这部共 13 卷的著作后来成为对抗罗马教廷的先锋作品，它以一种新的形式书写历史，勾勒出原始教会的真实面貌，并以一个世纪为界，着重强调教会自 5 世纪以来从错误中不断吸取的教训。[②] 为了让这部惊人的反天主教宣传机器运转起来，伊利里库斯不得不动员了一个研究小组，在近至德国、奥地利、巴伐利亚、苏格兰，远至丹麦

[①] 加斯帕尔·赫迪奥（Gaspar Hedio）于 1530 年出版了由尤西比乌斯撰写的《尤西比乌斯及其历史三部曲中的基督教早期教会编年史》（Chronica der alten christlichen Kirchen aus Eusebius und der Tripartita）。

[②] Martina Hartmann, *Humanismus und Kirchenkritik: Matthias Flacius Illyricus als Erforscher des Mittelalters*（《人文主义与教会批评：作为中世纪探索者的马蒂亚斯·弗拉齐乌斯·伊利里库斯》），Stuttgart, Thorbecke, 2001; Oliver K. Olson, *Matthias Flacius and the Survival of Luther's Reform*（《马蒂亚斯·弗拉齐乌斯与路德改革的延续》），Wiesbaden, Harrassowitz, 2002.

第十二章　印第安美洲　　　　　　　　　　　　　　　　　　　　237

的欧洲各地搜寻原始资料。《马德格堡世纪史》建构了多个新宗教的历史，重申历史的发展趋势是天意使然，宗教改革的发生亦是如此；也宣告着新教未来一定会取得胜利。① 对于这样的论述，罗马教廷无法无动于衷。16 世纪末，罗马教廷用切萨雷·巴罗尼奥（Cesare Baronio）的《教会年鉴》（*Annales ecclésiastiques*）予以回击。这两大阵营的历史研究对西欧历史的书写产生了深远影响。②

因此，若我们想要厘清德拉斯·卡萨斯在为新大陆印第安人斗争的过程中，在何种程度上脱离旧大陆历史书写的欧洲框架，以及本着捍卫欧洲的关键原则，在何种程度上写出一部积极斗争的历史，就需要从政治参与和宗教历史发展这两个角度来理解他的作品。

德拉斯·卡萨斯所有的积极介入迟早会碰壁。1559 年末，德拉斯·卡萨斯决定将《印度群岛的历史》和《辩护史》的手稿交由位于西班牙巴利亚多利德的圣格雷戈里奥学院保管，并要求 40 年内不得出版。曾经的他在《西印度毁灭述略》中为印第安人沉痛哀叹，声音响彻整个欧洲，后来却选择了沉默。他意识到了王室政治的强硬和出版两部作品的微弱可能性。在生命即将结束的时候，他失去了往日的激情，陷入了自己的幻想。他幻想着随着时间的流逝，到了哥伦布大发现的第一个百年纪念日，人们能更加清楚印第安人命运的真相。③

---

① 在法国，泰奥多尔·德贝兹（Théodore de Bèze）于 1580 年出版的《法兰西王国改革派教会的教会史》（*Histoire ecclésiastique des Églises réformées au royaume de France*）发挥了这一作用。
② Dmitri Levitin, « From Sacred History to the History of Religion: Paganism, Judaism and Christianity in European Historiography from Reformation to Enlightenment » （《从神圣史到宗教史：从宗教改革到启蒙运动的欧洲史学中的异教、犹太教和基督教》）, *Historical Journal*（《历史期刊》）, vol. 55, n° 4, 2012, p.1117-1160.
③ HI, FCE (1986), t. I , P. XXXVIII - XXXIX .

这便是为讲述西印度群岛毁灭的真相，为回顾多个世纪里被封锁的印第安人的生活而建造的时光倒流机。德拉斯·卡萨斯的作品奠定了新大陆整体史的基础，提供了跨越空间和时间的全景视野，并试图连接欧洲、非洲和美洲的过去，将其整合为一个整体。

第四部分

本地史的诞生

LA NAISSANCE DE L'HISTOIRE LOCALE

> 印第安人并没有表现出任何的快乐和满足,他们这样情有可原,因为西班牙人对待他们真的比对待奴隶还要糟糕。
> ——胡安·包蒂斯塔·德波马尔(Juan Bautista de Pomar),
> 《特斯科科述略》(*Relación de Texcoco*)

第十三章
围绕过去的提问

莫托里尼亚和他的信息提供者开启了新大陆的历史分期。巴托洛梅·德拉斯·卡萨斯带领人们进入了捕捉印第安人记忆的新阶段。[1] 莫托里尼亚曾经所处的空白时代和仿古的手抄本时代在 16 世纪下半叶已不复存在，德拉斯·卡萨斯曾经所处的抗争时代也已消逝。把当地记忆历史化的方法随着参与殖民机器的新世代的加入而不断完善，也逐步符合新世代的野心。拼音文字的书写及规则、历史分期的要求、追寻历史原因的做法、举例说明的合理化方式，所有欧洲式的历史书写应对的不再是当地的习俗和概念，更多的是由殖民社会内部的政治游戏所决定的当地人对其自身历史的阐释，和他们使用的策略。当地人对历史的把握是历史意识的新形式吗？还是迂回嫁接欧洲式历史的方法？这个问题首

---

[1] 无论《辩护史》是以手稿的形式在美洲和西班牙流传，还是以赫罗尼莫·罗曼（Jerónimo Román）在《世界共和国》（*Repúblicas del Mundo*，Medina del Campo，1575，et Salamanque，1595）中收录的形式流传，德拉斯·卡萨斯的影响都通过这部作品持续着。

先在墨西哥被提出。随后，也在印度、日本和中国被提出。

同样曾引发热潮的，还有存在于新西班牙首都和墨西哥河谷、由纳瓦贵族及特拉特洛尔科的圣克鲁斯学院的印第安文人参与的思想和政治生活。随着时间的推移，热潮愈演愈烈。16 世纪下半叶，方济各会修士的调查达到空前规模，并在贝尔纳迪诺·德萨阿贡的指导下达到顶峰，取得了非凡的成果——《佛罗伦萨手抄本》。以迭戈·杜兰（Diego Durán）为首的多明我会修士、以胡安·德托瓦尔（Juan de Tovar）为首的耶稣会修士纷纷效仿。而到达墨西哥的人文主义者们也加入其中，例如弗朗西斯科·塞万提斯·德萨拉萨尔。原住民专家也参与到了宗教人士的研究之中，他们掌握西班牙语和拉丁语书写方式的程度十分惊人。手抄本开始展现殖民社会的现实，不断融合欧洲元素，并把这些元素印第安化。本土画家变成了知晓古代世界的百科全书式人物，而那个世界正远离他们，再难追回。《门多萨手抄本》、《马利亚贝奇亚诺手抄本》（Codex Magliabecchiano）和《特莱里亚诺-雷曼西斯手抄本》都展现了这一点。到了 16 世纪 70 年代，人们在墨西哥城、特斯科科和图拉城都可以找到手抄本"藏书楼"，以及"了解这些的（印第安）历史学家和学者"[1]。最终，西班牙省级行政当局和新西班牙的混血儿作为新的主角登上了历史舞台。

---

[1] Eloise Quiñones Keber, *Codex Telleriano-Remensis: Ritual, Divination, and History in a Pictorial Aztec Manuscript* (《〈特莱里亚诺-雷曼西斯手抄本〉：阿兹特克人手抄本中的仪式、占卜和历史》), Austin, University of Texas Press, 1995; Elizabeth Hill Boone, *The Codex Magliabechiano and the Lost Prototype of the Magliabechiano Group* (《〈马利亚贝奇亚诺手抄本〉和马利亚贝奇亚诺族群丢失的原型》), Berkeley, University of California Press, 1983; José Ruben Romero Galván, *Los privilegios perdidos. Hernando Alvarado Tezózomoc, su tiempo, su nobleza y su crónica mexicana* (《失去的特权：埃尔南多·阿尔瓦拉多·特佐莫克，他的时代、贵族身份和他的墨西哥纪事》), Mexico, UNAM, 2003, p.100, citant la lettre de Juan de Tovar (引自胡安·德托瓦尔的信).

跨越大陆的事业

16 世纪下半叶,殖民统治和王室权力开始另辟蹊径。16 世纪 60 年代末,西班牙国王费利佩二世和文人精英意识到,知识或者说科学,将成为现代国家的支柱之一。在欧洲历史上,第一次出现了旨在尽可能完整地清点所有伊比利亚财产的计划。这个把"空间数字化"的巨大工程,[1] 以一系列的《地理述略》(Relations géographiques)为最终成果,[2] 体现出西班牙王室的创新能力,甚至可以说是现代性的壮观表现之一。[3]

---

[1] Jesús Bustamante García, « Los círculos intelectuales y las empresas culturales de Felipe II : Tiempos, lugares y ritmos del humanismo en la España del siglo XVI » (《费利佩二世统治时期的知识界和文化事业: 16 世纪西班牙人文主义的时间、地点和节奏》), in Mónica Quijada & Jesús Bustamante (ed.), Elites intelectuales y modelos colectivos. Mundo ibérico (siglos XVI - XIX) (《知识精英和集体模式: 16—19 世纪的伊比利亚世界》), Madrid, CSIC, 2002, p.32-58.

[2] Manuel Carrera Stampa, Relaciones geográficas de Nueva España siglos XVI y XVIII (《16 世纪和 18 世纪新西班牙的地理述略》), Estudios de historia novohispana (《新西班牙历史研究》), vol.2, 1968, p.1-31; Carmen Manso Porto, « Los mapas de las relaciones geográficas de Indias de la Real Academia de la Historia » (《皇家历史学院的印度群岛地理述略地图》), Revista de estudios colombinos (《哥伦比亚研究期刊》), vol.8, juin 2012, p.23-52; Francisco de Solano, Cuestionarios para la formación de las relaciones geográficas (《建立地理述略的调查表》), Madrid, CSIC, 1988; Miguel Morales Folguera, La construcción de la utopía: el proyecto de Felipe II para Hispanoamérica (《乌托邦的建设: 费利佩二世的西班牙 - 美洲项目》), Malaga, Universidad de Málaga, 2001; Barbara Mundy, The Mapping of New Spain: Indigenous Cartography and the Maps of the Relaciones Geográficas (《新西班牙的制图: 原住民制图学与地理述略中的地图》), Chicago et Londres, University of Chicago Press, 1996; Barbara Mundy, « Aztec geography and spatial imagination » (《阿兹特克人的地理和空间想象力》), in K. Raaflaub & R. Talbert (eds.), Geography and Ethnography: Perceptions of the World in Pre-Modern Societies (《地理学和民族学: 前现代社会中的世界观》), Series: The Ancient World: Comparative Histories (《古代世界: 比较历史》), Malden, Mass. et Oxford, Wiley-Blackwell, 2010, p.108-127.

[3] Bustamante García (2002), p.32-58.

汇集西班牙领土的信息，获取关于"各族群的描述和历史"[1]，这样的想法很早就在伊比利亚半岛产生，在输出到西印度群岛前就已经被应用了。自16世纪30年代起，西班牙就不停地要求获取其遥远领土的信息。1533年，西班牙要求危地马拉省的总督"汇报该省的范围、边界、每个族群的特点、当地人的礼仪和习俗"，该命令也适用于西印度群岛的所有官员。

1546年，宇宙学家阿隆索·德圣克鲁斯向印度议会主席强调开展关于西印度群岛动物志、植物志、地理和人口调查的益处。他希望通过让王室官员填写问卷的方式完成调查，[2]并依据他们的答案制作一部巨大的新世界地图集，但这个建议并没有被落实。20年后，费利佩二世急于深入了解其领土和资源的状况，便重新提出了在所有领地发放调查表的想法。[3]1577年，一份包含50个左右问题的问卷被确定和印刷，发往西印度群岛，由各省和地方政府负责填写，并回传答案。在殖民政府官员的努力下，调查最终在1579—1582年完成。[4]在这个过程中，许多重要的印第安人物，如酋长、原住民、名流和混血儿也被发动起来。他们应该是了解这个调查的，并且明白它的重要性。

---

[1] Bustamante García (2002), p.56.
[2] Bustamante García (2000), p.49.
[3] Stafford Poole, *Juan de Ovando: Governing the Spanish Empire in the Reign of Philip II* (《胡安·德奥万多：费利佩二世统治下的西班牙帝国》), Norman, University of Oklahoma Press, 2004.
[4] 获取的答案将被呈现在胡安·洛佩斯·德贝拉斯科（Juan López de Velasco）于1583年出版的《宇宙学》(*Cosmografía*)、安东尼奥·德埃雷拉-托德西利亚斯（Antonio de Herrera y Tordesillas）于1601—1615年出版的《西班牙人的大洋岛屿与大陆的探险史》(*La Historia general de los hechos de los Castellanos en las Islas y tierra firme del mar oceano*)及安东尼奥·德莱昂·皮内洛（Antonio de León Pinelo）于1629年出版的《西方和东方图书馆的缩影》(*Epitome de la Biblioteca occidental y oriental*)中。

关于过去的问题

　　历史学家们研究了这个宏大调查的成果，从中获取了大量经济、社会、人种志和语言方面的信息，但对历史的关注较少。[1] 问卷中有几个问题涉及原住民的记忆，[2] 而这些问题的提问方式制约了他们对于记忆的表达，可能导致直接对应这样或那样的答案。原住民信息提供者自由发挥的空间十分有限，他们需要给出殖民政府能够理解的答案。1577 年的调查问卷在墨西哥得到了各式各样的回应，因调查的地点、环境、信息提供者的表达能力，以及西班牙官员的认真程度不同而有所区别。答案有时甚至被简化为"是"或"否"。让人意外的是，有的问卷的答复会有书的一个或几个章节那么长，墨西哥谷地的特斯科科是这种情况，而稍远一点的普埃布拉谷的特拉斯卡拉也是如此。

　　调查问卷中的第 13 个问题涉及 pueblo 在当地语言中的含义和它所属的语言。下一个问题则非常明确地指向了异教的时代，也就是印第安人的过去：谁是他们的领主？他们进贡的是什么物品？他们的"崇拜、礼节、好的和坏的习俗"是什么？第 15 个问题涉及的内容更为广泛，包括统治的方式、发起战争的方式和衣食住行等方面。有关食物和当地资源的问题，使用过去时和现在时撰写。这些问题其实都是为了得到某个问题的明确答案，即"他们从前的生活是比较健康的，还是比较不健康的"。此处的"从前"（autrefois）指的是异教时代，并蕴含了一种从欧洲

---

[1] Rios Castaño (2014), p.116, 213, 221; Silvermoon, *The Imperial College of Tlatelolco and the Emergence of a new Nahua intellectual elite in New Spain (1500-1760)* [《特拉特洛尔科皇家学院和新西班牙新纳瓦知识精英的兴起（1500—1760 年）》], Ann Arbor, ProQuest, 2007, p.145-239.
[2] José Luis de Rojas. *A cada uno lo suyo. El tributo indígena en la Nueva España en el siglo XVI* (《各自为政：16 世纪新西班牙的原住民贡品》), Zamora, El Colegio de Michoacán, 1993, p.117-124.

世界移植过来的对应关系，即印第安人的古代对应的是异教的时代。

印第安人需要论证自己的答案。他们被要求依照自己生存的各个方面画出过去与现在的界限，如政治、宗教、军事，以及更为令人惊讶的方面——生活方式的质量。选取这个方面不无道理：1576—1581年，原住民再次受到流行病的侵袭。问题的问法很模糊，很考验原住民的阐释能力：如何评判什么是"健康"？又如何在人们当今的健康状态与他们所经历的转变之间建立起因果关系？费利佩二世的医生弗朗西斯科·埃尔南德斯曾经在墨西哥花了几年时间研究植物，尤其是它们的治疗特性。这一次，他不再简单地描述当地植物的医疗用途，而是评估了墨西哥全体人口的身体状况。

这类问题一定让印第安人不知所措。任何"形而上"的解释都可能让人觉得尴尬，甚至危险。他们无法把人口的灾难归咎为遗弃旧神和新的超自然力量，这会使自己处于危险境地。他们也很难承认这是基督徒的上帝在惩罚他们的罪过，尽管不少西班牙人确实是这么想的。23~25题要求人们把当地种植的传统植物和谷物与从西班牙引进的作物区分开来，进一步比较过去与现在的耕作情况。农业变革无疑是印第安人所承受的政治、经济和宗教制度变革后的另一个巨大革新。事实上，动物群发生了很大变化（27题涉及该主题），至少家畜发生了很大变化。人们可以看到西班牙的绵羊和山羊群破坏了植被景观，农场和家禽饲养场的动物也与以往的动物不同。

让我们再研究一下13~15题。通过这些问题，印第安人逐步理解了依据欧洲标准、以二元政体为基础的殖民分期方式。我在前文提到，不少欧洲标准已在西班牙实施。1572年，费利佩二世派遣历史学家安布罗西奥·德莫拉莱斯考察伊比利亚半岛的部分地区，后者考察归来便发起了一个关于西班牙各民族历史和生活区域地理特征的问卷调查。这位人

第十三章　围绕过去的提问

文主义者总共整理了8卷概述，涵盖了考古、历史和教会信息，[①]并解释了自己使用的方法，以及划分各部分内容的理由。他写的概述多与当地地名有关，因此涉及词源学和当地语言的问题，并且和在墨西哥一样，把"过去"和"现在"对立起来。谈及现在，德莫拉莱斯研究了当地的农业资源、地方精英和极有可能是圣殿的祭祀场所。[②]但在西班牙，"过去"指的是遥远的古代、古代的异教和由"古诗人"传颂的神话故事。有关西班牙本土的概述多基于历史学家、地理学家的研究和对各种考古遗迹的描述。德莫拉莱斯也写到了自己收集的钱币和勋章，[③]他对古代和收集"古迹"充满兴趣。而前文提到的墨西哥的《地理述略》则更关心殖民当下。[④]德莫拉莱斯那充满智慧的"旅游式"的好奇心和新大陆的殖民需求完全不同。墨西哥信息提供者给出的答案多参考原住民画家绘制的现代地图，[⑤]而德莫拉莱斯的文本则更注重复制古迹上的文字铭刻。

在整个新西班牙，信息提供者都遵守着单一的回答方式（是、否、为什么），原住民精英在回答的过程中并没有探索自己的国家。我们可以回想一下，《特洛津手抄本》和《奎纳津手抄本》中记载了人们从游

[①] *Las antigüedades de las ciudades de España* (《西班牙城市古物志》), Juan Manuel Abascal (ed.), Madrid, Real Academia de la Historia, 2012, 2 vol.; Francisco Hernández, *De Antiquitatibus Novae Hispaniae Authore Francisco Hernando Medico et Historico Philippi II et Indiarum Omnium Medico primario. Códice de la Real Academia de la Historia en Madrid* (《〈新西班牙古物志〉由弗朗西斯科·埃尔南德斯撰写，他是费利佩二世和印第安地区的首席医生和历史学家。保存于马德里皇家历史学院》), Mexico, Talleres Gráficos del Museo Nacional de Arqueología, Historia y Etnografía, 1926.
[②] Ambrosio de Morales, *Las antigüedades de las ciudades de España* (《西班牙城市古物志》), Alcala de Henares, 1575, p.57-58.
[③] Morales (1575), p.59.
[④] 这意味着"罗马时代"，"从元老院派遣的斯基皮奥家族来到西班牙后的所有时间［……］到后来汪达尔人、瑞典人、阿拉曼人［……］完全占领西班牙，再到阿尔卡狄乌斯和霍诺里乌斯皇帝时代，超过600年的时间"。［« *Discurso general* »（《总论》）］
[⑤] Mundy (1996).

牧生活到定居生活的转变，从狩猎-采集到种植玉米的转变，从洞穴到城邦，也就是向城市化生活方式的转变。印第安精英对生活方式的改变、有关这种改变的详细描述和后果考量都不陌生，他们遇到的困难不在于此，而在于殖民当局要求时间上的断裂。殖民当局认为无论政治还是宗教，过去都是一去不复返的时代。几百年后，同样的时间断裂观念也在其他殖民背景下出现，如英属印度或者法属殖民地。断裂已经开始与进步的观念产生关联。不过，彼时的进步仅在神圣不可侵犯的宗教范畴被无可辩驳地定义。其他的一切都尚未明确，包括殖民政权当前的影响——尽管无人质疑它的合法性。印第安人的生活方式和健康状况改善仍然是人们争论不休的问题。面对原住民劳动力的消失和巴托洛梅·德拉斯·卡萨斯的谴责，西班牙王室就"原住民劳动力灭绝"的原因询问其臣民。在无力阻挡这一切的情况下，王室至少想要理解这一现象。关于这个问题，每个人都被征求了意见。首先是医生，然后是墨西哥各项事务的专家、所有"相关人员"，还有首要当事人——印第安人。[1]

混血历史学家[2]

随着调查的深入，原住民贵族同意向书写《地理述略》的高级官员行政总长吐露他们的知识和记忆。不少人更为谨慎，只是简单地回答

---

[1] Juan Bautista de Pomar, *Relación de Texcoco: Relaciones geográficas del siglo XVI: México* (《特斯科科述略：16世纪的地理述略之墨西哥》), vol. Ⅷ, Mexico, UNAM, 1986, p.99; Juan López y Magaña, *Aspects of the Nahuatl Heritage of Juan Bautista de Pomar* (《胡安·包蒂斯塔·德波马尔的纳瓦特尔语遗产》), MA Paper in Latin American Studies, Los Angeles, University of California, 1980.

[2] Rolena Adorno, «The Indigenous Ethnographer: The "Indio ladino" as Historian and Cultural Mediato» (《当地民族志学家：作为历史学家和文化调解人的"印第安人"》),（转下页）

第十三章　围绕过去的提问　　249

是或否。混血儿则非常认真地对待这些问题，通过书写他们所在城市和地区的专论迎合殖民当局的好奇心。各方的交流形成了一种"混杂"的历史书写方式，即答案与观点互相交织。如同所有的混杂，其结果与权力关系有关：行政总长作为当地殖民权力的化身，是负责做最终综述的人。而在邻近的辖区，该工作可能由行政总长的混血亲信负责。

不少混血儿在美洲西班牙史学研究领域留下了姓名，[①]其中有两位与《地理述略》有关，分别是书写特拉斯卡拉历史的迭戈·穆尼奥斯·卡马戈（Diego Muñoz Camargo）和书写特斯科科历史的胡安·包蒂斯塔·德波马尔。[②] 两人在历经了近半个世纪的探索后脱颖而出，他们收集资料，开展最早的行政和宗教调查，孵化出新的原住民记忆，尝试了新的表达方法——一种结合了纳瓦特尔语和西班牙语、混杂了多样传统的新象形文字。16世纪80年代早期，基于《地理述略》的问卷调

（接上页）in Stuart B. Schwartz (ed.), *Implicit Understandings: Observing, Reporting and Reflecting on the Encounters Between European and Other Peoples in the Early Modern Era* (《隐性理解：近代早期欧洲人与其他民族相遇的观察、报道与反思》), New York, Cambridge University Press, 1994, p.378-402; Salvador Velazco, *Visiones de Anahuac: Reconstrucciones historiográficas y etnicidades emergentes en el México colonial. Fernando de Alva Ixtlilxochitl, Diego Muñoz Camargo y Hernando Alvarado Tezozomoc* (《阿纳瓦克的视野：墨西哥殖民时期的历史重建和新兴族群》：历史学家费尔南多·德阿尔瓦·伊斯特利尔索奇特尔、迭戈·穆尼奥斯·卡马戈和埃尔南多·阿尔瓦拉多·泰佐佐莫克》), Guadalajara, Universidad de Guadalajara, 2003; José Espericueta, « Writing Virtue and Indigenous Rights: Juan Bautista de Pomar and the relación of Texcoco » (《写作美德和原住民权利：胡安·包蒂斯塔·德波马尔和特斯科科述略》), *Hispania*, vol. 98, n° 2, juin 2015, p.208-219.
① 在墨西哥，最著名的是费尔南多·德阿尔瓦·伊斯特利尔索奇特尔和印加人加西拉索·德拉维加。
② 我参考了由勒内·阿库尼亚（René Acuña）编辑的《地理述略》(*Relaciones geográficas*)：Diego Muñoz Camargo, *Descripción de la provincia de Tlaxcala: Relaciones geográficas del siglo XVI : Tlaxcala* (《描述特拉斯卡拉：16世纪的地理述略之特拉斯卡拉》), vol. Ⅳ, Mexico, UNAM, 1984; Pomar (1986)。

查逐渐变得程式化，这也有利于对过去的标准化。标准化继续促进着自16世纪30年代就启动的调查，同时受益于近30年以来原住民记忆的漫长沉淀。

距离特斯科科100千米左右的特拉斯卡拉同样赋予了一位历史学家历史使命。迭戈·穆尼奥斯·卡马戈在《地理述略》的题头部分把自己介绍为一位特拉斯卡拉的居民和自然人。他也是征服者的儿子，或者我们今天所说的商人。他的母亲很有可能是出身低微的印第安人，但他的妻子把他与特拉斯卡拉贵族联系起来。在受托撰写《地理述略》之前，卡马戈受时局影响，写过一篇描述特拉斯卡拉隆重接待迭戈·罗马诺（Diego Romano）主教的文章。[1] 他的文笔、他与原住民贵族的亲密关系都促使他撰写符合殖民当局要求的《地理述略》，并不断丰富其内容，最终一炮走红，亲手把自己的工作成果呈递给了费利佩二世。

特拉斯卡拉在西班牙的地位十分特殊。这座印第安城邦可以算是西班牙的盟友了。在关键时刻，它拯救了埃尔南·科尔特斯，使其免于溃败，加速了西班牙对墨西哥的征服。对那些维护征服者权力的人而言，特拉斯卡拉人曾向西班牙寻求帮助的事实，是西班牙统治合法化的有力论据之一。对特拉斯卡拉的贵族而言，他们为侵略者的胜利感到骄傲，还因此得到了特权，并不断向西班牙王室要求和维护这些特权。这也是卡马戈能够参与使馆工作的原因。显然，他是1584—1585年于马德里工作时，为《地理述略》画上了句号。[2]

卡马戈和胡安·包蒂斯塔·德波马尔一样，对来自大西洋彼岸的需求给出了当地的回应。他们的回答根植于前哥伦布时期的背景，又在殖

---

[1] *Recebimiento que hizo la ciudad de Tlaxcala* (《特拉斯卡拉的接待》, 1579), in Muñoz Camargo (1984), p.13.
[2] Ibid., p.14.

民背景下被彻底重塑。费利佩二世的学者和顾问拥有全球视野,表达了对各类信息的需求和对王朝各领域加以系统整理的意愿。正是因为有了这种日益增强的全球视野,有了各地的述略,如《特拉斯卡拉述略》或者我们将要看到的《特斯科科述略》,才诞生了一个新的混合式书写历史的方式。

第十四章
混血儿书写的历史

《特斯科科述略》的作者是混血儿胡安·包蒂斯塔·德波马尔。他的父亲安东尼奥（Antonio）是西班牙人，母亲玛丽亚·伊斯特利尔索奇特尔（Maria Ixtlilxochitl）是印第安人，据说是国王内萨瓦尔皮利和一名女奴生下的女儿。德波马尔大概出生于1527年，也就是莫托里尼亚到达墨西哥的3年后。[1] 除了他于1582年完成的《特斯科科述略》，[2] 人们认为他还编纂了一本名为《新西班牙领主歌集》（*Romances de los señores de la Nueva España*）[3] 的原住民歌曲集。关于这本书的真正作者，尚且存在争论。德波马尔的性格如何？他会在两个世界之间摇摆不

---

[1] 1602年仍然可以找到他的踪迹。Pomar (1986), « Introducción »（《序言》），p.35.
[2] 如今可以参阅的文本是一份由费尔南多·阿尔瓦·伊斯特利尔索奇特尔在1609—1626年完成的"篡改"副本（勒内·阿库尼亚），缺少第31~37章。
[3] John Bierhorst, *Ballads of the Lords of New Spain: The Codex Romances de los Señores de la Nueva España*（《新西班牙领主歌集：新西班牙领主编年史》），Austin, University of Texas Press, 2010. 勒内·阿库尼亚［见Pomar（1986），p.39］反对A. M. 加里贝（A. M. Garibay）将歌曲的收集归功于德波马尔。

定吗？他作为历史学家的品质也是人们讨论的话题。[①]人们并不清楚德波马尔的教育背景，但从他的作品来看，他的学识十分渊博，通晓历史、医学和法律。

家族纷争

想要回顾历史学家胡安·包蒂斯塔·德波马尔掌握的人际网络和他开展研究所具备的技能与素质，我们得抛开旧时代的想法，不再机械地认为每个混血儿都存在身份冲突，都在哀叹他们失去了立身之本。[②] 40多年来，波马尔家族与当地贵族往来频繁。这位历史学家的父亲于1539年参与了酋长卡洛斯·奥梅托钦的审判。如果说母亲的血统为德波马尔接触特斯科科王室提供了条件，那么父亲的血统则将他与欧洲殖民社会联系起来。他和省府部门走得很近，因此能受托撰写述略。

德波马尔在这个双重环境中过得如鱼得水。血统让他能和当地贵族平起平坐，一些贵族甚至把他当作自己人对待；[③] 而企业家的气质帮助他在自己所属的两个世界中获取了惊人的土地财产。他还卷入了继承人家族的派系纷争。这个家族在大征服之前和大征服期间不断分裂，但内斗的老习惯从没被丢掉，[④] 一直延续到了16世纪下半叶。不过，1539

[①] 胡安·德托克马达认为，德波马尔"在历史写作方面的素养不是很好"，但这位方济各会编年史学家参考的可能是德波马尔提交的一份请愿书，而不是我在此处谈论的《特斯科科述略》。

[②] Pomar (1986), p.36.

[③] López y Magaña (1980).

[④] 在科瓦纳科奇的儿子埃尔南多·皮门特尔的时代，皮门特尔家族同时拥有总督的职位和酋长的头衔；埃尔南多·皮门特尔的儿子弗朗西斯科就没那么幸运了，他没能获得渴望已久的酋长头衔，只获得了总督的政府管理权，酋长头衔在1565—1577年落入他的叔叔手中。见曼努埃尔·奥罗斯科-贝拉（Manuel Orozco Y Berra）的（转下页）

第十四章　混血儿书写的历史　　　　　　　　　　　　　　　　　　255

年之后，就没有人再在这种纷争中丧命了。1576 年，内萨瓦尔皮利的两个子孙也加入了斗争。他们是西班牙人胡安·格兰德（Juan Grande）的妻子、埃尔南多·科尔特斯·伊斯特利尔索奇特尔二世（Hernando Cortés Ixtlilxochitl Ⅱ）的孙女弗朗西斯卡（Francisca），以及弗朗西斯科·皮门特尔（Francisco Pimentel）。弗朗西斯科和他的混血表亲德波马尔站在一起，一同捍卫部落的收入。当时，许多部落由于巨额的欠款面临着财产被没收的威胁。而在 1588 年，这对表兄弟又被另一个家族成员告上了法庭。

德波马尔难道是想借助文笔和西班牙血统来剥夺某些人合法继承权的野心家？或者是一个想利用自己的王子出身插手特斯科科政府事务的人？他后来失败了，但据编年史学家胡安·德托克马达所言，他还是得到了"国王三分之一的房产"。

作为一名混血历史学家，德波马尔用西班牙语书写，而他作为印第安人中的西班牙人，为了解释美洲印第安人实践活动的特点，又毫不犹豫地使用西印度群岛用语[①]。在定义印第安人谈及的那个世界时，他似乎并不属于中美洲印第安世界。[②]显然，他使用"我们"时，例如我们的语言、我们的方式（当说起放血或种植生菜时），指的是父亲一方；而使用"他们"（那里的人）时，则意指前哥伦布时期的印第安人。[③]

（接上页）《墨西哥的古代史和征服史》（*Historia antigua y de la conquista de México*，Mexico，1880，vol.2，p.201-203）中的埃尔南多·皮门特尔回忆录。*The Tenochca Empire: The Triple Alliance of Tenochtitlan, Tetzcoco and Tlacopan*（《特诺奇卡帝国：特诺奇蒂特兰、特斯科科和特拉科潘的三城联盟》），Norman, University of Oklahoma Press, 1999, p.58. 佩德罗·卡拉斯科·皮萨纳（Pedro Carrasco Pizana）将这份文件与莫托里尼亚的特斯科科回忆录做了比较。

① Pomar (1986), p.57.
② Ibid., p.54.
③ Ibid., p.77.

两者的距离显得相当正式：德波马尔以行政总长的名义谈及这些时，自然就采用西班牙人的视角。而把特斯科科的贵族与"西班牙的名门望族、知名家谱"①对比时，他也非常清楚这种对比背后涉及的声望与自己母亲的家族有关，与父亲的家族关系不大。这时，他便会摆出原住民历史专属阐释者的姿态，仿佛在宣称自己是介于原住民记忆与王子形象之间的独特摆渡人。讲到原住民社会，他也不失时机地把"主事者"与庶民区分开来，把国王的后代与"穷人"或者"悲惨之人"区分开来，好像印第安人有两个阶层，一个是他一直往来的精英阶级，另一个是下层阶级，他们在吃穿住行、卫生医疗和死亡方面都非常不同。

并非所有记忆都可提起

在回答王室的问题之前，胡安·包蒂斯塔·德波马尔考虑到了一切惯用的方法。他不遗余力地强调："为了研究和调查已经发生的事情，我们做了很多工作。"他解释说自己参考了许多信息，包括询问"印第安长者和先人"，他了解这些人在说什么，了解他们极其古老的歌曲（cantares，亦称"坎塔雷斯"）②，而他"所写的大部分内容都是基于这些歌曲中的资料"。德波马尔还提到了保存在"王宫"中的王族档案，它们被存放在"一个大房间里（……），所有的古物都被放在那里"。后人对这些档案的丢失痛心疾首，"因为他们说，自己仿佛留在了黑暗中，没有信息，没有对祖先的记忆"③。运气确实不好！这些宫殿全都消失在了大征服的战火中。此外，1539 年左右，身处卡洛斯·奥梅托钦被处

---

① Pomar (1986), p.113.
② 下文译为"坎塔雷斯"。——译注
③ Pomar (1986), p.46.

第十四章　混血儿书写的历史　　　　　　　　　　　　　　　　　　257

死后的焦虑气氛里，为了免受偶像崇拜的控告，人们还自愿销毁了一部分痕迹。

　　这部分记忆的缺失不仅是因为战争和灭绝造成的损失，随着能解释画作的人越来越少，画家们对画作的内容也越来越不熟悉："仅靠绘画无法保存对所画之物的记忆，人们也就无法传承这些事物了。"①"每次都是知道最多的人会死，跟着他们一起逝去的还有这些知识。"德波马尔肯定了坎塔雷斯口述传统的价值："通过这些众所周知的歌曲和舞蹈，人们传唱着一些过去的重要事件，或者当代的重要事件，一些富贵之人必须要做的事；这些故事都蕴含在歌词中，能激发人们采取行动，或在时机成熟时做相同之事的欲望。"②德波马尔使用过去时态讲述着这些，仿佛这些历史资源已经干涸。他进一步将其简化为一种记忆行为，能够"把事物的记忆和声誉永恒化"的行为。③并且，他忽视或故意略过了一个事实：歌曲和舞蹈能够表演出一种人们与世界、与死亡的关系，而这些关系与传教士宣扬的天主教相悖。④

　　德波马尔十分清楚，并不是所有的印第安记忆都是可以提起的。在他笔下，信息提供者的年龄并不重要。"我们没办法得知更多的信息，因为即便有些印第安人已经80多岁了，他们通常也不会知晓所有过去的事情，有些人知道某一件事，另一些人则知道另一件事。"而那些属于贵族阶层和祭祀范畴的更重要的信息提供者已经不在了："知道更重要事情的人都不在了，比如偶像崇拜的祭司、这座城市和本省的国王内

---

① Pomar (1986), p.86.
② Ibid., p.87.
③ Ibid., p.84.
④ 我特意使用"表演"，而不是"表现"，以参考当代表达方式，即在一个时间段内通过舞台上的话语、动作和行为来呈现作品。

萨瓦尔皮利的儿子们,他们都死了。"[1]这些人的消失让"历史"画作的损失更加严重。德波马尔在《特斯科科述略》的开端就批评了历史史料,在今天的我们看来,这种批评是符合逻辑的。这位省城的混血儿竟然掌握了历史学家们所需的基本技能,十足令人惊讶。那他是和谁学习的这些基本技能的呢?

专家来访

胡安·包蒂斯塔·德波马尔应该受到了迭戈·杜兰的影响,后者于1581年完成了著作《新西班牙和大陆岛屿的印第安历史》(*Historia de las Indias de Nueva España e islas de la Tierra firme*)。[2] 这位多明我会修士为新西班牙撰写的历史尽管没有引起研究者们足够的重视,却足以与方济各会修士贝尔纳迪诺·德萨阿贡的作品媲美。杜兰应该出生于1537年左右,在特斯科科长大,在那里和儿时的玩伴学习了纳瓦特尔语。我们无法确定那时他是否已经认识了年长他10岁的德波马尔,但可以肯定,两人的家族往来频繁。30多年后,杜兰写出了《神祇与仪式之书》(*Livres des dieux et des rites*),随后于1579年完成了《古历》(*Calendrier ancien*),再过两年,又出版了《新西班牙的印第安历史》(*Historia de las Indias de Nueva España*)。在此期间,他还同时担任惠雅班地区的副本堂神父。或许德波马尔是在位于多明我会教区奇马尔瓦坎-阿滕科城邦中宁静的特斯科科湖岸边遇到了杜兰?

---

[1] Pomar (1986), p.46.
[2] Pomar (1986), p.91, n.143; Diego Durán, *Historia de las Indias de Nueva España e islas de la Tierra firme* (《新西班牙和大陆岛屿的印第安历史》), 2 vol., Mexico, Porrúa, 1967.

第十四章 混血儿书写的历史

还有一位特斯科科的本土历史学家也对印第安人的历史充满兴趣，他是一个征服者和一个混血女人的儿子——耶稣会修士胡安·德托瓦尔。1576年起，德托瓦尔奉总督马丁·恩里克斯（Martin Enriquez）之命，基于他们的藏书研究印第安人的古迹。[1] 他曾经与堂兄杜兰合作，随后又一起帮助另一个耶稣会成员何塞·德阿科斯塔完成其著作《西印度自然和精神的历史》(Historia natural y moral de las Indias) 中有关墨西哥的内容。1583年左右，也就是德波马尔写完《特斯科科述略》后，德托瓦尔完成了他的《第二部述略》(Segunda relación)。[2]

16世纪70年代，特斯科科地区还出现了一位杰出人物，即弗朗西斯科·埃尔南德斯医生。他是古罗马作家普林尼作品的译者，精通植物学和药典学。这位西班牙医生于1571—1577年旅居墨西哥，收集了大量动植物信息，并以此为基础，完成了费利佩二世时期最重要的著作《新西班牙的自然史》[3]。德波马尔应该就是在1574年埃尔南德斯经过特斯科科时开始接触历史学家和考古学家，甚至是植物学家的研究方法的。因为德波马尔致力描述植物的治疗效果和使用方式，至少引用了两次西班牙学者埃尔南德斯关于墨西哥植物的研究，对其研究可谓如数家珍。[4]

埃尔南德斯不仅是一位自然学家，还具备考古学家的眼光和洞察力。他对墨西哥的过去十分感兴趣，1574年左右，他在内萨瓦尔科约

---

[1] Romero Galván (2003), p.99-100.
[2] Diego Durán, *The History of the Indies of New Spain* (《新西班牙的印第安历史》), éd. & trad. Doris Heyden, Norman, University of Oklahoma Press, 1994, p. XXIX.
[3] Francisco Hernández, *Historia Natural de Nueva España* (《新西班牙的自然史》), 2 vol., Mexico, Universidad Nacional de México, 1959.
[4] Pomar (1986), p.109, 111.

特尔的一座宫殿里受印度议会之命，完成了著作《新西班牙古物志》[1]。这本书中充满了关于特斯科科宫殿、遗址、迷宫和花园的珍贵资料。和前辈一样，埃尔南德斯是一位古物爱好者，并致力"保护因过于碎片化而难以成为历史研究对象的遗迹"[2]。

那时，西班牙的考古学正处于蓬勃发展的阶段。[3]考古学家弗洛里安·德奥坎波收集了250多件古代碑文，诗人、金石学家阿尔瓦尔·戈麦斯·德卡斯特罗（Alvar Gómez de Castro）写出了《托莱多贵族的古董》（Antiquités de la noblesse de Tolède），还有赫罗尼莫·祖里塔（Jerónimo Zurita）撰写了《阿拉贡王朝年鉴》（Annales de la couronne d'Aragon）。我在前文提到了历史学家安布罗西奥·德莫拉莱斯，他续写了德奥坎波的编年史。[4]埃尔南德斯在前往墨西哥之前与德莫拉莱斯相交甚好。他们在阿尔卡拉·埃纳雷斯堡大学相遇，还在那里结识了同时代的优秀学者贝托尼·阿里亚斯·蒙塔诺（Benito Arias Montano），后者编写了最著名的多语种圣经合参，于1568—1572年在安特卫普多次再版。埃尔南德斯非常了解朋友德莫拉莱斯的关注点：收集"古代遗

---

[1] Francisco Hernández, *Antigüedades de la Nueva España*（《新西班牙古物志》），trad. Joaquín García Pimentel, *Obras completes*（《完整作品集》），Mexico, UNAM, 1984, et Madrid, Historia 16, 1986. 医生从《摘要》（*Sumário*）和贝尔纳迪诺·德萨阿贡的《世界历史》（*Historia universal*）中获取了材料，见 Jesús Bustamante García, *Fray Bernardino de Sahagún. Una revisión crítica de los manuscritos y de su proceso de composición*（《贝尔纳迪诺·德萨阿贡神父的手稿和创作过程述评》），Mexico, UNAM, 1990, p.458-459.
[2] Momigliano (1983), p.255.
[3] 考古学家包括贝尔加拉（Vergara）兄弟、埃尔南·努涅斯·德古斯曼（Hernan Núñez de Guzmán）、奥诺拉托·胡安（Honorato Juan）、赫罗尼莫·祖里塔、安东尼奥·奥古斯丁（Antonio Agustín）、胡安·费尔南德斯·佛朗哥（Juan Fernández Franco）、安德烈亚斯·雷森迪（Andreas Resende）。
[4] Alfredo Alvar Ezquerra, « Sobre historiografía castellana en tiempos de Felipe II: Sepúlveda, Morales y Garibay »（《论费利佩二世时期的西班牙历史学：塞普尔韦达、莫拉莱斯和加里贝》），*Torre de los Lujanes*（《卢哈内斯塔楼》），vol.32, 1996, p.89-106.

第十四章　混血儿书写的历史　　　　　　　　　　　　　　　　261

存"和"古石",对"古代和当代的地名"加以编目,了解"各种类型的建筑",拜访"值得信赖的人"等。[1]埃尔南德斯后来也用同样的方法研究新西班牙的过去。

特斯科科的名流很有可能辅助过费利佩二世的医生的研究。而德波马尔这位最能让人联想起"埃尔南德斯医生"[2]的人,也借此机会学习了西班牙的历史研究方法。在新西班牙,还有比埃尔南德斯更好的导师吗？埃尔南德斯的著作《新西班牙古物志》配有插图（在 1671 年遗失了）,为了向当代人展示"古代的事物"及留存痕迹,他找人按照研究古罗马时代西班牙古物的方式,画出了保存在特斯科科的王家武器和战袍。他很可能也命人画出了国王内萨瓦尔科约特尔和内萨瓦尔皮利的画像,其中一幅身着战服和戴有配饰的国王全身像"以最尊敬的态度"被保留下来。[3]这些画像没有以插图形式出现在《特斯科科述略》中,却收录在了《伊斯特利尔索奇特尔手抄本》（*Codex Ixtlilxochitl*）中,而这部手抄本很有可能是依托特斯科科贵族手中的手稿绘制而成的。[4]

因此,德波马尔能像学习多明我会修士迭戈·杜兰的历史研究方法那样,观察到一位考古学家的工作方式。埃尔南德斯医生到访特斯科科一事,让我们明白为何德波马尔有能力研究某些历史古迹,例如画有壁

---

[1] Ambrosio de Morales, *Las antigüedades de las ciudades de España* (《西班牙城市古物志》), Alcala de Henares, 1575.
[2] Patrick Lesbre, « La mission de Francisco Hernández en Nouvelle-Espagne, 1571-1577 » (《弗朗西斯科·埃尔南德斯在新西班牙的任务,1571—1577 年》), *Le Verger-Bouquet* (《勒韦尔热 - 原创版》), n°5, janvier 2014, p.13; du même, « Illustrations acolhuas de facture européenne (*Codex Ixtlilxochitl*, ff. 205-212) » [《欧洲风格的阿科尔瓦人插图（〈伊斯特利尔索奇特尔手抄本〉, 205~212 页）》], *Journal de la Société des américanistes* (《美洲研究学会期刊》), 1998, vol.84, n°2, p.97-124.
[3] Hernández (1984), p.86.
[4] Lesbre (1998); Pomar (1986), p.42-44.

画的宫殿（或者遗留的壁画）和这些宫殿组成的琼楼玉宇、王家公园、花园和灌溉系统、大神庙的废墟，以及不幸沦为殖民监狱的歌唱之家。另外还有王家宝库、乐器、名贵的武器、王室服饰、阅兵饰物，所有"以宗教性质的敬畏之心保留下来的物品"。在埃尔南德斯的研究中，最有名的便是他塑造的内萨瓦尔科约特尔理想君主的形象：一个正义完美的英雄。他也因此为人们过度赞扬这位君主、将其统治理想化的做法贡献了一份力量。[1]而在这一点上，德波马尔完成得更为出色。

偶像崇拜的时代

弗朗西斯科·埃尔南德斯离开特斯科科后不到10年，胡安·包蒂斯塔·德波马尔开始了他关于特斯科科的调查研究，同时指出了自己研究的局限。这些局限要么源于信息提供者的沉默，要么源于简略概述的要求。德波马尔把研究重点放在宗教、建筑和生活方式上，也记载了一些已经消失的实践（如战争）或者尚存的习俗（如饮食习惯），同时没有忽略社会和政治组织等方面的内容。他的研究整体上回应了调查问卷的宗旨和要求。在宗教方面，德波马尔不像《修罗托手抄本》画家那样谨慎地掩藏信仰的痕迹，他对内萨瓦尔科约特尔王宫的描述，让人联想起《奎纳津手抄本》中的宫殿。[2]

德波马尔已经不再对偶像崇拜讳莫如深。距离卡洛斯·奥梅托钦被处死已经过去近40年，没有什么可以阻挡德波马尔的好奇心。他的第一个发现也不再让人震惊："最接近事实的是他们有很多偶像，多到

---

[1] Hernández (1984), p.121-123.
[2] "这所房子有一个非常大的庭院，院子里铺着粉刷过的灰泥地面，四周围有台阶。" Pomar (1986), p.113.

第十四章 混血儿书写的历史   263

每个事物都有对应的偶像,他们崇拜并祭祀这些偶像。为了弄清楚这些偶像的样子和类型,我会尽量给出关于这些偶像的最一致的解释。"但他很难做到详尽无遗,"如果在本文中,我无法详尽地解释和明确他们的神灵、偶像、仪式、古物和服饰所蕴含的意义,请不要责怪我粗心大意。我无法做到叙述所有的神,这是一个永无止境的任务。我只会提到3个被(印第安人)视为最重要的神。首先是最杰出的神特斯卡特利波卡,其次是维齐洛波奇特利,最后是特拉洛克(彩图第8页)"。[1] 对德波马尔选出的3个神,我们无可辩驳,但他没有超越调查问卷的局限性。我们可以想到,比起埃尔南德斯,这个话题对德波马尔来说更为敏感。他只选取了3个神,是因为他有所保留吗?还是只因为他不够了解过去的情况呢?有个细节能体现出他与过去事物保持着距离:他对印第安历法的解释比较简略和笨拙,可他只要询问身边的人就能轻而易举地得到有关信息。

德波马尔在调查问卷的框架下,相对清晰地谈到了前哥伦布时期的信仰,但他也致力弱化偶像崇拜的罪恶——没有人要求他这么做。在他写的宗教史中,一些令人不悦的实践变成了反常的"创造"。这一点在他对人祭的解释上体现得格外明显:"向诸神献祭人的做法是墨西加人的发明。"他解释道,一个世纪以前,墨西加人曾在"奇奇梅克人统治的阿斯卡波察尔科城"安顿下来,后来他们反抗曾经的主人,以武力制服了他们。墨西加人由此开创了人祭,把战俘献给他们的神,以感谢神保佑他们获得了胜利,并期望日后能"得到更多青睐","因为他们认为人是万物中最珍贵、最有价值的,是任何祭品都比不上的"。德波马尔给出的解释是:人的价值是无可超越的,尤其是被献祭的战俘曾经历

---

[1] Pomar (1986), p.54.

战争的危险和考验。人祭的频率起初较为平缓,后来随着特诺奇蒂特兰的壮大而增加,直至到达了"盲目和恐怖的境地,而第一批西班牙征服者到来时,(墨西加人)正身处该境地"。德波马尔哀叹道,如果西班牙人能早来 80 年,"我们的记忆中就不会有任何有关这种可怕发明的痕迹了"[①]。

阅读德波马尔对人祭的阐释,我们很容易就能察觉到巴托洛梅·德拉斯·卡萨斯对他的影响。德波马尔直接参考了初版《辩护史》[②],而不是被赫罗尼莫·罗曼引用后的删减版本。[③] 而德拉斯·卡萨斯对他的影响远非如此。德波马尔也把体面的古代传统(如信仰)与包含新事物和新发明创造的近代历史对立起来。[④] 其中,人祭在德波马尔看来是最令人厌恶的创造,他使用了诸如"恶魔般的发明""可怕的祭祀""恐怖如斯"等宗教表达形容它。这些词汇日后也成为西班牙官员描述人祭的官方用语。作为服务于费利佩二世的西班牙人之子,德波马尔也只能使用这些词汇来形容它了,他认为人祭在被广泛传播至墨西哥中心之前,还有一个更早的历史,涉及"三城联盟"中的另外两个城邦,和与之长期敌对的城邦特拉斯卡拉、查尔科和韦霍钦戈。他的这种解释能够让不少人满意,还唤起了特诺奇蒂特兰与其他城邦在不同时间点的敌对关系——特拉斯卡拉、查尔科和韦霍钦戈都与墨西加人交战过。

更重要的是,德波马尔关于人祭源头的拷问促使人们对墨西哥的前哥伦布时期进行历史分期。德波马尔让时光倒流机变得更加完善。偶像

[①] Pomar (1986), p.61.
[②] AHS, t. II, p.244-245 (chap. CLXXXIII).
[③] Sous le titre de *Repúblicas del mundo* (《世界共和国》), Medina del Campo, 1575, et Salamanque en 1595 (l. I, chap. XI, p.138 v°).
[④] Pomar (1986), p.61.

第十四章　混血儿书写的历史　　265

崇拜被看成当地人为了应对外界变幻不定的压力而做的本土发明，而非恶魔般的历史遗产。我们也更清楚地看到，研究古代西班牙的考古学家在描述人们如何引入新的神和新的信仰、描述凯尔特伊比利亚人如何突然闯入西班牙的某些地区时，对后世的新西班牙产生了影响。[①] 特斯科科的历史是依照新的欧洲知识被书写而成的。

---

① Ambrosio de Morales, *La corónica general de España que continuava A. de M.* (《西班牙通史》), Cordoue, 1586, t. II, chap. VIII, fol. 63 r°; chap. X, fol.65 v°.

第十五章
重构的过去

胡安·包蒂斯塔·德波马尔在追问特斯科科的起源时,也像莫托里尼亚曾经解释"阿纳瓦克"的含义、安布罗西奥·德莫拉莱斯解释西班牙的城镇那样,玩起了词源学的游戏。他认为特斯科科(Texcoco)的名称来源于奇奇梅克语中的 Tetzcotl。"这个词语传承自野蛮的印第安人所使用的语言,就像来自非洲的阿拉伯人那样。他们是第一批发现并居住在这片土地上的人,都来自萨卡特卡斯这个地方。那里如今是新西班牙最著名的矿区,欣欣向荣。它之所以出名,不仅因为资源丰富,还因为那里的印第安人骁勇善战。据了解其他民族的人说,这些印第安人是世界上最好的弓箭手。"然而,Tetzcotl 在特斯科科出现后就退出了历史舞台:"库尔瓦坎人(从语言上说)是墨西加人的一个支系,他们曾在当今特斯科科所在地定居,并逐渐把这个地方称作 Tezcoco,而不是原本的 Tetzcotl。"德波马尔的论述再次表明他所想象的过去并不是一成不变的:在历史的舞台上,不同时期的不同人群交替出场。

奇奇梅克人的起源

胡安·包蒂斯塔·德波马尔对 Tetzcotl 的词源解释让我们能更了解奇奇梅克人，或者更准确地说，让我们能更清楚地看到他是如何把奇奇梅克人历史化的。德波马尔写道："他们不仅已经消亡，人们的记忆中也没有留下任何有关他们语言的痕迹，没有人能够翻译他们的词汇；人们通过绘画和象形文字谈论他们，大多是为了讨论这片土地之天然统治者的血统和起源。这些统治者以自己是奇奇梅克人的后代为荣。"在德波马尔看来，奇奇梅克人的过去已经被遗落到遥远的黑暗角落里。但贵族们依然保留着与奇奇梅克人有关的记忆，并且似乎与 16 世纪 40 年代的手抄本画家的立场息息相关。我在前文分析手抄本时提到了这些立场。德波马尔也很清楚贵族记忆与百姓记忆之间存在着巨大的鸿沟。谈及祖先，他指出了古迹缺失的问题，但描述了诸多在特斯科科附近发现的、可以容纳几百人的洞穴。如今人们依然会参观奇奇梅克首领曾经居住的洞穴，这些首领的后裔很可能就是特斯科科的国王。后来人们不再使用洞穴，但贵族成员为了纪念声名远扬的祖先依然珍视洞穴。[①] 对德波马尔而言，洞穴是否只是一个简单的记忆之地？还是说，像 16 世纪 40 年代的手抄本画家理解的那样，需要从中找到一些与空间、与一个较近过去之间的物理痕迹呢？

德波马尔和莫托里尼亚都认为有不同的闯入者陆续来到了这片区域，首先是奇奇梅克人，也就是野蛮人，然后是库尔瓦人。德波马尔和莫托里尼亚的意见一致，表达却比较混乱。他认为奇奇梅克人演化成了库尔瓦人，并说起了纳瓦特尔语："他们消亡了，或者演变成了库尔瓦

---

① Pomar (1986), p.104.

第十五章　重构的过去　　　　　　　　　　　　　　　　　　　　269

人。为了纪念这座城邦的第一批居民奇奇梅克人，人们把城邦的周边和省称作'阿科尔瓦坎'。"由此可见，德波马尔认为第一批到来的印第安人是奇奇梅克人，如果他们没有消失，便是与第二批到达这里的库尔瓦人（"墨西哥语系的一支"[1]）一起建立了特斯科科，纳瓦特尔语替代了奇奇梅克人的语言。德波马尔重新提到了涵化的议题，却远没有16世纪40年代手抄本中的内容精确。德波马尔还提到了托尔特克人的过去，同样说得很含糊：他们是"曾经在这片土地上存在过的"[2]部落，并且很有可能在奇奇梅克人到来之前就存在，随后便消失了，留下了崇拜特拉洛克神的做法。德波马尔有意较为模糊地叙述托尔特克人，奇奇梅克人的历史由于"奇奇梅克的血脉和王家血统"，依旧影响着当地人的记忆。"阿科尔瓦坎"（Acolhuacan）的名称致敬了最早居住者的体格："这些人比库尔瓦人体格更好，高出一肩，Acol 意为肩膀，aculhuaque 则是肩膀强壮的意思，而这个省的名字是 Acolhuacan，也就是肩膀强壮的人居住的地方和省。"在新旧两个世界里，人们都曾把巨人与最初的人口迁移联系在一起。我们是否应该考虑到，此处对身高的表述也可能是受到了有关巨人故事的影响？

在德波马尔笔下，奇奇梅克人属于所有考古学家都应该尊重的传统范畴，而人祭则属于发明创造和新生事物的范畴，就好像"恐怖的""近来的"与特斯科科世界感到"陌生"的事物是同义词。德波马尔让时光倒流机回到了过去："特斯科科这座城市和它的土地、它的民族、它所属的省份，1000多年以来都属于统治过它的国王们。"[3] "1000多年"这个数字本身就很有威望。如果我们把西哥特国王雷卡雷德（Reccared）

---

[1] Pomar (1986), p.48.
[2] Ibid., p.60.
[3] Ibid., p.49.

和西班牙托莱多的贵族皈依天主教的时间（分别为 559—601 年和 587 年）看作基督教西班牙的历史起点，那德波马尔认为的特斯科科和基督教西班牙一样有着 1000 年的历史，这个数字就更有威望了。历史化过程向前推进着，德波马尔的分期方式更为细致和复杂，追溯得更为久远。而莫托里尼亚只赋予了奇奇梅克人 800 年的历史深度，赋予随后到来的库尔瓦人 770 年的历史深度。[1]

"幸福的时光"

与 16 世纪 40 年代的手抄本画家不同，胡安·包蒂斯塔·德波马尔对遥远的过去，对属于奇奇梅克人的过去并不感兴趣，他对当下印第安人社会相较一个世纪之前的衰落更为敏感。在西班牙的征服和统治的问题上，他的笔触并不温和，他提到了对档案的破坏、流行病和强迫劳动："（西班牙人）对待印第安人真的比对待奴隶还要糟糕。"印第安人的沮丧有其道理，德波马尔以巴托洛梅·德拉斯·卡萨斯的口吻写道："那是因为西班牙人偷走了上帝赋予他们的自由，尽管在法律和法令中尊贵的君主曾宣扬要善待和管理印第安人。"[2] 德波马尔以其独有的方式，强调了印第安人心理上的痛苦："他们没有表现出任何的快乐和满足。"德波马尔的用词很重要，他谈到"他们精神上的焦虑和疲惫"，解释说"精神上的不适让他们的身体也不再健康"。

在德波马尔看来，人民重病缠身是当代和殖民制度的标志。他写道："我有一个惊人的发现：他们信仰异教时的生活非常健康，从来不

---

[1] Motolinía (1967), p.6.
[2] Pomar (1986), p.100.

第十五章 重构的过去　　　　　　　　　　　　　　　　　271

知道什么是流行病。"[1]所言极是,那为什么印第安人失去了他们在大征服之前的健康体魄呢?德波马尔的答案不仅事关特斯科科,还事关整个新西班牙。基于主流的观点、医生的看法及印第安人自身的解释,德波马尔认为,是西班牙人的剥削和虐待导致了印第安人极高的死亡率。在这个问题上,调查问卷所强调的时间断裂产生了不利于西班牙殖民统治的影响:从一个世界转变至另一个世界,印第安人要经历身体上和心理上的骤变,还要受到微生物入侵和经济剥削的冲击。

还有一些原因促使德波马尔把殖民的现在与印第安人的过去对立起来,惋叹时光不再,例如人们对已逝辉煌的记忆。特斯科科的势力范围如一张驴皮,逐渐萎缩。然而,在"异教"时代,它的领土曾海海相接,从北边的海岸(大西洋)延伸到南边的海岸(太平洋),向南占据了墨西哥的大片土地,除了特拉斯卡拉、韦霍钦戈,一直延伸到韦拉克鲁斯港。那这张"驴皮"在德波马尔所处的时代有多大呢?不过是一个长约 50 千米、宽不到 10 千米的狭长地带。[2]特斯科科还有什么影响力吗?除了总督会把之前所有附属于特斯科科的地区首领召集到特斯科科,它也没什么独特之处了。一种怀旧的情绪在特斯科科弥漫着,人们缅怀着过去的首领。"他们从未停止赞美特斯科科,尤其是不幸和困难降临在他们身上的时候。"

面对这种平庸的现状,德波马尔试图借助两位有威望的人物提升人们的士气:内萨瓦尔皮利和内萨瓦尔科约特尔。"他们都是贤明之人,向臣子灌输了良好的风俗和正派的生活方式。"他们是模范君主制的化身,"(两位国王)给予其臣民法律和法令,让他们自治,以一种

---

[1] Pomar (1986), p.98.
[2] Ibid., p.47.

理智和文明的方式生活。因此，人们把那段时期视为'幸福的时光'（bienaventurado）。在他们节制的治理下，这段时光共持续83年，也就是两位国王的统治年限"。这种开明的统治基于"公正和司法，这一点从他们在战争与和平时期的行动就可以看得出来，（但）这些行动由于没有被记载下来而被遗忘。人们既然听到这些，便不应该再将其埋没在历史中，内萨瓦尔科约特尔的事迹尤其值得人们铭记"[①]。德波马尔不是最早使用"幸福的时光"概念的人。在《辩护史》中，巴托洛梅·德拉斯·卡萨斯曾用其形容大征服之前的印第安人社会："所有人都表现出善意，所有人都感受着幸福（bienaventurado）。"[②] 以公正和司法为基础的开明君主制度，对臣民甚至子女赏罚有度的做法，成为模范君主的特征。谁能想到两位君主的臣民"如此担忧，如此热忱"，只想着为君主奉献自己的生命？

这个说法不完全是德波马尔编造的。关于理想君主的表述已经以绘画的形式呈现在《奎纳津手抄本》中了，但那时还没有与欧洲的理想君主联系起来，也还未按照费利佩二世治下王朝的标准被评判，更没有人感怀他们的统治是"幸福的时光"。哪怕这个词是印第安人说出来的，也显得过于强烈，因为它再次隐晦地表达了对殖民的谴责，并把这种怀旧之情，也就是把两位君主连续83年不间断的幸福统治彻头彻尾理想化的情绪合理化了。因此，德波马尔在尽量使用经典、圆滑语言的同时，保持着与殖民胜利主义相悖的立场。他对特斯科科君主的刻画与当时在西班牙发生的辩论的常见议题有关，包括人们对历史的认识，比如认为书写历史有防止遗忘、记载过去有益之事、树立典范的作用。这也

[①] Pomar (1986), p.52.
[②] AHS, t.Ⅱ, p.315 (chap. CXCⅧ).

第十五章 重构的过去　　　　　　　　　　　　　　　　　　　　273

体现出德波马尔追忆的美德具有时代意义。[①]他认为相对于自己所处的年代，墨西哥前哥伦布时期的君主制度就像古希腊和古罗马时代之于旧世界那样，能够警戒后世。在天主教君主制度的大环境下，当地历史具备了跨大西洋的特征和影响。

一神教的过去

　　胡安·包蒂斯塔·德波马尔在理想主义和西方视角下阐释特斯科科尴尬的宗教问题。如何赞扬一个非基督教信仰的过去？如何写出一部超越谴责、摆脱陈词滥调的宗教史？他没有使用常见的词语，如"偶像崇拜""魔鬼般的"，而是参考了考古学对"神之物"与"人之物"的区分方法，以中立的口吻谈及君主对信仰的庇护，掩盖了某些实践令人不安的一面。"他们的力量非常大，能够在一些他们认为与神有关的方面起作用：他们可以挑选祭祀偶像的祭司，需要时也可以撤掉或更换祭司；总而言之，他们能完成与信仰和宗教有关的一切使命。"文艺复兴时期考古学家使用的词汇帮助德波马尔把偶像崇拜的做法置于中立的宗教领域，并把宗教置于更高的政治领域。对16世纪的读者来说，新旧世界拥有另一个格外明显的共同点：特斯科科的君主对古代信仰的庇护，就像费利佩二世对伊比利亚基督教的庇护。由此，过去的宗教机构就有了教化作用。"每座神庙里都有一个掌事人，所有人都要尊敬他、遵从他的命令，人们称这个人为'羽蛇'，许多人会终老在这个岗位上……君

[①] 见费利佩二世的编年史学家福里欧·塞里欧（Furió Ceriol）的专论《王子的顾问委员会和顾问》（*El Consejo y consejeros del Príncipe*），Anvers，1559（1563—1646年有9种译本）。Donald W. Bleznik，« Los conceptos políticos de Furió Ceriol »（《福里欧·塞里欧的政治理念》），*Revista de estudios políticos de Madrid*（《马德里政治研究杂志》），1966，n° 149，p.25-46.

主是在认真审查候选人的生活、道德和能力后做出的选择。候选人必须充分了解宗教,能够以各种方式教化贵族……禁止人们带女人来神庙。"这段描述也可以在巴托洛梅·德拉斯·卡萨斯关于古代墨西哥大祭司的解释中找到呼应,他曾解释说:"祭司非常诚实和淳朴,他们看到女人时会放低目光,望向地面。"①

特斯科科的居民严格地执行戒斋。君主自然为他们树立了榜样:"人们前去打仗时,哪怕走了一年之久,君主也会始终戒斋,下令停止一切歌唱、娱乐、普通或特殊的舞蹈,禁止各类乐器和一切欢庆的场合……"德拉斯·卡萨斯提起这种清教徒式的严谨宗教气氛时,没有显露丝毫不悦,他还着重展现了新西班牙印第安人的忏悔和戒斋活动。

我在前文提到过,德波马尔把人祭的习俗算在了墨西加人头上。他通过减轻人们的罪恶感挽回当地历史的声誉,极大理想化了特斯科科的历史,哪怕他的诡计我们一眼就可以看穿。15世纪的人们针对墨西加人的不良影响,曾采取妖魔化的做法,这也使得特斯科科的王室祖先及其统治的社会变得更容易被人接受了。德波马尔和16世纪40年代的手抄本画家不同,他的阐述受到了德拉斯·卡萨斯学派的影响,更为西化,符合当时的本土政治利益和目标。因为特斯科科贵族记忆与他紧密相关,他需要通过一些把戏重新建构这种记忆。

本土对古代信仰的辩护不止这些,② 还涉及内萨瓦尔科约特尔的形

---

① AHS, t. II, p.20 (chap.CXXXVIII).
② Bernardino de Sahagún, l. XI, chap. XIII [*Historia general de las cosas de Nueva España* (《新西班牙诸物志》), t. III, Mexico, Porrúa, 1956, p.358-359]; Rios Castaño (2014), p.210, et n.34; Diana Magaloni, « Visualizing the Nahua / Christian Dialogue: Images of the Conquest in Sahagún's *Florentine Codex* and their Sources » (《可视化纳瓦人与基督教的对话:萨阿贡〈佛罗伦萨手抄本〉中的征服图像及其来源》), in John F. Schwaller (ed.), *Sahagún at 500: Essays on the Quincentenary of the Birth of Fr.Bernardino de Sahagún* (《萨阿贡500年:贝尔纳迪诺·德萨阿贡神父诞辰500周年论文集》), Berkeley, Academy of American Franciscan History, 2003, p.193-220.

第十五章　重构的过去　　　　　　　　　　　　　　　　　　　　275

象及当地贵族的意见。"他们对自己的偶像和神灵充满敬仰、大加祭祀，但一些贵族和领主并不相信它们是真正的神；相反，在他们看来，相信人工做成的一捆捆石块和木头就是神这件事，是一种欺骗。尤其是内萨瓦尔科约特尔，他提出了最多的疑惑，寻求能引领人们找到真神、万物之主的光明所在。但由于我们的上帝不想指引内萨瓦尔科约特尔，他便不得不回归到自己父辈所崇拜的偶像上。"

这已经不再是简单地通过树立道德模范来弱化偶像崇拜，也不再只是对大征服前的神职人员和君主做有利的介绍，而是要在特斯科科寻找关于偶像崇拜批判话语的雏形，换句话说，是要寻找面对占主导地位的异教时的怀疑主义痕迹。德波马尔似乎是从一神教的角度加以阐述，这样一来可以废除或弱化多神教与一神教之间不可逾越的宗教距离。他的这个想法从何而来呢？

人们对偶像崇拜的疑惑促进了伊比利亚半岛怀疑主义的发展，当时的学者受到西塞罗（学院派）的启发，在西班牙展开了许多著名的对话，其中包括费尔南·佩雷斯·德奥利瓦（Fernan Pérez de Oliva）的对话。[1] 德波马尔只需要多听听人们在墨西哥对偶像崇拜不绝于耳的批

---

[1] 他创作于1525—1530年的作品《关于人类尊严的对话》(*Dialogo de la dignidad del hombre*)由弗朗西斯科·塞万提斯·德萨拉萨尔于1546年出版，后又由安布罗西奥·德莫拉莱斯于1585年再版。德萨拉萨尔移居墨西哥，撰写了他的《新西班牙编年史》(*Chronique de la Nouvelle-Espagne*，约1560年)，而费尔南·佩雷斯·德奥利瓦则写了一部名为《发现印度的历史》(*Historia de la invención de las Indias*)的手稿。Nicolas Correard, « Le dialogue *more Academicorum* en Espagne au XVIe siècle: Fernan Pérez de Oliva, Juan Arce de Otalora et Antonio de Torquemada »（《16世纪西班牙的学术对话：费尔南·佩雷斯·德奥利瓦、胡安·阿尔塞·德奥塔洛拉和安东尼奥·德托克马达》）, *Sképsis*（《思考》）, t. Ⅶ, n°10, 2014, p.108-127; Jacqueline Ferreras, *Les Dialogues espagnols du XVIe siècle ou l'expression d'une nouvelle conscience*（《16世纪的西班牙对话或新意识的表达》）, t. Ⅰ, Paris, Didier Érudition, 1985; Ana Vian Herrero, « Introducción general » à *Diálogos españoles del Renacimiento*（《文艺复兴时期西班牙对话集》"总序"）, A.Vian Herrero (ed.), Cordoue, Editorial Almuzara, 2010, p.XIII-CLXXX.

判就够了。在这些批判的声音中，不乏人们对崇拜木头、石头碎片的印第安民族的嘲笑。① 德波马尔只需要把这些大征服之后发生的辩论移至大征服之前的历史里，就足以完成论述。

德波马尔如何看待一神教呢？原始一神教的原则是被教会所接受的。一神教甚至意味着印第安人有犹太血统。迭戈·杜兰似乎对这个假设充满兴趣，他途经特斯科科时，德波马尔曾与其往来密切。但在德波马尔看来，一神教更像是偶像崇拜的出路或者潜在的出路，而非一种原始的宗教意识。他选取了这个在特斯科科流行的观点，并利用它维护王朝的形象。方济各会的修士当时也采取了同样的策略：如果编年史学家赫罗尼莫·德门迭塔（Jerónimo de Mendieta）判断无误的话，安德烈斯·德奥尔莫斯是第一个把特斯科科与一神信仰联系起来的人。

巴托洛梅·德拉斯·卡萨斯曾在印加人身上看到了崇拜单一神灵的类似一神论的态度，即一个太阳神服务于一个创世神维拉科察（Condici Viracocha）。② 德波马尔应该读过奥古斯丁修会修士赫罗尼莫·罗曼在其著作《世界共和国》里对《辩护史》做的改编。③ 德拉斯·卡萨斯把内萨瓦尔科约特尔描述为一个留着黑胡子、厌恶人祭的外国人，罗曼借

---

① 对偶像崇拜的谴责，见 Serge Gruzinski, *La Guerre des images, de Christophe Colomb à « Blade Runner » (1492-2019)* [《图像之战：从克里斯托弗·哥伦布到〈银翼杀手〉（1492—2019 年）》], Paris, Fayard, 1990。
② 因卡·加西拉索（Inca Garcilaso）在他的《印加王室述评》（*Comentarios reales de l'Inca*, Lisbon, 1609）中探讨了这个想法。
③ Joan-Pau Rubiés, « The Concept of Gentile Civilization in missionary discourse and its European reception: México, Peru and China in the *Repúblicas del Mundo* by Jerónimo Román (1575-1595) » [《传教话语中的外族文明概念及其在欧洲的接受：赫罗尼莫·罗曼版〈世界共和国〉中的古巴、秘鲁和中国（1575—1595 年）》], p.311-349, in Charlotte de Castelnau-L'Estoile (ed.), *Missions d'évangélisation et circulation des savoirs, XVIe - XVIIIe siècle* (《16—18 世纪传教和知识流通的使命》), Madrid, Casa de Velázquez, 2011, p.311-350.

第十五章　重构的过去　　　　　　　　　　　　　　　　　　　　　277

用了这个形象。罗曼也持应该基督教化整个大陆的观点。① 原始一神教的影子还悄然出现在另一位混血历史学家的作品中，他是德波马尔的同代人和挚友——迭戈·穆尼奥斯·卡马戈。

德波马尔用一种独特的论证方式支持一神论的假说：把该假说与一位历史人物联系起来，并引用了此人的资料。他的论证基于古老的坎塔雷斯："许多如今我们只记得片段的古代歌曲都可以证明这一点，因为它们的歌词中包含了许多关于上帝的名称和修饰语，似乎只有一个神，一个统领天和地的造物者，一个维系着一切被其所造之物的神；它位居九层天以外，那里没有第二个神。"高尚的人"死后会和它团聚，而恶人死后灵魂会到一个充满痛苦和苦难的地方"。德波马尔认为，名字是不会出错的："尽管人们拥有许多代表不同神灵的偶像，但每当他们与之发生某种联系时，从来不会把偶像一并命名，也不会单独命名，而是用他们的语言说 in Tloque in Nahuaque，意为天地之主，这似乎说明人们认为只存在一个唯一的神。"这些证词不仅难以辩驳，还远超学术范畴，成了大众的信仰："不只是有智慧、有经验的人这么说，连普通人也（认同这个想法）。"德波马尔随后就只需要解释印第安人相信灵魂不灭的结论就够了。② 珍贵的坎塔雷斯需要被列入"编年史和历史"中，但他也很清楚，自己只是把德拉斯·卡萨斯和罗曼对安的列斯群岛居民一神教的描述转移到了特斯科科的印第安人身上。③

唯一的、全能的神，宇宙的创造者符合人们对神的普遍认识，而死

---

① Rolena Adorno, « La censura y su evasión: Jerónimo Román y Bartolomé de Las Casas »（《审查制度及对其的规避：赫罗尼莫·罗曼和巴托洛梅·德拉斯·卡萨斯》）, *Estudios de Cultura Náhuatl* （《纳瓦特尔语文化研究》）, Mexico, UNAM, 1993, vol.23, p.273.
② Pomar (1986), p.69, 70.
③ Román, *Libro I de la República de los Indios occidentales* （《〈西印度群岛共和国〉第一册》）, 1595, fol.127v°; HAS, t.I, p.632-633.

后受罚的想法、天堂的存在，甚至灵魂不灭的概念都描绘出一幅引人入胜的古代信仰画作。德波马尔是自己做过调查，还是只采纳了在当地精英群体中流传的观点呢？当地精英已经被基督教化半个多世纪了，到底是谁真正思考了这个问题，德波马尔还是精英群体？或许两者都有。

世界历史舞台上的混血儿

人们对宗教的评价使得古代特斯科科社会的许多方面再度得到关注，如司法的实践、艺术的发展、宗教的伦理，甚至一直持续到胡安·包蒂斯塔·德波马尔所处时代的人口治理："印第安人是十分顺从的，彼此之间和谐共处"[1]，"又极其忠诚，在逆境中顽强抗争"[2]。

在德波马尔笔下，巴托洛梅·德拉斯·卡萨斯带给我们的熟悉理念再次出现，即人们可以通过讲道理和以身作则的方式，树立一种生活方式，领导一个人类社会。德波马尔写道："每 80 天，贵族和重要人物会聚集起来。一位品格高尚、十分老练的年长祭司会给众人布道三四个小时，向他们解释需要改正或改进的地方，谴责他们的过激行为，教他们如何过上有德行的美好生活。"[3]

德波马尔读过西塞罗的作品。因此，他再一次把口才和教育置于"文明"进程中的核心位置，并把文明解释为"秩序与和谐"："有些人非常会说话，通过学说、事例就可以让他人生活在秩序与和谐之中；他们很容易就能动员、说服别人在战争中做有价值的事，在和平时期规范行为和完善治理；正如征服者们刚到达时见到的那样，这是在当

---

[1] Pomar (1986), p.89.
[2] Ibid., p.97.
[3] Ibid., p.86-87.

第十五章　重构的过去

地人的习俗中最能永久传承的东西之一。""文明"因此变成了框定和规范人们行为的成果，甚至还被赋予了明确的人文主义内涵——"主人必须人道地对待"[①]奴隶。"文明"也意味着对艺术和科学的欣赏，毕竟昔日的贵族学习了绘画、木雕、宝石加工、木工及宇宙和星辰的运行规律。

德波马尔并不是第一个把过去理想化的人，这样做的第一人也不在德波马尔的同代人中。德波马尔这样做必然是有原因的，关于特斯科科司法和善政的资料，甚至是通过"托尔特克化"进入"文明"阶段的资料，都以图片形式出现在了 16 世纪 40 年代的手抄本中。这些前哥伦布时期的资料其实已经不再只具备前哥伦布时期的特征，因为它们表达了对殖民统治的回应。我们有理由相信，40 年后的德波马尔汇集了特斯科科贵族阶层及所有受德拉斯·卡萨斯思想影响的圈层的思考。16 世纪 70 年代，当地的贵族已经被深深地基督教化了，远远地脱离了偶像崇拜的时代，向新的信仰靠拢，从而保护一切即将被忘记的与基督教相近的事物。过去的双重话语、双重解读空间，和拒绝古代信仰的态度一样，都过时很久了。同时，对昔日辉煌的追忆和理想化使得人们重新为那个遥远的时代正名。毕竟，德波马尔和他的祖先内萨瓦尔科约特尔国王已经相隔了一个多世纪。

德波马尔是否正在书写一部混血式的历史，即反历史的历史或另类叙事？在明确自己所言需要符合官方框架的情况下，他会进一步历史化大征服之前的王朝吗？不可否认，一个非欧洲式的过去努力抗争着，力图在伊比利亚半岛的阳光下找到自己的一席之地，对这种历史的构想、把它引入伊比利亚历史的视野都是一种文化杂交式的建构，导致了

[①] Pomar (1986), p.86.

两种截然不同的结果。一方面，它让人疯狂地把大征服之前的过去理想化，而这种理想化最终与殖民意识形态背道而驰。另一方面，它促使人们诉诸修辞、规范、标准和论证，始终把话语限制在西式的表达上。就算德波马尔引用了坎塔雷斯等原住民史料，也无法从根本上质疑历史化这种做法。历史化的本土推进和扎根也需要从新旧世界的文化杂糅中汲取活力。从基督教和欧洲的视角书写当地历史，在保护部分历史遗产的同时，也必然以历史的蜕变为代价。如果对当地历史的书写不再是完全欧洲化的，那也是因为它已经十分西方化了，文化杂糅把人们对古代记忆的塑造与天主教君主制的价值观、信仰和知识框架紧密联系在一起。从这个意义上说，德波马尔既是一个历史学上的混血儿，又是一个混血的历史学家；既是一个正在酝酿的克里奥尔社会中文化杂糅的一环，又是莫托里尼亚、德拉斯·卡萨斯、迭戈·杜兰、胡安·德托瓦尔和弗朗西斯科·埃尔南德斯所建立的原住民历史的续写者。倘若 16 世纪 40 年代的印第安一代还不具备与其自身世界拉开距离的条件，到了 80 年代，德波马尔和他的随从则通过无可辩驳的史料（如传唱的歌曲）部分回顾并重新构建了当地的历史。

德波马尔的例子促使我们思考美洲与欧洲在知识层面上的关系。德波马尔写作时，就像所有在墨西哥写作的人一样，都面向着大洋彼岸的那个君主和那片土地。他不再是托尔特克和奇奇梅克地缘政治的囚徒，也不再受制于征服者与被征服者相互对立的困境，他站在了世界的舞台上。他写下的每个字都是对全球地缘政治的回应，而"全球"在这里并不是指引入了另一个新的语境，而是代表着一个"既缔造研究对象又被研究对象所缔造"的动态因素。[1] 被殖民的特斯科科不仅是新政治体新

---

[1] Sebastian Conrad, *What is Global History?* (《什么是全球史？》), Princeton, Princeton University Press, 2016, p.88.

西班牙的棋子，也是天主教君主制统治的一部分。在这个制度下，自 1580 年起，西班牙帝国与葡萄牙帝国联合了起来。不仅是德波马尔写下的历史，在新世界写下的所有历史，都不是面向当地人开展的地方性质的创作。这些历史是在西印度群岛融入西方世界的过程中诞生的。在这一点上，特诺奇蒂特兰、特拉斯卡拉的历史和特斯科科的历史是一样的。因此，与西班牙联盟的城邦特拉斯卡拉的画家们还是在他们的城墙上画出了秘鲁征服者弗朗西斯科·皮萨罗的形象。

如何面对宗主国和它有关西欧事物的表达？20 世纪 20 年代的巴西现代主义学者回答了这个问题。他们提出"食人主义"概念，认为所有从旧世界引入的事物，在被本土吸收之前，都经过了深入的"浸泡"和"消化"过程。[①]在德波马尔的例子中，欧洲模式（的历史）注定要被复制，并且完成了多种本土适应（包括对资料来源、口述形式和殖民压力的适应），而德波马尔则需要继续以其独特的方式适应这个模式，这就是他能够介入和独创的余地。但无论如何，所有知识和方法的运用最终都只能是欧洲式的。就像巴西圣保罗的创建者们发展其独特性，同时不忘把它纳入欧洲和西方的现代主义浪潮中。德波马尔构建了一个本土的历史，一个只有在全球天主教君主制及伊比利亚全球化的框架下才得以定义和展现的本土历史。

---

① Roberto Schwarz, *As ideias fora do lugar* (《不合时宜的思想》), São Paulo, Penguin e Companhia das Letras, 2014.

第十六章
漏网之鱼

入侵者的历史已经影响整个新西班牙了吗？

对胡安·包蒂斯塔·德波马尔、西班牙王朝、西班牙人和今天的我们来说，大征服之前与之后两个时间段的割裂是无可争议的。大征服标志着殖民统治和基督教化的开端，是区分前后两个时期、古代美洲印第安世界与现代殖民世界的分界线。总体而言，印第安人社会进入"历史"，也就是欧洲历史的时间大概是从1517年西班牙人登陆墨西哥海岸到1524年方济各会修士们到达的这个时间段。从此，印第安人的过去篇章结束，新的殖民篇章开启。这正是21世纪的我们看待那段历史的方式，也是所有历史教科书教授给我们的"真理"。

乔鲁拉城或时代的融合

印第安人自然也感受到袭来的各式巨变。就算身处大陆各地的调查者以不同口吻开展的调查问卷证实着两个世界之间的鸿沟，人也不可能在一夜之间完成从一个世界到另一个世界的转变，任何人都做不到。我在前文提到，问卷中的许多问题会反复让当地的信息提供者回答关于这种差距的内容，并迫使他们在其生活的各个维度把现代事物与古代事物对立起来。这种系统性的区分是否意味着殖民当局已经如愿以偿地用前者取代了后者呢？

按理说原住民信息提供者已经内化了两个世界之间的鸿沟，他们的答案给人的感觉是他们已经接受了这个鸿沟。大部分人庆幸新时代的到来，较为特殊的是，也有一些人会表达出他们对旧时代的惋惜。那这到底是美洲印第安人民的深切感受，还是存活下来的昔日美洲印第安精英的感受呢？

我们首先需要说明的是，印第安人也可以不回答调查问卷上的问题。我们很难解释这样的沉默。很多时候，他们给出的答案里会有绘画，不少画作是原住民手抄本画家对整个地区或城邦的展现。[1] 在普埃布拉地区的乔鲁拉城出现了一幅展现行政总长加布里埃尔·德罗哈斯（Gabriel de Rojas）[2] 所写述略的城市地图，此人是一位懂得展现聪明才智，充满好奇心和批判精神的西班牙的代表。乔鲁拉城的历史可以追溯到前哥伦布时期十分久远的年代，它在修罗托率领的奇奇梅克人到达特斯科科时便已存在了，并在中部高原地区发挥了重要的政治和宗教作用。这座城邦曾是众多圣殿的所在地，过去的人们应该见过一座巨大的金字塔占据着这座城市的天际线。

这幅地图以一种复杂的方式将殖民元素与前哥伦布时期元素结合起

---

[1] Mundy (1996).
[2] René Acuña (ed.), Diego Muñoz Camargo, *Descripción de la provincia de Tlaxcala: Relaciones geográficas del siglo XVI : Tlaxcala* (《描述特拉斯卡拉：16 世纪的地理述略之特拉斯卡拉》), t. I, 1985, p.125-145.

第十六章　漏网之鱼

来。一眼望去，它似乎把代表殖民、天主教、当下的"中心"位置与金字塔、古代信仰、一去不复返的废墟时代所处的"边缘"位置对立了起来。再仔细看，就会发现中心与边缘两极之间存在着密切的联系：这座城市中所有被基督教化的街区都朝向金字塔遗迹。金字塔的上方有表示"图拉城"的芦苇式样象形文字，代表了过去的辉煌和文明的记忆。而在一座山丘的上方，表示基督教的西班牙小号代替了古人的海螺。如此一来，过去的记忆与现在的变化紧密联系在一起。方济各会的圣殿位于地图的中央，矗立在羽蛇神神庙的废墟之上。

调查问卷把不同时代、社会和宗教对立起来，而这幅地图则从各个角度交织古今，确立了两者之间的多维联系，直到它们显得密不可分、无限交错。在无法找到与这幅画作相关的文本的情况下，我们很难估量同时在一幅画作上展示两个中心——方济各会修道院代表的殖民世界的中心和金字塔代表的前哥伦布世界的中心——是不是一件力气活。但可以推断，乔鲁拉城的印第安精英并不认同从一个世界到另一个世界存在不可避免的转化，他们记忆中的历史鸿沟与我们如今对该鸿沟的认识相比，也没有那么深。人们对过去的怀念之情，就像历史学家德波马尔的感受，不过是非西班牙人所面临的众多选择中的一个。就像16世纪40年代特斯科科的手抄本讲述的那样，在那个年代，乔鲁拉城尚且承袭着托尔特克文明，但它也即将进入基督教乔鲁拉的序章。如果我们还记得，文明的进程未必一定和大征服有关，并且它会在不同的框架内被不断重新展示，那就可以理解"现在是可以定义过去的"。乔鲁拉城的手抄本画家笔下的时间和空间，和《修罗托手抄本》及《特洛津手抄本》中的时空相同，交织缠绕、不可分割。

尽管德波马尔在特斯科科展现的是一个定向的线性时间，乔鲁拉城的画家及其周围的人却依旧对其他动态十分敏感，在他们看来，各个形态中的对抗力量构成了一种持续前进的运动。按照这种阐释，欧洲式历史化进程中注重的"时间距离"可能就行不通了。德波马尔把特斯科科微弱的一神教倾向和殖民时期的基督教结合时，真的使用了完全不同的方法吗？

基督教徒自身也会时而挑战时间的线性特征。在两代人之前的特拉斯卡拉城，《征服耶路撒冷》把中世纪十字军东征的历史、查理五世彼时的统治和苏丹宣布失败的时间轻巧地混在了一起。[1] 时间压缩在戏剧表演技巧的作用下成为可能，但这部剧作也只保留了欧洲的 3 个时代。乔鲁拉城的地图与特斯科科的手抄本都展示出了时间的其他维度，与我们普遍认识的时间大不相同。

流传至今的《地理述略》并不能让我们判断出印第安精英阶层历史化的实际进展，更不必说普通民众的进展了。历史学家在已经非常西班牙化的墨西哥谷地得出的结论，在遥远一些的米斯特克山脉便不再奏效。如果比照德波马尔书写的特斯科科历史与画家绘制的乔鲁拉城地图，我们能获取的资料十分有限，难以突破个案对比的局限。两者对比最多可以表明，在 16 世纪的最后 25 年里，墨西哥当地的历史化之战还远未取得胜利。[2]

漏网之鱼

其他以口述为源头的历史资料，如《墨西哥之歌》(*Cantares mexicanos*)与《新西班牙领主歌集》，能够让人更好地体会到历史化进程中的不和

---

[1] Motolinía (1971), p.107-115.
[2] 关于其他混血历史学家对建构历史的回应，尤其是在视觉形式上的回应，可以参考我在《混血思想》(*La Pensée métisse*, Paris, Fayard, 1999, p.107-199) 一书中针对伊斯米基尔潘和普埃布拉地区绘画的分析案例。

第十六章 漏网之鱼

谐之音。这两部珍贵的作品汇集了一系列被宗教人士及其原住民合作者精心挑选的用纳瓦特尔语记载下来的坎塔雷斯。我们可以从中感受到印第安人与新环境的斗争和对话，但完全解读却不容易，因为坎塔雷斯每次被演奏、歌唱和伴舞时，都会被重新创作。[①] 它们并不是传统意义上的诗歌和歌曲，庆祝活动中音乐与节奏的关系、舞台布置、即兴表演与口头剧本的关系、羽毛与颜色舞动的方式、演员的姿势和叫喊，以及紧张的局势和突发的暴力，都是坎塔雷斯的组成元素，是我们永远无法理解的。还有一些更深层的、更不可及的东西从我们的指缝中溜走，那便是印第安人的记忆和他们与世界的关系。方济各会修士贝尔纳迪诺·德萨阿贡抨击坎塔雷斯，认为它是锻造异端邪说与偶像崇拜的熔炉。他敏锐地强调，传教士梦想中的印第安基督教与这些令人担忧的表现形式之间存在着鸿沟。

不少坎塔雷斯描述了大征服时期的事件，另一些则讲述了 15 世纪和大征服之后发生的事件：死去的精英战士和杰出的贵族从天而降，复兴了曾经的习俗、信仰和在我们看来属于前哥伦布时期的象征世界。战争和军事伦理往往是表演的关键主题。这些表演会让我们感受到另一个世界的陌生，一个在西班牙人闯入之前、在坎塔雷斯被文字记录之前就存在的陌生世界。[②]

也许我们得再次借鉴中国的历史，才能找到理解坎塔雷斯的方法，"有形之境，有礼乐；无形之境，有生灵，有死灵"[③]。坎塔雷斯不只是

[①] James Lockhart & France Karttunen (éd. et trad.), *The Art of Nahuatl Speech* (《纳瓦特尔语的艺术》), Los Angeles, The Bancroft Dialogues, 1987, p.9.
[②] 流传下来的文本不过是歌曲的转录，是对这些表演的遥远反映，被字母书写固定和束缚，并依赖于传教士的选择。
[③] Jullien (1989), p.117.

福音布道出现偏差、失去控制的表现，还是一种既不使用武器又不公开对质的反抗方式。① 人们以这种独特的方式表达对殖民统治中历史化行动的拒绝。昔日那些歌唱舞蹈的原住民贵族尽管已经被基督教"污染"，但他们的记忆却永远都不会被写成历史或某个过往时代的编年史。

反抗以何种形式呈现呢？它调动了以原住民素材为载体的记忆机制，如歌曲、舞蹈、音乐和表演。这些素材与我们现有的由印第安人或混血儿书写的编年史相比，摆脱了字母书写的可能性和限制，是独一无二的。例如，乔鲁拉城地图没有把殖民时期与之前的时代对立起来，而是使（临近的和遥远的）过去与（创作和表演的）当下融合。许多坎塔雷斯把大征服之前的时代、大征服及殖民时代初期结合起来，"表演按照剧本推进……有对前哥伦布世界分崩离析的惋惜，又有对基督教符号浸入印第安想象的评估，也有（从表演角度）对两种文化相遇、冲突所带来的变化的解释"②。

坎塔雷斯总是从多种角度讨论相同的主题，使用同义叠用、重复等手法，不再涉及线性的时间顺序。这种方式让人联想到特斯科科的3部手抄本，在这种表演形式下，3部手抄本似乎构成了一个整体，尽管坎塔雷斯和手抄本具体展现事物的方式各有侧重，但在内容上却十分相近，甚至是一致的。有人认为是某些杰出君主创作了坎塔雷斯，例如内萨瓦尔科约特尔，并赋予了他命运坎坷、体悟生命奥秘的浪漫主义或后浪漫主义的创作者形象。但实际上，坎塔雷斯并不是由某人独创的。通

---

① 见约翰·比埃尔霍斯特（John Bierhorst）在 *Cantares mexicanos. Songs of the Aztecs*（《墨西哥之歌：阿兹特克人的歌曲》）中的论述，Stanford, Stanford University Press, 1985, p.16-50.
② Charles Hankin, « Final paper in the Seminar of S. Gruzinski »（《格鲁津斯基研讨会最终论文》）, Princeton, 2016, p.21.

第十六章　漏网之鱼

常情况下，几位歌唱者会共同选择一位指挥，轮流独唱和对唱。①大多数歌声会在一个神圣的地理空间响起和演变，呼唤着死去的战士和祖先，或回忆起曾经在原住民世界的旅程，而今人们远行的足迹已延伸至大西洋或教皇所在的罗马。②除了被强烈基督教化的坎塔雷斯，不少歌曲表达着人们对救恩史中个人主义的抵制，与古老的阿纳瓦克和它散发的所有力量保持着联系。

历史化是通过字母书写实现的。16世纪，原住民精英仍然使用着一种与欧洲传统大相径庭的口述形式。起初，口述之所以出现，是因为字母书写并不存在，并且对印第安人来说，字母书写是难以想象的。③这与西方世界完全相反，几个世纪以来，西方人已经习惯了在口头与书写之间转换，但原住民的这种口述表达和前文分析过的特斯科科画作一样，是独立存在的。口述表达不见得需要依托于书写，不需要受其支配，被其表达。口述表达是与绘画形式共存的，而绘画形式也并非为了标注出声音的音域。象形文字不仅是为了记录话语，也有其他的功能。当象形文字发挥其他功能的时候，记录话语的功能便是次要的。古代的口述与绘画分别在一些领域发挥着作用，并没有借助一个可以与口语相结合的符号系统。

随着欧洲人的入侵，由于书写形式能够强化语言的使用，并把话语以书本或手稿形式记录下来，人们于是开始使用一些新的书写形式。字母转写使得书写与口语更紧密地结合起来。一些事物，以及"文人"所

---

① Lee (2008), p.140; Motolinía (1971), p.382-383.
② Gruzinski (1999), p.225-275.
③ Gary Tomlinson, *The Singing of the New World, Indigenous Voices in the era of European Contact* (《新世界的歌唱，与欧洲接触时代的原住民之声》), Cambridge, Cambridge University Press, 2009, p.28.

拥有的特权促进了字母转写在西方化进程中发挥作用，使其成为撼动新世界印第安人的语言改革的支柱之一。

　　古代原住民口述传统的韧性不仅涉及技术和载体，在被转写为字母语言记载下来之前，话语本身也维持着与世界的直接联系。无论是被唱出来的，还是被说出来的，它都是物质世界的延续，与之共生。话语、绘画、生命和物品毗连共存。似乎一个真实的印第安世界并没有区分人所在的世界与神所在的世界、世俗的范畴与形而上的范畴，它更像是在可感知的存在与不存在之间，在无处不在的物质与绝对的真空之间变化着。内在的现实在文字、图像、色彩、歌曲、声音、酒精饮料和致幻物质之间流动着……坎塔雷斯的"演绎者"并未把文字、音乐、歌曲、诗歌、表演和被演者区分开来。[1]

　　后来原住民开始学着读写字母文字，这种联系也就随之消解了，"纳瓦特尔语和现实的联系被巧妙地解除了"[2]。在人们强行确立了欧洲式的表征霸权、引入了转义和表义的区别、历史化了现实后，欧洲文字和文本至高无上的地位最终撼动了彼时的主流想象。不少坎塔雷斯似乎躲过了这种想象层面的殖民，甚至推翻了时间的单一性、线性和定向性，"污染"了被强加的殖民和基督教式的时间。通过赞颂稍纵即逝的事物，如闪闪发光饰物的脆弱性和逝者的回归，以及通过重新连接、合并不同的时代，坎塔雷斯撼动了欧洲式的时间，扰乱着世界的新秩序，把教皇所在的罗马、大西洋转化成既实在又神秘的空间，一如最初的特诺奇蒂特兰或战士死后化为蝴蝶时所处的天际。

---

[1] Gary Tomlinson, *The Singing of the New World, Indigenous Voices in the era of European Contact* (《新世界的歌唱，与欧洲接触时代的原住民之声》), Cambridge, Cambridge University Press, 2009, p.50.

[2] Ibid., p.30.

第十六章 漏网之鱼

坎塔雷斯之所以晦涩难懂，倒不是因为印第安人的语言十分神秘，而是因为它涉及符号的使用，以及人们与所谓现实的关系。如何在不可逆转的西班牙殖民背景下保护这种本体论？如何能像16世纪的原住民精英一样穿梭于两个意义的世界？人们举行公开的、基督教化的表演，也就是已经与西班牙当局协商过的表演时，一般会采取较为谨慎的做法。而在节日场合和波奇特卡[①]商人举办的私人宴会上，表演就获得了更大的余地。[②]但这类隐秘时刻转瞬即逝，因为口述活动十分依赖口述者，经不起记忆的衰退和精英群体经历的各种转变。后来，几代人因流行病大批逝去，印第安化的基督教逐渐扎根，"无名之物"——没有名字的殖民现实的蔓延，都加速了基督教想象和新的本体论的入侵，而人们对新信仰的印第安化并不能抵消这种入侵。

坎塔雷斯被简化成了字母记录下的诗歌、被阐释的资料、被论证过的"历史"档案。胡安·包蒂斯塔·德波马尔为我们证明了这一点。基于对《新西班牙领主罗曼史》的理解，德波马尔完成了《特斯科科述略》中最大胆的部分；但他与周围的原住民一样，无疑对这本诗歌集从基督教角度做了系统解读。他也因此树立了一个流传久远、活跃至今的传统：选取剧目中的某些内容作为历史写作的参考，同时去除坎塔雷斯所指向的另一种现实和它的颠覆性力量。德波马尔利用基督教的启示与欧洲人的心境塑造印第安历史人物（如内萨瓦尔科约特尔），同时通过转写和书写记录下了印第安人记忆中的一种独特形式——坎塔雷斯。以字母文字为依托，德波马尔像制作木乃伊一样，把坎塔雷斯保留了下

[①] 在整个中美洲从事长途奢侈品贸易的专业商人群体，他们有专门的公会，也是阿兹特克社会中的重要军事情报人员。——编注
[②] Tomlinson (2009), p.51.

来，在让它免于被人们遗忘的同时，也彻底扭曲了它原本的影响力和强烈的独特性。①

---

① 另一个反抗的焦点是本土图像和行为艺术领域，其中坎塔雷斯是一个遥远的回声 [S. Gruzinski (1990 et 1999)]。*L'Aigle et la Sybille, Fresques indiennes du Mexique* (《鹰与西比尔，墨西哥的印第安人壁画》), Paris, Imprimerie nationale, 1994.

第十七章
天主教君主国书写的世界历史

在西班牙王室发起的涉及整个帝国的调查背后，一股世界西化的动力正逐渐形成：记忆的殖民化和欧洲式的历史模式在全球各处被强制实行。[1] 欧洲历史对世界的征服，补充了"设想的形象"对世界的征服。马丁·海德格尔预见到人们"设想的形象"对现代性的诞生具有决定性的作用。葡萄牙人和西班牙人最先发起这场征服，其他欧洲强国紧随其后，开启了他们在全球的征服活动。到了20世纪，整个世界都落入了旧世界历史学家编织的那张不断更新的大网之中。

费利佩二世的壮志雄心

在16世纪最后的25年里，殖民统治的事业与费利佩二世的政治抱

---

[1] 历史化是全球化的一部分，正如我在《世界的四个部分》(Les Quatre Parties du monde, Paris, La Martinière, 2004)中定义的那样。

负紧密相关。他的帝国野心激发了一系列的宏伟计划。在安特卫普出版的多语种圣经合参本力图通过确立一个终极唯一的《圣经》版本，为异端邪说和新教的分裂活动画上句号。同样，依然是在当时西属尼德兰的安特卫普，人们出版了亚伯拉罕·奥特柳斯（Abraham Ortelius）的地图册《世界概貌》(Theatrum Orbis terrarum)。这部地图册塑造了欧洲人对全球的认识，[①]也为军人、政客和商人提供了一个便携工具，帮助他们了解从旧世界出发的舰队已取得的全球进展。埃斯科里亚尔修道院里堆满了书本，俨然成为名副其实的罗马教廷历史博物馆和展示西班牙神圣性的百科全书。[②]而瓜达拉马山脉的图书馆和皇家藏品无不展现着人们掌握的关于世界的知识。国王谕示认为，想要成为一个"谨慎"的君主，他首先要成为一个"伟大的历史学家……要熟读古代和现代的历史，读得认真，研究得细致"[③]。

将所有美洲相关数据集结于印度议会的计划与奥特柳斯的地图册创作有着相同的目标。目标背后隐藏了人们对历史的看法：历史无所不包，涉及土地、海洋、自然和人类之物，现代和古代，新世界和旧世界。[④]

[①] Serge Gruzinski, *Quelle heure est-il là-bas? Amérique et islam à l'orée des Temps modernes* (《那里是什么时间？现代黎明前的美洲和伊斯兰教》), Paris, Seuil, 2008, p.8-103.

[②] Guy Lazure, « Posséder le sacré. Monarchie et identité spirituelle dans la collection des reliques de Philippe II à l'Escorial » (《坐拥神圣之物：费利佩二世在埃斯科里亚尔修道院收藏的文物中的君主制和精神认同》), in Philippe Boutry & al. (éd.), *Reliques modernes. Cultes et usages des corps saints des Réformes aux révolutions* (《现代文物：从宗教改革到革命中对圣体的崇拜和使用》), Paris, EHESS, 2009, vol.1, p.371-404.

[③] Fadrique Furió Ceriol, *El Consejo y Consejero del Príncipe* (《王子的顾问委员会和顾问》), Madrid, Editoral Nacional, 1978, p.138.

[④] Bustamante (2002), p.53; Juan Páez de Castro, *De las cosas necesarias para escribir la historia* (《历史书写所需之物》), vers 1558, ms. Biblioteca de San Lorenzo de El Escorial; sur les *artes historicae* (历史学的艺术), Renaud Malavialle, *L'Essor de la pensée historique au Siècle d'or. De Juan Luis Vives à Antonio de Herrera y Tordesillas* (《黄金世纪中历史思想的兴起：从胡安·路易斯·比韦斯到安东尼奥·德埃雷拉－托德西利亚斯》), thèse de doctorat, Université de Aix-Marseille I, 2003.

第十七章 天主教君主国书写的世界历史 295

人们如果要实现这个百科全书式的计划,就需要转变思路。贡萨洛·费尔南德斯·德奥维多所写的编年史并没有完全令人满意,洛佩斯·德戈马拉的作品发表方式也不合时宜,而巴托洛梅·德拉斯·卡萨斯所写的爆炸性作品《西印度毁灭述略》没有得到君主的出版许可。这一切都让殖民当局感到不安。1533 年,洛佩斯·德戈马拉的《印度群岛史》被禁。1556 年和 1560 年,当局决定未经印度议会的批准,不得发表任何与美洲相关的文章。编年史学家和宇宙学家胡安·洛佩斯·德贝拉斯科负责收集所有与西印度群岛有关的作品,并把许多被没收的手稿束之高阁。这个计划还动员了殖民管理机构。1572 年,墨西哥的总督马丁·恩里克斯接到命令,要求把掌握的所有资料交给印度议会,包括"在本省或本省任何地区的历史、评论,以及某些发现、征服活动、登陆和战争的略述"[1]。

1577 年,谢萨·德莱昂撰写的《秘鲁史》(*Primera Parte*)[2] 被查封;印度议会对赫罗尼莫·罗曼的《世界共和国》给出了否定意见;不久之后,方济各会修士贝尔纳迪诺·德萨阿贡也为审查政策付出了代价。德萨阿贡的《新西班牙诸物志》可以说是有史以来,历史学家们在新西班牙对印第安人社会所做的最深入的调查。尽管该书由方济各会发起和资助,但还是被禁止发行了。它被送往西班牙,收藏在某个地方,

---

[1] Richard L. Kagan, *Los cronistas y la corona. La política de la Historia de España en las Edades Media y Moderna*(《编年史家和王室:中世纪和近代早期的西班牙历史政治》), Madrid, Marcial Pons, 2010, p.237; Kira Kalina Von Ostenfeld-Suske, *Official Historiography, Political Legitimacy, Historical Methodology, and Royal and Imperial Authority in Spain under Philip II, 1580-1599* (《费利佩二世时期西班牙的官方历史学、政治合法性、历史方法论及王家和帝国权威,1580—1599 年》), Ph.D., Columbia University, 2014.
[2] 1553 年,谢萨·德莱昂出版了《秘鲁史》的第一部分,后于次年去世,留下了未出版的其余作品。此处指《秘鲁史》尚未出版的第二部分被查封。——译注

最后被放置在了佛罗伦萨的老楞佐图书馆（Bibliothèque laurentienne）。人们也被禁止记录印第安人的"迷信"（以防被传染）。更令人吃惊的是，人们也不能写过去的古老习俗，也就是"印第安人原来的生活方式"。

突然间，简单描述原住民的生活都成了不能容忍之事。《地理述略》调查项目中计划做的事或者被要求做的事，在没有得到印度议会监管和明确许可的情况下，也是要被禁止的。胡安·包蒂斯塔·德波马尔的历史书写本就受限于调查框架的狭隘性，即若没有书写《地理述略》的要求，他的作品也就不会存在了；而他一旦完成了《特斯科科述略》，原则上他只需要为印度议会的成员提供信息，再无其他使命。① 同时，印度议会还命胡安·冈萨雷斯·德门多萨（Juan González de Mendoza）撰写中国历史，然而这位奥古斯丁修会修士未能踏上前往中国的征程，只能在墨西哥开始他的准备工作。② 这也意味着印度议会在迫使新西班牙深入发掘印第安人社会记忆的同时，还着眼未来——出版了德门多萨的作品。这部作品被再版10余次，翻译成了多种欧洲语言，并在很长一段时间里影响着欧洲人对中国的印象。

印度议会高度警惕，甚至不放过西班牙帝国机构的官方文本。胡安·希内斯·德塞普尔韦达所写的官方编年史，尤其是他写的西印度群岛的历史《新大陆西班牙人实录》（De rebus hispaniarum gestis ad novum terrarum orbis）也被扣押运送至马德里，始终没有得以出版。萨米恩托·德甘博亚（Sarmiento de Gamboa）写的《印加人的历史》（Histoire des Incas），尽管是受秘鲁总督托莱多（Toledo）之命所写，

---

① 其中一些信息将经过安东尼奥·德埃雷拉－托德西利亚斯之手，包括关于特拉斯卡拉的手稿，见 Roberto Acuña（1984），p.14。
② Juan González de Mendoza, *Historia del gran reino de la China*（《中华帝国史》），[Rome, 1585]，Madrid, Miraguano-Polífemo, 1990。

第十七章　天主教君主国书写的世界历史

也难逃被禁的命运。①

我们若想了解《特斯科科述略》和巴托洛梅·德拉斯·卡萨斯所写历史的影响范围，就要考虑到历史化过程中的宗主国和政治因素，特别是宗主国对西印度群岛事物垄断式的监管。监管并没有加重原有的宗教审查制度，它涉及的主要还是意识形态问题，也算是政治上的权宜之计：洛佩斯·德戈马拉的《印度群岛史》被禁与秘鲁的内战有关，德拉斯·卡萨斯的《西印度毁灭述略》被禁是为了维护西班牙在其敌人面前的形象，而赫罗尼莫·罗曼的《世界共和国》被禁是因为这部作品会玷污征服者的形象，② 贝尔纳迪诺·德萨阿贡的作品被禁是为了避免墨西哥的偶像崇拜死灰复燃。这些严格审查与其说是出于严格的宗教管制，不如说是出于公共秩序的考虑。换句话说，就是尽一切可能避免有人兴风作浪。

历史的大师

西班牙王朝自身也是干预者。早期的西印度群岛历史遭到禁止、排挤或删减时，王朝却有意传播官方版本的历史，但直到后来通过安东尼奥·德埃雷拉-托德西利亚斯的《旬年史》(*Décades*) 才实现了这一想法。我们需要把这部又名《西班牙人的大洋岛屿与大陆的探险史》的著作置于更大的语境中来理解。③ 德埃雷拉力图多方位展现世界，而这部作品只体现了"美洲"的部分；他还研究了苏格兰、英

---

① Kagan (2010), p.234.
② Adorno (1993), p.263.
③ Antonio de Herrera y Tordesillas, *La Historia general de los hechos de los Castellanos en las islas y tierra firme del mar oceano* (《西班牙人的大洋岛屿与大陆的探险史》), 1601-1615.

格兰、葡萄牙、法国、意大利、土耳其和加那利群岛。他不是编纂历史，就是翻译历史。他翻译了意大利人托马索·米纳多伊·达罗维戈（Thomaso Minadoi da Rovigo）撰写的土耳其人和波斯人之间的战争史，以及《英国天主教徒在围攻巴黎期间向法国天主教徒发出的告诫》（Avertissements qu'adressent les catholiques d'Angleterre à ceux de France lors du siège de Paris）。无论是意大利语还是法语，所有欧洲语言对德埃雷拉而言都不是障碍。那他为何不着手写多卷本的世界史呢？他的《费利佩二世时期的世界史，1559年至其亡逝》（Histoire générale du monde au temps du roi Philippe II, de 1559 à sa mort，共3卷）便是一部世界史著作。伊比利亚半岛的读者随着他介绍的不同事件，逐渐把目光投向了北欧、非洲、亚洲、太平洋及西印度群岛。德埃雷拉还写了西印度群岛的编年史和西班牙王朝的编年史，并翻译了乔瓦尼·博特罗（Giovanni Botero）的作品《国家理由》（La Raison d'État）。同时，德埃雷拉通过迭戈·德阿埃多（Diego de Haedo）的作品对阿尔及尔的历史产生了兴趣，也对路易斯·德古斯曼（Luiz de Guzman）笔下前往中国和日本的传教士们兴趣浓厚。[1]

因此，德埃雷拉是第一位欧洲史学家，在他的影响下，天主教引领下的第一个君主帝国试图通过书写历史的方式在已知世界的各个区域施加影响。这个世界不再是亚伯拉罕·奥特柳斯绘制的地图册[2]中的样子了。德埃雷拉的著作符合天主教君主国的利益，面对欧洲的抨击不断

---

[1] Diego de Haedo, *Topografía e historia general de Argel* (《阿尔及尔的地形和历史概况》), Valladolid, A. Coello, 1612; Luís de Guzmán, *Historia de las misiones que han hecho los religiosos de la Compañia de Jesus, para predicar el sancto Evangelio en la India Oriental y en los Reynos de la China y Japón* (《耶稣会修士在东印度及中国和日本传教的历史》), 2 vol., Alcala, Gracián, 1601.

[2] *Theatrum Orbis terrarum* (《世界概貌》), Anvers, 1570.

第十七章 天主教君主国书写的世界历史 299

地树立和传播其被过度美化后的形象。德埃雷拉像当代历史学家和"介入"[①]历史学家那样展开论述，偏爱官方资料（他的职能让他可以毫无限制地接触这些资料），期望在帝国政治中发挥作用。西班牙书写了世界某些地区的历史，并希望当地接受这种历史。德埃雷拉也希望帝国所写的历史都能得到他的允许。我们看到一种符合官方意图的官方历史，在"弘扬公共利益，刊行王侯大作"的野心驱使下逐渐成形。[②]

德埃雷拉在一定程度上达到了目的。他的著作《西印度群岛描述》（*Description des Indes occidentales*）于 1601 年出版后，先后以德语、拉丁语、法语和英语版本在世界范围内广泛传播。法兰克福、阿姆斯特丹、莱顿和巴黎的学者们翻译和研究着这部作品。1622 年，它的一个拉丁语版本在阿姆斯特丹出版，哪怕当时这座城市与西班牙处于敌对状态。德埃雷拉的《旬年史》也被翻译成了上述几种语言，包括荷兰语——想要瓜分殖民蛋糕的敌对者的语言。这些做法也让我们看到，当时的西班牙并不是人们通常认为的那般封闭和衰落。

德埃雷拉没有革新历史类型，却在 1582—1624 年这 40 多年的时间里开始树立起建构过去、描述现在的欧洲霸权。通过德埃雷拉的作品，西班牙比其他欧洲强国更早获得了书写和传播世界历史的特权。18 世纪，德埃雷拉的《旬年史》在旧世界相继再版：他的作品既不像洛佩斯·德戈马拉的作品那样被禁止，也不像胡安·希内斯·德塞普尔韦达的作品那样被束之高阁，更不像莫托里尼亚、贝尔纳迪诺·德萨阿贡或巴托洛梅·德拉斯·卡萨斯的作品那样局限于手稿形式。这种至高无上的地位持续了几百年。

[①] 即德埃雷拉在历史书写过程中具有明确的价值和意识形态取向，并将书写活动作为参与社会或政治生活的行动方式。——译注
[②] Kagan (2010), p.264.

世界的另一端

"建构世界历史"不只是西班牙的创举。胡安·包蒂斯塔·德波马尔记录下了费利佩二世入侵葡萄牙的历史。从1580年起，西班牙王朝和葡萄牙王朝联合后的天主教君主帝国直接把书写亚洲事物的计划列为重要工作之一。1595年，曾在葡属印度定居的葡萄牙人迪奥戈·多科托被费利佩二世任命为果阿历史档案馆馆长，以编年史学家的身份接替1570年去世的若昂·德巴罗斯继续出版《亚洲旬年史》[①]。这部作品在一定程度上也回应了若昂三世（Jean Ⅲ）统治时期葡萄牙王室提出的书写《亚洲旬年史》的要求。

在印度果阿邦，迪奥戈·多科托不仅是一位一丝不苟的编年史学家，在17世纪的头几年费利佩三世统治时期，他也是西班牙王朝最重要的信息提供者。但他的影响力却不及安东尼奥·德埃雷拉－托德西利亚斯。[②] 虽然多科托生活在果阿邦，而且当地有出版社，但他的《亚洲旬年史》第四卷与其他三卷一样，都是在葡萄牙出版的。为了合乎礼节，他的第四卷比德埃雷拉的首版《旬年史》晚了一年，于1602年在里斯本问世。出版商佩德罗·克拉斯贝克（Pedro Craesbeeck）发行了这部作品的初版。1597年，佩德罗在里斯本安顿下来，创办了出版社，积极投身世界历史的建构事业。他出版了许多涉及西属西印度群岛的重要作品，有马丁·德尔巴尔科·森特内拉（Martín del Barco Centenera）的《阿根廷与拉普拉塔河的征服》（ La Argentina y conquista del rio de la Plata）、

[①] Diogo do Couto, Década quarta da Asia（《亚洲旬年史》）, 2 vol., Maria Augusta Lima Cruz (ed.), Lisbonne, Comissão nacional para as comemorações dos descobrimentos portugueses, Fundação Oriente, Imprensa Nacional, Casa da Moeda, 1999.
[②] Couto (1999), t. Ⅰ, p. XXⅧ.

第十七章 天主教君主国书写的世界历史

因卡·加西拉索的《佛罗里达的印加人》(La Florida del Inca)。后来又相继出版《印加王室述评》、安东尼奥·德古维亚（Antonio de Gouvea）关于波斯的纪事及费尔南·门德斯·平托（Fernão Mendes Pinto）受中国启发写出的最令人惊奇、最有趣的《朝圣》(Peregrinação)[①]。无论是阿根廷还是中国的历史书写，里斯本和马德里一样，都在伊比利亚半岛推行世界历史化的过程中扮演了重要的角色。

因此，历史的书写和传播中心位于伊比利亚半岛，却以宝贵的美洲和亚洲据点为依托。在面向亚洲和太平洋的窗口墨西哥城，安东尼奥·德莫尔加（Antonio de Morga）的《菲律宾群岛志》(Sucesos de las islas Filipinas)得以出版。另一部收录至昂里科·马丁内斯（Henrico Martínez）撰写的《年代汇编》(Repertorio de los tiempos)中的世界历史纲要也于同年出版。还是在墨西哥城，胡安·冈萨雷斯·德门多萨着手准备关于中国的著作，胡安·德托克马达撰写了涵盖西属西印度群岛、太平洋和菲律宾的《印第安人的君主制》(Monarquía indiana)[②]。

位于印度洋海岸的果阿邦也是世界历史化的重要据点。就像墨西哥的莫托里尼亚和德托克马达、秘鲁的贝坦索斯（Betanzos）和谢萨·德莱昂那样，历史学家也在当地展开工作，如史料收集、评论和撰写。多科托并不满足于收集亚洲的资料。他没有离开葡属印度，而是在果阿港拿起了在欧洲出版的各类文本，包括一部写于15世纪初，1582年在塞维利亚出版的航行记《帖木儿大帝的一生》(Vida del Gran Tamerlane)；他阅读了编年史学家科律克索的海屯（Héthoum de Korykos）所写的中世纪蒙古帝国的历史。乔瓦尼·巴蒂斯塔·拉穆西奥（Giovanni Battista

---

[①] Fernão Mendes Pinto, Peregrinação (《朝圣》), Lisbonne, Imprensa Nacional, Casa da Moeda, [1614] 1988.
[②] 该作品于1615年在塞维利亚出版。

Ramusio）曾在其撰写的《航海与旅行》(Navigationi et Viaggi)中编辑了这部作品的第二卷；他也参考了人文主义学者的研究，包括弗拉维奥·比翁多、保罗·霍韦、埃尼亚斯·西尔维厄斯·皮科洛米尼，以及写过土耳其人的安德烈亚斯·坎布里努斯（Andreas Cambrinus），和我上文提到的滑稽的历史捏造者维泰博的安尼乌斯。[①]印度的、波斯的和远东的一手资料与伊比利亚半岛和意大利的中世纪及人文主义的历史传统掺杂在一起，在各个官方历史发言人的努力下，丰富了天主教君主国的历史书写事业。而这一次，位于马德里和里斯本千里之外的果阿邦成为重要据点。无论多科托是否曾想统一手边的史料，他还是陷入了中世纪的传统和桎梏，例如他参考了圣托马斯的传教、祭司王约翰的传说和世界末日的困扰。我们也再次看到，欧洲人总是窃取世界其他地方的历史书写权，将其与基督教的古代和中世纪遗产紧密联系，并毫不认为这种做法有任何不妥。

因此，世界历史的书写自欧洲着手非洲编年史起就充分以葡萄牙人的知识和经验为基础。人们从葡萄牙历史学家那里继承了当今全球史支持者无法否认的视野和雄心：安东尼奥·加尔旺（Antonio Galvao）在《论大发现》(Tratado dos descobrimentos)中交替展现着西班牙和葡萄牙的发现，似乎想一章接一章地介绍伊比利亚半岛的船只兵分两路占领全球的进程。若昂·德巴罗斯作品中的旬年划分方式很有可能启发了巴托洛梅·德拉斯·卡萨斯，促使他在《印度群岛的历史》中也使用了这种方法。同时，《印度群岛的历史》又对安东尼奥·德埃雷拉－托德西利亚斯的诸多长卷历史著作产生了深远影响。

---

① Couto (1999), vol. II, p.135-136.

第十七章　天主教君主国书写的世界历史

在历史与寓言之间

在这些试图书写各个大陆或全球历史的创举中，美洲占据着独特的地位，是第一个被要求提供信息、接受观察和系统调查的对象。在这个过程中，米兰人彼得罗·马尔蒂雷·德安吉拉和西班牙的贡萨洛·费尔南德斯·德奥维多、洛佩斯·德戈马拉和巴托洛梅·德拉斯·卡萨斯相继接受了挑战。然而，直到16世纪末，耶稣会修士何塞·德阿科斯塔在其著作《西印度自然和精神的历史》中才给出了最完整的全球历史概述。这本书享誉国际，被翻译成多种语言。此外，同样产生广泛影响的还有方济各会修士胡安·德托克马达的《印第安人的君主制》，它也是美洲历史化进程中里程碑式的著作。

另一部同时期的作品也体现了西班牙帝国的野心。把原住民世界历史化，将其引入欧洲式的历史，必然涉及为其赋予起源和谱系的问题。这个问题在16世纪不断被提出，成为多明我会修士格雷戈里奥·加西亚在其1607年出版于瓦伦西亚的《新世界和印第安人的起源》的核心议题。为了把原住民的过去纳入西方框架，作者审视了新世界与旧世界之间各种可能存在的关联，所使用的时光倒流机毫不停歇地翻阅着《圣经》的、古代的和中世纪的资料，在最令人信服的版本中寻找最可靠的线索。但作者也没有摒弃印第安人的传统，相反，特别是当他旅居秘鲁和墨西哥后，开始在写作过程中系统考虑这些传统。

费利佩二世治下帝国的历史学家没有无视原住民提供的线索。而伊比利亚半岛的历史化进程也没有把原住民的声音遗弃在无知和无稽之谈的黑暗中。这一进程为那些不依靠文字传承的记忆保留了一种命运，无论这种记忆是真实的还是伪造的。记忆的殖民并不表现为对原住民记忆的轻蔑、漠然和厌恶。相反，这些记忆被不断重塑，被不断依照欧洲历史学家的分类方式筛选——首先需要依照历史和神话的分界线，也就是已然存在和并不存在的分界线被筛选。而当加西亚试图区分两者时，他往往把原住民给出的意见看作白日梦的表达。

在欧洲，在全世界

到了1600年左右，西班牙人不再是唯一"出口"时光倒流机的人。其他欧洲国家（如荷兰、英国、法国）相继加入了这场竞赛，尽管其他国家远未声称要与"西班牙企业"和"意大利分包商"匹敌。这些国家缺少欧洲以外的常设定居点，缺乏信息提供者网络、领路人和制图员，更缺乏由传教士群体招募的信息提供者和间谍队伍。书写世界其他地方的历史需要与远方的人保持交流。随着时间的推移，在接连不断的浪潮中，旧世界的强国和历史学家通过各种方式，在他们船只停靠的地方轮流将当地人的记忆殖民化。整个17世纪，伊比利亚霸权衰落，霸权火炬传给了荷兰、英国和法国，让这一历史化进程的范围更加扩大。欧洲式历史的每一次输出都受殖民利益、帝国主义目标或精神需求的驱动，它的目标或精神上的需求因国而异，但就算在宗教和民族的对立情况下，依然有助于世界历史宏大叙事的构建。

17世纪下半叶，越来越多的欧洲人开始操作来自遥远土地的图像和信息，抹杀材料的特性，或把它们混为一谈。书籍、艺术品，以及讨人喜欢的装饰艺术品市场逐渐征服欧洲大众。这些新的消费形式反映了人们新的精神状态：西欧与非欧洲社会之间的距离正在拉大，人们对非欧洲社会历史的兴趣减弱了，似乎只需要在伦敦、巴黎或阿姆斯特丹书写历史，就足以建构非欧洲社会的过去。异国情调、欧洲中心主义的毒

第十七章 天主教君主国书写的世界历史

药将在未来很长一段时间内扰乱欧洲与世界其他国家的关系。[1]他处则被表现得越来越标准化和有吸引力，同时失去了任何破坏力。

正是在这种状态下，从17世纪下半叶起，一些书籍开始用奇闻逸事介绍全球的宗教、巫术、珍品和习俗。[2]现代社会的异国情调不是诞生于这个年代，但当时荷兰的不少城市具备了启动最初文化产业的能力，建立了传播网络，开始在欧洲范围内生产"奇珍异俗"。更确切地说，随着荷兰的扩张日渐衰弱，荷兰的商人们通过挑选和打磨符合欧洲人消费趣味的异国事物，在制造、售卖世界形象的过程中变得越来越专业。从伦敦到巴黎再到柏林，从学术研究到商人的摊位，再到殖民管理，欧洲中心主义和异国情调开始盛行。

从非洲的马格里布地区延伸至亚洲的伊斯兰世界，以及中国为何没有参与到历史化进程中，为何没有与欧洲形成较量，书写其他世界的历史呢？这个问题超越了本书讨论的范围，需要研究西方化的力量与特殊性。在整个中世纪，伊斯兰教的迅速扩张也让全球一部分地区得以历史化。到了16世纪，奥斯曼帝国依然具备这种征服的活力，曾两度攻入维也纳的大门。而塞伊菲·切莱比（Seyfi Çelebi）和卡蒂普·切莱比（Katib Çelebi）等历史学家的重大贡献证明，伊斯兰教与基督教相同，也有着书写世界历史的意愿。

葡萄牙的历史学家没有忽略奥斯曼帝国之外的史学传统。迪奥戈·多科托在创作《亚洲旬年史》时，不管准确与否，都自称受到波斯

---

[1] 所有的原始多样性都被纳入一种不考虑边界、玩弄空间、背景或纪年的异国情调中。Benjamin Schmidt, *Inventing European Exoticism: Geography, Globalism and Europe's Early Modern World*（《创造欧洲异国情调：地理学、全球主义和欧洲的近代早期世界》），Philadelphie, University of Pennsylvania Press, 2015.
[2] 彼时荷兰的出版商毫不顾忌地混杂着旅行文学、民族学描述、地理图示等材料，罔顾所有科学的严谨性。

编年史的启发：至少他意识到，也毫不掩饰这类编年史中存在着对他而言不可或缺的历史产物。① 我在前文提到过，中美洲手抄本和西班牙编年史之间是无法类比的，但此处涉及的波斯编年史与多科托的作品则不同。因此波斯的历史作品，与基督教历史作品具有相同的基础。例如，在阿布·法兹勒·伊本·穆巴拉克（Abul al-Fazl Ibn Mubarak）的作品中，蒙古人被看成是先知努哈（Hazrat Nuh，即挪亚）的后代。而挪亚的故事曾启发维泰博的安尼乌斯的历史写作，并贯穿于巴托洛梅·德拉斯·卡萨斯的《辩护史》。

事实是，奥斯曼帝国只能被动地见证美洲的殖民化和基督教化历程。《西印度历史》(Tarih-i Hind-i Garbi) 的不知名作者便表达了没有"创造"历史、没有参与历史，甚至被彻底排除在历史之外的挫败感；只能鼓励苏丹发动战争，将新大陆印第安人的财富和灵魂交付给奥斯曼人。学术上的缺席和依赖使得这本书从头到尾都依赖于西班牙和意大利的资料。②

伊斯兰世界的史学传统与天主教国家的史学传统有着相同的基础。两种宗教都具有精神征服的憧憬和普世主义的视野。明代的中国并没有这两种原动力，但却继承了世界上最古老、最持久和最杰出的科学遗产。人们从葡萄牙多明我会修士加斯帕尔·达克鲁兹（Gaspar da Cruz）和西班牙奥古斯丁修会修士胡安·冈萨雷斯·德门多萨所写的中国历史中很难找到与欧洲遥相呼应的部分。

---

① 他可能摘录了米尔克万德（Mirkhwand）撰写的编年史《清净之园》(Rauzat al-safā') 中有关成吉思汗和帖木儿的章节，或者参考了阿克巴皇帝官方编年史《阿克巴传》(Akbar Nâmeh)，该书由阿克巴皇帝的官方编年史撰写者阿布·法兹勒·伊本·穆巴拉克所著，见 Couto (1999), t.II, p.111-112。
② Gruzinski (2008), p.106-112。

结论 美洲的经历

为什么要用一本书介绍新大陆的历史学家？为什么要在这本书中如此重视新西班牙的宗教人士和混血人士？翻阅那些对我们而言晦涩难懂的手抄本、识别坎塔雷斯的性质有何意义？

原因有三。其一关乎历史的历史，其二关乎当今历史的教学，其三则关乎个人。

在现代欧洲历史学家的心中，16世纪的史学史革命发生在欧洲内部、文艺复兴时期的意大利，远离欧洲人探索的异国海岸。[1]西方史学史的兴趣仍然集中在伊比利亚半岛[2]及其继承者身上，因为"外国的历史学家很快就像意大利历史学家那样书写历史了"[3]。

这场意大利"革命"源自基督教传统和一个几近被遗忘却大有前途

---

[1] 但是，12世纪的学者们毫不犹豫地谈及了历史学革命［Kempshall（2012），p.456-457］。
[2] 埃里克·科克伦（Eric Cochrane）考虑如何将美洲历史引入意大利时［*Historians and Historiography in the Italian Renaissance*（《意大利文艺复兴时期的历史学家和历史学》），Chicago, Chicago University Press, 1981, p.320］，主要从翻译和译者角度谈了阿方索·德乌洛亚（Alfonso de Ulloa）的作用，以及阿戈斯蒂诺·德克拉瓦利兹（Agostino de Cravaliz）等人完成的译本［*Historia di Mexico*（《墨西哥历史》），1555，*Historia generale delle Indie occidentali*（《西印度群岛通史》），1556—1576年共出版11次］，并强调了意大利人乔瓦尼·巴蒂斯塔·拉穆西奥的贡献。
[3] Ibid., p.322.

的文明（古希腊和古罗马文明）之间的思想冲击。[1] 该冲击受益于语言学的发展。语言学以现代形式重新阐释已经消失的世界，促进了古代和现代的对立，随后推广了"进步"的概念，即历史分期的基本假设。[2] 革命的结果不言而喻：发明于5世纪雅典的一种文体复兴；过去与现在被明确地区分开来；产生了基于同一时期的事件特征而进行的创造性时代划分方式；剔除了历史中形而上学和超自然的元素；历史被看成由一连串的事件组成，而这些事件基于年表和因果关系相互连接……并且人们始终认为，古人的知识可以指导后人的行为；同时，历史始终是雄辩的武器，影响着政治家们的想法。[3]

16世纪发生的其他"冲击"也改变了历史的书写。对意大利而言，从法国入侵（1494年）到查理五世发动罗马之劫（1527年），这些都是黑暗年代的冲击。还有宗教改革的冲击。宗教改革发展了历史的意义，随之而来的历史意识激发人们建构过去，构建一个有助于合法化新教阵营的过去。天主教和新教的历史学家都为宗教的利益服务。[4]

---

[1] Donald R. Kelley, *Versions of History from Antiquity to Enlightenment* (《从古代到启蒙运动的历史版本》), New Haven et Londres, Yale University Press, 1991, p.218-219; *Faces of History: Historical Inquiry from Herodotus to Herder* (《历史的面孔：从希罗多德到赫尔德的历史调查》), New Haven et Londres, Yale University Press, 1998; *Foundations of Modern Scholarship, Language, Law and History in the French Renaissance* (《法国文艺复兴时期现代学术、语言、法律和历史的基础》), New York et Londres, Columbia University Press, 1970.
[2] Jacques Bos, « Framing a New Mode of Historical Experience: The Renaissance Historiography of Machiavelli and Guicciardini » (《构建历史经验的新模式：文艺复兴时期马基雅维利和圭恰迪尼的史学》), in Rens Bod, Jaap Maat & al. (eds.), *The Making of the Humanities* (《人文学科的形成》), vol. I, Amsterdam, Amsterdam University Press, 2010, p.351-365.
[3] Cochrane (1981).
[4] François Hotman, *Franco-Gallia* (《法兰西高卢》), Genève, 1573, trad. Française: *La Gaule française* (《法兰西高卢》), Paris, Fayard, 1991; Jacques-Auguste de Thou, *Historiae sui temporis* (《自己时代的历史》), Paris, 1604; Kelley (1991), p.312.

结论　美洲的经历

　　欧洲史学史的传统表明，一旦一个新的历史书写由意大利发起，[1]就会传递到欧洲大陆的其他国家。反过来，法国文艺复兴也成为上演历史革命的剧场。[2]16 世纪下半叶，雅克·奥古斯特·德图（Jacques-Auguste de Thou）、让·博丹（Jean Bodin）和其他历史学家发展了一个正在成形的历史方法。他们以文艺复兴时期的语言学和约瑟夫·胡斯图斯·斯卡利杰尔发展的年代学为基础，定义了研究、批评和验证数据的技术，思考着历史的科学地位。[3]于是，历史研究的范围大大拓宽，达到了"在大陆启蒙运动开始之前的最强历史意识……这些学术上的进步，就其传播的范围和速度而言，无疑是一场历史性的革命，迅速改变了人们对民族历史的认识"[4]。进步通过"非常现代的、包含了最多样化的人类活动"的历史著作呈现了出来。[5]

---

[1] Cochrane (1981), p.493.
[2] G. A. Pocock, *The Ancient Constitution and the Feudal Law. A Study of English Historical Thought in the Seventeenth Century*（《古代宪法与封建法律：17 世纪英国历史思想研究》）, Cambridge, Cambridge University Press, 1987. Julian M. Franklin, *Jean Bodin and the Sixteenth-Century Revolution in the Methodology of Law and History*（《让·博丹与 16 世纪法律与历史方法论的革命》）, New York et Londres, Columbia University Press, 1963. Zachary Sayre Schiffman, « An Anatomy of Historical Revolution in Renaissance France » (《法国文艺复兴时期的历史革命剖析》), *Renaissance Quarterly*（《文艺复兴季刊》）, vol.42, n° 3, automne 1989, p.507; « Renaissance Historicism Reconsidered » (《重新思考文艺复兴时期的历史主义》), *History and Theory*（《史学理论》）, vol.24, 1985, p.170-182. Joseph H. Preston, « Was There an Historical Revolution ? » (《历史革命存在吗？》), *Journal of the History of Ideas*（《思想史期刊》）, vol.38, 1977, p.353-364.
[3] 弗朗索瓦·博杜安（François Baudouin）、艾蒂安·帕基耶（Étienne Pasquier）和弗朗索瓦·奥特芒成为运动的组成部分，他们出于对研究罗马法历史的兴起，开始研究法国的具体起源，并对高卢人和法兰克人的法律、习俗和制度加以批判。Kelley (1991), p.370-371.
[4] Donald R. Kelley, « Historia Integra: François Baudouin and his Conception of History » (《完整的历史：弗朗索瓦·博杜安及其历史观》), *Journal of the History of Ideas*（《思想史期刊》）, vol.25, n° 1, 1964, p.35-57; George Huppert, *The Idea of Perfect History: Historical Erudition and Historical Philosophy in Renaissance France*（《完美历史的理念：法国文艺复兴时期的历史学识与历史哲学》）, Urbana, University of Illinois Press, 1970.
[5] Schiffmann (1989), p.508.

与意大利和法国的革命不同，美洲的经历没有从中受益。伊比利亚世界的历史学家没有参考法国学者倡导的"意识到世界的多样性"，也没有面对历史相对主义问题。[1] 他们并不满足于理论研究，而是身体力行地面对不同的世界，探索着那些难以简化成他们熟悉的历史的记忆，并以欧洲大陆闻所未闻的分析做出回应。世界其他地方带来的冲击和古典时代、宗教战争产生的冲击一样巨大。

美洲的经历构成了欧洲边界的历史，这个边界通过捕捉当地的记忆向前推进。在技术上，前移的边界给当地强加了字母书写方式和欧洲的论证方法，边缘化了原住民的表达方式。在社会和思想上，这个边界促进了原住民精英群体归化西班牙王朝，加速了殖民社会的同质化进程。就像所有征服扩张的边界一样，欧洲边界也带来了象征性的暴力。更鲜为人知的是，通过灌输空间和时间的概念，它在美洲大地上重新定义了所谓构成过去现实的事物：一方面是"历史"，即真实的、真正发生在人们身上的事；另一方面则是"寓言"，即不可能的、想象的，甚至更糟糕的邪恶事物。

美洲的经历质疑了旧世界中世纪和现代的鸿沟。在大西洋的另一端，欧洲人和非欧洲人在 16 世纪建构的过去共同促进了"殖民"现代性。但"殖民"现代性既不能与地中海的古代呼应，又不能和欧洲大陆的中世纪呼应，所以这个概念很难传播开来。因此，巴托洛梅·德拉

---

[1] 朗瑟洛·瓦赞·德拉波普利尼埃（Lancelot Voisin de La Popelinière，1541—1608 年）是现代史上的重要人物，他深受法国对罗马法或高卢的解释的影响，对宗教改革带来的转变十分敏感，逐步从撰写国家历史转向书写世界其他地方的历史。Schiffman (1989), p.532-533; La Popelinière, *L'Histoire des histoires: L'Idée de l'histoire accomplie* (《历史的历史：完美历史的观念》), [1599], Paris, Fayard, 1989; Costas Gaganakis, « Thinking about History in the European Sixteenth Century: La Popelinière and his Quest for Perfect History » (《16 世纪欧洲的历史思考：拉波普利尼埃和他对完美历史的追求》), *Historein* (《历史研究》), vol. 10, 2010.

斯·卡萨斯觉得有必要建立一个真正的古代美洲；特斯科科的手抄本画家则暗自主张建立一个本土化的现代性，一种以内萨瓦尔科约特尔统治时期为理想代表的黄金时代，而占据主导地位的"古代、中世纪、现代"的划分方式并不适用于新世界。16世纪的西班牙人只能尽力建立美洲与古代和《圣经》的联系，不惜一切代价把印第安人和基督教的人类历史（救恩史）联系起来。

美洲的边界为欧洲历史学家提供了丰富的资料来源，如坎塔雷斯等口述资料、手抄本等绘画资料、安第斯山脉古秘鲁人的结绳记事资料，都可用于书写历史。对此，彼得罗·马尔蒂雷·德安吉拉、莫托里尼亚、贡萨洛·费尔南德斯·德奥维多和巴托洛梅·德拉斯·卡萨斯都非常清楚。直到1561年，历史学家弗朗索瓦·博杜安认识到西印度群岛的居民是"一群不识字的人"，他们使用类似埃及象形文字的符号和歌曲来保存"多个世纪的历史和民众的记忆……我听说生活在那里的同胞已经从这些歌曲中抽离出了部分历史，记录在了文字作品中"[1]。

与亚洲文明的直接接触同样对里斯本的历史学家产生了影响，只是影响力完全不同。无论是波斯、中国还是莫卧儿帝国的历史，葡萄牙历史学家都面对着他们掌握不了的海量信息和并不了解的史学传统。此外，在安东尼奥·德埃雷拉-托德西利亚斯和迪奥戈·多科托所处的时代，莫卧儿帝国也曾想要构建一个帝国的记忆。[2] 阿布·法兹勒·伊本·穆巴拉克和他的一些欧洲同行一样，也是宫廷历史学家，但他却对哲学思辨更感兴趣。人们因此认为他使用了一种"理性和世俗的历史方

---

[1] François Baudouin, *De institutione historiae universae*（《通史导论》）, Strasbourg, 1608, p.113-114.
[2] 在1595年，阿布·法兹勒受托撰写阿克巴皇帝统治时期的历史。N.A. Siddiqi, *Shaïkh Abul Fazl, Historians of Medieval India*（《谢赫阿布·法兹勒，中世纪印度历史学家》）, Meenakshi, Meerut, 1968, p.123.

法",确立了亚洲世界前所未有的现代性。①在亚洲,葡萄牙人放缓了历史化攻势,只满足于参考质量不一的考证,把几大帝国的过去穿插进殖民扩张的历史。直到18世纪,甚至19世纪,欧洲的东方学家才开始研究亚洲的历史,尽管意大利的耶稣会修士和葡萄牙人已经为他们奠定了基础。自16世纪70年代起,奥古斯丁修会修士马丁·德拉达(Martín de Rada)就试图借助《圣经》的年表推定中国的古代年代。②

非洲同样没有经历新世界的命运。长期以来,气候和疾病一直阻挡着欧洲人深入非洲大陆。尽管非洲也有自己的历史和历史学家,但它的历史性却未被认可。③16世纪,明显是出于军事和战略考量,欧洲大陆流传的历史信息大多与蛮族相关,非洲却丝毫没有引起欧洲人的兴趣。④倘若非洲在历史上是存在的,那便是因为罗马人对这片"没有记忆"的土地的占领史让它在欧洲人的记忆中占有一席之地。祭司王约翰所到达的埃塞俄比亚曾让中世纪的读者着迷,并吸引使臣前往,但到了16世纪,非洲就不再那么有吸引力了。和美洲不同,非洲大陆的历史

---

① 关于莫卧儿帝国沙贾汗(Shah Jahan)和奥朗则布(Aurangzeb)的著作,见N.A. Siddiqi, in S. M. Waseem (ed.), *Developments of Persian Historiography in India. From the Second Half of the 17th century to the First Half of the 18th Century*(《17世纪下半叶到18世纪上半叶的印度波斯史学发展》), New Delhi, Kanishka Publishers, 2003, p.6-7.
② Inés Zupanov, *Missionary Tropics: The Catholic Frontier in India (16th-17th centuries)* (《热带传教士:16—17世纪天主教在印度的边界》), Ann Arbor, University of Michigan Press, 2005; Manuel Ollé, *La invención de China. Percepciones y estrategias Filipinas respecto a China durante el siglo XVI* (《中国的发明:16世纪菲律宾对中国的看法和策略》), Wiesbaden, Harrassowitz, 2000.
③ Oumelbanine Zhiri, *L'Afrique au miroir de l'Europe: fortunes de Jean-Léon l'Africain à la Renaissance* (《欧洲之镜中的非洲:文艺复兴时期的非洲人让-莱昂的命运》), coll. Travaux d'Humanisme et Renaissance, t. CCXLVII, Genève, Librairie Droz, 1991.
④ 布劳恩(Braun)和哈根贝格(Hagenberg)的总结中没有出现任何一座非洲城市。Georg Braun & Franz Hagenberg, *Civitates orbis terrarum* (《世界城市地图集》), Cologne, 1572-1617.

直到 19 世纪才开始被书写。①

无论伊比利亚半岛的历史学家在哪里登陆，美洲、亚洲或非洲的人民都经历了艰难的去中心化过程。显然，同样的去中心化经历在墨西哥、在果阿邦和在佛得角的意义完全不同。在美洲，无论是在莫托里尼亚所处的新世界还是在贡萨洛·费尔南德斯·德奥维多所处的加勒比地区，西班牙人都在当地沉浸式地生活，而身处亚洲和非洲的葡萄牙人境况却大不相同。政治环境、对美洲人民和土地的殖民都迫使、允许甚至要求一个即时的历史化。因此，欧洲人、混血儿和原住民之间的交流越来越多，他们都在建构自身版本的过去。这样的交流在 16 世纪是独一无二的。

无论是西班牙历史学家、葡萄牙历史学家还是混血历史学家，研究焦点的变化促使他们回归自我，这是一个局限于欧洲事务的欧洲编年史学家难以企及的。米歇尔·德蒙田的作品见证了这种把目光拉远和外化的效果，但这也只是一个例外。对大部分伊比利亚人来说，前往亚洲、非洲和美洲的旅程很快就变成了一种例行公事。既是身体上的，也是情感上和思想上的例行公事。回归自我，首先是回归到每个人都承载着的思想传统上。世界多样性的景象唤醒了一部分人的批判性目光，他们开始重新审视迄今为止所认为的普世的类别、分类和真理：＂世界＂一词对印第安人和对基督徒（莫托里尼亚）而言意味着什么呢？将过去划分为＂四大帝国＂和＂六个时代＂的方式，是被墨西哥 5 个太阳的＂寓言＂推翻了还是证实了？欧洲的古代不如印第安人的古代可敬吗？偶像

---

① Giuseppe Marcocci, *A consciência de um império: Portugal e o seu mundo (sécs. XV-XVIII)* [《帝国意识：葡萄牙和它的世界（15—17 世纪）》], Coïmbre, Imprensa da Universidade de Coimbra, 2012; Thierno Moctar Bah, *Historiographie africaine. Afrique de l'Ouest. Afrique centrale* (《非洲史学，西非和中非》), Dakar, CODESRIA, 2015, p.9.

崇拜是否掩盖了一个不可命名的一神教？

除了这些通过写作被固定下来的想法和论证，该如何知道沉浸在其他世界和其他记忆中的西班牙人主观的内在转变呢？我在前言中引用了胡安·何塞·赛尔的《继子》，这本书的主人公提醒着我们知识的局限性："偶有夜深人静时，写作的手停了下来。在清晰得几乎不可思议的当下，我很难弄清那种充满众多大陆、海洋、群星和人类的生活是否真的存在过。还是说，忽而一瞬，它不过是我在昏昏沉沉，而不是在激动振奋的状态下写出的一个版本。"[1] 如何理解或者简单地讲述这种被称为食人或人祭的神秘差异？在《继子》中，胡安·何塞·赛尔想象出了一个欧洲人的个人证词。这种证词在莫托里尼亚、巴托洛梅·德拉斯·卡萨斯和胡安·包蒂斯塔·德波马尔的作品中很难找到。无论是想把食人妖魔化还是让人接受它，他们的作品里总是充斥着常见的词汇，证词也被基督教修辞的论据掩盖，以至于我们最终更倾向于特斯科科手抄本画家们的沉默。然而，历史学家离欧洲越远，就和他们每天接触的人走得越近：德波马尔赞颂着他食人祖先（祖父母）的过去，而莫托里尼亚则被（重新）改宗的食人族们包围着。为了能够走进他们的内心，或者只是简单地想象他们，就必须远离历史的道路，像赛尔一样，走上小说之路。

我们所面临的沉默意味深长。伊比利亚人感受到的茫然和遇到的障碍不足以撼动这场宏大的历史化事业。双方对彼此的质疑永远不会以意识危机或放弃为结局，去中心化的做法也无法遏制欧洲中心主义。西班牙人的历史方法立足于经院哲学和基督教信仰，把握住了原有的方向，甚至发展了新的知识和能力，如增加实地调查、调整调查问卷、系统地

---

[1] Saer (2013), p.75.

结论　美洲的经历

学习当地语言、破译图画式手抄本、探索印第安人的口述资料（坎塔雷斯）、制作殖民手抄本、把通史扩展到大陆范围，或者把欧洲考古学家的研究方法应用于印第安史料。

16世纪下半叶混血历史学家的出现构成了一种潜在的抵抗形式吗？还是形成了打破欧洲式历史枷锁的反话语机制？尽管对殖民统治持批评态度，但他们追溯的记忆还是通过书写和历史化的方式被记录下来。嫁接已经完成，人们对记忆的殖民却从未激起"独立战争"。欧洲式的历史被引入美洲的同时，需要适应新世界这个新对象和殖民这个新语境。它不但没有失控，反而愈发完善，并得到了认可，[1] 成为历史化事业遍布全球的第一步。

因此，几个世纪以来，欧洲精英通过将其侵占之地异国化和历史化，最终垒砌了欧洲中心主义的城堡。而殖民激起的各国反应更加印证了这一进程的普遍性。当今的全球史本质为北美洲版本的全球史，并再次承担起相同的任务，将民族主义和文化中心主义曾经忽视、放弃或拒绝解决的问题历史化。

我们应该如何应对这场成功的记忆殖民？像有些人那样彻底抛弃西方化和全球化，不去想它其实与我们的世界观密不可分吗？[2] 价值观不一定具有普遍性，而且往往是通过暴力强加给他人的，但这并不意味着它们不能为阻止威胁全球化世界的猛兽做出贡献。欧洲式的历史仍有话

---

[1] 关于18世纪的美洲，见Jorge Cañizares-Esguerra，*How to Write the History of the New World, Historiographies, Epistemologies, and Identities in the Eighteenth Century Atlantic World*（《如何书写新世界的历史？18世纪大西洋世界的史学、认识论和认同》），Stanford，Stanford University Press，2001。
[2] Jack Goody，*The Theft of History*（《偷窃历史》），Cambridge，Cambridge University Press，2006，trad. *Le Vol de l'histoire. Comment l'Europe a imposé le récit de son passé au reste du monde*（《偷窃历史：欧洲如何将其历史叙事强加给世界其他地区》），Paris，Gallimard，2010。

可说，只要我们能够重新审视它、评估它的局限性。就像我在这本书中做的那样，这项工作需要批判性地回顾它全球发展的起源，它与各种殖民形式之间的关系。这个历史，即巴托洛梅·德拉斯·卡萨斯、莫托里尼亚和胡安·包蒂斯塔·德波马尔向我们展现的历史，具备了我们比以往任何时候都需要的开放性和巨大潜力。

历史有什么意义？这个问题大大超出了学术范畴。[1]想象（这也是我写作本书的第二个原因）在初中和高中所教授的有意义的全球史。这不只是一个表面的革新，不只需要简单地开拓视野，也不只是要把世界的各个部分重新连接，它要求得更多。我们需要回归到那些把欧洲历史学家及其读者框限在某些传统中的事物上来。历史学家和读者往往能意识到这些传统，但仅限于此，这也导致他们在面对欧洲技术革新时处于被动地位。这些技术则把所有的研究和创新都简化为欧洲的标准。

莫托里尼亚、德拉斯·卡萨斯和德波马尔的探索，他们的成功和困局，直至今日仍有意义。莫托里尼亚长期面对他的印第安对话者，德拉斯·卡萨斯预见到了世界某一部分的全球史，混血儿德波马尔则在前所未有的伊比利亚全球化框架下构建了一部当地的历史。三人都以独特的方式回应着《继子》中印第安人的愿望："他们曾希望自己穿越有形的幻象时，能有一位见证者和幸存者，充当他们面对世界时的叙述者。"[2]他们的证词帮助我们重新思考历史学家的工作。我以此为基础，希望能够补充属于自己的证词。这也是我写这本书的第三个原因。在我看来，也是最重要的那个原因。

---

[1] Serge Gruzinski, *L'Histoire, pour quoi faire?* (《历史何为？》), Paris, Fayard, 2015.
[2] Saer (2013), p.157.

缩略语

AHS	《辩护史》（巴托洛梅·德拉斯·卡萨斯著）
AISO	国际黄金时代协会
CODESRIA	非洲社会科学研究发展委员会
CSIC	西班牙高级科学研究理事会（马德里）
EHESS	法国高等社会科学研究院
FCE	墨西哥文化经济基金会
HI	《印度群岛的历史》（巴托洛梅·德拉斯·卡萨斯著）
IFAM	法国-非洲管理研究院（达喀尔）
INAH	国家人类学与历史研究所（墨西哥城）
MEFR	法兰西罗马学派期刊
PUF	法国大学出版社
UAM	墨西哥城市自治大学
UCOL	科利马大学
UNAM	墨西哥国立自治大学

参考文献

José de Acosta, *Historia natural y moral de las Indias* (《西印度自然和精神的历史》), Mexico, FCE, 1979.

René Acuña (ed.), Diego Muñoz Camargo, *Descripción de la provincia de Tlaxcala: Relaciones geográficas del siglo XVI : Tlaxcala* (《描述特拉斯卡拉：16 世纪的地理述略之特拉斯卡拉》), vol. IV, Mexico, UNAM, 1984.

Rolena Adorno, « The Indigenous Ethnographer: The "Indio ladino" as Historian and Cultural Mediator » (《当地民族志学家：作为历史学家和文化调解人的"印第安人"》), Stuart B. Schwartz (ed.), *Implicit Understandings: Observing, Reporting and Reflecting on the Encounters Between European and Other Peoples in the Early Modern Era* (《隐性理解：近代早期欧洲人与其他民族相遇的观察、报道与反思》), New York, Cambridge University Press, 1994, p.378-402.

Manuel Albaladejo Vivero, « El conocimiento geográfico en las *Etimologías* isidorianas: algunas consideraciones » (《关于圣依西多禄〈词源〉中地理知识的思考》), *Iberia* (《伊比利亚》), vol. 2, 1999, p.201-203.

Hayward R. Alker jr., « The Humanistic Moment in International Studies: Reflections on Machiavelli and Las Casas » (《国际研究中的人文主义时刻：对马基雅维利和德拉斯·卡萨斯的反思》), *International Studies Quarterly* (《国际研究季刊》), 1992, vol.36, n°4, p.347-371.

Fernando de Alva Ixtlilxochitl, *Obras históricas* (《历史作品》), Mexico, UNAM, t. I, 1975.

Carlos Alvar, « Traducciones medievales de enciclopedias » (《中世纪百科全书翻译》), Alfredo Alvar Ezquerra (2009), p.125-139.

Alfredo Alvar Ezquerra, « Sobre historiografía castellana en tiempos de Felipe II : Sepúlveda, Morales y Garibay » (《论费利佩二世时期的西班牙历史学：塞普尔韦达、莫拉莱斯和加里贝》), *Torre de los Lujanes* (《卢哈内斯塔楼》), vol. 32, 1996, p.89-106.

__, (ed.), *Las enciclopedias en España antes de la Encyclopédie* (《〈大百科全书〉出版前的西班牙百科全书研究》), Madrid, CISIC, 2009.

Baudouin Van den Abeele & Heinz Meyer (ed.), Bartholomaeus Anglicus, *« De proprietatibus rerum ». Texte latin et réception vernaculaire. Lateinischer Text und volkssprachige Rezeption* (《〈物之属性〉的拉丁语文本和本土接受》), Baudouin Van den Abeele et Heinz Meyer (éd.), Turnhout, Brepols, 2005.

Daniel Arasse, *L'Annonciation italienne. Une histoire de perspective* (《意大利的天使喜报：透视法的历史》), Paris, Hazan, 1999.

Jan Assmann, *La memoria culturale. Scrittura, ricordo e identità nelli grandi civiltà antiche* (《文化记忆：古代文明中的文字、记忆和身份认同》), Turin, Einaudi, 1997.

Saint Augustin, *La Cité de Dieu* (《上帝之城》), L. XV à XVIII, trad. G. Combés, Paris, Desclée de Brouwer, 3 t., 1960.

Rodrigo Martínez Baracs, *La perdida relación de la Nueva España y su conquista de Juan Cano* (《胡安·卡诺所著的〈新西班牙及其征服的遗失考述〉》), Mexico, INAH, 2006.

T. D. Barnes, *Constantine and Eusebius* (《君士坦丁和尤西比乌斯》), Harvard, Cambridge, Ma, 1984.

João de Barros, *Décadas da Ásia de Ioam de Barros, dos feitos que os Portuguezes fizeram na conquista e descobrimento dos mares e terras do Oriente* (《若昂·德巴罗斯的〈亚洲旬年史〉介绍了葡萄牙在征服和发现东方海洋和土地方面的成就》), Germão Galharde & Ioam de Barreira, Lisbonne, 1552.

Georges Baudot, *Utopie et histoire au Mexique. Les premiers chroniqueurs de la civilisation mexicaine (1520-1569)* [《墨西哥的空想和历史：墨西哥文明的最早编年史学家（1520—1569年）》], Toulouse, Privat, 1977.

Louise Bénat-Tachot, *Chroniqueurs entre deux mondes* (《两个世界之间的编年史学家》), 未发表, 仅用于特许任教资格论文答辩, Paris, déc. 2002.

Frances Berdan & Patricia Rieff Anawalt (ed.), *The Codex Mendoza* (《门多萨手抄本》), 4 vol., Los Angeles, University of California Press, 1992.

Muhammad Shafique Bhatti, « Empire, Law and History: The British Origin of Modern Historiography of South Asia » (《帝国、法律和历史：南亚现代历史学的英国起源》), *Pakistan Journal of Social Sciences* (《巴基斯坦社会科学杂志》), vol. 30, n° 2, décembre 2010, p.389-400.

__, « British Historiography of India: A Study in the Late Eighteenth Century Shift of Interest » (《英国的印度史研究：关于18世纪晚期兴趣转变的研究》), *Journal of Pakistan Historic Society* (《巴基斯坦社会科学杂志》), L/2, p.85-104.

John Bierhorst, *Cantares mexicanos. Songs of the Aztecs* (《墨西哥之歌：阿兹特克人的歌曲》), Stanford, Stanford University Press, 1985.

__, *Ballads of the Lords of New Spain: The Codex Romances de los Señores de la Nueva España* (《新西班牙领主歌集：新西班牙领主编年史》), Austin, University of Texas Press, 2010.

Davide Bigalli, *I Tartari e l'Apocalisse. Ricerche sull'escatologia in Adamo Marsh e Ruggero Bacone* (《鞑靼人与世界末日：亚当·马什和罗杰·培根作品中的末世论研究》), La Nuova Italia, Florence, 1971.

Donald W. Bleznik, « Los conceptos políticos de Furió Ceriol » (《福里欧·塞里欧的政治理念》), *Revista de estudios políticos de Madrid* (《马德里政治研究杂志》), 1966, n° 149, p.25-46.

Rens Bod, Jaap Maat & al. (ed.), *The Making of the Humanities* (《人文学科的形成》), Early Modern Europe, vol. I, Amsterdam, Amsterdam University Press, 2010.

Elizabeth Hill Boone, *The Codex Magliabechiano and the Lost Prototype of the Magliabechiano Group* (《〈马利亚贝奇亚诺手抄本〉和马利亚贝奇亚诺族群丢失的原型》), Berkeley, University of California Press, 1983.

__, *Stories in Red and Black : Pictorial Histories of the Aztecs and Mixtecs* (《红色和黑色的故事：阿兹特克人和米斯特克人的图像历史》), Austin, University of Texas Press, 2000.

Jacques Bos, « Framing a New Mode of Historical Experience: The Renaissance Historiography of Machiavelli and Guicciardini » (《构建历史经验的新模式：文艺复兴时期马基雅维利和圭恰迪尼的史学》), in Rens Bod, Jaap Maat & al. (ed.), *The Making of the Humanities* (《人文学科的形成》), vol. I, Amsterdam, Amsterdam University Press, 2010, p.351-365.

Fernando Bouza, *Comunicación, conocimiento y memoria en la España de los siglos XVI y XVII* (《16 世纪和 17 世纪的交流、知识和记忆》), Salamanque, Sociedad española de historia del libro, Sociedad de estudios medievales y renacentistas (西班牙图书史学会，中世纪和文艺复兴研究学会), 1999.

Marc Brettler, « Cyclical and Theological Time in the Hebrew Bible » (《〈希伯来圣经〉中的循环性时间和神学时间》), in Ralph M. Rosen (ed.), *Time and Temporality in the Ancient World* (《古代世界的时间和时间性》), Philadelphie, University of Pennsylvania, Museum of Archeology and Anthropology, 2004, p.111-128.

Timothy Brook, *The Confusion of Pleasure. Commerce and Culture in Ming China* (《纵乐的困惑：明代的商业与文化》), Berkeley, Los Angeles, Londres, University of California Press, 1998.

Walden Browne, *Sahagún and the Transition to Modernity* (《萨阿贡和向现代性的转变》), Norman, University of Oklahoma Press, 2000.

Henriette Bugge & Joan Pau Rubiés (eds.), *Shifting Cultures: Interaction and Discourses in the Expansion of Europe* (《文化变迁：欧洲扩张中的互动与话语》), Munster, Lit, 1995.

Peter Burke, *The Renaissance Sense of the Past* (《文艺复兴时期的历史意义》), Londres, Edward Arnold, 1969.

Jesús Bustamante García, *Fray Bernardino de Sahagún. Una revisión crítica de los manuscritos y de su proceso de composición* (《贝尔纳迪诺·德萨阿贡神父的手稿和创作过程述评》), Mexico, UNAM, 1990.

José Caballero López, « El Beroso de Annio de Viterbo y su presencia en las historias de España » (《维泰博的安尼乌斯与贝洛索斯及其在西班牙历史中的存在》), *Revista de investigación y reflexión histórica sobre la Antigüedad* (《古代史学研究与思考期刊》), vol. 11-12, La Rioja, 2004, p.81-128.

Luigi Canfora, *La storiografia greca* (《希腊史学》), Milan, Mondadori, 1999.

David Carrasco & Scott Sessions, *Cueva, ciudad y nido de Aguila* (《洞穴、城市和鹰巢》), Chicago, University of Chicago Press, 2010.

Pedro Carrasco Pizana, *The Tenochca Empire: The Triple Alliance of Tenochtitlan, Tetzcoco and Tlacopan* (《特诺奇卡帝国：特诺奇蒂特兰、特斯科科和特拉科潘的三城联盟》), Norman, University of Oklahoma Press, 1999.

Manuel Carrera Stampa, « Relaciones geográficas de Nueva España, siglos XVI y XVIII » (《16 世纪和 18 世纪新西班牙的地理述略》), *Estudios de historia novohispana* (《新西班牙历史研究》), vol. 2, 1968, p.1-31.

Mary Carruthers, *The Book of Memory. A Study of Memory in Medieval Culture* (《记忆之书：中世纪文化中的记忆研究》), Cambridge, Cambridge University Press, 1990 ; trad. Paris, Macula, 2002.

María Castañeda de la Paz, « De Aztlan a Tenochtitlan. Problemática en torno a una peregrinación » (《从阿兹特兰到特诺奇蒂特兰，有关朝圣的问题》), *Latin American Indian Literatures Journal* (《拉丁美洲印第安文学杂志》), vol. 18, n° 2, 2002, p.163-212.

__, « El *Códice X* o los anales del grupo de la *Tira de la Peregrinación*. Evolución pictográfica y problemas en su análisis interpretativo » (《〈X 手抄本〉和〈漫游之路〉的史料：象形字形的演变及解释等问题》), *Journal de la société des Américanistes* (《美洲研究学会期刊》), 91-1, 2005, p.7-40.

María Castañeda de la Paz & Hans Roskamp, *Los escudos de armas indígenas: de la Colonia al México Independiente* (《从殖民时期到独立的墨西哥时期的印第安人徽章》), Mexico, Instituto de Investigaciones Antropológicas, UNAM, Colegio de Michoacán, 2013.

J. Céard, « La querelle des géants et la jeunesse du monde » (《巨人的争执和世界的青年时代》), *Journal of Medieval and Renaissance Studies* (《中世纪和文艺复兴研究期刊》), vol. 8, 1978, p.37-76.

Eusèbe de Césarée, *Histoire ecclésiastique* (《教会史》), sous la direction de S. Morlet et L. Perrone, Paris, Les Belles Lettres, Éditions du Cerf, 2012.

Dipesh Chakrabarty, *Provincializing Europe: Postcolonial Thought and Historical Difference* (《地方化欧洲：后殖民思想与历史差异》), Princeton, Princeton University Press, 2000 [trad. Française: *Provincialiser l'Europe. La pensée postcoloniale et la différence historique* (《地方化欧洲：后殖民思想与历史差异》), Paris, Amsterdam, 2009].

Anne Cheng (éd.), *La Pensée en Chine aujourd'hui* (《中国思想史》), Paris, Gallimard, Folio Essais, 2007.

Jean-Frédéric Chevalier, « Remarques sur la réception des *Étymologies* d'Isidore de Séville au Trecento » (《关于圣依西多禄〈词源〉的接受情况研究》), *Cahiers de recherches médiévales* (《中世纪研究手册》), 16, 2008, p.7-16.

Cicéron, *De l'invention* (《论取材》), trad. Guy Achar, Paris, Les Belles Lettres, 1994.

Eric Cochrane, *Historians and Historiography in the Italian Renaissance* (《意大利文艺复兴时期的历史学家和历史学》), Chicago, University of Chicago Press, 1981.

Sebastian Conrad, « What time in Japan? Problems of Comparative Historiography » (《日本的何种时间？比较史学的问题》), *History and Theory* (《历史与理论》), février 1999, vol. 38-1, p.67-83.

__, *What is Global History?* (《什么是全球史？》), Princeton, Princeton University Press, 2016.

Nicolas Correard, « Le dialogue *more Academicorum* en Espagne au XVIe siècle: Fernan Pérez de Oliva, Juan Arce de Otalora et Antonio de Torquemada » (《16世纪西班牙的学术对话：费尔南•佩雷斯•德奥利瓦、胡安•阿尔塞•德奥塔洛拉和安东尼奥•德托克马达》), *Sképsis* (《思考》), t. VII, n° 10, 2014, p.108-127.

Hernan Cortés, *Cartas y documentos* (《信件和文件》), Mario Hernández Sanchez Barba (ed.), Mexico, Editorial Porrúa, 1963.

Diogo do Couto, *Década quarta da Asia* (《亚洲旬年史》), 2 vol., Maria Augusta Lima Cruz (ed.), Lisbonne, Comissão nacional para as comemorações dos descobrimentos portugueses, Fundação Oriente, Imprensa Nacional, Casa da Moeda, 1999.

Sebastián de Covarrubias, *Tesoro de la lengua castellana o Española* (《卡斯蒂利

亚语或西班牙语宝库》), Séville, 1611.

E. R. Curtius, *La Littérature européenne et le Moyen Âge latin* (《欧洲文学与拉丁中世纪》), Paris, PUF, 1956.

John G. Demaray, *From Pilgrimage to History: The Renaissance and Global Historicism* (《从朝圣到历史：文艺复兴与全球历史主义》), New York, AMS Press Inc., 2006.

Charles Dibble, *Códice Xolotl* (《修罗托手抄本》), Mexico, UNAM, 2 vol., 1951, rééd. 1980.

Monica Domínguez Torres, *Military Ethos and Visual Culture in Post Conquest* (《后征服时期的军事精神与视觉文化》), Farnham et Burlington, Ashgate, 2013.

Manuela Doni Garfagnini, *Il teatro della storia fra rappresentazione e realtà* (《表征与现实之间的历史剧》), Rome, Edizioni di Storia e Letteratura, 2002.

Eduardo de J. Douglas, *In the Palace of Nezahualcoyotl. Painting Manuscripts, Writing the Prehispanic Past in Early Colonial Period Tetzcoco, Mexico* (《在内萨瓦尔科约特尔宫殿：绘画手稿与殖民早期墨西哥特斯科科的前哥伦布时期历史书写》), Austin, University of Texas Press, 2010.

Markus D. Dubber & Lindsay Farmer (ed.), *Modern Histories of Crime and Punishment* (《现代犯罪与刑罚史》), Stanford, Stanford University Press, 2007.

Christine Dumas-Reungoat, « Bérose, de l'emprunt au faux » (《贝洛索斯，从借用到伪造》), *Kentron* (《肯特隆》), vol.28, 2012, p.159-186.

Diego Durán, *Historia de las Indias de Nueva España e islas de la Tierra firme* (《新西班牙和大陆岛屿的印第安历史》), 2 vol., Mexico, Porrúa, 1967.

__, *The History of the Indies of New Spain* (《新西班牙的印第安历史》), ed. & trad. Doris Heyden, Norman, University of Oklahoma Press, 1994.

Javier Durán Barceló, « La teoría historiográfica de Bartolome de las Casas » (《巴托洛梅·德拉斯·卡萨斯的历史学理论》), AISO, Actas Ⅲ, 1993, p.161-168.

Gomes Eanes de Zurara, *Chronique de Guinée* (《几内亚编年史》), trad. L. Bourdon avec R. Ricard, Mémoires de l'IFAM, n° 60, Dakar, 1960.

Norbert Elias, *La Civilisation des mœurs* (《礼仪之邦的文明》), Paris, Calmann-Lévy, 1973.

__, *La Dynamique de l'Occident* (《西方的活力》), Paris, Calmann-Lévy, 1975.

José Espericueta, « Writing Virtue and Indigenous Rights: Juan Bautista de Pomar and the relación of Texcoco » (《写作美德和原住民权利：胡安·包蒂斯塔·德波马尔和特斯科科述略》), *Hispania*, vol. 98, n° 2, juin 2015, p.208-219.

Antonella Fagetti, *Tentzonhuehe: el simbolismo del cuerpo y la naturaleza* (《Tentzonhuehe：身体和自然的象征》), Puebla, Plaza y Valdes Editores, 1998.

Wallace K.Ferguson, *La Renaissance dans la pensée historique* (《历史思想中的文艺复兴》), Paris, Payot, 2009.

Gonzalo Fernández de Oviedo, *Historia general y natural de las Indias, islas y tierra firme del mar oceano* (《西印度群岛通史和自然史》), Juan Pérez de Tudela (ed.), Madrid, Atlas, BAE, vol.117-121, 1959.

Jacqueline Ferreras, *Les Dialogues espagnols du XVIe siècle ou l'expression d'une nouvelle conscience* (《16 世纪的西班牙对话或新意识的表达》), t. I, Paris, Didier Érudition, 1985.

Valerie I. J. Flint, *Ideas in the Medieval West: Texts and their Contexts* (《中世纪西方的思想：文本及其背景》), Londres, Variorum reprints, 1988.

__, « Honorius Augustodunensis de Regensburg » (《雷根斯堡的欧坦的奥诺里于斯》), *Authors of the Middle Ages: Historical and Religious Writers of the Latin West* (《中世界作家：西方拉丁语世界中的历史与宗教作家》), Aldershot, vol. II, n° 5-6, *Variorum* (《集注本》), 1995, p.89-183.

Sabine Forero Mendoza, *Le Temps des ruines* (《废墟的时代》), Paris, Champvallon, 2002.

Julian M. Franklin, *Jean Bodin and the Sixteenth-Century Revolution in the Methodology of Law and History* (《让·博丹与 16 世纪法律与历史方法论的革命》), New York et Londres, Columbia University Press, 1963.

Fadrique Furió Ceriol, *El Consejo y Consejero del Príncipe* (《王子的顾问委员会和顾问》), Madrid, Editoral Nacional, 1978.

Costas Gaganakis, « Thinking about History in the European Sixteenth Century: La Popelinière and his Quest for Perfect History » (《16世纪欧洲的历史思考：拉波普利尼埃和他对完美历史的追求》), *Historein* (《历史研究》), vol.10, 2010.

Ricardo García Cárcel, *La herencia del pasado. Las memorias hispánicas de España* (《历史的遗赠：西班牙人对西语的记忆》), Barcelone, Galaxia Gutenberg, Círculo de lectores, 2011.

Marie-Odile Garrigues, « Honorius Augustodunensis et l'ltalie » (《欧坦的奥诺里于斯和意大利》), *MEFR* (《罗马法国学院文集》), 1972, vol. 84-2, p.511-530.

Antonello Gerbi, *La naturaleza de las Indias Nuevas* (《新印第安女人的性质》), Mexico, FCE, 1978.

Charles Gibson, *The Aztecs under Spanish Rule* (《西班牙人统治下的阿兹特克人》), Stanford, Stanford University Press, 1964.

__, *Los aztecas bajo el dominio español (1519-1810)* [《西班牙统治下的阿兹特克人（1519—1810年)》], Mexico, Siglo XXI Editores, 1967.

Susan D. Gillespie, *The Aztec Kings. The Construction of Rulership in Mexican History* (《阿兹特克的国王：墨西哥历史上的统治结构》), Tucson, University of Arizona Press, 1989.

Soledad González Díaz, « Genealogía de un origen: Tubal, el fálsario y la Atlántida en la *Historia de los Incas* de Sarmiento de Gamboa » (《起源的家谱：萨米恩托·德甘博亚的〈印第安人的历史〉中的土巴、欺诈者和亚特兰蒂斯》), *Revista de Indias* (《印度群岛杂志》), vol. 72, n° 255, 2012, p.497-526.

Juan González de Mendoza, *Historia del gran reino de la China* (《中华帝国史》), [Rome, 1585], Madrid, Miraguano-Polífemo, 1990.

Thomas Goodrich (ed.), *The Ottoman Turks and the New World: a Study of Tarih-i Hind-i Garbi and Sixteenth Century Ottoman Americana* (《奥斯曼土耳其人和新世界：对西印度历史和16世纪奥斯曼美洲的研究》), Wiesbaden, Harrassowitz, 1990.

Michael Gottlob, *Historical Thinking in South Asia. A Handbook of Sources from Colonial Times to Present* (《南亚的历史思维：从殖民时代到现在的资料手册》), New Delhi, Oxford University Press, 2005.

__, *History and Politics in Post-Colonial India* (《后殖民时代的印度历史与政治》), New Delhi, Oxford University Press, 2011.

Anthony Grafton, *Forgers and Critics: Creativity and Duplicity in Western Scholarship* (《伪造者与批评家：西方学术的创造力与表里不一》), Princeton, Princeton University Press, 1990.

__, *What Was History? The Art of History in Early Modern Europe* (《何为历史？近代早期欧洲的历史艺术》), Cambridge, Cambridge University Press, 2007.

__, *Henricus Glareanus's (1488-1563), Chronologia of the Ancient World* [《亨里克斯·格拉雷亚努斯（1488—1563年）的旧世界编年史》], Princeton, Princeton University Press, 2013.

Robert M. Grant, *Eusebius as Church Historian* (《作为教会历史学家的尤西比乌斯》), Oxford, Clarendon Press, 1980.

Stephen Greenblatt, *The Swerve. How the World became Modern* (《转向：世界如何变得现代》), New York, Norton and Company, 2011.

Serge Gruzinski, *Les Hommes dieux du Mexique, Pouvoir indien et société coloniale, XVIe-XVIIIe siècle* (《16—18世纪的墨西哥诸神，印第安人的权力和殖民社会》), Paris, Éditions des Archives contemporaines, 1985.

__, *La Colonisation de l'imaginaire. Sociétés indigènes et occidentalisation dans le Mexique espagnole* (《想象中的殖民化：西班牙墨西哥的原住民社会和西方化》), Paris, Gallimard, 1988.

__, *La Guerre des images, de Christophe Colomb à « Blade Runner » (1492-2019)* [《图像之战：从克里斯托弗·哥伦布到〈银翼杀手〉（1492—2019年）》], Paris, Fayard, 1990.

__, *L'Aigle et la Sybille, Fresques indiennes du Mexique* (《鹰与西比尔，墨西哥的印第安人壁画》), Paris, Imprimerie nationale, 1994.

__, *La Pensée métisse* (《混血思想》), Paris, Fayard, 1999; rééd. Pluriel, 2012.

__, *Quelle heure est-il là-bas? Amérique et islam à l'orée des Temps modernes* (《那里是什么时间？现代黎明前的美洲和伊斯兰教》), Paris, Seuil, 2008.

__, *L'Histoire, pour quoi faire?* (《历史何为？》) Paris, Fayard, 2015.

Michèle Gueret-Laferte, *Sur les routes de l'empire mongol. Ordre et rhétorique des relations de voyage aux XIIIe et XIVe siècles* (《通往蒙古帝国之路：13 世纪和 14 世纪旅行叙事的种类和修辞》), Paris, H. Champion, Nouvelle Bibliothèque du Moyen Âge, 1995.

Ranajit Guha, *An Indian Historiography of India: A Nineteenth Century Agenda and its Implications* (《印度的印度史学：19 世纪进程及影响》), Calcutta, Centre for Studies in Social Sciences, 1988.

Martina Hartmann, *Humanismus und Kirchenkritik: Matthias Flacius Illyricus als Erforscher des Mittelalters* (《人文主义与教会批评：作为中世纪探索者的马蒂亚斯·弗拉齐乌斯·伊利里库斯》), Stuttgart, Thorbecke, 2001.

François Hartog, *Partir pour la Grèce* (《向希腊出发》), Paris, Flammarion, 2015.

L. P. Harvey, *Muslims in Spain, 1500-1614* (《1500—1614 年西班牙的穆斯林》), Chicago, The University of Chicago Press, 2005.

Denys Hay, *Renaissance Essays* (《文艺复兴时期的散文》), Londres, The Hambledon Press, 1988.

Martin Heidegger, *Chemins qui ne mènent nulle part* (《林之路》), « L'époque des conceptions du monde » (《世界观的时代》), Paris, Gallimard, 1962; rééd. Tel, 2006.

Francine Hérail, « Regards sur l'historiographie de l'époque Meiji » (《明治时期史学研究》), *Storia della storiografia* (《历史学的历史》), mai 1984, vol.5, p.92-114.

Francisco Hernández, *De Antiquitatibus Novae Hispaniae Authore Francisco Hernando Médico et Historico Philippi II et Indiarum Omnium Médico primario. Códice de la Real Academia de la Historia en Madrid* (《〈新西班牙古物志〉由弗朗西斯科·埃尔南德斯撰写，他是费利佩二世和印第安地区的首席医生和历史学家。保存于马德里皇家历史学院》), Mexico, Talleres Gráficos del Museo Nacional de Arqueología, Historia y Etnografía, 1926.

__, *Antigüedades de la Nueva España* (《新西班牙古物志》), trad. Joaquín García Pimentel, *Obras completes* (《完整作品集》), t. VI, Mexico, UNAM, 1984, et Madrid, Historia 16, 1986.

Andrew C. Hess, *The Forgotten Frontier, A History of the Ibero-African Frontier*

(《被遗忘的边疆：伊比利亚－非洲边境史》), Chicago, University of Chicago Press, 1979.

Margaret Hodgen, *Early Anthropology in the Sixteenth and the Seventeenth Centuries* (《16 世纪和 17 世纪的早期人类学》), Philadelphie, University of Pennsylvania Press, 1964.

George Huppert, *The Idea of Perfect History: Historical Erudition and Historical Philosophy in Renaissance France* (《完美历史的理念：法国文艺复兴时期的历史学识与历史哲学》), Urbana, University of Illinois Press, 1970.

Gary Ianziti, *Writing History in the Renaissance Italy. Leonardo Bruni and the Uses of the Past* (《文艺复兴时期意大利的历史书写：莱奥纳多·布鲁尼及其运用的过去》), Harvard, Harvard University Press, 2012.

Eugene F. Irschick, *Dialogue and History: Constructing South India, 1795-1895* (《对话与历史：建构南印度，1795—1895 年》), Berkeley, Los Angeles, Londres, University of California Press, 1994.

Isidore de Séville, *Etymologiae* (《词源学》, Étymologies, vers 630), trad. Paris, Les Belles Lettres, 1981-2016.

Flavius Josèphe, *Antiquités judaïques* (《犹太古史》), *Œuvres completes* (《完整作品集》), Paris, Publications de la Société des études juives, 1900-1932.

__, *Guerre des juifs* (《犹太战史》), trad. André Pelletier, Paris, Les Belles Lettres, 3 vol., 1975.

__, *Antiquités judaïques* (《犹太古史》), trad. Étienne Nodet, Paris, Éditions du Cerf, 1992-2010.

__, *Contre Appion* (《驳斥阿皮翁》), texte établi par Théodore Reinach, trad. Léon Blum, Paris, Les Belles Lettres [1930], 2003.

François Jullien, *Procès ou Création. Une introduction à la pensée des lettrés chinois* (《过程与创造：中国文人思想导论》), Paris, Seuil, 1989.

Richard L. Kagan, *Los cronistas y la corona. La política de la Historia de España en las Edades Media y Moderna* (《编年史家和王室：中世纪和近代早期的西班牙历史政治》), Madrid, Marcial Pons, 2010.

Donald R. Kelley, « Historia Integra: François Baudouin and his Conception of History » (《完整的历史：弗朗索瓦·博杜安及其历史观》), *Journal of the History of Ideas* (《思想史期刊》), vol.25, n° 1, 1964, p.35-57.

__, *Foundations of Modern Scholarship, Language, Law and History in the French Renaissance* (《法国文艺复兴时期现代学术、语言、法律和历史的基础》), New York et Londres, Columbia University Press, 1970.

__, *Versions of History from Antiquity to Enlightenment* (《从古代到启蒙运动的历史版本》), New Haven et Londres, Yale University Press, 1991.

__, *Faces of History: Historical Inquiry from Herodotus to Herder* (《历史的面孔：从希罗多德到赫尔德的历史调查》), New Haven et Londres, Yale University Press, 1998.

Matthew Kempshall, *Rhetoric and the Writing of History, 400-1500* (《修辞学与历史写作，400—1500 年》), Manchester, Manchester University Press, 2012.

Lars Kirkhusmo Pharo, *The Ritual Practice of Time. Philosophy and Sociopolitics of Mesoamerican Calendars* (《时间的仪式练习：中美洲历法的哲学和社会政治》), Leyde, Brill, 2014.

Richard Konetzke (ed.), *Colección de documentos para la historia de la formación social de Hispano-América* (《西班牙美洲社会形成史文集》), Madrid, CSIC, vol.1, 1953.

Benoît Lacroix, O. P., *Orose et ses idées* (《奥罗修斯及其思想》), Montréal-Paris, Université de Montréal, 1965.

Vinay Lal, *The History of History. Politics and Scholarship in Modern India* (《历史的历史：现代印度的政治和学术研究》), Oxford, Oxford University Press, 2003.

Lancelot Voisin de La Popelinière, *L'Histoire des histoires: L'Idée de l'histoire accomplice* (《历史的历史：完美历史的观念》), [1599], Paris, Fayard, 1989.

Bartolomé de Las Casas, *Historia de las Indias* (《印度群岛的历史》), André Saint-Lu (éd.), Caracas, Fundación Biblioteca Ayacucho, 1986.

__, *Historia de las Indias* (《印度群岛的历史》), Agustín Millares Carlo (ed.), Mexico, FCE, 1986.

__, *Apologética Historia Sumaria* (《辩护史》), Edmundo O'Gorman (ed.), Mexico, UNAM, 1967.

__, *La Destruction des Indes* (《印度群岛毁灭述略》), Introduction d'A. Milhou, Paris, Chandeigne, 1995.

__, *Tratados* (《条约》), Lewis Hanke & al. (eds.), t. I, Mexico, FCE, 1997.

Guy Lazure, « Posséder le sacré. Monarchie et identité spirituelle dans la collection des reliques de Philippe II à l'Escorial » (《坐拥神圣之物：费利佩二世在埃斯科里亚尔修道院收藏的文物中的君主制和精神认同》), Philippe Boutry & al. (éd.), *Reliques modernes. Cultes et usages des corps saints des Réformes aux révolutions* (《现代文物：从宗教改革到革命中对圣体的崇拜和使用》), Paris, EHESS, 2009, vol.1, p.371-404.

Jongsoo Lee, *The Allure of Nezahualcoyotl, Prehispanic History, Religion and Nahua Poetics* (《内萨瓦尔科约特尔的魅力：前哥伦布历史、宗教和纳瓦人的诗学》), Albuquerque, University of New Mexico Press, 2008.

Jongsoo Lee & Galen Brokaw (ed.), *Texcoco. Prehispanic and Colonial Perspectives* (《特斯科科：前哥伦布时期和殖民时期的视野》), Boulder, University of Colorado Press, 2014.

Monique Legros, « La expresión del pasado del nahuatl al castellano » (《过去的表达，从纳瓦特尔语到西班牙语》), *La memoria y el olvido, Segundo Simposio de Historia de las mentalidades* (《记忆与遗忘，关于心态史的专题讨论》), Mexico, INAH, 1985, p.21-32.

Miguel León-Portilla, « Ramírez de Fuenleal y las antigüedades mexicanas » (《拉米雷斯·德富恩莱尔和墨西哥古物》), *Estudios de Cultura Náhuatl* (《纳瓦特尔语文化研究》), Mexico, UNAM, 1969, vol. VIII, p.36-38.

__, *Bernardino de Sahagún, pionero de la antropología* (《人类学先驱贝尔纳迪诺·德萨阿贡》), Mexico, UNAM, 1999.

Patrick Lesbre, « Illustrations acolhuas de facture européenne (*Codex Ixtlilxochitl*, ff. 205-212) » [《欧洲风格的阿科尔瓦人插图（〈伊斯特利尔索奇特尔手抄本〉, 205~212页）》], *Journal de la Société des américanistes* (《美洲研究学会期刊》), 1998, vol. 84, n° 2, p.97-124.

__, « Le Mexique central à travers le Codex Xolotl et Alva Ixtlilxochitl: entre l'écriture préhispanique et l'écriture coloniale »（《通过〈修罗托手抄本〉和〈伊斯特利尔索奇特尔手抄本〉看墨西哥中部：介于前哥伦布时期与殖民时期的写作》）, e-Spania, décembre 2012.

__, « La mission de Francisco Hernández en Nouvelle-Espagne, 1571-1577 »（《弗朗西斯科·埃尔南德斯在新西班牙的任务，1571—1577 年》）, Le Verger-Bouquet （《勒韦尔热－原创版》）, n° 5, janvier 2014, p.1-19.

Dmitri Levitin, « From Sacred History to the History of Religion: Paganism, Judaism and Christianity in European Historiography from Reformation to Enlightenment »（《从神圣史到宗教史：从宗教改革到启蒙运动的欧洲史学中的异教、犹太教和基督教》）, Historical Journal （《历史期刊》）, vol.55, n° 4, 2012, p.1117-2160.

Christopher R. Ligota, « Annius of Viterbo and Historical Method »（《维泰博的安尼乌斯及其历史方法》）, Journal of the Warburg and Courtauld Institute （《沃伯格和考陶德研究所杂志》）, vol. 50, 1987, p.44-56.

James Lockhart & France Karttunen (ed. et trad.), The Art of Nahuatl Speech （《纳瓦特尔语的艺术》）, Los Angeles, The Bancroft Dialogues, 1987.

Alfredo López Austin, Tamoanchan y Tlalocan （《塔摩安羌和特拉洛坎》）, Mexico, FCE, 1995.

Francisco López de Gómara, Historia general de la Indias y Conquista de México （《西印度群岛史和墨西哥的征服》）, Saragosse, 1552; Barcelona, Obras maestras, 2 vol., 1965.

Juan López y Magaña, Aspects of the Nahuatl Heritage of Juan Bautista de Pomar （《胡安·包蒂斯塔·德波马尔的纳瓦特尔语遗产》）, MA Paper in Latin American Studies, Los Angeles, University of California, 1980.

Henri de Lubac, Exégèse médiévale, les quatre sens de l'Écriture （《中世纪释经：〈圣经〉的四重诠释》）, t. I et II, Paris, Aubier, 1959.

__, Histoire et Esprit: l'Intelligence de l'Écriture d'après Origène （《历史和思想：大起源之后的圣经思想》）, Paris, Éditions du Cerf, 2002.

David A. Lupher, Romans in a New World. Classical Models in Sixteenth Century

Spanish America (《新世界中的罗马人：16 世纪西属美洲的古典模式》), Ann Arbor, The University of Michigan Press, 2003.

Sabine MacCormak, *Religion in the Andes. Vision and Imagination in Early Colonial Peru* (《安第斯山脉的宗教：殖民早期秘鲁的视觉与想象》), Princeton, Princeton University Press, 1991.

Margaret M. McGowan, *The Vision of Rome in Late Renaissance France* (《文艺复兴后期法国的罗马景象》), Newhaven et Londres, Yale University Press, 2000.

James Maffie, *Aztec Philosophy. Understanding a World in Motion* (《阿兹特克的哲学：理解运动中的世界》), Boulder, University Press of Colorado, 2014.

Diana Magaloni, « Visualizing the Nahua / Christian Dialogue: Images of the Conquest in Sahagún's *Florentine Codex* and their Sources » (《可视化纳瓦人与基督教的对话：萨阿贡〈佛罗伦萨手抄本〉中的征服图像及其来源》), in John F. Schwaller (ed.), *Sahagún at 500: Essays on the Quincentenary of the Birth of Fr. Bernardino de Sahagún* (《萨阿贡 500 年：贝尔纳迪诺·德萨阿贡神父诞辰 500 周年论文集》), Berkeley, Academy of American Franciscan History, 2003, p.193-220.

Renaud Malavialle, *L'Essor de la pensée historique au Siècle d'or. De Juan Luis Vives à Antonio de Herrera y Tordesillas* (《黄金世纪中历史思想的兴起：从胡安·路易斯·比韦斯到安东尼奥·德埃雷拉 – 托德西利亚斯》), thèse de doctorat, Université de Aix-Marseille I, 2003.

Carmen Manso Porto, « Los mapas de las relaciones geográficas de Indias de la Real Academia de la Historia » (《皇家历史学院的印度群岛地理述略地图》), Revista de estudios colombinos (《哥伦比亚研究期刊》), vol. 8, juin 2012, p.23-52.

Giuseppe Marcocci, *A consciência de um império: Portugal e o seu mundo (sécs. XV-XVII)* [《帝国意识：葡萄牙和它的世界（15—17 世纪）》], Coimbra, Imprensa da Universidade de Coimbra, 2012.

Amos Megged & Stephanie Wood (ed.), *Mesoamerican Memory, Enduring Systems of Remembrance* (《中美洲的记忆，持久的纪念体系》), Norman, University of Oklahoma Press, 2012.

Margaret Mehl, « German Influences on Historical Scholarship in Meiji Japan. How significant is it really? » (《德国对明治日本历史学术的影响有多大?》), in *The Past,*

Present and Future of History and Historical Sources. A symposium to commemorate 100 years of Publications of the Historiographical Institution (《历史和历史资料的过去、现在和未来：纪念历史学研究所出版物100周年的研讨会》), University of Tokyo, 2002, p.225-246.

Doron Mendels, *The Media Revolution of Early Christianity. An Essay on Eusebius' Ecclesiastical History* (《早期基督教的媒体革命：论尤西比乌斯的〈教会史〉》), Grand Rapids, Michigan, Cambridge, William B. Eerdmans Publishing Company, 1999.

Fernão Mendes Pinto, *Peregrinação* (《朝圣》), Lisbonne, Imprensa Nacional, Casa da Moeda,［1614］1988.

Gerónimo de Mendieta, *Historia eclesiástica Indiana* (《印第安教会史》), Mexico, Salvador Chavez Hayhoe, 3 vol., 1945.

__, *Historia Eclesiástica Indiana* (《印第安教会史》), Joaquín García Icazbalceta (ed.), Mexico, Porrúa, 1980.

Maurice Merleau-Ponty, *L'Œil et l'Esprit* (《眼与心》), Paris, Gallimard, 1964; rééd. Folio Essais, 2007.

México en 1554. Tres diálogos latinos de Francisco Cervantes de Salazar (《1554年的墨西哥：弗朗西斯科・塞万提斯・德萨拉萨尔的3部拉丁语对话录》), ed. facsimilar, Mexico, UNAM, 2001.

Alain Milhou, « Apocalypticism in Central and South American Colonialism » (《中美洲和南美洲殖民主义中的世界末日主义》), *The Encyclopedia of Apocalypticism* (《世界末日主义百科全书》), vol. I, New York, The Continuum Publishing Company, 1998, p.3-35.

Peter N. Miller (ed.), *Momigliano and Antiquarianism: Foundations of the Modern Cultural Sciences* (《莫米利亚诺和古物研究：现代文化科学的基础》), Toronto, University of Toronto Press, 2007.

Thierno Moctar Bah, *Historiographie africaine. Afrique de l'Ouest. Afrique centrale* (《非洲史学，西非和中非》), Dakar, CODESRIA, 2015.

Arnaldo Momigliano (ed.), *The Conflict Between Paganism and Christianity in the Fourth Century* (《4世纪的异教和基督教冲突》), Oxford, The Clarendon Press, 1963.

__, « Per una valutazione di Fabio Pittore » (《对法比奥·皮托雷的评价》), *Storia e storiografia antica* (《古代历史和历史学》), Bologne, Il Mulino, 1987.

__, « Le origini della storiografia ecclesiastica » (《教会史学的起源》), *Le radice classiche della storiografia moderna* (《现代史学的古典根基》), Florence, Sansoni, 1992.

__, « Ancient History and the Antiquarian » (《古代史和古物收藏家》), *Journal of the Warburg and Courtauld Institutes* (《沃伯格和考陶尔德研究所期刊》), 13 (1950), p.285-315; repris dans *Contributo alla storia degli studi classici* (《对古典研究史的贡献》), Rome, 1955, 67-106.

__, *Problèmes d'historiographie ancienne et modern* (《古代史和现代史学问题》), Paris, Gallimard, 1983.

Ambrosio de Morales, *Las antigüedades de las ciudades de España* (《西班牙城市古物志》), Alacala de Henares, 1575 [éd. moderne: *Las Antigüedades de las ciudades de España* (《西班牙城市古物志》), Juan Manuel Abascal (ed.), Madrid, Real Academia de la Historia, 2 vol., 2012].

__, *La corónica general de España que continuava A. de M.* (《西班牙通史》), Cordoue, 1586.

Toribio de Benavente Motolinía, *Historia de los indios de la Nueva España* (《新西班牙印第安人史》), Mexico, Editorial Porrúa, 1969.

__, *Fray Toribio de Benavente «Motolinía», Historia de los Indios de la Nueva España* (《弗雷·托里比奥·德贝纳文特·"莫托里尼亚", 新西班牙印第安人史》), Mercedes Serna Arnaiz & Bernat Castany Prado (ed.), Madrid, Real Academia Española, 2014.

S. N. Mukherjee, *Sir William Jones: A Study in Eighteenth Century British Attitude to India* (《威廉·琼斯爵士：18世纪英国对印度态度的研究》), Cambridge, Cambridge University Press, 1968.

Barbara Mundy, « Mapping the Aztec Capital: The Nuremberg Map of Tenochtitlan, Its Sources and Meaning » (《绘制阿兹特克的首都：纽伦堡版的特诺奇蒂特兰地图，它的来源和意义》), *Imago Mundi* (《世界的形象》), vol. 50, 1988, p.11-33.

__, *The Mapping of New Spain: Indigenous Cartography and the Maps of the*

Relaciones Geográficas (《新西班牙的制图：原住民制图学与地理述略中的地图》), Chicago et Londres, University of Chicago Press, 1996.

——, « Aztec geography and Spatial Imagination » (《阿兹特克人的地理和空间想象力》), in K. Raaflaub & R. Talbert (eds.), *Geography and Ethnography : Perceptions of the World in Pre-Modern Societies* (《地理学和民族学：前现代社会中的世界观》), Series: The Ancient World: Comparative Histories (《古代世界：比较历史》), Malden, Mass. et Oxford, Wiley-Blackwell, 2010, p.108-127.

Diego Muñoz Camargo, voir René Acuña.

Teijirô Muramatsu, *Westerners in the Modernization of Japan* (《日本现代化进程中的西方人》), Lynne E. Riggs et Manabu Takechi (trad.), Tokyo, Hitachi, 1995.

Xavier Noguez, « Códice Mendoza » (《门多萨手抄本》), *Arqueología Mexicana* (《墨西哥考古学》), n° 31 hors-série, août 2009, p.64-67.

Jerome A. Offner, *Law and Politics in Aztec Texcoco* (《阿兹特克人的法律和政治》), Cambridge, Cambridge University Press, 1983.

Manuel Ollé, *La invención de China. Percepciones y estrategias Filipinas respecto a China durante el siglo XVI* (《中国的发明：16 世纪菲律宾对中国的看法和策略》), Wiesbaden, Harrassowitz, 2000.

Oliver K. Olson, *Matthias Flacius and the Survival of Luther's Reform* (《马蒂亚斯·弗拉齐乌斯与路德改革的延续》), Wiesbaden, Harrassowitz, 2002.

Kira Kalina von Ostenfeld-Suske, *Official Historiography, Political Legitimacy, Historical Methodology, and Royal and Imperial Authority in Spain under Philip II, 1580-1599* (《费利佩二世时期西班牙的官方历史学、政治合法性、历史方法论及王家和帝国权威，1580—1599 年》), Ph. D., Columbia University, 2014.

Juan Páez de Castro, « *De las cosas necesarias para escribir Historia* (Memorial inédito del Dr Juan Páez de Castro al Emperador Carlos V) » [《历史书写所需之物（胡安·派斯·德卡斯特罗献给皇帝查理五世的未公开回忆录）》], Fray Eustasio Esteban (ed.), *Ciudad de Dios* (《上帝之城》), t.28, 1892, p.601-610.

Anthony Pagden, *The Fall of Natural man: The American Indian and the Origins of Comparative Ethnology* (《自然人的堕落：美洲印第安人和比较民族学的起源》),

Cambridge, Cambridge University Press, 1982.

Francisco del Paso y Troncoso, *Epistolario de Nueva España* (《新西班牙书信集》), Mexico, José Porrúa e Hijos, t. III et IV, 1939, t. XV et XVI, 1940.

Juan Bautista de Pomar, *Relación de Texcoco: Relaciones geográficas del siglo XVI : México* (《特斯科科述略：16世纪的地理述略之墨西哥》), vol. VIII, Mexico, UNAM, 1986.

G. A. Pocock, *The Ancient Constitution and the Feudal Law. A Study of English Historical Thought in the Seventeenth Century* (《古代宪法与封建法律：17世纪英国历史思想研究》), Cambridge, Cambridge University Press, 1987.

Stafford Poole, *Juan de Ovando: Governing the Spanish Empire in the Reign of Philip II* (《胡安·德奥万多：费利佩二世统治下的西班牙帝国》), Norman, University of Oklahoma Press, 2004.

Karl Popper, *Misère de l'historicisme* (《历史主义贫困论》), 1944; trad. Paris, Plon, Recherches en sciences humaines, 1956.

Joseph H. Preston, « Was There an Historical Revolution? » (《历史革命存在吗?》), *Journal of the History of Ideas* (《思想史期刊》), vol. 38, 1977, p.353-364.

Proceso inquistorial del cacique de Texoco (《特斯科科酋长审讯过程》), Mexico, Eusebio González de la Fuente, 1910.

Adriano Prosperi, *America e apocalisse e altri saggi* (《美洲与启示录及其他论文》), Pise, Istituti editoriali e poligrafici internazionali, 1999.

Vasco de Puga, *Cedulario* (《敕许汇录》), 2 vol., Mexico, El Sistema Postal, 1878-1879.

Mónica Quijada & Jesús Bustamante (ed.), *Elites intelectuales y modelos colectivos. Mundo ibérico (siglos XVI-XIX)* (《知识精英和集体模式：16—19世纪的伊比利亚世界》), Madrid, CSIC, 2002.

Eloise Quiñones Keber, *Codex Telleriano-Remensis: Ritual, Divination, and History in a Pictorial Aztec Manuscript* (《〈特莱里亚诺－雷曼西斯手抄本〉：阿兹特克人手抄本中的仪式、占卜和历史》), Austin, University of Texas Press, 1995.

José Rabasa, *Tell me the Story of how I conquered you. Elsewheres and Ethnosuicide in the Colonial Mesoamerican World* (《告诉我我如何征服你的故事：其他地方与中美洲殖民世界的民族》), Austin, University of Texas Press, 2011.

José Rabasa & al. (ed.), *The Oxford History of Historical Writing* (《牛津历史写作史》), vol. 3, Oxford, Oxford University Press, 2012.

Demetrio Ramos, *La ética de la conquista de América. Francisco de Vitoria y la Escuela de Salamanca* (《美洲大征服的伦理——弗朗西斯科·德比托里亚和萨拉曼卡学派》), Corpus Hispanorum de Pace, Bd. 25, Madrid, CSIC, 1984.

Alois Riegl, *Le Culte moderne des monuments. Son essence et sa genèse* (《纪念性建筑物的现代崇拜：本质与起源》), Paris, Seuil, 1984.

Victoria Rios Castaño, *Translation as Conquest. Sahagún and the Universal History of the Things of New Spain* (《翻译即征服：萨阿贡与新西班牙诸物志》), Madrid, Iberoamericana, Vervuert, 2014.

Donald Robertson, *Mexican Manuscript Paintings of the Early Colonial Period: The Metropolitan Schools* (《殖民早期的墨西哥绘画手稿：大都会画派》), New Haven, Yale University Press, 1959.

Bert Roest, *Reading the Book of History. Intellectual Contexts and Educational Functions of Franciscan Historiography, ca. 1220-1350* (《阅读史书：方济各会历史学的知识背景和教育功能，约 1220—1350 年》), Groningue, Stichting Drukkerij C. Regenboog, 1996.

José Luis de Rojas, *A cada uno lo suyo. El tributo indígena en la Nueva España en el siglo XVI* (《各自为政：16 世纪新西班牙的原住民贡品》), Zamora, El Colegio de Michoacán, 1993.

__, *Cambiar para que yo no cambie. La nobleza indígena en la Nueva España* (《你们改变吧，以保证我不会改变。新西班牙的原住民贵族》), Buenos Aires, Editorial Sb, 2010.

Jerónimo Román, *Repúblicas del mundo* (《世界共和国》), Medina del Campo, 1575, et Salamanque, 1595.

José Ruben Romero Galván, *Los privilegios perdidos. Hernando Alvarado Tezózomoc, su tiempo, su nobleza y su crónica mexicana* (《失去的特权：埃尔南多·阿尔瓦拉多·特

佐莫克，他的时代、贵族身份和他的墨西哥纪事》), Mexico, UNAM, 2003.

Ralph M. Rosen (ed.), *Time and Temporality in the Ancient World* (《古代世界的时间和时间性》), Philadelphie, University of Pennsylvania Press, 2004.

Joan-Pau Rubiés, « The Concept of Gentile Civilization in missionary discourse and its European reception: México, Peru and China in the *Repúblicas del Mundo* by Jerónimo Román (1575-1595) » [《传教话语中的外族文明概念及其在欧洲的接受：赫罗尼莫·罗曼版〈世界共和国〉中的古巴、秘鲁和中国（1575—1595年)》], in Charlotte de Castelnau-L'Estoile (ed.), *Missions d'évangélisation et circulation des savoirs, XVIe – XVIIIe siècle* (《16—18世纪传教和知识流通的使命》), Madrid, Casa de Velázquez, 2011, p.311-350.

Ethelia Ruiz Medrano, *Shaping New Spain: Government and Private Interests in the Colonial Bureaucracy, 1535-1550* (《塑造新西班牙：殖民官僚机构中的政府和私人利益，1535—1550年》), Boulder, University Press of Colorado, 2006.

Juan José Saer, *El entenado* (《继子》), Barcelone, Rayo verde, 2013.

Bernardino de Sahagún, *Historia general de las cosas de Nueva España* (《新西班牙诸物志》), Mexico, Porrúa, 4 vol., 1956 et 1977.

Jean-Michel Sallmann, *Indiens et conquistadores en Amérique du Nord. Vers un autre Eldorado* (《北美洲的印第安人和征服者：向着另一片乐土》), Paris, Payot, 2016.

Mario Hernández Sánchez-Barba, « Hernán Cortés, delineador del primer estado occidental en el Nuevo Mundo » (《埃尔南·科尔特斯，新世界第一位西方划界者》), *Quinto Centenario* (《五百周年》), vol. 13, 1987, p.17-36.

Eduardo Natalino dos Santos, « Los ciclos calendáricos mesoamericanos en los escritos nahuas y castellanos del siglo XVI: de la función estructural al papel temático » (《16世纪纳瓦人和西班牙人笔下的中美洲纪年周期：从结构的功能到主题的作用》), in Danna Levin Rojo & Federico Navarette, *Indios, mestizos y españoles. Interculturalidad e historiografía en Nueva España* (《印第安人、混血和西班牙人：新西班牙的跨文化和史学》), Azcapotzalco, UAM, 2007, p.255-261.

Zachary Sayre Schiffman, « An Anatomy of Historical Revolution in Renaissance France » (《法国文艺复兴时期的历史革命剖析》), *Renaissance Quarterly* (《文艺复兴季刊》), vol.42, n° 3, automne 1989, p.507.

___, « Renaissance Historicism Reconsidered »（《重新思考文艺复兴时期的历史主义》）, *History and Theory*（《史学理论》）, vol. 24, 1985, p.170-182.

Benjamin Schmidt, *The Dutch Imagination and the New World, 1570-1670*（《荷兰人的想象力和新世界，1570—1670 年》）, Cambridge, Cambridge University Press, 2001.

___, *Inventing European Exoticism: Geography, Globalism and Europe's Early Modern World*（《创造欧洲异国情调：地理学、全球主义和欧洲的近代早期世界》）, Philadelphie, University of Pennsylvania Press, 2015.

Alain Schnapp (ed.), *World Antiquarianism. Comparative Perspectives*（《世界古物研究：比较的视角》）, Los Angeles, Getty Research Institute, 2013.

Roberto Schwarz, *As ideias fora do lugar*（《不合时宜的思想》）, São Paulo, Penguin e Companhia das Letras, 2014.

W. G. Sebald, *De la destruction comme élément de l'histoire naturelle*（《毁灭的自然史》）, trad. Patrick Charbonneau, Arles, Actes Sud, 2004.

Juan Ginés de Sepúlveda, *Tratado sobre las justas causas de la guerra contra los indios*（《发动与印第安人战争的正当理由专论》）, Mexico, FCE, 1979.

Carlo Severi, *Le Principe de la chimère*（《空想的原则》）, Paris, Musée du Quai Branly, *Aesthetica*（《美学》）, 2007.

Jean Seznec, *La Survivance des dieux antiques*（《古代众神的遗迹》）, Londres, The Warburg Institute, 1939.

Silvermoon, *The Imperial College of Tlatelolco and the Emergence of a new Nahua intellectual elite in New Spain (1500-1760)*［《特拉特洛尔科皇家学院和新西班牙新纳瓦知识精英的兴起（1500—1760 年）》］, Ann Arbor, ProQuest, 2007.

Peter Sloterdijk, *Règles pour le parc humain*（《人文公园的规则》）, Paris, Mille et Une Nuits, 2000.

___, *Globos. Esferas II*（《球体学三部曲之二——球体》）, Madrid, Siruela, 1999, p. 713 (éd. Française, *Globes: Sphères*, t. II, Paris, Libella-Maren Sell, 2010).

___, *La Mobilisation infinie. Vers une critique de la cinétique*（《无限的调动：走向动力学的批判》）, Paris, Christian Bourgois, 2000.

__, *La Domestication de l'être* (《生命的驯化》), Paris, Mille et Une Nuits, 2000.

Francisco de Solano, *Cuestionarios para la formación de las relaciones geográficas* (《建立地理述略的调查表》), Madrid, CSIC, 1988.

Susan Spitler, « The Mapa Tlotzin: Pre-conquest History in Colonial Texcoco » (《奎纳津文档：殖民时期特斯科科的征服前历史》), *Journal de la Société des Américanistes* (《美洲研究学会期刊》), vol. 84, n° 2, 1998, p.71-81.

William Stenhouse, *Reading Inscriptions and Writing Ancien History: Historical Scholarship in the Late Renaissance* (《阅读铭文与写作古史：文艺复兴晚期的历史学术》), BICS, Londres, 2005.

Walter Stephens, « When Pope Noah ruled the Etruscans: Annius de Viterbo and his Forged Antiquities » (《当教皇诺厄统治伊特鲁里亚人时：维泰博的安尼乌斯和他伪造的历史》), *Modern Language Notes* (《现代语言笔记》), vol. 119, n° I, Supplement, janvier 2004, p. 201-233.

__, « From Berossos to Berosus Chaldæus: The Forgeries of Annius of Viterbo and Their Fortune » (《从贝洛索斯到贝洛索斯·卡尔达斯：维泰博的安尼乌斯的伪造和他们的财富》), in Johannes Haubold & al. (eds.), *The World of Berossos* (《贝洛索斯的世界》), Proceedings of the 4th International Colloquium on « The Ancient Near East between Classical and Ancient Oriental Tradition » (《介于古典和古代东方传统之间的古代近东》), Durham, Hatfield College, 2010, Wiesbaden, Harrassowitz, 2013.

Leo Strauss, *Thoughts on Machiavelli* (《对马基雅维利的思考》), Chicago, University of Chicago Press, 1978; *Reflexões sobre Maquiavel* (《对马基雅维利的思考》), São Paulo, E Realizações Editora, 2015.

__, *An Introduction to Political Philosophy* (《政治哲学导论》), Detroit, Wayne State University Press, 1989; *Uma introdução à filosofia política, Dez ensaios* (《政治哲学导论：十论》), São Paulo, E Realizações Editora, 2016.

Sanjay Subrahmanyam, « Du Tage au Gange au XVIe siècle: Une conjoncture millénariste à l'échelle eurasiatique » (《16世纪从塔霍到恒河：欧亚大陆的千年交汇》), *Annales HSS* (《历史与社会科学年鉴》), vol.56, n° 1, 2001, p.51-84.

__, « On World Historians in the Sixteenth Century » (《论16世纪的世界历史学家》), *Representations* (《代表》), 91, 2005, p.26-57.

Jean-Yves Tilliette, « Graecia mendax » (《骗人的希腊》), *Cahiers de la Villa Kerylos* (《凯里罗斯别墅手册》), vol. 16, n° 1, 2005, p.1-22.

Gary Tomlinson, *The Singing of the New World, Indigenous Voices in the era of European Contact* (《新世界的歌唱，与欧洲接触时代的原住民之声》), Cambridge, Cambridge University Press, 2009.

Juan de Torquemada, *Monarquía Indiana* (《印第安人的君主制》), 7 vol., UNAM, 1975-1983.

Marc Thouvenot, *Codex Xolotl* (《修罗托手抄本》), Lille, Atelier national de reproduction des thèses, 1990.

Thomas R. Trautmann, *Aryans and British India* (《雅利安人和英属印度》), Berkeley, Los Angeles, Londres, University of California Press, 1997.

__, « Inventing the History of South India » (《创造南印度历史》), in David Ali (ed.), *Invoking the Past: The Uses of History in South Asia* (《唤起过去：历史在南亚的应用》), New Delhi, Oxford University Press, 2002.

Baudouin Van den Abeele & Heinz Meyer (ed.), Bartholomaeus Anglicus, *« De proprietatibus rerum ». Texte latin et réception vernaculaire. Lateinischer Text und volkssprachige Rezeption* (《〈物之属性〉的拉丁语文本和本土接受》), Baudouin Van den Abeele et Heinz Meyer (éd.), Turnhout, Brepols, 2005.

Léon Vandermeersch, « La conception chinoise de l'histoire » (《中国的历史观》), in Anne Cheng (éd.), *La pensée en Chine aujourd'hui* (《中国思想史》), Paris, Gallimard, 2007, p.47-74.

Salvador Velazco, *Visiones de Anahuac: Reconstrucciones historiográficas y etnicidades emergentes en el México colonial. Fernando de Alva Ixtlilxochitl, Diego Muñoz Camargo y Hernando Alvarado Tezozomoc* (《〈阿纳瓦克的视野：墨西哥殖民时期的历史重建和新兴族群〉：历史学家费尔南多·德阿尔瓦·伊斯特利尔索奇特尔、迭戈·穆尼奥斯·卡马戈和埃尔南多·阿尔瓦拉多·泰佐佐莫克》), Guadalajara, Universidad de Guadalajara, 2003.

G. P. Verbrugghe et J. M. Wickersham, *Berossos and Manetho Introduced and Translated. Native Traditions in Ancient Mesopotamia and Egypt* (《贝洛索斯与曼涅托观点的介绍与翻译：古美索不达米亚和埃及的本土传统》), Ann Arbor, Michigan,

University of Michigan Press, 2000.

Paul Veyne, *Les Grecs ont-ils cru à leurs mythes?* (《希腊人相信他们的神话吗?》), Paris, Seuil, 1983; rééd. Points Essais, 1992, 2014.

Martin Wallraff (ed.), *Julius Africanus Chronographiae. The Extant Fragments* (《尤利乌斯〈年代学〉的现存片段》), avec Umberto Roberto et Karl Pinggéra, trad. William Adler, Berlin, New York, Walter de Gruyter, 2007.

Francisco de Vitoria, *Relectio de Indis* (《印第安人回忆录》), Madrid, CSIC, 1967.

S. M. Waseem (ed.), *Developments of Persian Historiography in India. From the Second Half of the 17th century to the First Half of the 18th Century* (《17世纪下半叶到18世纪上半叶的印度波斯史学发展》), New Delhi, Kanishka Publishers, 2003.

S. Jeffrey K. Wilkerson, « The Ethnographics Works of Andrés de Olmos, Precursor and Contemporary of Sahagún » (《安德烈斯·德奥尔莫斯的民族志研究：萨阿贡的领路者和同代人》), *Sixteenth Century Mexico: The Work of Sahagún* (《16世纪的墨西哥：萨阿贡的研究》), Munro S. Edmonson (ed.), University of New Mexico Press, Albuquerque, 1974, p. 27-78.

Christopher Wood & Frank Borchardt, *German Antiquity in Renaissance Myth* (《文艺复兴神话中的德意志古史》), Baltimore et Londres, Johns Hopkins Press, 1971.

Oumelbanine Zhiri, *L'Afrique au miroir de l'Europe: fortunes de Jean-Léon l'Africain à la Renaissance* (《欧洲之镜中的非洲：文艺复兴时期的非洲人让-莱昂的命运》), coll. Travaux d'Humanisme et Renaissance, t. CCXLVII, Genève, Librairie Droz, 1991.

Zinadím, *História dos Portugueses no Malabar* (《葡萄牙人在马拉巴尔的历史》), David Lopes (ed.), Lisbonne, Edições Antigona, 1998.

Inés Zupanov, *Missionary Tropics: The Catholic Frontier in India (16 th-17th Centuries)* (《热带传教士：16—17世纪天主教在印度的边界》), Ann Arbor, University of Michigan Press, 2005.

致 谢

这本书是我的教学成果，集结了我在法国高等社会科学研究院和国家凯布朗利博物馆研讨会中的授课内容。近10年来，国家凯布朗利博物馆的研讨会一直慷慨地接纳我，感谢斯蒂芬·马丁（Stéphane Martin）和他的整个团队。

本书内容能够不断丰富，得益于我与同事们的讨论、我在普林斯顿和贝伦的学生们的贡献，以及与米兰、那不勒斯、马德里、塞维利亚、安特卫普、圣地亚哥、济南等地的同人们的学术联系。

感谢罗伯托·巴尔多维诺斯·阿尔瓦（Roberto Valdovinos Alba）帮助我走上了与胡安·何塞·赛尔相同的道路。

感谢阿涅丝·方丹（Angès Fontaine）与索菲·德布弗里（Sophie Debouverie）的悉心工作，使得手稿最终定稿，并出版成书。感谢法雅出版社（Fayard）再次慷慨地将本书收录。

衷心感谢所有人。